Rijadus Salihin

Abu Zakareyye An-Nawawy

IMAM NEVEVIU

RIJADUS-SALIHIN

Parathënie

Falënderimi është për All-llahun, të Vetmin, të Gjithëfuqish-min, Falësin Fuqiplotë, i Cili i ndërron netët në ditë për t'ua tër-hequr vërejtjen atyre që kanë urtësi dhe kuptim.

Falënderimi i qoftë All-llahut që ka zgjuar krijesat e Tij të zgjedhura dhe i ka bërë zahidë (asketë) në këtë botë, që të zgje-dhurit e Tij i ka angazhuar me vëzhgim dhe meditim të përhershëm dhe ua bëri mundur të marrin mësim dhe njohuri nga të gjitha, që ka përudhur në bindje të pandërprerë dhe i ka përgatitur për shtë-pinë e qetësisë, që ka tërhequr vërejtje për të gjitha gjërat që shkaktojnë hidhërimin e Tij dhe shpiejnë në shtëpinë e shqetësimit dhe të shkatërrimit, si dhe i ruan që t'i përmbahen kësaj rruge krahas të gjitha ndërrimeve të gjendjeve.

E falënderoj me falënderimin më të thellë dhe më të pastër, më gjithëpërfshirës dhe më frytdhënës. Dëshmoj se nuk ka zot tjetër përveç All-llahut, Mirëbërësit fisnik, që është i dhembshëm dhe i mëshirshëm dhe dëshmoj se Pejgamberi ynë Muhammedi është rob dhe i Dërguar i Tij, i dashuri dhe i zgjedhuri i Tij, udhë-zues në rrugë të drejtë dhe thirrës në fenë burimore. Shpëtimi dhe paqja e All-llahut qofshin mbi të, mbi të gjithë Pejgamberët dhe familjet e tyre dhe mbi njerëzit e mirë.

All-llahu i Madhërishëm thotë: **"Kurse exhinët dhe njerëzit nuk i kam krijuar për tjetër vetëm se të më adhurojnë. Nuk kër-koj prej tyre furnizim as që dëshiroj të më ushqejnë"** (edh-Dharijat, 56-57) Kjo është deklarata se këto janë krijuar për të bërë ibadet, andaj e kanë për detyrë që t'i përkushtohen asaj për të cilën edhe janë krijuar si dhe t'u shmangen disa instinkteve të ulëta në këtë botë. Dunjaja në përgjithësi është banim i për-kohshëm e jo vend i amshueshëm, është mjet udhëtimi e jo vend vendosjeje e qëndrimi, është vend i ndarjes e jo vend i banimit. Për këtë arsye banorët e saj më të zgjuar janë më të angazhuarit në ibadet, kurse më të mençurit janë ata që përmbahen prej punëve dhe gjërave të padobishme. All-llahu i Madhërishëm thotë: **"Pa dyshim jeta në këtë botë i shëmbëllen ujit që ne e lëshojmë**

5

nga qielli me të cilin përzihen *(ushqehen)* **bimët në tokë prej të cilave ushqehen njerëzit dhe kafshët. Ashtu që kur toka stoliset me petkun e vet dhe qëndiset dhe kur banorët e saj mendojnë se janë zotëruesit e saj, vjen urdhri ynë natën ose ditën dhe ne ato i bëjmë si të korrura sikur të mos kishin qenë dje fare. Ja, ashtu ne në hollësi shkoqisim argumentet për popullin që mendon."** *(Junus 24)*

Ajetet e këtij kuptimi janë të shumta. Për to është shprehur bukur një poet:

> "Vërtet All-llahu zotëron robërit e Tij të urtë,
> të cilët u çliruan prej dunjasë dhe iu frikësuan sprovave,
> vështruan në të (dunja) dhe meqë mësuan,
> se ajo nuk është për njeriun e gjallë atdhe,
> hapësirë deti e bënë ate dhe e pranuan, kurse
> prej veprave të mira anije për të ndërtuan."

Prandaj, kur kuptohet që gjendja e dunjasë është e tillë dhe vetitë e saj të tilla, kurse gjendja jonë dhe qëllimi i krijimit tonë siç u theksuan, atëherë është detyrë për personin e aftë që të ecë rrugës së të zgjedhurve dhe të rezonojë si njerëzit e mençur dhe të urtë, që të përcaktohet dhe t'i kushtojë kujdes të plotë këtij qëllimi.

Rruga më e drejtë dhe më e sigurtë për këtë është edukimi sipas asaj që është vërtetuar nga Pejgamberi ynë, i pari i të gjithë të Dërguarve dhe Pejgamberëve, robit më të ndershëm të të kaluarve dhe të ardhmëve. Shpëtimi dhe paqja e All-llahut qofshin mbi të dhe mbi të gjithë Pejgamberët. Pasi All-llahu i Madhërishëm ka thënë: **"Ndihmoni njëri-tjetrin në bamirësi dhe devotshmëri."** (el-Maidetu, 2) dhe është vërtetuar se i Dërguari i All-llahut (s.a.v.s) ka thënë: "All-llahu është në ndihmë të një robi (njeriu) përderisa ai të jetë në ndihmë të vëllait të tij." *Po ashtu ka thënë:* "Kush udhëzon në një të mirë, do të ketë shpërblim sikurse ai që e kryen atë", *dhe se:* "Kush thërret në udhëzim të All-llahut, do të ketë shpërblim aq sa është shpërblimi i atyre që e ndjekin dhe e dëgjojnë, pa iu zvogëluar shpërblimi aspak ndjekësve të tij." *Dhe pasi është vërtetuar se i Dërguari i All-llahut i ka thënë Aliut r.a.:* "Pasha All-llahun, që All-llahu me ty ta udhëzojë një njeri, më mirë është për ty sesa pasuria më fisnike (tek arabët)."

6

Për këtë, vendosa të përpiloj një përmbledhje të haditheve të vërteta, e cila do të përfshinte atë që do të ishte rrugë për pronarin e saj për në ahiret dhe që për të interesuarin do të ishte një tregues për adabet dhe sjelljet e të Dërguarit, të brendshme (të fshehta) dhe të jashtme (të hapta). Kjo përmbledhje do të për-fshinte nxitje dhe qortim dhe të gjitha llojet e ndryshme të adabeve dhe sjelljeve: si hadithet e zuhdit, ato që flasin për riedukimin e vetvetes, për fisnikërimin me veti të larta morale, për pastrimin dhe shërimin e zemrës, për ruajtjen e organeve (ndijore dhe trupore) dhe pengimin e deformimit të tyre dhe qëllimeve të tjera të njohësve.

Kategorikisht kam vendosur që të mos theksoj tjetër përveç haditheve të vërteta e të qarta, duke u mbështetur në përmble-dhje të njohura të librave të hadithit. Kam vendosur, po ashtu, që kapitujt t'i hap me ajete të Kur'anit të Madhëruar si dhe në fund t'i komentoj dhe t'i shpjegoj kuptimet e paqarta me vërejtje e shpjegime të nevojshme. Sa herë që ta theksoj në fund të hadithit fjalën "Muttefekun alejhi" do të thotë se hadithi gjendet në transmetimin dhe përmbledhjen e Buhariut dhe Muslimit.

Shpresoj se, nëse plotësohet, ky libër do të jetë udhërrëfyes për secilin që ndihmohet me të dhe shërbehet në kërkimin dhe veprimin e hajrateve, si dhe do të jetë ndalesë prej të këqijave dhe katastrofave të ndryshme. Posaçërisht e lus çdo vëlla që shërbehet me këtë që të lutet për mua, për prindërit e mi, mësue-sit e mi, të dashurit e mi dhe të gjithë muslimanët.

Në All-llahun mbështetem, tek Ai besoj dhe lidhem. I mjaftue-shëm është All-llahu në të gjitha punët dhe mbrojtës i mrekullue-shëm dhe nuk ka kurrfarë fuqie as force përveç në All-llahun Fu-qiplotë dhe të Urtë.

SINQERITETI DHE NIJETI (QËLLIMI) NË TË GJITHA VEPRAT DHE FJALËT E HAPTA DHE TË FSHEHTA

All-llahu i Madhërishëm thotë:

"Porse u qe urdhëruar të adhurojnë vetëm All-llahun, që si besimtarë të sinqertë me sinqeritet t'i rrëfejnë fenë dhe të kryejnë namazin edhe të japin zekatin e ajo është fe stabile."[1]

(el-Bejjine 5)

"Tek All-llahu nuk arrin mishi i tyre as gjaku i tyre, por do të arrijë vepra e mirë dhe me sinqeritet nga ana juaj."

(el-Haxhxh, 37)

"Thuaj: "O e fshehët ju atë që keni në kraharorët tuaj, o e shfaqët haptazi, All-llahu atë e di."

(Ali Imran, 29)

Hadithi 1

Nga emiri i besimtarëve, Ebu Hafse Umer ibn el Hattab ibn Nufejl ibn Abduluzzi ibn Rijah ibn Abdil-lah ibn Kurt ibn Rezah ibn Adijj ibn Ka'b ibn Luejj ibn Galib el Kurshijj el-Adevijj, All-llahu qoftë i kënaqur me të,[2] transmetohet të ketë thënë: "E kam dëgjuar të Dërguarin e All-llahut (s.a.v.s)[3] duke thënë: *"Veprat janë sipas qëllimeve dhe çdokujt i takon ajo që e ka për qëllim. Prandaj, kush shpërngulet (bën hixhret) për shkak të All-llahut dhe të Dërguarit të Tij, shpërngulja e tij është për All-llahun dhe të Dërguarin e Tij. Ndërsa ai shpërngulja e të cilit është për të fituar disa të mira të kësaj bote ose për t'u martuar me ndonjë femër, i atilli nuk do të fitojë tjetër përveç çka ka pasur për qëllim."*

(Muttefekun alejhi)

---

[1] *Përkthimi i ajeteve të Kur'anit kryesisht është nga - Përkthimi i Kur'anit nga Feti Mehdiu, botim i Kryesisë së Bashkësisë Islame - Prishtinë, 1985.*
[2] *Kjo sintagmë në vazhdim do të shënohet vetëm me "r.a." nga "radijall-llahu anhu" (All-llahu qoftë i kënaqur me te).*
[3] *s.a.v.s. është shkurtesë e fjalëve: "sal-lall-llahu alejhi ve sel-lem" (Mëshira, shpëtimi dhe paqja e All-llahut qofshin mbi te). Në vazhdim do të shënohet vetëm në mënyrë të shkurtuar.*

(Këtë hadith e transmetojnë dy imamë muhadithë: Ebu Abdull-llah Muhammed ibn Ismail ibn Ibrahim ibn el-Mugireh el-Buhari dhe Ebu-l-Husejn Muslim ibn el-Haxhxhaxh ibn Muslim el-Kushejrij el-Nejsaburi në dy sahihët e tyre të cilët konsiderohen si dy përmbledhjet më të sakta të shkruara të hadithheve)

Hadithi 4

Transmetohet nga Ebu Abdull-llah Xhabir ibn Abdull-llah el-Ensarijj r.a.: "Në një betejë ishim me të Dërguarin e All-llahut (s.a.v.s) me ç'rast na tha: "Vërtet *në Medine ka burra të cilët kanë qenë me ju, qoftë kur keni ecur nëpër kodra, qoftë nëpër lugina. Ata i ka penguar sëmundja.*" Sipas një transmetimi tjetër: *"Ata janë pjesëmarrës me ju në shpërblim."*

(Transmeton Muslimi)

Hadithi 5

Kurse sipas transmetimit të Buhariut, hadithi i transmetuar nga Enesi r.a., thotë: "Ne u kthyem nga beteja e Tebukut me të Dërguarin e All-llahut (s.a.v.s), i cili tha: *"Vërtet ka njerëz të cilët kanë mbetur në Medine pas neve, e të cilët janë me ne kudo që të shkojmë; në kodra a në lugina, ata i ka penguar sëmundja."*

Hadithi 6

Transmetohet nga Ebu Jezid Ma'n ibn Jezid ibn Ahnesi r.a., babai dhe gjyshi i të cilit kanë qenë as-habë, të ketë thënë: "Babai im, Jezidi, i ka marrë disa dinarë (prej ari) që t'i ndajë sadaka dhe i la te një njeri në xhami. Pastaj unë shkova i mora dhe i solla, e ai më tha: "Pasha All-llahun, unë nuk t'i kam destinuar ty." Duke u grindur me të, erdha tek i Dërguari i All-llahut s.a.v.s., i cili na tha: *"Jotja është ajo çka ke vendos, o Jezid, kurse jotja ajo që e ke marrë, o Ma'n."*

(Transmeton Buhariu)

Hadithi 8

Transmetohet nga Ebu Hurejra Abdurrahman ibn Sahr r.a. se i Dërguari i All-llahut s.a.v.s. ka thënë: *"Vërtet All-llahu nuk shikon në trupat tuaj e as në fizionomitë tuaja, por shikon në zemrat tuaja."*

(Transmeton Muslimi)

Hadithi 9

Transmetohet nga Ebu Musa Abdull-llah ibn Kajs el-Esh'arij r.a.: "E kanë pyetur të Dërguarin e All-llahut s.a.v.s. për njeriun që lufton për të treguar trimëri dhe që lufton nga urrejtja dhe për sy të botës: Cila prej këtyre (luftërave) është në rrugë të All-llahut?" I Dërguari i All-llahut s.a.v.s. thotë: *"Kush lufton (me armikun) vetëm për dominim dhe epërsi të Fjalës së All-llahut (fesë së Tij - Islamit), vetëm ai është në rrugë të All-llahut."*

(Muttefekun alejhi)

Hadithi 10

Nga Ebu Bekrete Nufej'i ibn el-Harith eth-Thekafijj transmetohet se Pejgamberi (s.a.v.s) ka thënë: *"Kur të përleshen dy muslimanë me shpatat e tyre (për ta vrarë njëri-tjetrin), edhe vrasësi edhe i vrari janë për Xhehenem."* Atëherë i thashë: "O i Dërguari i All-llahut, për vrasësin është e qartë, por përse edhe i vrari?" Pejgamberi atëherë përgjigjet: *"Sepse edhe i vrari ka dëshiruar ta vrasë shokun e vet."*

(Muttefekun alejhi)

Hadithi 11

Ebu Hurejra r.a. përcjell se i Dërguari i All-llahut s.a.v.s ka thënë: *"Namazi i njeriut në xhemat është për njëzet e disa shkallë më i vlefshëm se namazi i tij në shtëpinë e tij a diku tjetër. Kush merr abdest në formën më të mirë, pastaj shkon në xhami duke pasur qëllim të vetëm faljen e namazit në xhemat, dhe duke mos i* interesuar asgjë tjetër, për çdo hap të tij i shtohet nga një gradë dhe i shlyhet nga një mëkat derisa të hyjë në xhami, e kur të hyjë në xhami, atëherë në namaz është aq sa e ka përfshirë namazi. Secilin prej jush e bekojnë engjëjt. Derisa të gjendet në vendin ku është falur namazi ata thonë: "O Zot, mëshiroje! O Zot, fale! O Zot, pranoja pendimin!" Engjëjt veprojnë kështu derisa njeriu të fillojë t'i mundojë të tjerët, ose ta prishë abdestin në xhami."

(Muttefekun alejhi)
Ky transmetim është i Muslimit.

Hadithi 12

Transmetohet nga Ebu-l-Abbas Abdull-llah ibn Abbas ibn Abdul-Mutalib r.a. nga i Dërguari i All-llahut s.a.v.s.. se All-llahu i Madhë-rishëm ka thënë: "Vërtet All-llahu i ka përcaktuar cilat janë veprat e mira e cilat të këqija, pastaj i ka sqaruar ato: Kush dëshiron me zemër të bëjë një vepër të mirë, por nuk mund ta kryejë, All-llahu në tërësi do t'ia shkruajë atë vepër si të kryer, kurse nëse dëshiron të bëjë një vepër të mirë dhe e kryen, All-llahu do t'ia shkruajë dhjetë deri në shtatëqind herë më tepër. Por nëse dëshiron të bëjë ndonjë vepër të keqe e nuk e kryen, All-llahu do t'i shkruajë një vepër të mirë në tërësi, kurse nëse dëshiron dhe kryen një vepër të keqe, atëherë All-llahu ia shënon vetëm një vepër të keqe."

(Muttefekun alejhi)

Hadithi 13

Transmetohet nga Abdurrahman Abdull-llah ibn Umer ibn el-Hattabi r.a.: "E kam dëgjuar të Dërguarin e All-llahut s.a.v.s. duke thënë: "Tre veta nga gjeneratat para jush u nisën për rrugë, e një ditë i zuri nata para një shpelle, në të cilën hynë dhe bujtën. Një shkëmb u rrokullis nga kodra dhe plotësisht e mbylli hyrjen e shpe-llës. Ata thanë: "Shpëtimi nga ky shkëmb është vetëm që ta lusim All-llahun e Madhërishëm që ta largojë për hir të veprave tona të mira."

Njëri prej tyre tha: "O Zoti im, unë i kam pasur prindërit pleq të thinjur dhe asnjëherë para tyre nuk u kam dhënë të hanë e as të pijnë fëmijëve të mi e as mallit tim (shërbëtorëve). Një ditë më argëtoi kërkimi i kullosës më të mirë për kopenë time, e nuk iu erdha me kohë dhe ata kishin fjetur. Unë e mola qumështin në enë dhe ua solla, por i gjeta duke fjetur. Më erdhi keq t'i trazoj, por edhe që t'i ushqej familjen dhe shërbëtorët, andaj kam pritur me enë në dorë dhe kam shikuar kur do të zgjohen, e kjo pritje ka zgjatur deri në agim. Fëmijët e mi aty te këmbët e mia, klithnin të uritur, por u kam dhënë qumësht pasi prindërit janë zgjuar dhe kanë pirë qumështin që u kisha sjellë. O Zoti im! Nëse këtë e kam bërë vetëm për Ty e për askë tjetër, atëherë na e largo neve këtë shkëmb nga hyrja e kësaj shpelle në të cilën gjendemi!" Shkëmbi lëvizi pak, por jo edhe aq sa të mund të dalin!

Njeriu i dytë tha: "O Zoti im, e kam pasur një kushërirë të afërme të cilën e kam dashuruar më tepër se tërë botën, - sipas një transmetimi tjetër - e kam dashur aq fort siç i duan burrat gratë, andaj kërkova prej saj (siç kërkojnë burrat prej grave të tyre), por ajo nuk më lejoi. Një vit mbretëronte uria e kushërira e dashur më erdhi dhe unë i dhashë 120 dinarë (monedha ari) që të vetmohet me mua. Dhe kur ajo ashtu veproi dhe unë u bëra pronar i saj, - sipas një transmetimi tjetër - kur e përqafova ashtu siç e përqafon burri gruan e tij, ajo (duke qarë) më tha: "Frikësoju All-llahut dhe mos ma merr virgjinitetin pa të drejtë." Atëherë u largova prej saj duke e kursyer nga akti i turpshëm edhe pse e doja më tepër se çdokë tjetër, e lëshova në liri duke ia dhuruar të hollat e dhëna. O Zoti im, nëse unë këtë e kam bërë vetëm për të fituar kënaqësinë Tënde, na e largo këtë në të cilën jemi!" Shkëmbi përsëri lëvizi edhe pak nga hyrja e shpellës, por jo edhe aq sa të mund të dilet prej saj.

Njeriu i tretë tha: "O Zoti im, unë kam pasur rrogtarë dhe të gjithëve ua kam paguar menjëherë fitimin e merituar, përveç një njeriu i cili u largua para se ta merrte mëditjen. Unë mëditjen e tij pastaj e kam përdorur si duhet dhe pasuria e tij u shumëzua. Pas një kohe rrogtari im më erdhi e më tha: "O robi i Zotit, m'i jep të hollat për mëditjen time të papaguar!" Unë i thashë: "Krejt çka sheh, pasuria, delet, lopët, devetë dhe robërit janë prej mëditjes tënde që është shtuar." Ai tha: "O robi i Zotit, mos u tall me mua!" Unë atëherë i thashë: "Unë nuk po tallem me ty", pastaj e mori tërë mallin dhe shkoi, duke mos më lënë asgjë. O Zoti im, nëse unë këtë e kam bërë vetëm për Ty, atëherë na e largo këtë shkëmb nga hyrja e shpellës!" Shkëmbi u rrokullis, kurse udhëtarët dolën dhe e vazhduan rrugën."

(Muttefekun alejhi)

TEUBEJA - ISTIGFARI (PENDIMI DHE KËRKIMI I FALJES SË MËKATEVE)

Të gjithë dijetarët islamë janë të një mendimi se teubeja (pendimi dhe lënia, braktisja e mëkateve) është obligim i fortë islam (vaxhib). Nëse mëkati ka të bëjë vetëm me All-llahun e jo edhe me të drejtën e ndonjë njeriu, atëherë pendimi ka tre kushte. I pari, që menjëherë të largohet nga mëkati; i dyti që të bëhet pendimi për kryerjen e tij me zemër dhe i treti, që paluhatshëm të vendosë që asnjëherë të mos i kthehet të njëjtit mëkat. Nëse mungon njëri prej këtyre kushteve, atëherë pendimi nuk është i vlefshëm.

Nëse mëkati ka të bëjë me ndonjë njeri, atëherë pendimi ka katër kushte: tre të theksuarit dhe (i katërti) t'ia kthejë borxhin atij që ia ka. Nëse borxhi është i natyrës materiale, atëherë ia kthen të njëjtin, kurse nëse mëkati është i atillë që ka dënim më të madh gjyqësor ose të ngjashëm, atëherë është i obliguar të mundë-sojë ekzekutimin e dënimit ndaj tij, ose të kërkojë falje nga ai të cilin e ka dëmtuar, e nëse ka të bëjë me ofendim gjuhësor atëherë do t'ia kërkojë hallallin personit të cilin e ka ofenduar.

Pendimi duhet të bëhet për të gjitha mëkatet. Nëse pendimi bë-het vetëm për disa mëkate - ai është i vlefshëm - dhe i falen ato më-

14

kate, por të tjerat i mbesin pa iu falur. Për domosdoshmërinë e pendimit dhe braktisjes së mëkateve ekzistojnë shumë argumente të Librit të All-llahut, të Sunetit të Pejgamberit dhe të Ixhmai ummetit.

All-llahu i Madhërishëm thotë:

.".Dhe të gjithë pendohuni tek All-llahu, o besimtarë, ndoshta do të shpëtoni."

(en-Nûr, 31)

"Dhe që të kërkoni falje nga Zoti juaj dhe të pendo-heni."

(Hud, 3)

"O besimtarë! Pendohuni tek All-llahu me sinqeritet të thellë."

(Tahrim, 8)

Hadithi 14

Ebu Hurejra r.a. thotë se e ka dëgjuar të Dërguarin e All-llahut s.a.v.s. duke thënë: *"Pasha All-llahun, unë i drejtohem me teube dhe istigfar All-llahut për mëshirë dhe falje më tepër se shtatëdhjetë herë në ditë."*

(Transmeton Buhariu)

Hadithi 15

Nga el-Egarr ibni Jesar el-Muzennij r.a. transmetohet se i Dërguari i All-llahut s.a.v.s. ka thënë: *"O njerëz, drejtojuni All-llahut me teube dhe kërkim për falje, edhe unë i bëj teube All-llahut nga njëqind herë në ditë."*

(Transmeton Muslimi)

Hadithi 16

Ebu Hamza Enes ibni Malik el-Ensarij r.a, shërbëtori i të Dërguarit të All-llahut s.a.v.s., thotë se alejhisselami ka thënë: *"All-llahu më tepër gëzohet për pendimin e robit të vet sesa që do të gëzohej ndonjëri prej jush kur do ta gjente devenë e humbur në shkretëtirë, pa ujë dhe fruta."*

(Muttefekun alejhi)

Sipas transmetimit të Muslimit ky hadith është si vijon: *"All-llahu më tepër gëzohet për pendimin (teuben) e robit të vet kur të pendohet, se ndonjëri prej jush i cili ka udhëtuar me deve nëpër shkretëtirë, dhe e humbet, kurse me të edhe i tërë uji dhe ushqimi.E kërkon, por e humb shpresën për ta gjetur, pastaj vjen nën një lis dhe nga lodhja shtrihet nën hijen e tij me shpresë të humbur dhe duke qenë në këtë gjendje, e sheh devenë e vet duke qëndruar përpara tij, ai ngrihet, e kap për litari dhe nga gëzimi i madh bërtet: "O Zoti im! Ti je robi im, kurse unë jam zoti yt", duke u shprehur gabon nga gëzimi i forte."*

Hadithi 17

Nga Ebu Musa Abdull-llah ibn Kajs el-Esh'arij r.a. përcillet se i Dërguari i All-llahut s.a.v.s. ka thënë: *"Vërtet All-llahu i Madhërishëm gjatë natës e mban të shtrirë Dorën për të pranuar pendimin e mëkatarëve të ditës; dhe e shtrin Dorën gjatë ditës për të pranuar pendimin e mëkatarëve të natës, derisa të lindë Dielli nga perëndimi."*

(Transmeton Muslimi)

Hadithi 18

Nga Ebu Hurejra r.a. përcillet se i Dërguari i All-llahut s.a.v.s. ka thënë: *"Kush pendohet para se të lindë Dielli nga perëndimi, All-llahu do ta falë."*

(Transmeton Muslimi)

Hadithi 19

Nga Ebu Abdurrahman Abdull-llah ibn Umer ibn el-Hattabi përcillet se i Dërguari i All-llahut s.a.v.s. ka thënë: *"Vërtet All-llahu i Gjithëfuqishëm e pranon pendimin e robit të vet deri në gargarën e tij (në frymën e tij të fundit)."*

(Transmeton Tirmidhiu dhe thotë se është hadith hasen)

Hadithi 21

Nga Ebu Seid Sa'd ibn Malik ibn Sinan el-Hudrij r.a. përcillet se i Dërguari i All-llahut s.a.v.s. ka thënë: *"Moti, para jush, ka qenë një njeri që ka vrarë nëntëdhjete e nëntë vetë. Ka pyetur për njeriun më të dijshëm në botë. Atë e udhëzuan te një rahib (i devotshëm i shkretëtirës - izraelit). Shkon te rahibi e i thotë se ka vrarë 99 veta, andaj a ka për të pendim (teube, mëshirë e Allahut dhe falje). Rahibi i thotë se për te nuk ka teube. Ky e vret edhe rahibin dhe me të i plotëson njëqind të vrarët. Pastaj vazhdon të kërkojë njeriun më të ditur në botë, e udhëzuan te një dijetar. Ky, pasi e gjen, i tregon se ka vrarë 100 njerëz dhe e pyet edhe këtë se a ka për të pendim. Dijetari i tha se edhe për të ka teube: "Po! (Por është shumë larg dhe vështirë) Vrasësi e pyeti: "Sa është largësia mes meje dhe teubes?" Dijetari i tha: "Shko në atë vend dhe në atë vend, aty banojnë njerëz të cilët e adhurojnë All-llahun edhe ti adhuroje All-llahun me ta dhe mos u kthe kurrë në vendin tënd, sepse është vend i keq." Njeriu u nis për në vendin e adhurimit të All-llahut dhe kur arriti në gjysmë të rrugës i erdhi vdekja. Atëherë lindi grindja në mes engjëjve të mëshirës dhe engjëjve të dënimit. Engjëjt e mëshirës thanë: "Ai deri këtu ka ardhur i penduar për mëkatet me zemër të drejtuar nga All-llahu i Madhërishëm." Kurse engjëjt e dënimit thanë: "Asnjëherë më parë nuk ka bërë mire." Atëherë këtyre engjëjve u vjen një engjëll tjetër në formë të njeriut e këta e morën për gjykatës, që të gjykojë se cilët kanë të drejtë. Ky u thotë: "Matni në mes dy vendeve, vendit të adhurimit dhe atij të mëkateve, e më afër cilit vend të jetë, atij vendi dhe i takon." Engjëjt e matën hapësirën në mes dy vendeve dhe konstatuan se i penduari ishte më afër vendit që synonte (adhurimit), prandaj e morën engjëjt e mëshirës."*

(Muttefekun alejhi)

Në Sahihun e Buhariut është ky transmetim: *"Njeriu i penduar ishte më afër vendit të ibadetit vetëm për një pëllëmbë, andaj dhe u llogarit si banor i tij."* Po ashtu, në Sahihun e Buhariut, i shtohet edhe ky citat: *"All-llahu u urdhëron disa engjëjve që t'i largohen, kurse disa të tjerëve që t'i afrohen,* pastaj i urdhëron që ta masin largësinë në mes dy vendeve, e engjëjt konstatojnë se i penduari është vetëm për një pëllëmbë më afër vendit të teubes dhe ibadetit - andaj iu falën mëkatet." Kurse në një transmetim qëndron: *"Me gjoksin e zemrën e tij ishte më afër vendit të teubes dhe devotshmërisë."*

Hadithi 24

Nga Ibni Abbasi dhe Enes ibni Maliku r.a. përcillet se i Dërguari i All-llahut s.a.v.s. ka thënë: *"Sikur njeriu të kishte një luginë me arë, do të dëshironte t'i ketë dy lugina (në vend të njërës). Dhe gojën e tij asgjë nuk mund ta mbushë (ngopë) përveç dheut. Atyre që bëjnë teube All-llahu xh.sh. ua pranon."*

(Muttefekun alejhi)

Hadithi 25

Nga Ebu Hurejra r.a. përcillet se i Dërguari i All-llahut s.a.v.s. ka thënë: *"All-llahu i Madhërishëm qesh (është i kënaqur) me dy njerëz të cilët luftojnë mes vete; e njëri e vret tjetrin dhe të dy hyjnë në Xhenet! Njëri prej tyre lufton në rrugë të All-llahut, vritet dhe hyn në Xhenet, kurse vrasësin e mëshiron All-llahu, e ky e pranon Islamin e pastaj edhe vetë bëhet shehid (vritet në xhihad)."*

(Muttefekun alejhi)

DURIMI - QËNDRESA (SABRI)

All-llahu i Madhërishëm thotë:

"O besimtarë, kini durim dhe jini të qëndrueshëm..."

(Ali Imran, 200)

"Ne gjithsesi do t'ju sprovojmë me diçka nga frika dhe uria, edhe me humbje të pasurisë dhe të jetës e të fryteve. Dhe ti (Muhammed) përgëzoji durimtarët."

(el-Bekare, 155)

."..Vetëm ata që janë të durueshëm realizojnë shpë-rblim të pakufizuar." **(ez-Zumer, 10)**

"Por kush duron dhe fal, ajo është nga punët e mençu-ra."

(esh-Shûrâ 43)

"...Kërkoni ndihmë për vete duke duruar dhe duke kryer faljen! All-llahu pa dyshim është me durimtarët."

(el-Bekare, 153)

"Ne do t'ju sprovojmë derisa t'i dallojmë luftëtarët nga mesi juaj dhe durimtarët."

(Muhammed, 31)

Ajetet të cilat flasin për sabrin dhe shpjegojnë rëndësinë e tij janë të shumta dhe të njohura, kurse në vazhdim hadithet e të Dërguarit:

Hadithi 26

Nga Ebu Malik el-Harith ibn Asim el-Esh'arij r.a. përcillet se i Dërguari i All-llahut s.a.v.s. ka thënë: *"Pastërtia është gjysma e imanit (besimit), el-hamdu li-l-lahi (falënderimi All-llahut) ia plo-tëson (besimtarit) peshojën (e veprave), subhanall-llahi velhamdu li-l-lahi (lavdia dhe falënderimi All-llahut) e mbush gjithçka në mes të qiejve dhe të Tokës, namazi është dritë (e zemrës), sadakaja (lëmosha) është dëshmi (e besimit), durimi (sabri) është shkëlqim, kurse Kur'ani është argument për ty ose kundër teje. Çdo njeri, kur gdhin, shpirtin e vet e shet, e shpëton ose e shkatërron."*

(Transmeton Muslimi)

Hadithi 27

Ebu Seid Sa'd ibni Malik el-Hudrij r.a. transmetohet të ketë thënë: *"Një grup njerëzish prej ensarëve kërkoi (sende të ndryshme) nga i Dërguari i All-llahut s.a.v.s. dhe ai u dha, ata përsëri kërkuan, e ai prapë u dha çka kërkuan, derisa nuk i mbeti atij asgjë, e kur harxhoi krejt çka kishte iu tha atyre: "Çdo gjë të mirë që kam do t'ju jap, asgjë nuk do të kursej as s'do të mbaj për vete, por kush dëshiron dhe kërkon dëlirësi, All-llahu do t'ia japë e kush kërkon dhe dëshiron pavarësi, All-llahu do ta bëjë të pavarur, të pasur. Kush bën shumë durim,*

All-llahu do t'i ndihmojë në durim. Askujt nuk i është dhënë dhuratë më e mirë dhe më e rëndësishme sesa durimi (sabri)."

(Muttefekun alejhi)

Hadithi 28

Nga Ebu Jahja Suhejb ibn Sinani r.a. përcillet se i Dërguari i All-llahut s.a.v.s. ka thënë: *"E çuditshme është çështja e besimtarit. Çështja e tij është krejt mirë për të dhe nuk është e tillë për askë tjetër. Nëse besimtarin e godet gëzimi, ai falënderon (All-llahun), e kjo i sjell dobi, kurse nëse e godet e keqja, ai bën durim (sabër), andaj edhe kjo i sjell dobi."*

(Transmeton Muslimi)

Hadithi 29

Transmetohet nga Enesi r.a.: "Pasi e rëndoi sëmundja Pejgamberin s.a.v.s., e kaploi brengosja dhe tronditja e vdekjes, ndërsa Fatimeja r.anha tha: "O brenga e babait tim!" (Alejhisselami) Tha: *"Prej sot, babai yt nuk do të ketë më brenga."* Pasi ndërroi jetë alejhisselami, Fatimeja r.a. tha: "O brenga ime për babanë, që iu përgjigj thirrjes së Krijuesit të vet, o brenga ime për babanë, që tani është në Xhenetu-l-Firdevs, o brenga ime për babanë, për të cilin edhe Xhibrili u brengos!" Ndërkaq, kur as-habët e varrosën në tokë (dhé), Fatimeja r.a. tha: "Shpirtërat tuaj si mund të hedhin dhé mbi trupin e të Dërguarit të All-llahut?"

(Transmeton Buhariu)

Hadithi 30

Transmetohet nga Ebu Zejd Usame ibn Zejd ibn Hâritheja - rob i liruar i të Dërguarit të All-llahut s.a.v.s., i dashur i tij dhe bir i të dashurit të tij r.a., se ka thënë: "Vajza e Pejgamberit s.a.v.s. më dërgoi tek alejhisselami me porosi se djalin e ka të sëmurë për vdekje, që të vijë tek ajo. Pejgamberi e kthen me selam dhe i thotë: *"Vërtet, e All-llahut është gjithçka që merr, gjithçka që jep dhe çdo gjë tek Ai është e afatizuar, andaj le të bëjë durim duke lloga-*

ritur shpërblim me të tek All-llahu." Vajza e alejhisselamit e dër-goi përsëri dhe i betohet që të vijë. (Alejhisselami) U ngrit në këmbë, e me të ishin: Sa'd ibn Ubade, Muadh ibn Xhebel, Ubej ibn Ka'b, Zejd ibn Thabit dhe të tjerë radijall-llahu anhum. Kur erdhi Pejgamberi te vajza e tij ia dhanë fëmijën në duar, ky e mori në prehrin e vet, trupi i dridhej ndërsa lotët i rridhnin rrëke. Sa'di i tha: "Ç'është kjo, o i Dërguari i All-llahut? (Pejgamberi) Tha: *"Kjo është mëshirë të cilën All-llahu e vendos në zemrat e robërve të Tij."* Kurse sipas një transmetimi tjetër: *"Në zemrat e robërve të Tij që Ai dëshiron. Dhe njëmend, All-llahu bën mëshirë ndaj robër-ve të Tij të mëshirshëm."*

(Muttefekun alejhi)

Hadithi 32

Transmetohet nga Enesi r.a.: "Pejgamberi s.a.v.s. kaloi pranë një gruaje e cila qante mbi një varr dhe i tha: *"Frikësoju All-llahut dhe bë durim."* Gruaja i tha: "Largohu prej meje, sepse ty nuk të ka goditur fatkeqësia ime!" Ajo nuk e njihte të Dërguarin. Kur i tre-guan se ai ishte Pejgamberi s.a.v.s. ajo shpejtoi deri te dera e shtëpisë së Pejgamberit dhe, pasi nuk gjeti roje te dera, e hapi derën dhe tha: (O i Dërguari i All-llahut) "Unë ty nuk të kam njo-hur." (Pejgamberi) Tha: *"Durimi është në goditjen e parë* (sepse atëherë është më së vështiri)."

(Muttefekun alejhi)

Në Sahihun e Muslimit qëndron: "Gruaja qante për fëmijën e saj (të vogël)."

Hadithi 33

Nga Ebu Hurejra r.a. përcillet se i Dërguari i All-llahut s.a.v.s. ka thënë: *"All-llahu i Madhërishëm thotë: "Shpërblimi i robit Tim besimtar, kur t'ia marr të dashurin e tij nga banorët e kësaj bote, e ai bën durim për të duke llogaritur shpërblim, është me Xhenet."*

(Transmeton Buhariu)

Hadithi 34

Transmetohet nga Aishja r.a. se ajo e ka pyetur të Dërguarin e All-llahut s.a.v.s për murtajën (taûn) dhe ai e ka lajmëruar se: *"Ajo është dënim (adhab), që All-llahu ia dërgon kujt të dojë, kurse për besimtarët e ka bërë mëshirë (rahmet). Nuk ka asnjë rob që gjendet në vendin ku është përhapur murtaja dhe që qëndron në vendin e vet, duke duruar dhe duke llogaritur në shpërblimin e All-llahut (për durim) dhe duke ditur se asgjë nuk mund ta godasë përveç asaj që All-llahu ia ka përcaktuar - e që të mos e ketë shpërblimin e shehidit."*

(Transmeton Buhariu)

Hadithi 35

Transmetohet nga Enesi r.a. që thotë se e ka dëgjuar të Dërguarin e All-llahut s.a.v.s. duke thënë: "All-llahu xh.sh. thotë: "Nëse robin Timin e sprovoj me dy të dashurit e tij (me humbjen e syve) e ai bën durim, do t'ia kompensoj me Xhenet."

(Transmeton Buhariu)

Hadithi 36

Nga Ata'ibn Ebi Rebahu transmetohet të ketë thënë: "Ibni Abbasi më ka thënë: "A do të ta tregoj një nga gratë e Xhenetit? "Gjithsesi" i thashë, e ai më tha: "Kjo grua zezake erdhi te Pejgamberi s.a.v.s. e i tha: "Mua nganjëherë më godet epilepsia dhe unë atë e fsheh (nga njerëzit), andaj lute për mua All-llahun e Madhërishëm." (Pejgamberi) Tha: *"Nëse do, bë durim në sëmundje, do ta fitosh Xhenetin, e nëse do, po i bëj lutje All-llahut të Madhërishëm që të të shërojë."* Ajo tha: "Do të duroj." Pastaj ajo vazhdoi: "Unë e kam fshehur, andaj lute All-llahun që më mos ta fsheh." Dhe Pejgamberi i bëri lutje."

(Muttefekun alejhi)

Hadithi 37

Transmetohet nga Ebu Abdurrahman Abdull-llah ibn Mes'udi r.a., i cili ka thënë: "Sikur e shikoj të Dërguarin e All-llahut s.a.v.s se si tregon për njërin nga Pejgamberët e All-llahut salavatull-llahi ve selamuhu alejhim se si e ka rrahur populli i vet aq shumë sa e ka përgjakur, ndërsa ai duke e fshirë gjakun nga fytyra thonte: "O Zoti im, fale popullin tim, se ata nuk dine."

(Muttefekun alejhi)

Hadithi 38

Nga Ebu Seidi dhe Ebu Hurejra r.anhuma përcillet se Pejgamberi s.a.v.s. ka thënë: "Çkado që e godet muslimanin, qoftë lodhje, pikëllim, brengë, hidhërim, mundim nga sëmundje a fatkeqësi, madje edhe të shpuarit e ferrës, me secilën prej këtyre All-llahu ia shlyen mëkatet atij."

(Muttefekun alejhi)

Hadithi 40

Nga Ebu Hurejra r.a. përcillet se i Dërguari i All-llahut s.a.v.s. ka thënë: "Kujt dëshiron All-llahu t'i japë të mira, do të qëllohet nga Ai (në trup, në pasuri, apo në të dashurit)."

(Transmeton Buhariu)

Hadithi 41

Nga Enesi r.a. përcillet se i Dërguari i All-llahut s.a.v.s. ka thënë: "Assesi askush prej jush mos ta dëshirojë vdekjen e vet për shkak se e ka goditur ndonjë e keqe. E nëse është i detyruar, atëtherë le të thotë: "O Zoti im, më le të jetoj derisa të jetë për mua jeta më e dobishme, kurse më vdis kur të jetë vdekja për mua më e dobishme."

(Muttefekun alejhi)

Hadithi 42

Transmetohet nga Ebu Abdull-llah Habbab ibn el-Eret'ti r.a.: "Iu ankuam të Dërguarit të All-llahut s.a.v.s. (për persekutimet nga mushrikët) derisa ai ishte i mbështetur nën hije të Qa'bës në burdën e tij, që e kishte bërë jastëk, e ne i thamë: "A nuk do të na ndihmosh, a nuk do të na bësh lutje (dua)?" Ai na tha: *"Më parë (para jush), për shkak të fesë e merrnin njeriun, ia hapnin një gro-pë, e vendosnin në të, e pastaj e merrnin sharrën dhe ia vendosnin në kokë dhe e përgjysmonin, pastaj ia rrjepnin mishin dhe lëkurën me krehër hekuri, por as kjo nuk e largonte nga feja e tij. Pasha All-llahun, All-llahu do ta plotësojë këtë fe ashtu që kalorësi do të shkojë prej Sanasë deri në Hadramevt e nuk do të frikësohet prej askujt tjetër përveç prej All-llahut dhe prej ujkut për kopenë e vet, mirëpo ju po nguteni (nuk jeni durimtarë)."*

(Transmeton Buhariu)

Në një transmetim shtohet ky citat: "Ai e pat vendosur bur-dën si jastëk, kurse neve mushrikët na persekutonin ashpër."

Hadithi 44

Nga Enesi r.a. përcillet se i Dërguari i All-llahut s.a.v.s. ka thë-në: *"Kur All-llahu i dëshiron një robi të Vet diç të mirë (hajr), Ai ia shpejton dënimin në këtë botë, ndërsa kur All-llahu dëshiron që një rob të Vetin ta qëllojë e keqja (sherr), Ai ia lë mëkatet e pafalura në këtë botë, ashtu që të vijë me mëkate në Ditën e Gjykimit dhe aty e gjen e keqja."* Pejgamberi s.a.v.s. po ashtu ka thënë: *"Vërtet madhësia e shpërblimit është sipas madhësisë së vështirësisë (fatkeqësisë). Vërtet All-llahu kur e do një popull, e sprovon me fatkeqësi. Kush është i kënaqur me All-llahun në fatkeqësi (bela), edhe All-llahu është i kënaqur me të, ndërsa kush hidhërohet për këtë, edhe All-llahu hidhërohet me të."*

(Transmeton Tirmidhiu dhe thotë se është hadith hasen)

Hadithi 46

Nga Ebu Hurejra r.a. përcillet se i Dërguari i All-llahut s.a.v.s. ka thënë: *"Nuk është trimëri në dyluftim (mundje), por trimëri është ta përmbash veten nga zemërimi."*

(Muttefekun alejhi)

Hadithi 47

Nga Sulejman ibn Suredi r.a. përcillet të ketë thënë:"Isha ulur me Pejgamberin s.a.v.s. kurse dy njerëz shaheshin ndërmjet veti. Njëri prej tyre u skuq prej zemërimit dhe iu frynë damarët e qafës. I Dërguari i All-llahut s.a.v.s. tha: *"Vërtet unë e di një fjalë që nëse e thotë, do t'i kalojë ajo që e ka gjetur. Nëse thotë: "E udhu bi-l-lahi minesh-shejtanirr-rraxhim (I mbështetëm All-llahut nga djalli i mallkuar), do t'i kalojë ajo që e ka kapluar."* Të pranishmit i thanë: "Pejgamberi s.a.v.s. ka thënë që t'i mbështetesh All-llahut nga djalli i mallkuar."

(Muttefekun alejhi)

Hadithi 48

Nga Muadh ibn Enesi r.a. përcillet se Pejgamberi s.a.v.s. ka thënë: *"Kush e përmban zemërimin e tij edhe atëherë kur ka mundësi ta shprehë (mbi personin që e ka zemëruar), All-llahu i Madhërishëm në Ditën e Gjykimit do ta ftojë që para të gjitha krijesave ta zgjedhë cilën të dojë nga hyrijat."*

(Transmeton Ebu Davudi dhe Tirmidhiu dhe thotë se
është hadith hasen)

Hadithi 49

Nga Ebu Hurejra r.a. transmetohet: "Një njeri i tha të Dërguarit të All-llahut s.a.v.s.: "Më porosit diçka (më përudhë)." I Dërguari tha : *"Mos u zemëro!"* Ky e përsëriti pyetjen disa herë. I Dërguari sërish tha: *"Mos u zemëro!"*

(Transmeton Buhariu)

Hadithi 50

Nga Ebu Hurejra r.a. përcillet se i Dërguari i All-llahut s.a.v.s. ka thënë: *"Besimtarit dhe besimtares nuk i pushojnë së godituri fatkeqësitë në vetvete, në fëmijët dhe në pasurin e derisa të takohet me All-llahun e Madhërishëm kur në të nuk do të mbetet asnjë mëkat."*

(Transmeton Tirmidhiu dhe thotë hadith hasen sahih)

Hadithi 54

Nga Ebu Ibrahim Abdull-llah ibn Ebi Evfa r.anhuma përcillet se i Dërguari i All-llahut s.a.v.s. në një prej ditëve kur priste takimin me armikun deri në fillim të perëndimit të diellit, u ngrit dhe u tha të pranishmëve: *"O njerëz, mos e dëshironi përleshjen me armikun, luteni All-llahun për shëndet, por, kur të përlesheni me armikun atëherë bëhuni të qëndrueshëm dhe dijeni se Xheneti është nën hije të shpatave."* Pastaj Pejgamberi s.a.v.s. tha: *"O Zoti im, që je Shpallës i Librit, Lëvizës i reve, Mundës i aleatëve (në luftën e Hendekut), mundi ata dhe neve na ndihmo ndaj tyre!"*

(Muttefekun alejhi)

Ndihma dhe suksesi janë nga All-llahu xh.sh.

SINQERITETI (SIDKU)

- Besimi i fortë dhe i sinqertë -

All-llahu i Madhërishëm thotë:

"O besimtarë, frikësojuni All-llahut dhe jini me ata që janë të sinqertë!"

(et-Teube,119)

.". *Edhe të sinqertëve e të sinqertave."*

(el-Ahzab,35)

.". *Do të ishte më mirë për ata të jenë besnikë ndaj All-llahut."*

(Muhammed,21)

Kurse prej haditheve mbi këtë temë janë edhe këto:

Hadithi 55

Nga Ibni Mes'udi r.a. përcillet se Pejgamberi s.a.v.s. ka thënë: *"Sinqeriteti (sidk) shpie në mirësi, kurse mirësia shpie në Xhenet. Vërtet njeriu i cili vazhdimisht është i sinqertë (në besim dhe në të folur), tek All-llahu shkruhet besimtar i vërtetë (siddik). Gënjeshtra shpie në prishje (morale), kurse prishja shpie në Xhehenem. Njeriu që gënjen vazhdimisht, më në fund tek All-llahu shkruhet si gënjeshtar i madh."*

(Muttefekun alejhi)

Hadithi 56

Nga Ebu Muhammed el-Hasan ibn Ali ibn Ebi Talibi r.a. përcillet se ka thënë: "Kam mbajtur në mend se i Dërguari i All-llahut s.a.v.s. ka thënë: *"Largohu prej gjithçkaje që është e dyshimtë, e përmbaju asaj që nuk është e dyshimtë. Vërtet sinqeriteti në besim është siguri, kurse gënjeshtra është dyshim."*

(Transmeton Tirmidhiu dhe thotë se është hadith sahih)

Hadithi 58

Nga Ebu Thabiti, e është thënë nga Ebu Seidi, e është thënë edhe nga Ebu-l-Velidi, Sehl ibn Hunejfi që ishte pjesëmarrës i luftës së Bedrit, thotë se Pejgamberi s.a.v.s. ka thënë: *"Kush dëshiron dhe kërkon sinqerisht nga All-llahu që të jetë shehid, All-llahu do t'ia japë gradën e shehidit edhe nëse vdes në shtratin e vet."*

(Transmeton Muslimi)

All-llahu i Madhërishëm thotë:

"I Cili të sheh kur ngrihesh të kryesh faljen, namazin, me të tjerët."

(esh-Shuara, 218-219)

"Ai është me ju, kudo qofshi."

(el-Hadid, 4)

"Për All-llahun nuk ka asgjë të fshehur, as në tokë e as në qiell."

(Ali Imran, 5)

"Sepse Zoti yt është njëmend në pritë."

(el-Fexhr,14)

"Ai e di ç'fshehin sytë mashtrues dhe ç'fshehin kraharorët."

(el-Mu'minu, 19)

Ajetet e Kur'anit mbi këtë temë janë të njohura dhe të shumta, kurse prej haditheve po theksojmë disa:

Hadithi 61

Transmetohet nga Umer ibn Hattabi r.a. të ketë thënë: "Një ditë ishim duke ndenjur tek i Dërguari i All-llahut s.a.v.s. kur u duk një njeri me rroba shumë të bardha dhe flokë shumë të zinj. Në të nuk hetohej ndonjë shenjë udhëtimi dhe askush prej nesh nuk e njohu. U ul pranë Pejgamberit s.a.v.s. duke i mbështetur gjunjët e vet në gjunjët e tij, i vendosi duart e veta në kofshët e tij dhe tha: "O Muhammed, më trego ç'është Islami?" I Dërguari i All-llahut s.a.v.s. tha: *"Islami është të dëshmosh se nuk ka zot tjetër përveç All-llahut dhe se Muhammedi është i Dërguar i All-llahut, ta kryesh namazin, ta ndash zekatin, ta agjërosh ramazanin, ta vizitosh Ka'bën, nëse ke mundësi ta bësh këtë!"* Ai tha: "Të vërtetën e the." Ne u çuditëm: "Po e pyet dhe po ia vërteton." Ai tha: "Më trego, ç'është imani?" (Pejgamberi) Tha: *"Të besosh All-llahun, engjëjt e Tij, Librat e Tij të Dërguarit e Tij, Ditën e Fundit dhe të besosh në caktimin e Tij të së mirës dhe të së keqes."* Tha: "Të vërtetën e the." Tha: "Më trego ç'është ihsani?" (Pejgamberi) Tha: *"Ta adhu-rosh All-llahun sikur ta shohësh, sepse edhe pse ti nuk e sheh, Ai vërtet të sheh ty."* Tha: "Më trego ç'është çasti (i fundit, dita e shkatërrimit)?" (Pejgamberi) Tha: *"Për këtë i pyeturi nuk di më shumë nga ai që pyet."* Tha: "Më trego mbi shenjat e tij?" (Pejgam-beri) Tha: *"Kur robëresha t'i lindë vetes zonjushë, kur të shihen barinjtë këmbëzbathur, të zhveshur e të mjerë se si garojnë në ndërtimin e ndërtesave të mëdha."* Pastaj shkoi, kurse unë mbeta një kohë. Pastaj (i Dërguari) tha: *"O Umer, a e di kush ishte pyetë-si?"* Thashë: "All-llahu dhe i Dërguari i Tij më së miri e dinë." Tha: *"Vërtet ishte Xhibrili, erdhi t'jua mësojë fenë tuaj."*

(Transmeton Muslimi)

Hadithi 62

Nga Ebu Dherr Xhundub ibn Xhunadeh dhe Ebu Abdurrahman Muadh ibn Xhebeli r. anhuma transmetohet se i Dërguari i All-llahut s.a.v.s. ka thënë: *"Ki ndërmend (frikësohu) All-llahun kudo që të jesh. Të keqen përcille me të mirë, ajo do ta fshijë të keqen. Dhe me njerëzit bëhu i moralshëm-me moral dhe sjellje të mira."*

(Transmeton Tirmidhiu dhe thotë se është hadith hasen)

Hadithi 63

Transmetohet nga Ibni Abbasi r.a., se ka thënë: "Isha pas Pejgamberit s.a.v.s. një ditë, kur më tha: *"O vogëlush, unë po t'i mësoj disa fjalë: Ruhu nga All-llahu (duke i kryer urdhrat e Tij dhe duke u larguar nga ndalimet e Tij), dhe Ai ty do të të ruajë, ruhu nga All-llahu dhe Ai do të jetë me ty (do të të mbrojë dhe të ndih-mojë), nëse e lut dikë, atëherë lute vetëm All-llahun, nëse kërkon ndihmë, atëherë kërko vetëm prej All-llahut. Dije se sikur mbarë populli të mblidhet për të të ndihmuar në diçka, ata nuk mund të të ndihmojnë asgjë më tepër sesa të ka përcaktuar All-llahu. Po edhe sikur të mblidhen për të të dëmtuar diçka, ata nuk do t'ia dalin të të dëmtojnë përveç asaj që All-llahu të ka përcaktuar. Lapsat (për shënimin e përcaktimeve) janë ngritur, kurse ngjyra e shkrimit (të fatit) është tharë. (Do të thotë: nuk mund të shlyhet dhe të ndryshohet përcaktimi)."*

(Transmeton Tirmidhiu dhe thotë se është hadith hasen sahih)

Kurse në një transmetim tjetër të këtij hadithi shënohen edhe këto fjalë: *"Ruhu nga All-llahu, do ta gjesh përpara teje, njihe All-llahun (duke e respektuar) në rehati, e Ai ty do të njohë (me ndihmën e Tij) në vështirësi, dije se ajo prej së cilës ke shpëtuar nuk ka mundur të të godasë, dhe asaj që të ka goditur nuk ke mundur t'i shpëtosh, dije se fitorja arrihet me durim, kurse suksesi me mundim dhe se pas vështirësive vjen lehtësimi."*

Hadithi 64

Transmetohet nga Enesi r.a. të ketë thënë: "Vërtet ju i bëni disa punë të cilat në sytë tuaj janë më të vogla se qimja e flokut, kurse ne në kohën e të Dërguarit të All-llahut s.a.v.s. i numëronim dhe i konsideronim prej gabimeve (mëkateve) më të mëdha."

(Transmeton Buhariu)

Hadithi 65

Nga Ebu Hurejra r.a. përcillet se Pejgamberi s.a.v.s. ka thënë: *"Vërtet All-llahu i Madhëruar xhelozon (nuk duron në asgjë shok). Xhelozia (mosdurimi i zënies shok) i All-llahut është kur njeriu i bën ato vepra të cilat All-llahu i ka ndaluar."*

(Muttefekun alejhi)

Hadithi 66

Nga Ebu Hurejra r.a. përcillet se e ka dëgjuar Pejgamberin s.a.v.s. duke thënë: *"Tre njerëz nga Beni Israilët, All-llahu xh.sh. dëshiroi t'i sprovojë. Njëri prej tyre ishte zgjeban, i dyti qelan kurse i treti i verbër. All-llahu ua dërgoi një engjëll, i cili së pari i vjen zgjebanit dhe i thotë: "Çdo të dëshiroje më së shumti?" Tha: "Më së shumti do të dëshiroja të kem ngjyrë dhe lëkurë të mirë dhe të çlirohem nga kjo për shkak të së cilës më urrejnë njerëzit." Engjëlli e fërkoi me dorë dhe prej tij ranë krejt zgjebet dhe e fitoi* ngjyrën e mirë (të trupit). (Pastaj engjëlli) Tha: "Cilën pasuri dëshiron më së shumti?" Tha: "Devetë - ose lopët" (nuk i kujtohet saktë transmetuesit), ai ia jep një deve barsë dhe i thotë: "All-llahu të bekoftë me të!" Pastaj shkoi te qelani dhe i tha: "Çdo të dëshiroje më së shumti?" (Qelani) Tha: "Flokë të bukura dhe të largohet prej meje ajo prej së cilës njerëzit neveriten nga unë." "Engjëlli e fërkon dhe ai shërohet e i jepen flokë të bukur. (Engjëlli) Tha: "Cilën pasuri dëshiron më së shumti?" (Qelani) Tha: "Lopët." Engjëlli ia jep një lopë barsë dhe i thotë: "All-llahu të bekoftë me te." Engjëlli i shkon të verbërit e i thotë: "Çdo të dëshiroje më së shumti?" (I verbëri) Tha: "Të ma kthejë All-llahu të parët, që t'i shoh njerëzit." Engjëlli e fërkon dhe All-llahu ia kthen të parët. (Engjëlli) Tha: "Cilën pasuri e dëshiron më së shumëti?" (I verbëri) Tha: "Dhentë!" Engjëlli ia jep një dele që lind. Te të tre pasuria u shtua e u rrit, kështu që njëri (zgjebani) bëri një luginë me deve, i dyti (qelani) e bëri një luginë me lopë dhe i treti (i verbëri) bëri një luginë me dele. Pas kësaj engjëlli i vjen zgjebanit në formën dhe pamjen e tij të mëparshme e i thot-ë: "Unë jam një njeri i mjerë, më janë këputur penjtë në udhëtimin tim, andaj sot askush nuk mund të më ndihmojë përveç All-llahut, pastaj ti, andaj po të lutem në emrin e Atij që të ka dhënë ngjyrë dhe lëkurë aq të bukur dhe që të ka dhënë kaq deve, të më japësh një deve që të mund ta vazhdoj rrugën." (Ish zgjeb-ani, tani pasanik) Tha: "Jo, unë kam shumë obligime (borxhe)." (Engjëlli) I tha: "Sikur po të njoh unë ty, a mos ke qenë një zgjeban nga i cili neveriteshin njerëzit, një i varfër të cilin All-llahu e ka pasuruar?" Tha: "Unë këtë pasuri e kam trashëguar nga të parët e mëdhenj." (Engjëlli i) Tha: "Nëse po gënjen, le të të kthejë All-llahu në atë gjendje në të cilën ke qenë!"

Engjëlli pastaj i shkon qelanit, por në formën dhe pamjen e tij të mëparshme, e i thotë ashtu siç i tha zgjebanit, por edhe ky i përgjigjet ashtu siç iu pat përgjigjur zgjebani. (Engjëlli) Tha: "Nëse po gënjen, le të të kthejë All-llahu në atë gjendje në të cilën ke qenë!"

Pastaj engjëlli i shkon ish të verbërit, por në formën dhe pamjen e tij të mëparshme, dhe i thotë: "Unë jam i mjerë dhe udhëtar, më janë këputur penjtë në udhëtimin tim, andaj sot askush nuk mund të më ndihmojë përveç All-llahut, pastaj ti. Të lutem me atë që të ka kthyer të parët, më jep një dele, që (të ndihmohem me te e) të vazhdoj rrugën." (Ish i verbri) Tha: "Vërtet unë kam qenë i verbër, por All-llahu ma ka kthyer të parët. Merr vëlla çka të duash dhe lër çka të duash! Pasha All-llahun, asgjë sot nuk të ndaloj të marrësh në emër të All-llahut të Gjithëfuqishëm e të Madhërishëm. (Engjëlli) Tha: "Mbaje krejt pasurinë, ju vetëm keni qenë të sprovuar. All-llahu është i kënaqur me ty, kurse është i hidhëruar me dy shokët e tu."

(Muttefekun alejhi)

Në transmetimin e Buhariut qëndron: *"Nuk të falënderoj nëse lë diçka që të nevojitet."*

Hadithi 67

Nga Ebu Ja'la Shedad ibn Evs r.a. përcillet se Pejgamberi s.a.v.s. ka thënë: *"Njeri i mençur është ai që e kontrollon vetveten dhe punon për jetën pas vdekjes, kurse njeri i dobët është ai që ndjek dëshirat e epshit të vet dhe pa arsye (pa kurrfarë merite) shpreson se All-llahu do t'ia falë."*

(Transmeton Tirmidhiu dhe thotë hadithi hasen)

Hadithi 68

Nga Ebu Hurejra r.a. përcillet se i Dërguari i All-llahut s.a.v.s. ka thënë: *"Nga Islami i mirë i një njeriu është largimi nga ajo që nuk i intereson."*

(Hadith hasen. Transmeton Tirmidhiu dhe të tjerët)

All-llahu i Madhërishëm thotë:

"O besimtarë, frikësojuni All-llahut me devotshmëri të vërtetë."

(Ali Imran, l02)

"Prandaj, shprehni devotshmëri All-llahut sa të mund-eni." (et-Tegabun, l6)

"O besimtarë! Frikësojuni prej All-llahut dhe flisni vetëm të vërtetën!"

(el-Ahzab, 70)

Ajetet që urdhërojnë për devotshmëri janë të shumta dhe të njohura. Po ashtu All-llahu i Madhërishëm thotë:

."..Ai që i ruhet All-llahut, për atë ka rrugëdalje. Dhe do ta furnizojë prej nga nuk e kujton fare."

(et-Talak 2-3)

.".. Nëse i frikësoheni All-llahut, Ai do t'ju bëjë të aftë ta dalloni të pavërtetën nga e vërteta dhe do t'i largojë veprat tuaja të këqija e do t'jua falë. All-llahu është Mirëbërës i madh."

(el-Enfal, 29)

Ajetet mbi këtë temë janë të shumta dhe të njohura, kurse prej haditheve ja disa:

Hadithi 70

Transmetohet nga Ebu Hurejra r.a. që thotë se e kanë pyetur Pejgamberin: "O i Dërguari i All-llahut, cili është njeriu më i nder-shëm?" (Pejgamberi) Tha: *"Ai që është më i devotshëm."* (Të prani-shmit i) Thanë: "Nuk të pyetëm për këtë." (Pejgamberi) Tha: *"Ju-sufi është Pejgamber i All-llahut, bir i Pejgamberit të All-llahut, bir i Pejgamber të All-llahut, bir i mikut (halilit) të All-llahut."* Thanë: "Ne as për këtë nuk të pyetëm!" (Pejgamberi) Tha: *"Atë-herë për të parët e arabëve po më pyetni? Ata të cilët kanë qenë të zgjedhur në xhahilijjet janë të zgjedhur edhe në Islam, vetëm nëse janë që kuptojnë (njohës të dispozitave fetare)."*

(Muttefekun alejhi)

Hadithi 71

Nga Ebu Se'id el-Hudrij r.a. përcillet se Pejgamberi s.a.v.s. ka thënë: *"Vërtet kjo botë (dunjaja) është e ëmbël dhe tërheqëse dhe vërtet All-llahu ju ka bërë në të mëkëmbës (zëvendës), Ai ju vështron si veproni, andaj ruajuni dunjasë dhe ruajuni grave, sepse vërtet intriga (fitneja) e parë e Beni Israilëve ka qenë për shkak të grave."*

(Transmeton Muslimi)

Hadithi 72

Nga Ibni Mes'udi përcillet se Pejgamberi s.a.v.s. ka thënë: *"O Zoti im, unë të lutem Ty për udhëzim (përudhje), për devotshmëri, për ndershmëri dhe për pavarësi (nga njerëzit)."*

(Transmeton Muslimi)

Hadithi 73

Nga Ebu Tarif Adij ibn Hatim et-T'aij r.a. përcillet se e ka dëgjuar të Dërguarin e All-llahut s.a.v.s. duke thënë: *"Kush betohet me betim për diçka, e pastaj vëren diçka më të devotshme (se ajo për të cilën është betuar), le ta marrë (ose të veprojë) atë që është më e devotshme (duke e thyer-shkelur betimin!)."*

(Transmeton Muslimi)

Hadithi 74

Nga Ebu Umame Suddejj ibn Axhlan el-Bahilij r.a. përcillet se e ka dëgjuar të Dërguarin e All-llahut s.a.v.s. duke e mbajtur hutbenë në haxhin e lamtumirës, ku thotë: *"Frikësojuni All-llahut, falni pesë kohët e namazit, agjërojeni muajin e agjërimit, jepni zekatin e pasurisë suaj dhe respektoni udhëheqësit tuaj e do të hyni në xhenetin e Krijuesit tuaj."*

(Transmeton Tirmidhiu në fund të kaptinës për namazin dhe thotë:
hadith hasen sahih)

All-llahu i Madhërishëm thotë:

"Dhe kur besimtarët i panë aleatët, thanë: "Kjo është ajo që na pat premtuar All-llahu dhe Pejgamberi i Tij; All-llahu dhe i Dërguari i Tij e kanë folur të vërtetën dhe kjo atyre vetëm ua ka forcuar besimin dhe bind-shmërinë."

(el-Ahzab, 22):

"Ata të cilëve kur u thanë njerëzit: "Po tubohen njerëzit për shkak tuajin, kini frikën", ajo ua forcoi besimin dhe thanë: "Na mjafton All-llahu, eh sa Zot i mirë është Ai" dhe u kthyen aleatët me mirësinë e All-llahut. Nuk i qëlloi (besimtarët) kurrfarë e keqe dhe pasuan kënaqësinë e All-llahut. All-llahu është i mirë pa masë."

(Ali Imran, l73-l74)

"Ti ki bindje (mbështetje) në atë që është i gjallë, që nuk vdes."

(el-Furkan, 58)

."..Dhe besimtarët vetëm tek All-llahu le të mbështeten!"

(Ibrahim, ll)

.".E kur të vendosësh, atëherë mbështetu tek All-llahu."

(Ali Imran, l59)

Ajetet për urdhrin e mbështetjes (në All-llahun) janë të shumta dhe të njohura. I Lartmadhërishmi thotë:

"Kush mbështetet tek All-llahu, pa dyshim Ai i mjafton atij."

(et-Talak, 3)

"Besimtarë të vërtetë janë ata zemrat e të cilëve kur përmendet All-llahu mbushen me frikë, e kur u lexohen ajetet e Tij, ua forcojnë besimin dhe që mbështeten vetëm te Zoti i tyre."

(el-Enfal, 2)

Ajetet për vlerën e tevekkulit janë të shumta dhe të njohura. Në vazhdim po i theksojmë hadithet mbi këtë temë:

Hadithi 76

Transmetohet nga Ibni Abbasi r. anhuma se i Dërguari i All-lla-hut s.a.v.s. ka thënë: *"O Zoti im, Ty të jam dorëzuar, Ty të kam besuar, te Ti jam mbështetur, te Ti jam kthyer dhe në emër Tënd i luftoj (armiqtë e fesë). O Zoti im, i mbështetem madhërisë Tënde, nuk ka Zot tjetër përveç Teje, të më ruash nga lajthitja. Ti je i Gjallë që nuk vdes, kurse xhinnët dhe njerëzit vdesin."*

(Muttefekun alejhi)

Ky është transmetim i Muslimit, kurse Buhariu e ka shkurtuar.

Hadithi 77

Transmetohet po ashtu nga Ibni Abbasi r.a. se ka thënë: "Has-bunall-llahu ve ni'me-l-vekil" (Na mjafton All-llahu, Ai është më i miri mbrojtës). Këtë shprehje e ka thënë Ibrahimi s.a.v.s. kur e ka-në hedhur në zjarr. E ka thënë Muhammedi s.a.v.s. kur (armiqtë) i kanë thënë: "Vërtet njerëzit (armiqtë tuaj) kanë tubuar grumbull të madh kundër jush, andaj frikësohuni. Përkundrazi, kjo ua shtoi e ua forcoi besimin (besimtarëve) dhe thanë: "Hasbunall-llahu ve ni'me-l-vekil" (Na mjafton All-llahu, Ai është më i miri mbrojtës)."

(Transmëton Buhariu)

Në një transmetim tjetër nga Ibni Abbasi r.a. thuhet: "Fjala e fundit e Ibrahimit s.a.v.s., kur e kanë hedhur në zjarr, ka qenë: "Hasbijall-llahu ve ni'me-l-vekil" (Më mjafton All-llahu, Ai është më i miri mbrojtës)

Hadithi 80

Transmetohet nga Umeri r.a. se e ka dëgjuar të Dërguarin e All-llahut s.a.v.s. duke thënë: *"Sikur ju të mbështeteshit në All-llahun me mbështetje të njëmendtë, do t'ju furnizonte siç i furni-zon shpezët, gëdhijnë të uritur, ndërsa ngrysen të ngopur."*

(Transmeton Tirmidhiu dhe thotë hadith hasen)

Hadithi 81

Transmetohet nga Ebu Umarete el-Berá ibn Azibi r. anhuma se i Dërguari i All-llahut s.a.v.s. ka thënë: *"O filan, kur të biesh në shtratin tënd thuaj: "O Zoti im, shpirtin tim ta dorëzova Ty, fytyrën time e drejtova nga Ti, çështjen time ta dorëzova Ty, shpinën time e mbështeta te Ti - duke shpresuar në Ty dhe duke u frikësuar nga Ti, nuk ka nga Ti vendstrehim as vendshpëtim përveç te Ti. Kam besuar në Librin Tënd, të cilin e ke shpallur, dhe në Pejgamberin Tënd që e ke dërguar." Nëse vdes atë natë, do të vdesësh me iman, e nëse gdhihesh, atëherë (gdhihesh) i shpërblyer me mirësi."*

(Muttefekun alejhi)

Në një transmetim tjetër të dy sahihëve thuhet: *"Më ka thënë i Dërguari i All-llahut s.a.v.s.: "Kur të nisesh për në shtrat merr abdest sikur për namaz, pastaj bjer në anën tënde të djathtë dhe thuaj atë që u cek më lart."* Pastaj tha: *"Le të jenë këto fjalët e fundit që i thua (para gjumit)!"*

Hadithi 83

Transmetohet nga nëna e besimtarëve Ummi Seleme, emri i së cilës ishte Hind bintu Ebi Umejje Hudhejfe el-Mahzumijje r. anha, se Pejgamberi s.a.v.s. kur dilte nga shtëpia e tij thonte: *"Në emër të All-llahut, mbështetem në All-llahun: O Zoti im, të drejtohem për mbrojtje të mos lajthis e as të më lajthis dikush, të mos rrëshqas e as të më bëjë dikush të rrëshqas, të mos bëj zullum e as të më bëjnë zullum, të mos e injoroj askënd, e as mos të injorohem nga të tjerët."*

(Hadithi sahih, e transmetojnë Ebu Davudi, Tirmidhiu dhe të tjerë me senede sahih. Tirmidhiu thotë hadithi hasen sahih. Ndërsa ishte në shprehje të Ebu Davudit)

Hadithi 84

Nga Enesi r.a. transmetohet se i Dërguari i All-llahut s.a.v.s. ka thënë: *"Kush thotë - kur del prej shtëpisë - Në emër të All-llahut, jam mbështetur në All-llahun dhe nuk ka kurrfarë fuqie as forcë* përveç në All-llahun - i thuhet atij: *"Je i udhëzuar, i mbrojtur dhe i ruajtur, dhe prej tij ikën djalli."*

(Transmeton Ebu Davudi, Tirmidhiu, Nesaiu etj. Tirmidhiu thotë hadithi hasen. Ebu Davudi i shton këtë fjali: *"Djalli i thotë djallit tjetër: "Si ia del me njeriun i cili është i udhëzuar, i ruajtur dhe i mbrojtur?"*)

DREJTËSIA - KORREKTËSIA (ISTIKAMEJA)

All-llahu i Madhërishëm thotë:

"Ti shko rrugës së drejtë siç je urdhëruar."

(Hud, ll2)

"Atyre që thonë: "Zoti ynë është All-llahu, e pastaj qëndrojnë në këtë, u vijnë engjëjt: "Mos u frikësoni dhe mos u pikëlloni, por gëzojuni Xhenetit që ju është prem-tuar." Ne jemi miqtë tuaj në jetën e kësaj bote dhe në bo-tën tjetër. Atje do të keni tërë ato që dëshirojnë shpir-trat tuaj dhe çdo send që të kërkoni. Si shpërblim nga ai që fal dhe është Mëshirëplotë."

(Fussilet, 30-32)

"Ata që thonë: "Zoti ynë është All-llahu dhe qëndrojnë në këtë, të mos frikësohen as të mos pikëllohen. Ata janë banorë të Xhenetit. Aty do të mbesin përgji-thmonë si shpërblim për atë çka kanë punuar."

(el-Ahkaf, l3-l4)

Hadithi 86

Nga Ebu Amri - ose Ebu Amrete - Sufjan ibn Abdull-llahu r.a. transmetohet se ka thënë: "Thashë: "O i Dërguari i All-llahul! Më thuaj për Islamin atë për çka nuk do të kem nevojë të pyes askënd përveç teje." Tha: *"Thuaj, e besoj All-llahun, pastaj vazhdo me ngulm (në këtë)."*

(Transmeton Muslimi)

- Për kalueshmërinë e kësaj bote, për tmerret dhe çështjet e tjera të ahiretit, për mangësitë dhe vetedukimin personal dhe nxitjen e vetvetes në korrektësi -

All-llahu i Madhëruar thotë:

"Thuaj! Unë ju këshilloj vetëm një gjë. "Ngrihuni ndaj All-llahut me sinqeritet, dy nga dy, ose një nga një, e pastaj mendojeni."

(Sebe, 46)

"Në krijimin e qiejve dhe të tokës, edhe në ndërrimin e natës e të ditës ka me të vërtetë argumente për ata që kanë mend. Për ata që përmendin All-llahun në këmbë, edhe ulur, edhe shtrirë dhe mendojnë thellë për kriji-min e qiejve dhe të tokës. "O Zoti ynë, ti nuk e ke krijuar këtë më kot, qofsh lartësuar! Dhe na ruaj prej dënimit të zjarrit."

(Ali Imran, l90-l9l)

"A nuk i shikojnë devetë si janë krijuar. Edhe qiellin, sa lart është çuar. Edhe malet, si janë vënduar. Edhe tokën si është zgjeruar? Ti këshillo, ti je vetëm këshi-llues."

(el-Gashije, l7-2l)

"Pse ata nuk shkojnë nëpër botë të shohin si përfu-nduan."

(Muhammed, l0)

Ajetet për këtë temë janë të shumta, kurse prej haditheve, është hadithi i theksuar më lart: *"Njeriu i mençur është ai i cili e kontrollon vetveten."* (Hadithi nr. 67 i kësaj përmbledhjeje)

- Që ta pranojë atë me seriozitet dhe pa kurrfarë ngurrimi -

All-llahu i Madhëruar thotë:

"...Por ju bëni konkurrencë me vepra të mira.."

(el-Bekare, l48)

dhe thotë:

"Dhe shpejtoni për të kërkuar falje nga Zoti i juaj dhe për në Xhenet, gjerësia e të cilit kap qiejt dhe tokën, e është përgatitur për të devotshmit."

(Ali Imran, l33)

Ndërsa prej haditheve për këtë temë janë këto:

Hadithi 91

Transmetohet nga Ebu Hurejra r.a. të ketë thënë: "Erdhi një njeri te Pejgamberi s.a.v.s. dhe i tha: "O i Dërguari i All-llahut, cila sadaka e ka shpërblimin më të madh?" Tha: *"Të japësh sadaka kur të jesh i shëndoshë e koprrac, e frikësohesh nga varfëria, dhe e dë-shiron pasurinë. Mos e vono këtë gjer kur të vije shpirti në fyt, e atëherë të thuash: "Jepjani këtë atij dhe këtë atij tjetrit, ndërsa kjo qysh më herët ka qenë e tij."*

(Muttefekun alejhi)

Hadithi 94

Transmetohet nga Ebu Hurejra r.a. se i Dërguari i All-llahut s.a.v.s. ka thënë: *"Shpejtoni me vepra të mira, me shtatë lloje: Çka pritni tjetër përveç varfërisë së rëndë, ose pasurisë që të mashtron, ose sëmundjes që të dëmton, ose pleqërisë që të shkatë-rron, ose vdekjes së shpejtë, ose dexhxhalin - ai është më i keqi që e keni pritur e nuk ka ardhur, ose e pritni çastin e fundit; kurse çasti i fundit do të jetë më i ziu dhe më i hidhuri."*

(Transmeton Tirmidhiu, i cili ka thënë hadith hasen)

All-llahu i Madhërishëm thotë:

"Ata, të cilët bëjnë luftë për ne, Ne do t'i drejtojmë me siguri rrugëve tona: Ndërkaq All-llahu është me të vërtetë në anën e mirëbërësve."

(el-Ankebut, 69)

"Por përmende emrin e Zotit tënd dhe Atij përkushtoju plotësisht!"

(el-Muzemmil, 8)

"Dhe adhuro Zotin tënd sa të jesh gjallë (deri në vdekje)

(el-Hixhr, 99)

"Ai që punon mirë, sa grima - e sheh atë."

(ez-Zelzele, 7)

."..Ndërsa të mirat që tek All-llahu i siguroni për vete qysh më parë, do t'i gjeni edhe më të mëdha tek All-llahu dhe do të fitoni shpërblim edhe më të madh."

(el-Muzemmil, 20)

."..Dhe çkado që jepni për të mirë, All-llahu me siguri e di."

(el-Bekare, 273)

Ajetet mbi këtë temë janë të shumta dhe të njohura.

Kurse prej haditheve të kësaj teme janë këto:

Hadithi 96

Transmetohet nga Ebu Hurejra r.a. se i Dërguari i All-llahut s.a.v.s. ka thënë: *"Vërtet All-llahu i Madhërishëm ka thënë: "Kush-do që tregon armiqësi ndaj mikut (velij) Tim, unë do t'i shpall luf-të. Me asgjë robi Im nuk mund të më afrohet më mirë,vet;m se me atë me çfarë Unë e kam obliguar dhe vazhdimisht robi Im më afrohet me vepra të mira (nafile), derisa ta dua, e kur ta dua, Unë bëhem veshi i tij me të cilin dëgjon; syri i tij me të cilin sheh; dora e tij me të cilën sulmon fuqishëm; këmba e tij me të cilën ecën. I këtilli nëse më kërkon diçka, do t'ia jap, e nëse kërkon mbrojtje nga Unë, do ta mbroj atë."*

(Transmeton Buhariu)

Hadithi 97

Nga Enesi r.a. transmetohet se Pejgamberit s.a.v.s. i është përcjellur nga Krijuesi i tij i Madhërishëm i Cili ka thënë: *"Kur të më afrohet robi Mua një pëllëmbë, Unë atij i afrohem një llërë; kurse nëse ai Mua më afrohet një llërë, Unë atij i afrohem një pash, dhe kur të më vijë duke ecur, Unë i shkoj atij duke vrapuar."*

(Transmeton Buhariu)

Hadithi 98

Transmetohet nga Ibni Abbasi r. anhuma se i Dërguari i All-llahut s.a.v.s. ka thënë: *"Në dy begati janë të mashtruar shumica e njerëzve, e ato janë: shëndeti dhe koha e lire."*

(Transmeton Buhariu)

Hadithi 99

Nga Aishja r. anha transmetohet të ketë thënë se Pejgamberi s.a.v.s. ngrihej natën (për namaz) aq gjatë, saqë këmbët i patën pëlcitur (nga dhembjet), andaj unë i thashë: "Përse po vepron kështu o i Dërguari i All-llahut, kur t'i ka falur ty All-llahu mëkatet e mëparshme dhe të pastajmet?" Ai tha: *"A nuk dua që të jem rob falënderues?"*

(Muttefekun alejhi)

Ky është citat i Buhariut. Si ky është edhe në sahihajn me transmetim të Mugire ibn Shu'bes.

Hadithi 101

Transmetohet se Aishja r. anha ka thënë: "Kur vinte dhjetëshja (dhjetë ditët e fundit të Ramazanit) i Dërguari i All-llahut s.a.v. se gjallëronte natën (me ibadet), e zgjonte familjën e tij, angazhohej më tepër dhe vetmohej (për ibadet dhe izolim prej grave)."

(Muttefekun alejhi)

Hadithi 102

Transmetohet nga Ebu Hurejra r.a. se i Dërguari i All-llahut s.a.v.s. ka thënë: *"Besimtari i fortë (në besim) është më i mirë dhe më i dashur tek All-llahu sesa besimtari i dobët dhe te secili ka do-bi. Kujdesu për atë që të sjell dobi. Kërko ndihmë nga All-llahu e mos u bë i dobët. Nëse të godet diçka, mos thuaj: "Sikur të veproja kështu, do të ndodhte kjo", por thuaj: "All-llahu e ka caktuar dhe çka ka dashur Ai ka vepruar. Sepse "lev-i" (sikur të...) e fillon veprimin e djallit."*

(Transmeton Muslimi)

Hadithi 103

Nga Ebu Hurejra r.a. transmetohet se i Dërguari i All-llahut s.a.v.s. ka thënë: *"Xhehenemi është i fshehur dhe i mbuluar me epshe, kurse Xheneti është i fshehur dhe i mbuluar me pakënaqësi."*

(Muttefekun alejhi)

Hadithi 106

Transmetohet nga Enesi r.a. se i Dërguari i All-llahut s.a.v.s. ka thënë: *"Të vdekurin e përcjellin tri gjëra: familja e tij, pasuria e tij dhe veprat e tij. Dy kthehen, kurse një mbetet me të. Kthehet familja dhe pasuria e tij, kurse me të mbesin veprat e tij."*

(Muttefekun alejhi)

Hadithi 107

Nga Ibni Mes'udi transmetohet se Pejgamberi s.a.v.s. ka thënë: *"Secilit prej jush Xheneti i është më i afërt sesa rripi (lidhësja) i këpucës së tij, e po ashtu është edhe xhehenemi."*

(Transmeton Buhariu)

Hadithi 109

Nga Ebu Abdull-llah - Abdurrahman Thevbáni, shërbëtor (mev-lá) i të Dërguarit të All-llahut s.a.v.s transmetohet të ketë thënë: "E kam dëgjuar të Dërguarin e All-llahut s.a.v.s. duke thënë: *"Të rekomandoj të bësh shumë sexhde, sepse për secilën sexhde që i bën All-llahut, All-llahu të lartëson nga një shkallë dhe ta shlyen me të nga një mëkat."*

(Transmeton Muslimi)

Hadithi 110

Transmetohet nga Ebu Safván Abdull-llah ibn Busr el-Eslemij r.a. se i Dërguari i All-llahut s.a.v.s. ka thënë: *"Njeriu më i mirë është ai që jeton gjatë dhe bën vepra të mira."*

(Transmeton Tirmidhiu dhe thotë: hadith hasen)

Hadithi 112

Nga Ebu Mes'ud Ukbe ibn Amr el-Ensarij r.a. transmetohet të ketë thënë: "Pasi u shpall ajeti i sadakasë, ne asokohe punonim si hamej, pastaj erdhi një njeri dhe dha shumë pasuri sadaka. (Të pranishmit) Thanë: "Dëshiron të tregohet", pastaj erdhi një njeri tjetër dhe dha një tas sadaka. Thanë: "Vërtet All-llahu është i panevojshëm për këtë tas!" Me atë rast u shpall ajeti: *"Ata që përgojojnë besimtarët në dhënien vullnetare të kontributeve, madje i përbuzin edhe ata të cilët japin me përpjekje të madhe."* (et-Tewbe, 79)

(Muttefekun alejhi)

Hadithi 113

Nga Seid ibn Abdul-Azizi, nga Rebija ibn Jezidi, nga Ebu Idris el-Havláni, nga Ebu Dherr Xhundub ibn Xhunade r.a. përcillet se Pejgamberit s.a.v.s. transmeton nga All-llahu i Gjith;fuqishëm, që ka thënë: *"O robër të Mi! Unë ia kam ndaluar dhunën Vetes dhe e kam ndaluar edhe ndër ju, prandaj mos i bëni dhunë njëri-tjetrit.*

O robër të Mi! Të gjithë ju jeni të lajthitur, përveç atij që e përudh Unë, prandaj kërkoni udhëzime nga Unë, do t'ju përudh. O robër të Mi! Të gjithë ju jeni të uritur, përveç atij që e ushqej Unë, prandaj kërkoni t'ju ushqej, do t'ju ushqej. O robër të Mi! Të gjithë ju jeni të zhveshur, përveç atij që e vesh Unë, prandaj kërkoni veshje nga Unë, do t'ju vesh. O robër të Mi! Vërtet ju gaboni natën dhe ditën, kurse Unë i fal të gjitha mëkatet, prandaj kërkoni nga Unë falje, do t'ju fal. O robër të Mi! Ju kurrë nuk mund të arrini tek ajo me çka do të më shkaktonit Mua dëm, as që ndonjëherë do të arrini tek ajo që Mua dobi do të më sjellë, që të më kontribuonit. O robër të Mi! Sikur i pari nga ju dhe i fundit nga ju dhe njerëzit nga ju dhe xhinnët nga ju të ishin të devotshëm si zemra më e devotshme e njërit nga ju, kjo nuk do ta shtonte sundimin Tim në asgjë. O robër të Mi! Sikur i pari nga ju dhe i fundit nga ju dhe njerëzit nga ju dhe xhinnët nga ju të ishin të prishur si zemra më e prishur e njërit nga ju, kjo nuk do ta pakëso-nte sundimin Tim në asgjë. O robër të Mi! Sikur i pari nga ju dhe i fundit nga ju dhe njerëzit nga ju dhe xhinnët nga ju të ngriheshit (qëndroni) në një vend dhe dëshirat dhe lutjet të m'i drejtoni Mua, dhe Unë t'i përgjigjesha lutjes së çdonjërit, kjo nuk do ta zvogëlonte atë që kam Unë as aq sa mungon gjilpëra kur ngulitet në det. O robër të Mi! Çdo gjë varet nga veprat tuaja, të cilat tek Unë janë të ruajtura dhe të llogaritura, kurse për të cilat Unë do t'ju shpërblej. Kush gjen mirë, le ta falënderojë All-llahun, kurse kush gjen të kundërtën, mos ta fajësojë askënd përveç vetvetes."

(Transmeton Muslimi)

All-llahu i Madhërishëm thotë:

"A nuk ju kemi lënë të jetoni mjaft, e ai që ka dashur të mendojë ka pasur mjaft kohë, madje ju erdhi edhe Pejgamberi!"

(el-Fatir, 37)

Ibni Abbasi dhe dijetarët e tjerë islamë rreth kuptimit të këtij ajeti thonë: *"A nuk ju kemi lënë të jetoni 60 vjet"* dhe këtë e provojnë me hadithin që do të theksohet më poshtë. Thonë edhe për 18 vjet ose 40 vjet. El-Hasani, el-Kelbiu, Mesruki, Nikli nga Ibni Abbasi po ashtu transmetojnë se kur ndonjëri prej medinasve mbushte 40 vjet vetmohej për ibadet. Kurse për pjesën e ajetit: *"Madje u erdhi edhe Pejgamberi"* Ibni Abbasi dhe Xhumhuri thonë: "Ai është Pejgamberi Muhammed s.a.v.s.", e ka pasur edhe mendime të tjera.

Kurse hadithet mbi këtë temë janë:

Hadithi 114

Nga Ebu Hurejra transmetohet se Pejgamberi s.a.v.s. ka thënë: *"Arsyetohet All-llahu ndaj njeriut të cilit ia vonon exhelin derisa t'i mbushë gjashtëdhjetë vjet."*

(Transmeton Buhariu)

(Dijetarët islamë thonë se afati i fundit për pendim të sinqertë është 60 vjet, pas kësaj kohe nuk vlen ndjesa)

Hadithi 116

Transmetohet nga Aishja r. anha se ka thënë: "Pasi u shpall surja En-Nasr (*"Kur vjen ndihma e fitorja e All-llahut"*), i Dërguari i All-llahut s.a.v.s. nuk ka falur asnjë namaz e të mos ketë thënë: *"Suhbhaneke rabbena ve bi hamdike, All-llahummagfir lî"* (*Lavdia të qoftë Ty, Krijuesi ynë dhe qofsh i falënderuar. O All-llahu im, më fal*)

Sipas një transmetimi tjetër, në dy sahihët nga Aishja r.a. transmetohet: "I Dërguari i All-llahut s.a.v.s. shpeshherë thonte në kërrusjet (ruku') dhe në sexhdet e tij: *"Subhânekall-llahumme rabbenâ ve bihamdike, All-llahummagfir lî"* (*Lavdia të qoftë Ty, Krijuesi ynë dhe qofsh i falënderuar, O All-llahu im, më fal*), duke e bërë kështu te'vîl Kur'anin. Te' vîl i Kur'anit do të thotë: veprim i asaj që urdhërohet në Kur'an sipas fjalëve të Lartmadhërishmit: *"Fe sebbih bihamdi rabbike ve-stagfirhu"* (Ti madhëroje Zotin tënd me lavdëresa dhe kërko falje nga Ai) Sipas një transmetimi të Muslimit i Dërguari i All-llahut s.a.v.s. e shpeshtoi të thonte para se të vdesë: *"Subhâ-nekall-llahumme ve bihamdike estagfiruke ve etûbu ilejke"* (*Lavdia të qoftë Ty, All-llahu im, dhe qofsh i falënderuar, te Ti kërkoj falje dhe pendohem*) Aishja r.a. thotë: "I thashë: "O i Dërguari i All-llahut, ç'janë këto fjalë të reja që po i thua?" (Pejgamberi) Tha: *"Mua më është dhënë një shenjë (alamet) për umetin tim, që kur ta shoh, të them: "Idhâ xhâe nasrull-llahi ve-l-fet'hu"* (Kur vjen ndihma e All-llahut dhe fitorja) e deri në fund të sures." Ndërsa sipas një transmetimi, po ashtu të Muslimit, i Dërguari i All-llahut s.a.v.s. shumë herë thonte: *"Subhâ-nall-llahi ve bihamdihî, Estagfirull-llahe ve etûbu ilejhi."* (*Lavdia i qoftë All-llahut dhe qoftë i falënderuar, kërkoj falje nga All-llahu dhe tek Ai pendohem*) Ka thënë (Aishja): "I thashë: "O i Dërguari i All-llahut, po të shoh shpesh se thua: "Subhanall-llahi ve bihamdihî. Estagfirull-llahe ve etûbu ilejhi?" Pejgamberi tha: *"Më ka lajmëruar Krijuesi im se unë do të shoh një shenjë (alamet) në umetin tim, dhe kur ta shoh atë ta shpeshtoj thënien: "Subhanall-llahi ve bihamdihi. Estagfirullahe ve etûbu ilejhi." Unë e kam parë atë, e ajo është: "Idhâ xhâe nasrull-lahi ve-l-vet'hu." (Kur vjen ndihma e All-llahut dhe fitorja. Dhe i sheh njerëzit që po hyjnë në fenë e All-llahut grupe-grupe. Ti madhëroje Zotin tënd me lavdëresa dhe kërko falje nga Ai! Ai me të vërtetë e pranon pendimin.)* (en-Nasr: 1-4)).

Hadithi 118

Transmetohet nga Xhabiri r.a. se Pejgamberi s.a.v.s. ka thënë: *"Secili njeri do të ringjallet (në Ditën e gjykimit) në gjendjen në të cilën ka vdekur."*

(Transmeton Muslimi)

All-llahu i Madhërishëm thotë:

.".. *Dhe çka të bëni nga të mirat, All-llahu me siguri e di atë.*"

(el-Bekare, 215)

"*Çkado që të bëni mirë, All-llahu e di.*"

(el-Bekare, 197)

"*Ai i cili punon mirë, sa grima, e sheh atë.*"

(ez-Zelzele, 7)

"*Kush ka bërë mirë, ka bërë për vete.*"

(el-Xhathije, 15)

Për këtë temë ka shumë ajete. Sa u përket haditheve, ato janë shumë dhe të panumërta, po i theksojmë disa:

Hadithi 119

Transmetohet nga Ebu Dherr Xhundub ibn Xhunade r.a. se ka thënë: "I thashë: "O i Dërguari i All-llahut, cila është vepra më e mirë?" Tha: *"Besimi në All-llahun dhe lufta (xhihadi) në rrugën e Tij."* I thashë: "Cila pasuri është më e mirë?" Ai tha: *"Ajo që është më e shtrenjtë dhe më e çmuar."* (Unë) i thashë: "Nëse nuk (mund ta) e jap?" (Pejgamberi) Tha: *"Ndihmoji atij që bën mjeshtëri, ose bëji mjeshtëri atij që nuk di mjeshtëri."* Thashë: "O i Dërguari i All-llahut, e çka mendon nëse unë nuk mund të bëj diçka nga dobë-sia?" (Pejgamberi) tha: *"Ruhu mos u bëj keq të tjerëve, e kjo do të jetë sadaka jotja për veten tënde."*

(Muttefekun alejhi)

Hadithi 120

Nga Ebu Dherri r.a. po ashtu transmetohet se i Dërguari i All-llahut s.a.v.s ka thënë: *"Çdo mëngjes për çdo nyje (të trupit) tuaj ka sadaka. Çdo tesbih - lavdërim (të shprehurit subhanall-llah) ësh-të sadaka; çdo tahmid - falënderim (të shprehurit elhamdu li-l-lah) është sadaka; çdo tekbir - madhërim (të shprehurit All-llahu ekber)* është sadaka; urdhëresa për të mirë është sadaka, ndalesa kundër së keqes është sadaka. Krejt këtë e zëvendësojnë dy rekate namaz nafile (vullnetare) të paraditës (duhâ)."

(Transmeton Muslimi)

Hadithi 121

Transmetohet përsëri nga Ebu Dherri r.a. se Pejgamberi s.a.v.s. ka thënë: *"Më janë paraqitur veprat e umetit tim, të mirat dhe të këqijat. Ndër veprat e tyre të mira e kam gjetur edhe largimin nga rruga të asaj që i mundon kalimtarët. Kurse ndër veprat e tyre të këqija bën pjesë edhe pështyma në xhami e cila, nuk groposet."*

(Transmeton Muslimi)

Hadithi 122

Po ashtu transmetohet nga Ebu Dherri r.a. se disa njerëz kanë thënë: "O i Dërguari i All-llahut, pasanikët na tejkaluan me shpërblime, ata falin namaz si ne, agjërojnë si ne, kurse (përveç kësaj) nga teprica e pasurisë së tyre japin sadaka." (Pejgamberi) Tha: *"A nuk ju ka dhënë All-llahu edhe juve me çka të bëni sadaka? Vërtet, çdo tesbih (lavdërim All-llahut) është sadaka, çdo tekbir (madhërim All-llahun) është sadaka, çdo tahmid (falënderim All-llahun) është sadaka, çdo tehlil (thënia: La ilahe il-lall-llah) është sadaka."* Urdhëresa për të mirë është sadaka, ndalesa kundër së keqes është sadaka, edhe marrëdhënia seksuale (bashkëshortore) është sadaka." Njerëzit i thanë: "O i Dërguari i All-llahut, a edhe për epshet e ndonjërit prej nesh ka shpërblim? Tha: *"Më thoni, nëse epshin e tij e përdor në haram, a nuk ka për të mëkat? Po ashtu, nëse e përdor në hallall do të ketë shpërblim."*

(Transmeton Muslimi)

Hadithi 123

Përsëri transmetohet nga Ebu Dherri r.a., i cili thotë: "Më tha Pejgamberi s.a.v.s.: *"Assesi në asnj mënyrë mos e nënçmo asnjë vepër të mirë, qoftë edhe të takosh vëllanë tënd me buzëqeshje."*

(Transmeton Muslimi)

Hadithi 124

Transmetohet nga Ebu Hurejra r.a. se i Dërguari i All-llahut s.a.v.s. ka thënë: *"Për çdo nyje të njeriut, çdo ditë kur lind dielli, duhet dhënë sadaka. Nëse pajton dy veta, edhe kjo është sadaka, nëse dikujt i ndihmon që të hipë në kafshën e tij, ose i ndihmon që ta ngarkojë barrën në kafshën e tij (kalë ose deve), edhe kjo është sadaka, edhe fjala e mirë është sadaka, çdo hap që bën për të shkuar në namaz është sadaka, edhe largimi nga rruga e asaj që i pengon kalimtarët është sadaka."*

(Muttefekun alejhi)

Kurse në Sahih të Muslimit sipas transmetimit të Aishes r.a. thuhet se i Dërguari i All-llahut s.a.v.s. ka thënë: *"Vërtet secili njeri prej Beni Ademëve është krijuar me 360 (treqind e gjashtëdhjetë) nyje. Kush e madhëron All-llahun (duke thënë: All-llahu ekber), kush e falënderon (me elhamduli-l-lah), kush i bën tehlil (duke thënë: La ilahe il-lall-llah), kush i shpreh lavdi (tesbih), kush i kërkon falje (istigfâr), kush e mënjanon një gur, një ferrë apo një kockë nga rruga e njerëzve, ose urdhëron për të mirë, ose ndalon kundër së keqes me numër të përgjithshëm 360 (herë), ai atë ditë do të shkojë i shpëtuar nga zjarri."*

Hadithi 125

Nga Ebu Hurejra r.a. transmetohet se Pejgamberi s.a.v.s. ka thënë: *"Kush shkon në xhami për namaz në mëngjes ose në mbrëmje, All-llahu për këtë do t'i përgatisë atij gosti (në Xhenet) në mëngjes ose në mbrëmje."*

(Muttefekun alejhi)

Hadithi 126

Nga Ebu Hurejra r.a. transmetohet se i Dërguari i All-llahut s.a.v.s ka thënë: *"O ju gratë muslimane, asnjëra nga ju mos ta përbuzë shoqen fqinje të saj, qoftë ajo edhe për një thundër deleje."*

(Muttefekun alejhi)

Hadithi 127

Ebu Hurejra r.a. thotë se Pejgamberi s.a.v.s. ka thënë: *"Imani (besimi) është gjashtëdhjetë e disa a shtatëdhjetë e disa degë. Më e vlefshme është fjala: "La ilahe il-lall-llah" (nuk ka Zot tjetër përveç All-llahut), kurse më e ulëta është largimi nga rruga e asaj që i mundon kalimtarët. Edhe turpi është një degë e imanit."*

(Muttefekun alejhi)

Hadithi 128

Ebu Hurejra r.a. thotë se i Dërguari i All-llahut s.a.v.s. ka thënë: *"Një njeri duke udhëtuar në një rrugë e kaplon etje e madhe, e gjen një pus, zbret në të dhe pi ujë. Pastaj del nga pusi dhe has një qen me gjuhë të nxjerrë jashtë, që ha baltë nga etja. Njeriu thotë: "Këtë qen e paska kapluar etja siç më pat kapluar edhe mua më parë." Pastaj njeriu zbret në pus dhe mbush këpucën e vet me ujë, pastaj e kap me gojë derisa ngjitet lart dhe i jep të pijë qenit. All-llahu për këtë e shpërblen dhe ia fal mëkatet."* (As'habët i) Thanë: *"O i Dërguari i All-llahut, edhe për kafshët kemi shpërblim?"* (Pejgamberi) Tha: *"Në gjithçka që ka mëlçi të lagur ka shpërblim."*

(Muttefekun alejhi)

Në transmetimin e Buhariut theksohet: *"E shpërblen All-llahu, ia fal mëkatet dhe e fut në xhenet."* Kurse në një transmetim të Buhariut dhe Muslimit (ku kjo ngjarje theksohet më gjerësisht), theksohet: *"Një ditë një qen u soll rreth pusit, pasi e kishte kapluar etja për vdekje. Atë e sheh një lavire dhe horre prej Beni Israilëve, e zbathi këpucën e saj dhe me të i dha ujë qenit derisa e ngopi; për këtë vepër iu falën mëkatet."*

Hadithi 129

Ebu Hurejra r.a. po ashtu thotë se Pejgamberi s.a.v.s. ka thënë: *"Vërtet e kam parë një njeri duke u dëfryer në Xhenet për shkak se kishte prerë një dru që i pengonte muslimanët të kalonin rrugën."*

(Transmeton Muslimi)

Kurse në një transmetim tjetër thuhet: *"Një njeri has në një degë të lisit në mes të rrugës, e thotë: "Pasha All-llahun, unë këtë do ta largoj që të mos i mundojë muslimanët." Andaj u fut në xhenet."* Kurse në një transmetim të Buhariut dhe Muslimit: *"Duke ecur rrugës një njeri e gjen një degë të ferrës në rrugë dhe e largon. All-llahu e falënderoi atë dhe ia fali mëkatet."*

Hadithi 130

Ebu Hurejra r.a. transmeton se i Dërguari i All-llahut s.a.v.s. ka thënë: *"Kush merr abdest bukur e mirë, pastaj shkon në namaz të xhumasë, atje hesht dhe dëgjon (hutben), i falen mëkatet e bëra mes dy xhumave dhe tri ditë më tepër. Kush argëtohet në xhami me rërë (dhe gjëra të tjera), e ka zhvlerësuar dobinë e xhumasë."*

(Transmeton Muslimi)

Hadithi 131

Nga Ebu Hurejra r.a. transmetohet se i Dërguari i All-llahut s.a.v.s. ka thënë: *"Kur një rob musliman a besimtar merr abdest, kur e lan fytyrën, prej tij bien të gjitha mëkatet e syve të tij me të cilët ka shikuar, bashkë me ujin ose me pikën e fundit të ujit. Kur t'i lajë duart, i bien të gjitha mëkatet e duarve me ujin ose me pikën e fundit të ujit, derisa të dalë i pastër nga mëkatet. Kur t'i lajë këmbët e tij, i bien të gjitha mëkatet e këmbëve bashkë me ujin ose me pikën e fundit të ujit, ashtu që ai mbetet plotësisht i pastër prej mëkateve."*

(Transmeton Muslimi)

Hadithi 132

Ebu Hurejra r.a. thotë se i Dërguari i All-llahut s.a.v.s ka thënë: *"Pesë namazet, prej njërit deri te tjetri, namazi i xhumasë, prej njërit deri te tjetri dhe prej një ramazani gjer në ramazanin tjetër, janë pastrues të mëkateve në mes tyre, nëse ruheni prej mëkateve të mëdha."*

(Transmeton Muslimi)

Hadithi 135

Nga Ebu Musa el-Esh'arij r.a. transmetohet se i Dërguari i All-llahut s.a.v.s. ka thënë: *"Një besimtar (musliman), kur të sëmuret, ose kur të jetë në rrugë, i shënohen (shpërblimet) njësoj sikur ka qenë i shëndoshë dhe në shtëpi."*

(Transmeton Buhariu)

Hadithi 136

Transmetohet nga Xhabiri r.a. se i Dërguari i All-llahut s.a.v.s ka thënë: *"Çdo vepër e mirë është sadaka."*

(Këtë hadith e transmeton Buhariu, kurse Muslimi e transmeton prej Hudhejfes r.a.)

Hadithi 137

Xhabiri r.a. thotë se i Dërguari i All-llahut s.a.v.s. ka thënë: *"Asnjë musliman nuk do të mbjellë një fidan e të mos ketë për çdo fryt që hahet prej tij sadaka, e edhe për atë që i vidhet ai ka sadaka, edhe për atë që i humbet ka sadaka."*

(Transmeton Muslimi)

Në një transmetim tjetër të tij thuhet: *"Secili musliman që mbjell një fidan (pemë) e prej saj hanë njerëzit, kafshët dhe shpezët, do t'i jetë kjo sadaka deri në Ditën e Gjykimit."* Kurse në një transmetim tjetër, po ashtu të Muslimit, thuhet: *"Për çdo pemë a bimë që mbjell muslimani e prej tyre ushqehen njerëzit dhe kafshët ai ka sadaka."* Transmetimi i këtillë është prej Enesit r.a.

Hadithi 143

Transmetohet nga Adijj ibn Hatim të ketë thënë: "E kam dëgjuar Pejgamberin s.a.v.s. duke thënë: *"Frikësohuni (ruhuni) nga zjarri, qoftë edhe me gjysmë hurme."*

(Muttefekun alejhi)

Në një transmetim tjetër po nga ky transmetues, Buhariu dhe Muslimi theksojnë hadithin në tërësi si vijon: "I Dërguari i All-llahut s.a.v.s. ka thënë: *"Secilit prej jush Krijuesi i vet do t'i drejtohet drejtpërdrejt (me të folur-pyetje) pa përkthyes. Do të shikojë nga ana e tij e djathtë, e nuk do të shohë tjetër gjë veçse veprat e tij (të mira). Pastaj do të shikojë nga ana e tij e majtë, e nuk do të shohë tjetër gjë veçse veprat e tij (të këqija). Do të shikojë përpara vetes e nuk do të shohë tjetër veçse zjarrin (e Xhehenemit) para fytyrës së tij. Andaj, mbrohuni nga zjarri (i Xhehenemit), qoftë edhe me gjysmë hurme, e kush nuk e gjen këtë atëherë me fjalë të mire."*

Hadithi 144

Transmetohet nga Enesi r.a. se i Dërguari i All-llahut s.a.v.s. ka thënë: *"Vërtet All-llahu është i kënaqur me robin i cili, kur ha diçka, e falënderon All-llahun, e po ashtu edhe kur të pijë diçka e falënderon All-llahun."*

(Transmeton Muslimi)

Hadithi 145

Transmetohet nga Ebu Musa r.a. se Pejgamberi s.a.v.s ka thënë: *"Secili musliman e ka obligim një sadaka."* Iu tha: "E çfarë mendon nëse nuk e gjen?" Tha: *"Do të punojë me duart e veta, e shfrytëzon vetveten dhe do të japë sadaka."* Pastaj iu tha: "E nëse nuk mund-et?" Tha: *"Do t'i ndihmojë të nevojshmit që është i dëmtuar."* Pastaj iu tha: "E çka mendon nëse edhe këtë nuk mund-et?" Atëherë (Pejgamberi) tha: *"Do të rekomandojë dhe urdhërojë veprat e mira apo të hajrit."* Thanë: "E nëse edhe këtë nuk e bën dot?" Tha: *"Do të përmbahet nga e keqja, sepse edhe ajo është sadaka."* (Muttefekun alejhi)

All-llahu i Lartmadhërishëm thotë.

"Ta Ha. Nuk ta shpallëm Kur'anin për të të munduar."

(Tâ Hâ, 1-2)

dhe thotë:

.".. *All-llahu ju dëshiron lehtësim e nuk ju dëshiron vështirësi."*

(el-Bekare, 185)

Hadithi 146

Nga Aishja r.a. transmetohet se Pejgamberi s.a.v.s. hyri në dhomën e saj, ku gjendej një grua, dhe i tha: *"Kush është kjo?"* Tha: "Kjo është filan gruaja, e kryen me kujdes namazin e saj." (Pejgamberi) Tha: *"Mos e obligoni veten se nuk keni mundësi, se pasha All-llahun, Ai nuk mërzitet derisa të mos ju mërzitë juve së tepruarit. All-llahu më së shumti e do devotshmërinë e përhershme tek ai që e kryen."*

(Muttefekun alejhi)

"All-llahu nuk do t'i ndërprejë thevabet e Tij dhe shpërblimin për veprat tuaja dhe nuk do të mërzitet për këtë, siç ndodh kjo me krijesat, përderisa ju të mos mërziteni e ta ndërpritni ibadetin. Andaj është e domosdoshme që prej ibadeteve vullnetare të merrni vetëm ato që mund t'i kryeni vazhdimisht e pa ndërprerje, në mënyrë që edhe shpërblimi i All-llahut mbi ju të rrjedhë pandëprerë."

Hadithi 147

Transmetohet nga Enesi r.a.: "Tre njerëz prej të afërmve erdhën në shtëpitë e grave të Pejgamberit s.a.v.s. dhe pyetën për ibadetin e Pejgamberit s.a.v.s. e pasi morën përgjigje, atyre iu duk se kjo është pak dhe thanë: "Ku jemi ne e ku është Pejgamberi s.a.v.s.? All-llahu atij ia ka falur të gjitha mëkatet e mëparshme dhe ato të ardhshmet." Njëri prej tyre tha: "Sa më përket mua, unë gjithnjë tërë natën do të falem." I dyti tha: "Unë vazhdimisht do të agjëroj." I treti tha: "Unë do të izolohem prej grave dhe kurrë nuk do të martohem." Kur vjen i Dërguari i All-llahut s.a.v.s. u thotë: *"A jeni ju që keni thënë këtë dhe këtë? Sa më përket mua, pasha All-llahun, unë jam më i frikësuari dhe më i devotshmi ndaj All-llahut sesa ju, por unë agjëroj dhe ha, falem dhe flej, dhe bëj jetë bashkëshortore! Kush largohet nga Suneti im, ai nuk më përket mua."*

(Muttefekun alejhi)

Hadithi 148

Nga Ibni Mes'udi r.a. transmetohet se Pejgamberi s.a.v.s. ka thënë: *"Janë shkatërruar dhe kanë humbur stërholluesit e tekanjozët"* (Ata të cilët vetes dhe të tjerëve ua vështirësojnë punët dhe ibadetet aty ku nuk duhet) Këtë e tha tri herë.

(Transmeton Muslimi)

Hadithi 149

Nga Ebu Hurejra r.a. transmetohet se Pejgamberi s.a.v.s. ka thënë: *"Vërtet feja është lehtësi, kushdo që e vështirëson fenë (me shtesa), ajo e ngadhënjen atë (duke e kthyer në gjendje normale). Andaj drejtohuni, afrohuni (njëri me tjetrin), bëhuni të gëzuar, shfrytëzoni dhe ndihmohuni me ecje të mëngjesit, të mbrëmjes dhe të pasdarkës (shfrytëzoni lehtësimet fetare në ibadete)."*

(Transmeton Buhariu)

Sipas një transmetimi të Buhariut, ky hadith përfundon kështu: *"Drejtohuni nga njëri-tjetri, afrohuni, gdhihuni herët e rrini vonë dhe shfrytëzoni lehtësimet e tjera. Bëhuni të matur, bëhuni të matur e do t'ia arrini qëllimit."* Kuptimi i përgjithshëm i hadithit është: "Vetveten ndihmojeni në kryerjen e ibadeteve të All-llahut në mënyrë që ato t'i kryeni në çastet e komoditetit dhe disponimit, në mënyrë që t'u jenë të këndshme e jo të rënda e të mërzitshme, që t'ia arrini qëllimit. Në fe bëhuni racionalë, t'i arrini qëllimet me sa më pak mundime e lodhje, njësoi si në punët e kësaj bote."

Hadithi 150

Transmetohet nga Enesi r.a.: "Pejgamberi s.a.v.s. ka hyrë në xhami, kurse aty ishte një litar i zgjatur në mes dy shtyllave të xhamisë. (Pejgamberi) Tha: *"Ç'është ky litar këtu?"* (Të pranishmit) Thanë: "Ky litar është i Zejnebes r.a. (njëra nga bashkëshortet e alejhisselamit), kur përgjumet gjatë namazit, ajo mbahet tek ai." Pejgamberi s.a.v.s. tha: *"Zgjidheni, secili prej jush le të falet me disponim, e kur të përgjumet, le të bjerë e të flejë."*

(Muttefekun alejhi)

Hadithi 151

Nga Aishja r.a. transmetohet se i Dërguari i All-llahut s.a.v.s. ka thënë: *"Kur dikush prej jush kotet gjatë namazit (nafile), le të flejë gjersa t'i kalojë gjumi. Sepse nëse dikush duke u falur kotet, ai nuk e di nga kthehet dhe çka bën, andaj në vend që të kërkojë falje (istigfar), ai e qorton vetveten (pa vetëdije)."*

(Muttefekun alejhi)

Hadithi 153

Transmetohet nga Ebu Xhuhajfe Vehb ibn Abdull-llah r.a., i cili ka thënë: "Pejgamberi s.a.v.s. e vëllazëroi Selmanin me Ebu Derdâ-në r.a. Një ditë Selmani i shkoi për vizitë Ebu Derda-së dhe kur e sheh nënën e Derdasë të veshur thjesht i thotë: "Ç'është puna jo-te?" (Ajo) Tha: "Vëllai yt, Ebu Derda nuk ka dëshirë për gjërat e kësaj bote." Pastaj vjen Ebu Derda, i përgatit ushqim vëllait të vet dhe i thotë: "Ti ha, kurse unë jam duke agjëruar." (Selmani) Tha: "Unë nuk do të ha derisa edhe ti të hash me mua." Kur erdhi nata, Ebu Derda u ngrit për të falur namaz (nafile), kurse Selmani i tha: "Bjer dhe fli." Ebu Derda ra të flejë, pastaj së shpejti u zgjua të fa-let. Selmani prapë thotë: "Bjer dhe fli!" Kur nata ishte në përfun-dim Selmani i tha Ebu Derdasë: "Tash zgjohu!" Pasi e falën saba-hun, Selmani i thotë vëllait të vet: "Ti vërtet ke detyra ndaj Krijue-sit tënd, ke detyra ndaj vetvetes dhe ke detyra edhe ndaj familjes

57

tënde. Jepja dhe plotësoja secilit të drejtën e tij." Pastaj shkon te Pejgamberi s.a.v.s. dhe ia rrëfen ngjarjen. Pejgamberi s.a.v.s. thotë: *"Selmani ka thënë (dhe vepruar) të drejtën."*

(Transmeton Buhariu)

Hadithi 155

Transmetohet nga Ebu Rib'ij Handhale ibn Rebi' el-Usejdijji, një nga shkruesit e të Dërguarit s.a.v.s. të ketë thënë: "Më takoi Ebu Bekri r.a. dhe më tha: "Si je, o Handhale?" I thashë: "Handhale ka bërë hipokrizi!" (Ebu Bekri) Tha: "Subhanall-llah (Lavdi i qoftë All-llahut), çfarë po flet?" Unë i thashë: "Ne shkojmë tek i Dërguari i All-llahut s.a.v.s. i cili na flet për Xhenetin dhe Xhehenemin aq qartë, si t'i shihnim me sytë tanë, ndërsa kur dalim nga i Dërguari i All-llahut s.a.v.s. ne jepemi pas dëfrimit me gratë, me fëmijët dhe gjëra të tjera dhe harrojmë shumicën nga ajo që dëgjuam." Ebu Bekri r.a. tha: "Pasha All-llahun, edhe ne veprojmë ashtu!" Pastaj unë dhe Ebu Bekri u nisëm derisa erdhëm tek i Dërguari i All-llahut s.a.v.s., kur unë i thashë: "Ka bërë hipokrizi Handhale, o i Dërguari i All-llahut!" I Dërguari s.a.v.s. tha: *"Ç'është ajo?"* I thashë: "O i Dërguari i All-llahut ne ishim te ti dhe ti na e tërhoqe vërejtjen me Xhehenem dhe Xhenet aq qartë, sikur t'i shihnim me sytë tanë, por kur kemi dalë prej teje, ne e kemi vazhduar dëfrimin me gratë, fëmijët dhe gjërat e tjera të kësaj bote, saqë kemi harruar shumë nga ato që i kemi dëgjuar prej teje." I Dërguari i All-llahut s.a.v.s. tha: *"Pasha Atë që e zotëron shpirtin tim, sikur të ishit të përhershëm - ashtu siç ishit tek unë, dhe sikur ta përkujtoni vazhdimisht këtë, juve do t'ju përqafonin dhe do t'jua kapnin duart engjëjl në shtratin tuaj dhe në rrugët tuaja, mirëpo o Handhale, orë pas ore!"* Këtë e përsëriti tri here."

(Transmeton Muslimi)

Hadithi 156

Nga Ibni Abbasi r.a. transmetohet se ka thënë: "Derisa Pejgamberi s.a.v.s. na mbante hutbe, një njeri qëndronte (në këmbë), andaj (alejhisselami) pyeti për të dhe (të pranishmit) i thanë: "Babai i Israilit është zotuar se do të qëndrojë në diell e nuk do të ulet, as nuk do të strehohet nën hije, as nuk do të flasë, vetëm do të agjërojë." Atëherë Pejgamberi s.a.v.s. tha: *"Urdhërojeni të flasë, të strehohet nën hije, të ulet dhe ta plotësojë agjërimin e tij."*

(Transmeton Buhariu)

RUAJTJA E VEPRAVE (FETARE)

All-llahu i Madhërishëm thotë:

"A nuk është koha që besimtarëve t'u zbuten zemrat kur përmendet All-llahu dhe çka ka zbritur nga e vërteta (Kur'ani), e të mos bëhen sikur ata të cilëve qysh më herët u është dhënë Libri. Atyre u është zgja-tur koha, andaj zemrat e tyre janë bërë të ashpra."

(el-Hadid, 16)

"Pastaj, vazhduam gjurmët e tyre me pejgamberët tanë, pasuam me Isanë, të birin e Merjemes, dhe atij i kemi dhënë Inxhilin, kurse në zemrat e pasardhësve të tij kemi derdhur butësi dhe mëshirë, kurse murgësinë e kanë shpifur vetë, nuk ua kemi caktuar Ne, vetëm për të arritur kënaqësinë e All-llahut. Mirëpo, ata nuk kujdesen për këtë si duhet."

(el-Hadid, 27)

"Dhe mos u bëni si ajo e cila e këputi pëlhurën e vet pas një qëndrese të fortë."

(en-Nahl, 92)

"Dhe adhuro Zotin tënd sa të jesh gjallë!"

(el-Hixhr, 99)

Prej haditheve të kësaj teme është edhe ai që transmetohet nga Aishja r.a., e cila pohon se Pejgamberi s.a.v.s. ka thënë: *"Feja më e dashur tek All-llahu është ajo pronari i së cilës është vazhdimisht i angazhuar në të."* (Shih hadithin nr. 146 të këtij Libri në kaptinën paraprake)

URDHËRESA E RUAJTJES SË SUNETIT DHE ADABEVE TË TIJ

All-llahu i Madhërishëm thotë:

"Çkado që ju jep Pejgamberi, merreni, e çka t'ju ndalojë, përmbahuni prej asaj."

(el-Hashr, 7)

"Ai nuk flet me hamendje. Ajo nuk është tjetër vetëm se shpallje që shpallet."

(en-Nexhm, 3-4)

"Thuaj: "Nëse e doni All-llahun, pasomëni, edhe ju All-llahu do t'ju dojë dhe do t'jua falë mëkatet."

(Ali Imran, 31)

"Ju keni shembull të mrekullueshëm në Pejgamberin e All-llahut, kush shpreson në mëshirën e All-llahut dhe shpër-blimin në botën tjetër."

(el-Ahzab, 21)

"Dhe jo, pasha Zotin tënd, ata nuk janë besimtarë derisa për gjykatës në mosmarrëveshjet e tyre nuk të pranojnë ty, e pastaj për shkak të gjykimit tënd në shpirtrat e tyre nuk ndiejnë aspak peshë, dhe derisa të përulen plotësisht."

(en-Nisa, 65)

."... Po nëse nuk pajtoheni në ndonjë çështje, drejto-juni All-llahut dhe Pejgamberit, nëse i besoni All-llahut dhe botës tjetër."

(en-Nisa, 59)

Dijetarët kanë thënë se kjo do të thotë në Kur'an dhe Sunet. Dhe sërish në Kur'an thuhet:

"Kush e respekton Pejgamberin e ku respektuar edhe All-llahun."

(en-Nisa, 80)

"Kurse edhe ti, pa dyshim udhëzon në rrugë të drejtë, në rrugë të All-llahut."

(esh-Shûrâ, 52-53)

."...Le të ruhen ata, të cilët veprojnë në kundërshtim me urdhrin e Tij, të mos i godasë ndonjë ngatërresë, ose të mos i godasë ndonjë dënim i dhembshëm."

(en-Nûr, 63) dhe thotë:

"Dhe përkujtoni ajetet edhe urtësitë e All-llahut, të cilat lexohen në shtëpitë tuaja."

(el-Ahzab, 34).

Ajete të kësaj sureje ka shumë. Ndërsa sa u përket haditheve, janë si vijon:

Hadithi 160

Nga Ebu Hurejra r.a. transmetohet se Pejgamberi s.a.v.s. ka thënë: *"Kini kujdes atë që po ju lë; ata që kanë qenë para jush janë shkatërruar për shkak të pyetjeve të shumta dhe divergjencave me Pejgamberët e tyre. Kur t'ju ndaloj prej diçkaje, largohuni prej saj, ndërsa kur t'ju urdhëroj për diçka, atë përmbusheni sa të keni mundësi."*

(Muttefekun alejhi)

Hadithi 162

Nga Ebu Hurejra r.a. transmetohet se i Dërguari i All-llahut s.a.v.s. ka thënë: *"Krejt umeti im do të hyjë në Xhenet, përveç atij që nuk do."* I thanë: "E kush nuk do, o i Dërguari i All-llahut?" Tha: *"Kush më respekton mua, ai do të hyjë në Xhenet, ndërsa kush më kundërvihet (nuk më respekton), ai nuk do."*

(Transmeton Buhariu)

Hadithi 165

Transmetohet nga Ebu Musa r.a. të ketë thënë: "U dogj një shtëpi në Medine bashkë me njerëzit e saj natën. Kur u informua për rastin e tyre, i Dërguari i All-llahut s.a.v.s. tha: *"Vërtet zjarri është armik juaji, prandaj, kur të flini, fikeni."*

(Muttefekun alejhi)

Hadithi 168

Transmetohet nga Xhabiri r.a. se i Dërguari i All-llahut s.a.v.s. ka urdhëruar që gjatë ngrënies të lëpihen gishtat dhe të fshihet ena me ushqim dhe ka thënë: *"Vërtet ju nuk e dini se ku është bereqeti."*

(Transmeton Muslimi)

Në një transmetim tjetër të tij thuhet: *"Kur t'i bjerë në tokë kafshata e ushqimit ndonjërit prej jush, le ta marrë, le t'ia shkundë pluhurin, pastaj le ta hajë dhe të mos ia lërë djallit: askush prej jush të mos i fshijë duart me shami para se t'i lëpijë gishtat e vet, sepse nuk e di në cilin prej ushqimeve të tij është bereqeti."* Në transmetimin e tretë të tij thuhet: *"Vërtet djalli është i pranishëm në secilën prej punëve tuaja, madje edhe në ushqimin tuaj. Kur t'ju bjerë ndonjë kafshatë, fshini pluhurin nga ajo, pastaj hajeni e mos ia lini djallit."*

Hadithi 169

Transmetohet nga Ibni Abbasi r.a., i cili ka thënë: "I Dërguari i All-llahut s.a.v.s. u ngrit në mesin tonë dhe duke na këshilluar tha: *"O njerëz, ju vërtet do të tuboheni tek All-llahu i Madhërishëm të zbathur, të zhveshur dhe të pabërë sunet: **"Ashtu siç ju kemi krijuar herën e parë do të përsërisim atë (krijim). Ky është premtimi ynë, Ne me të vërtetë mund ta bëjmë këtë"** (el-Enbija, 104). Kujdes, krijesa e parë që do të vishet në Ditën e Gjykimit është Ibrahimi s.a.v.s. Disa njerëz të umetit tim do të sillen në Ditën e Gjykimit dhe do t'i grabisin të majtët (engjëjt e Xhehenemit), e unë do të them: "O Krijuesi im, këta janë shokët e mi. "Pastaj do të më thuhet: "Ti vërtet nuk e di çfarë kanë bërë ata pas Teje", kurse unë do të them siç ka thënë robi i mirë (Isai a.s.): **"Kam qenë dëshmitar derisa isha në mesin e tyre, e pasi që ma more shpirtin, mbete Ti mbikëqyrës i tyre. Dhe Ti je dëshmitar i çdo sendi. Nëse i dënon, dënon robërit e Tu, e nëse ua fal, me të vërtetë Ti je i Fortë e i Urtë"** (el-Maide, 117-118), e pastaj do të më thuhet: "Ata vazhdimisht janë kthyer prapa (janë bërë murted) qysh se je ndarë ti prej tyre."*

(Muttefekun alejhi)

- Dhe çka thotë ai që bën thirrje për këtë dhe urdhëron në vepra të mira ose ndalon kundër të këqijave -

All-llahu i Madhërishëm thotë:

"Dhe jo, pasha Zotin tënd, ata nuk janë besimtarë derisa për gjykatës në mosmarrëveshjet e tyre të pranojnë ty, e pastaj për shkak të gjykimit tënd në shpirtrat e tyre të mos ndiejnë aspak peshë, dhe derisa të përulen plotësisht."

(en-Nisa, 65)

"Kur të thirren besimtarët tek All-llahu dhe Pejgamberi i Tij, që ai t'i gjykojë, fjala e tyre që do të thonë është: "Dëgjojmë dhe përulemi!" Ata janë të shpëtu-ar."

(en-Nûr, 51)

I kësaj teme është edhe hadithi i përmendur në fillim të kapitullit të kaluar (nën nr. 160) i transmetuar nga Ebu Hurejra r.a. por edhe hadithet e tjera.

NDALIMI I BID'ATEVE DHE I SHFAQJES SË RISIVE (NË FE)

All-llahu i Madhërishëm thotë:

.".. *Çka ka tjetër pas të vërtetës, përveç humbjes?"*

(Junus, 32)

."..Në Libër nuk kemi lënë gjë mangu."

(el-En'âm, 38)

.".. *Po nëse nuk pajtoheni në ndonjë çështje, drejto-juni All-llahut dhe Pejgamberit."* *(Do të thotë Kur'anit dhe Sunetit)*

(en-Nisa, 59)

"E kjo, kjo është rruga ime e drejtë. Prandaj mbajeni këtë dhe mos pasoni rrugë të tjera, e të ndaheni nga rruga e tij."

(el-En'âm, 153)

"Thuaj, nëse e doni All-llahun, pasomëni mua, edhe ju All-llahu do t'ju dojë dhe do t'jua falë mëkatet."

(Ali Imrân, 31)

Ajetet mbi këtë temë janë të shumta dhe të njohura.

Sa u përket hadithëve mbi këtë temë, ato janë shumë dhe të njohura, por ne do të kufizohemi vetëm në disa prej tyre:

Hadithi 173

Transmetohet nga Aishja r.a., e cila thotë se ka thënë i Dërguari i All-llahut s.a.v.s.: *"Kush shpik në fenë tonë atë që nuk është nga ajo, ajo gjë është e refuzuar."*

(Muttefekun alejhi)

Sipas transmetimit të Muslimit: *"Kush vepron diçka që nuk është në pajtim me fenë tonë, ajo (vepër) është e refuzuar."*

PËR ATË QË FUT SHPREHI TË MIRA A TË KËQIJA

All-llahu i Madhërishëm thotë:

"Edhe ata që thonë: "O Zoti ynë, na dhuro gëzim në gratë dhe fëmijët tanë, dhe bëna të marrin shembull (nga ne) ata që ruhen."

(el-Furkan, 74)

"Edhe ata i bëmë udhërrëfyes që të udhëzojnë sipas urdh-rave tona."

(el-Enbija, 73)

Hadithi 176

Transmetohet nga Ebu Amr Xherir ibn Abdull-llah r.a., i cili ka thënë: "Në pikë të ditës ishim tek i Dërguari i All-llahut s.a.v.s. kur i erdhën një grup njerëzish të zhveshur, të mbuluar me guna të leshta ose me aba, me shpata të varura në trup. Ishin kryesisht nga fisi Mudar. Fytyra e të Dërguarit të All-llahut s.a.v.s. u zbeh kur e pa skamjen e tyre. Ai pastaj hyri dhe prapë doli e pastaj e urdhëroi Bilalin, i cili e thirri ezanin edhe ikametin. Pasi u falën, mbajti një hutbe ku tha: *"O njerëz, frikësojuni Zotit tuaj që ju krijoi prej një njeriu, nga i cili krijoi edhe shokun e tij për jetë, dhe, prej atyre dyve bëri shumë meshkuj dhe femra. Frikësojuni All-llahut të cilit i luteni dhe mbani lidhjet familjare! Se All-llahu, vërtet, gjithmonë mbi ju vigjilon."* (en-Nisa, 1), dhe ajetin e fundit të sures el-Hashr: *"O besimtarë, frikësojuni All-llahut dhe të shikojë secili se ç'ka bërë për nesër."* (el-Hashr, 18), të ndajë sadaka secili njeri; prej të hollave të tij (ar e argjend), prej petkave të tij, një tas grurë, një tas hurmash", saqë tha: *"Qoftë edhe me gjysmë hurme."* Pastaj erdhi një njeri prej Ensarëve që solli një bohçe të lidhur të cilën nuk mund ta mbante dot, e pastaj pasuan një nga një derisa i pashë dy grumbuj me ushqim dhe rroba, kurse fytyra e të Dërguarit të All-llahut s.a.v.s. shkëlqente si e praruar me ar. Pastaj i Dërguari i All-llahut s.a.v.s. tha: *"Kush sjell një shprehi a traditë të mirë në Islam, do të ketë për të shpërblim, por edhe shpërblimin e të gjithë atyre që pas tij e punojnë atë, pa ju zvogëluar aspak shpërblimi i tyre. Ndërsa kush sjell në Islam një shprehi a traditë të keqe, do të jetë barrë mbi të, por edhe barrë e të gjithë atyre që ashtu veprojnë pas tij, pa iu zvogëluar aspak përgjegjësia dhe dënimi i atyre të tjerëve."*

(Transmeton Muslimi)

(Komenti i fjalëve të përkthyera nga teksti është lënë si i panevojshëm - v.p.).

Hadithi 177

Transmetohet nga Ibni Mes-udi r.a. se Pejgamberi s.a.v.s. ka thënë: *"Asnjë person nuk mbytet me dhunë e që birit të Ademit (Kabilit) të mos i bjerë hise nga gjaku i tij, sepse ai i pari e ka filluar vrasjen."* (Muttefekun alejhi)

All-llahu i Madhërishëm thotë:

"Dhe thirr në Zotin tënd (në besimin në Zot)."

(el-Kasas, 87)

"Thirr në rrugën e Zotit tënd me urtësi dhe këshillime të mira."

(en-Nahl, 125)

.".. Ndihmojeni njëri-tjetrin në bamirësi dhe devotshmëri."

(el-Maide, 2)

"Dhe le të ketë nga ju të atillë që do të thërrasin në të mirë."

(Ali Imran, 104)

Hadithi 178

Nga Ebu Mes'ud Ukbe ibn Amr el-Ensarij el-Bedrij r.a. transmetohet se ka thënë: "Ka thënë i Dërguari i All-llahut s.a.v.s.: *"Kush i tregon ose e udhëzon dikë në të mirë, do të ketë shpërblimin aq sa edhe ai që e kryen atë."*

(Transmeton Muslimi)

Hadithi 179

Transmetohet nga Ebu Hurejra r.a. se i Dërguari i All-llahut s.a.v.s. ka thënë: *"Kush thërret në rrugë të drejtë, ka shpërblim për të aq sa ka edhe ai që e ndjek, pa u zvogëluar aspak shpërblimi i atyre që e kryejnë, por edhe kushdo që thërret në lajthitje (në rrugë të shtrembër), do të ketë mëkat po aq sa kanë edhe ata që e ndjekin, pa u zvogëluar aspak mëkati i tyre."*

(Transmeton Muslimi)

All-llahu i Madhërishëm thotë:

"Ndihmojeni njëri-tjetrin në bamirësi dhe devotsh-mëri."

(el-Maide, 2)

Dhe thotë:

"Pasha kohën! Njeriu me siguri është në humbje. Përveç atyre që besojnë dhe bëjnë vepra të mira dhe të cilët porosisin për drejtësi dhe i rekomandojnë njëri-tjetrit durim."

(el-Asr, 1-3)

Imam Shafiu ka thënë: "Vërtet shumica e njerëzve janë të pakujdesshëm (në gaflet) nga kuptimi i kësaj sureje."

Hadithi 182

Transmetohet nga Ebu Abdurrahman Zejd ibn Halid el-Xhuhnij r.a. i cili ka thënë: "I Dërguari i All-llahut s.a.v.s. ka thënë: *"Kush e përgatit (me pajisje luftarake) një luftëtar në rrugë të All-llahut, edhe ai ka luftuar (e ka shpërblimin si të atij që ka luftuar). Kush mbetet dhe kujdeset për familjen e një luftëtari duke i bërë mirë, edhe ai ka luftuar."*

(Muttefekun alejhi)

Hadithi 184

Transmetohet nga Ibni Abbasi r.a. se i Dërguari i All-llahut s.a.v.s. ka takuar një grup të kalorësve në Revha (vend afër Medinës) dhe u ka thënë: *"Cili popull jeni ju?"* Thanë: "Ne jemi muslimanë." Ata e pyetën: "Kush je ti?" (Pejgamberi) Tha: *"Unë jam i Dërguari i All-llahut."* Pastaj një grua e ngriti fëmijën e saj nga Pejgamberi dhe i tha: "A edhe për këtë ka haxh?" Pejgamberi tha: *"Po, kurse ti ke shpërblim."*

(Transmeton Muslimi)

Hadithi 185

Nga Ebu Musa el-Esh'arij r.a. transmetohet se Pejgamberi s.a.v.s. ka thënë: *"Arkëtari i besueshëm musliman është i cili e zbaton urdhrin dhe jep a paguan në mënyrë të plotë me gjithë dëshirë dhe ia dorëzon atij për të cilin është urdhëruar çdokush nga dhënësit e zekatit."*

(Muttefekun alejhi)

Në një transmetim tjetër: *"I cili jep atë që i urdhërohet, mu ashtu siç i urdhërohet, po ashtu është mirëbërës (mute-saddik)."*

KËSHILLIMI (NASIHATI)

All-llahu i Madhërishëm thotë:

"Pa dyshim besimtarët janë vëllezër."

(el-Huxhurat, 10)

Pastaj duke rrëfyer për Nuin a.s. thotë:

.".. Ju këshilloj."

(el-A'raf, 62)

Dhe për Hudin a.s.

.".. Dhe unë për ju jam këshilltar besnik."

(el-A'raf, 68)

Ndërsa prej haditheve të kësaj teme janë:

Hadithi 186

Transmetohet nga Ebu Rukajje Temim ibn Evs ed-Darij r.a. se Pejgamberi s.a.v.s. ka thënë: *"Feja është këshillë."* Thamë: "Për kë (o i Dërguari i All-llahut)?" Tha: *"Për All-llahun, Librin e Tij, të Dërguarin e Tij, për imamët e muslimanëve dhe njerëzit e rëndo-mtë prej tyre."*

(Transmeton Muslimi)

Hadithi 188

Transmetohet nga Enesi r.a., se Pejgamberi s.a.v.s. ka thënë: *"Askush nga ju nuk do të jetë besimtar i vërtetë përderisa nuk dëshiron për vëllanë e vet atë që e dëshiron për vetveten."*

(Muttefekun alejhi)

URDHËRIMI PËR TË MIRË DHE NDALIMI NGA E KEQJA

All-llahu i Madhërishëm thotë:

"Dhe le të ketë nga ju të atillë që të thërrasin në të mira dhe kërkojnë të bëhen punë të mira dhe të pengojnë nga veprat e këqija. Ata do të jenë të shpëtu-ar."

(Ali Imran 104)

"Ju jeni populli më i mirë se të gjithë të tjerët që janë paraqitur ndonjëherë, ngase ju kërkoni të bëhen vepra të mira dhe pengoni nga të pamirat."

(Ali 'Imran, 110);

"Ti merri me të mirë! Urdhëro për vepra të mira dhe largohu nga injorantët."

(el-A'raf, 199)

"Kurse besimtarët dhe besimtaret janë miq të njëri-tjetrit: porosisin për vepra të mira dhe pengojnë nga veprat e këqija."

(et-Tewbe, 71)

"Janë mallkuar jobesimtarët nga izraelitët, në gjuhën e Davudit dhe të Isasë, të birit të Merjemes, për shkak se ishin të padëgjueshëm dhe gjithmonë e tepronin."

(el-Maide, 78)

"Dhe thuaj: "E vërteta është nga Zoti juaj, prandaj kush të dojë - le të besojë, kush të dojë - le të mos besojë."

(el-Kehf, 29)

"Ti prediko atë që të urdhërohet."

(el-Hixhr, 94)

Dhe thotë:

."..Ne i shpëtuam ata të cilët pengonin nga veprat e këqija, kurse me dënim të rëndë i përfshimë mëkata-rët, për shkak se gjithmonë kanë qenë të mbrapshtë."

(el-A'raf, 165)

Ajetet për këtë temë janë të shumta dhe të njohura. Kurse hadithet janë si vijon:

Hadithi 189

Nga Ebu Seid el-Hudrij r.a. transmetohet se ka thënë: "E kam dëgjuar të Dërguarin e All-llahut s.a.v.s. duke thënë: *"Kush nga ju sheh një të keqe, le ta ndryshojë me dorën e tij, e nëse nuk mund ta bëjë, atëherë me gjuhën e tij, e nëse nuk mund ta bëjë këtë, atëherë me zemrën e tij, porse ky është imani më i dobët."*

(Transmeton Muslimi)

Hadithi 190

Transmetohet nga Ibni Mes'udi r.a. se i Dërguari i All-llahut s.a.v.s. ka thënë: *"Asnjë Pejgamber, të cilin e ka dërguar All-llahu te një popull para meje, nuk ka qenë e të mos ketë pasur havarijunë (ndihmës) prej umetit të vet dhe shokë që iu kanë përmbajtur sunetit të tij dhe kanë ndjekur porositë e tij. Pastaj kanë pasuar pas tyre gjenerata (pasardhës) të cilët kanë folur atë që nuk e kanë vepruar dhe kanë vepruar atë që nuk u qe urdhëruar. Andaj, secili që lufton kundër tyre me dorën e vet është besimtar, kush lufton kundër tyre me gjuhën e vet është besimtar, edhe ai që lufton kundër tyre me zemrën e vet është besimtar. Kush prej këtyre të triave nuk bën asgje, tek ai nuk ka iman us sa kokrra e hardallit."*

(Transmeton Muslimi)

Hadithi 191

Nga Ebu-l-Velid Ibadete ibn es-Samit r.a. transmetohet të ketë thënë: "Iu zotuam të Dërguarit të All-llahut s.a.v.s. për dëgjim dhe respektim në vështirësi dhe në lehtësi në vende të gëzimit dhe të mërzisë dhe për përparësi të tij mbi ne në gjithçka dhe se nuk do të grindemi as s'do t'ua kontestojmë udhëheqjen atyre që janë të denjë, përveç nëse vërehet kufër (mosbesim) i hapur për të cilin kemi argumentin e All-llahut të Madhëruar. (Dhe i jemi betuar Pejgamberit) Që të flasim vetëm të vërtetën kudo që të jemi dhe se nuk do t'i frikësohemi qortimit të askujt në lidhje me All-llahun."

(Muttefekun alejhi)

Hadithi 193

Transmetohet nga nëna e besimtarëve Ummi Seleme Hind bint Ebi Umejje Hudhejfe r. anha se Pejgamberi s.a.v.s. ka thënë: *"Me të vërtetë do t'ju imponohen disa sundues e ju do t'i lejoni disa veprime të tyre e disa nuk do t'i lejoni. Kush e urren (të keqen) me zemër është pastruar prej mëkatit, kush e gjykon (refuzon) me gjuhë, është siguruar nga mëkati, ndërsa kush e pëlqen dhe i ndjek";* ... as-habët thanë: "O i Dërguari i All-llahut, a nuk duhet të luftojmë kundër tyre?" Tha: *"Jo, përderisa falin namaz me ju."*

(Transmeton Muslimi)

(Kuptimi: Kush urren me zemrën e tij, por nuk mund të refuzojë me dorë e as me gjuhë, është pastruar nga mëkati dhe e ka kryer detyrën e tij. Kush e refuzon brenda mundësive të veta, është siguruar nga ky mëkat, ndërsa kush pëlqen veprimin e saj (të keqes) dhe i ndjek, ai është mëkatar)

Hadithi 195

Nga Ebu Seid el-Hudrij r.a. transmetohet se Pejgamberi s.a. v.s. ka thënë: *"Ruajuni uljes nëpër rrugë!"* Thanë: "O i Dërguari i All-llahut, ne nuk kemi rrugëdalje nga qëndrimi ynë në rrugë për të biseduar mes vete." Atëherë i Dërguari i All-llahut s.a.v.s tha: *"Nëse nuk mund t'ia dilni pa qëndruar (ulur) në rrugë, atëherë jepjani rrugës të drejtën e saj!"* Thanë: "E çfarë është e drejta e rrugës, o i Dërguari i All-llahut? Tha: *"Ulja e shikimit, mospengimi në të, kthimi i selamit, të urdhëruarit për të mirë dhe ndalimi nga e keqja."*

(Muttefekun alejhi)

Hadithi 196

Transmetohet nga Ibni Abbasi r.a. se i Dërguari i All-llahut s.a.v.s. pa një unazë prej ari në dorën e një njeriu, ia hoqi atij atë (nga dora), e gjuajti dhe pastaj tha: *"Ndonjëri prej jush drejtohet nga gaca e zjarrit e pastaj e vë në dorën e vet!"* Pasi shkoi i Dërguari i All-llahut s.a.v.s. i thanë atij njeriu: "Merre unazën tënde dhe shfrytëzoje!" Tha: "Jo, pasha All-llahun, unë kurrë nuk e marr pasi e ka hedhur i Dërguari i All-llahut s.a.v.s."

(Transmeton Muslimi)

Hadithi 197

Transmetohet nga Ebu Seid el-Hasan el-Basrij se Aidh ibn Amër r.a. hyri tek Ubejdullah ibn Zijad dhe i tha: "O biri im i vogël, vërtet unë e kam dëgjuar të Dërguarin e All-llahut s.a.v.s. duke thënë: *"Bariu më i keq është rojtari i Hutamës (Xhehenemit), ruhu të mos bëhesh prej tyre."* (Ubejdull-llahu) Tha: "Ulu, se vërtet ti je prej firës së shokëve të Muhammedit s.a.v.s." (Aidhi) Tha: "Vallë, a kanë pasur ata firë?" Vërtet fira është pas tyre dhe tek të tjerët."

(Transmeton Muslimi)

Hadithi 200

Nga Ebu Abdull-llah Tarik ibn Shihad el-Bexhelij el-Ahmesij r.a. transmetohet se një njeri e pyeti Pejgamberin s.a.v.s., kurse këmbën e pat vendosur në zengji: "Cili xhihad është më i mirë?" (Pejgamberi) Tha: *"Fjala e vërtetë tek sunduesi keqbërës."*

(Transmeton en-Nesaiju me isnad sahihi)

Hadithi 201

Transmetohet nga Ibni Mes'-udi r.a. se i Dërguari i All-llahut s.a.v.s. ka thënë: *"Mangësia e parë që i ka goditur Beni Israilët ka qenë se një njeri, kur e takonte një tjetër i thonte: "O ti, frikësoju All-llahut dhe lëre këtë që po vepron, sepse kjo nuk të është e lejuar. Pastaj të njëjtin njeri e takon nesër, e ai në të njëjtën*

72

gjendje, dhe kjo megjithatë nuk e pengon që të hajë me të, të pijë dhe të ulet bashkë. Pasi vepruan kështu (Beni Israilët), All-llahu ua ka rrahur zemrat e njërit për tjetrin." Pastaj tha (lexoi ajetet 78-81 të sures el-Maidetu): *"Janë mallkuar jobesimtarët nga Izrae-litët, në gjuhën e Davudit dhe të Isasë, të birit të Merjemes, për shkak se ishin të padëgjueshëm, dhe gjithmonë e tepronin. Nuk e pengonin njëri-tjetrin nga të këqijat që i bënin. Vërtet vepronin shumë keq! I sheh shumë sish si miqësohen me ata që nuk besojnë. Është me të vërtetë shumë keq çka i përgatisin ata vetvetes: për t'u hidhëruar All-llahu në ata, ndaj ata janë në vuajtje të përhershme. E sikur t'i besonin All-llahut dhe Pejgam-berit edhe asaj çka i shpallet atij, ata nuk do të bënin miqësi me ata, mirëpo shumica sish janë ngatërrestarë."* Pastaj (Pejgamberi pas leximit të ajeteve) tha: *"Kujdes, pasha All-llahun, ju me siguri ose do të urdhëroni në vepra të mira dhe do të ndaloni nga të këqijat, ose do ta rrëmbeni dorën e zullumqarit dhe me forcë ta detyroni në të vërtetën - dhe ta kufizoni vetëm në të vërtetën, ose All-llahu do t'ju rrah me zemrat e njërit për tjetrin, e pastaj me siguri do t'ju mallkojë, siç i ka mallkuar ata."*

(Transmetojnë Ebu Davudi dhe Tirmidhiu dhe ky i fundit thotë se është hadith hasen)

Këto ishin fjalët e Ebu Davudit. Kurse sipas Tirmidhiut hadi-thi do të theksonte kështu: "I Dërguari i All-llahut s.a.v.s. ka thënë: *"Pasi Beni Israilët ranë në padëgjueshmëri, dijetarët e tyre i ndalonin prej mëkateve, por ata nuk ndaloheshin, ndërsa dijetarët e Beni Israilëve edhe përkundër kësaj janë ulur me ta në ndej e tyre, kanë ngrënë dhe kanë pirë me ta, pastaj All-llahu ua rrahu zemrat e njërit për tjetrin dhe i mallkoi përmes gjuhës së Davudit dhe të Isasë, të birit të Merjemes, për arsye se janë bërë mëkatarë dhe kanë bërë armiqësi."* Pastaj u ul i Dërguari i All-llahut s.a.v.s. pasi ishte i mbështetur dhe tha: *"Jo, pasha atë në dorë të të Cilit është shpirti im, derisa ju të mos i detyroni me forcë për të vërtetën dhe derisa të mos i kufizoni vetëm në të vërtetën."*

Hadithi 202

Transmetohet nga Ebu Bekër es-Siddiku r.a. të ketë thënë: "O njerëz, ju e lexoni këtë ajet: *"O besimtarë, kujdesuni për vete; nëse jeni në rrugë të drejtë, ai që është i humbur nuk do t'ju bëjë dot asgjë!"* (el-Maidetu, 105), dhe unë e kam dëgjuar të Dërguarin e All-llahut s.a.v.s. duke thënë: *"Vërtet kur njerëzit e vërejnë zullumqarin e nuk e kapin për dore (për ta ndalur e pengu-ar) ekziston rreziku që t'i dënojë All-llahu përgjithësisht për atë shkak."*

(Transmetojnë Ebu Davudi, Tirmidhiu dhe Nesaiu)

ASHPËRSIA E DËNIMIT PËR ATË QË URDHËRON PËR TË MIRË OSE NDALON NGA E KEQJA, POR VEPRAT I KA NË KUNDËRSHTIM ME FJALËT

All-llahu i Madhërishëm thotë:

"A ju po urdhëroni të tjerët të bëjnë vepra të mira e veten e harroni? Ju edhe Librin e lexoni. A s'po mend-oni pak?"

(el-Bekare, 44)

"O besimtarë, përse flisni atë çka nuk e punoni? Sa e urrejtur është tek All-llahu të flisni atë që s'e bëni!"

(es-Saff, 2-3)

E gjatë lajmërimit për Shujabin s.a.v.s. thotë:

.".. *Unë nuk dëshiroj të dallohem nga ju në atë që jua ndaloj."*

(Hud, 88)

Hadithi 203

Nga Ebu Zejd Usame ibn Zejd ibn Harithe r.a. transmetohet se ka thënë: "E kam dëgjuar të Dërguarin e All-llahut s.a.v.s. duke thënë: *"Në Ditën e Gjykimit do të sillet një njeri dhe do të hidhet në zjarr (Xhehenem), e organet e barkut do t'i dalin jashtë dhe do*

të sillet rreth tyre siç sillet gomari në rrotulluesen e mullirit. Ba-
norët e Xhehenemit do të mblidhen rreth tij e do t'i thonë: "O ti
filan, çfarë të ka ndodhur? A nuk ke urdhëruar për vepra të mira
dhe ke ndaluar nga të këqijat?" Ai do t'ju thotë: "Po, gjithsesi,
kam urdhëruar për vepra të mira, por vetë nuk i kam kryer dhe
kam ndaluar nga të këqijat, por vetë i kam punuar."

(Muttefekun alejhi)

URDHËRESA PËR TA PËRMBUSHUR EMANETIN

All-llahu i Madhërishëm thotë.

*"All-llahu urdhëron që gjërat e besuara t'ua jepni atyre
që u takojnë, pronarëve të vet."*

(en-Nisa, 58)

*"Ne ua kemi dhënë amanetin qiejve, tokës dhe maleve,
por ato refuzuan ta pranojnë, se u frikësuan, kurse njeriu
e mori mbi vete. Ai me të vërtetë është i padrejtë dhe
injorant!"*

(el-Ahzab, 72)

Hadithi 204

Transmetohet nga Ebu Hurejra r.a. se i Dërguari i All-llahut
s.a.v.s. ka thënë: *"Shenjat e munafikut (hipokritit) janë tri: kur
flet, gënjen; kur premton, nuk e përmbush premtimin dhe kur
diçka i besohet, ai të tradhton."*

(Muttefekun alejhi)

Në një transmetim thuhet edhe: *"Po edhe nëse agjëron, fal
namaz dhe pohon se është musliman."*

Hadithi 207

Nga Ebu Hubejb Abdull-llah ibn ez-Zubjeri r.a. transmetohet të
ketë thënë: "Kur ka dalë Zubejri në ditën e betejës se devesë (Jev-
mu-l-xhemel: beteja e njohur e cila u zhvillua në mes të Ali b. Ebi
Talibit dhe Aishes r. anhuma), më ftoi mua dhe shkova pranë tij e ai

më tha: "Biri im, sot vriten vetëm zullumqarët dhe të dëmtuarit, dhe unë e shoh veten se do të vritem si i dëmtuar. Brenga ime më e madhe janë borxhet e mia. A e di se kur t'i paguajmë borxhet tona, prej pasurisë tonë nuk na mbetet asgjë?" Pastaj tha: "Biri im, shite pasurinë tonë dhe paguaj borxhet tona. Më ka porositur që ta lë për vete një të tretën, kurse një të tretën e saj për bijtë e tij. Domethënë për bijtë e Abdull-llah ibn ez-Zubejrit të tretën e të tretës. (Pastaj) Tha: "Nëse mbetet diçka nga pasuria jonë pas pagimit të borxhit, atëherë një e treta e një të tretës për bijtë e tu. Hishami tha: "Zubejri atëherë posaçërisht i ka zgjedhur disa nipa, ndofta Hubejbin dhe Abbadin, sepse ai atëbotë kishte nëntë djem dhe nëntë vajza." Abdull-llahu pastaj tha: "(Babai im) Edhe më tutje më porositi rreth borxhit të tij e më tha: "Biri im, nëse diçka nga kjo nuk mund ta kryesh, atëherë kërko që të të ndihmojë mbrojtësi im." Tha: "Pasha All-llahun, nuk e kuptova ç'deshi, derisa i thashë: "O babai im, cili është mbrojtësi yt?" Tha: "All-llahu" Tha: Sa herë që jam gjetur në vështirësi me borxhin e tij, unë thosha: "O Mbrojtësi i Zubejrit, paguaje borxhin e tij, dhe i paguhej. (Pastaj) Tha: "Kur u vra Zubejri nuk la asnjë dinar e as dirhem, por vetëm një tokë të papunueshme dhe njëmbëdhjetë shtëpi në Medine, dy shtëpi në Basra dhe nga një në Kufe dhe Egjipt. (Pastaj) Tha: "Ai edhe pse ka qenë aq borxhli, kur ndonjë njeri ia sillte për ruajtje (pasurinë e tij), Zubejri i thonte: "Jo, unë nuk mund ta pranoj për ta ruajtur, unë frikësohen që të mos e humbas." Ai asnjëherë nuk ka kryer funksion të emirit, as nuk e ka mbledhur tatimin, haraxhin a tjetër. Ai gjithnjë ka qenë në beteja bashkë me të Dërguarin e All-llahut ose me Ebu Bekrin, ose me Umerin, ose me Uthmanin r.anhum. Abdull-llahu tha: "Unë kam llogaritur sa borxhe ka dhe kam gjetur se ai ka dy milionë e dyqind mijë! Një ditë i vjen Hakim ibn Hizami dhe i thotë Abdull-llah ibn Zubejrit: "O djali i vëllait tim, sa ka vëllai im borxh? Unë ia fsheha dhe i thashë: "Njëqind mijë." Hakimi tha: "Pasha All-llahun, unë nuk po shoh se pasuria juaj mund ta paguajë këtë." Abdull-llahu i tha: "Çka mendon ti, nëse borxhi është dy milionë e dyqind mijë? Tha: "Unë nuk po shoh se ju mund ta kryeni këtë, e nëse nuk mund të bëni asgjë prej saj, më ftoni në ndihmë." Tha: "Zubejri e pat blerë një tokë me kaçuba me 170.000, kurse (djali i tij) Abdull-llahu e shiti për një milion e gjashtëqind mijë pastaj u ngrit e tha: "Kujt i ka diçka borxh Zubejri, ja, ta marrë borxhin prej kësaj toke (me kaçuba)." Atëherë erdhi Abdull-llah ibn Xhaferi, të cilit Zubejri ia kishte borxh 400.000, andaj i tha Abdull-llahut "Nëse doni, këtë po ua lë juve. Abdull-llahu tha: "Jo" (pastaj Ibni Xhaferi) Tha: "Nëse dëshironi, kjo pagesë le të mbetet për fund, nëse kanë ngelur akoma." Abdull-llahu tha: "Jo" (Ibni Xhaferi) Tha: "Më ndani një pjesë (të tokës)." Abdull-llahu tha: "Jotja është prej këtu deri atje." Abdull-llahu e shiti një pjesë të saj dhe me të e pagoi borxhin, kurse atij i mbetën 4,5 sehma (masë sipërfaqesh). Pastaj shkoi te Muaviu, tek i cili ishin Amër ibn Uthmani, el-Mundhir ibn ez-Zubejri dhe Ibni Zem-a. Muaviu i tha: "Sa kushtoi toka (gabe-ja)?" (Abdull-llahu) Tha: "Çdo sehm nga 100.000." (Muaviu) Tha: "Sa ka mbetur prej saj?" Tha: "Katër sehmë e gjysmë." Atëherë Mundhir ibn Zubejri tha: "Unë po e marr një sehm për 100.000." Amër ibn Uthmani tha: "Edhe unë po e marr një sehm për 100.000." Kurse Ibni Zem-a thotë: "Edhe unë po e marr një sehm për 100.000." Muaviu tha: "Edhe sa ka mbetur?" I thanë: "Një sehm e gjysmë." Muaviu tha: "Edhe unë po e marr atë për 150.000." (Abdull-llahu) Tha: "Abdull-llah ibn Xhaferi ia shiti Muaviut pjesën e tij për 600.000." Pasi Ibni Zubejri e kreu pagimin e borxhit të tij, atëherë fëmijët (trashëgimtarët) i thanë: "Na e ndaj trashëgiminë tonë!" Abdull-llah ibn Zubejri tha: "Pasha All-llahun, nuk do ta ndaj mes jush derisa të mos e shpall dhe të thërras katër vjet: "Vini re, kujt i ka borxh Zubejri, të vijë t'ia paguajmë." Kështu për çdo vit thërriste në "mevsim" (kohë e caktuar kur tubohen njerë-zit, si haxhi etj.), dhe pasi kaluan katër vjetët ua ndau (trashëgimi-në) dhe e mbajti një të tretën (sipas testamentit të babait). Zubejri kishte katër gra, secilës i takoi nga një milion e dyqind mijë, kurse shuma e përgjithshme e pasurisë së tij ishte pesëdhjetë milionë e dyqind mijë."

(Transmeton Buhariu)

All-llahu i Madhërishëm thotë:

.".. Për zullumqarët nuk ka mik as ndërmjetës që përfillet."

(Gafir, 18)

Dhe thotë:

.".. Ndërkaq zullumqarët askush nuk i ndihmon."

(el-Haxhxh, 71)

Sa u përket hadatheve për këtë temë, në radhë të parë është hadithi i theksuar më parë nga Ebu Dherr-i r.a. në fund të kapitullit për **"Përpjekjen, mundimin, luftimin (el-Muxhahede)."**

Hadithi 208

Transmetohet nga Xhabiri r.a. se i Dërguari i All-llahut s.a.v.s. ka thënë: *"Ruajuni dhunës (padrejtësisë), sepse dhuna është errësirë në Ditën e Gjykimit, ruajuni koprracisë, sepse vërtet koprracia i ka shkatërruar ata popuj që kanë qenë para jush: ajo i ka shtyrë për derdhjen e gjakut të tyre dhe i ka shtyrë që ndalimet (haramet) t'i bëjnë të lejuara (hallall)."*

(Transmeton Muslimi)

Hadithi 211

Transmetohet nga Aishja r.anha se i Dërguari i All-llahut s.a.v.s. ka thënë: *"Kush bën zullum (dhunë, padrejtësi) sa një pëllëmbë tokë, do të jetë i ngarkuar me shtatë (do ta bartë në qafë në Ditën e Gjykimit)."*

(Muttefekun alejhi)

Hadithi 212

Transmetohet nga Ebu Musa r.a. se i Dërguari i All-llahut s.a.v.s ka thënë: *"Vërtet All-llahu i jep jetë të gjatë mizorit, ndërsa kur ta rrëmbejë nuk i shpëton dot"*, pastaj lexoi: *"Ja, ashtu dënon Zoti yt kur dënon qytete që kanë bërë mizori. Dënimi i tij është fort i dhembshëm."* (Hûd, 102)

(Muttefekun alejhi)

Hadithi 213

Transmetohet nga Muadhi r.a. të ketë thënë: "Më dërgoi i Dërguari i All-llahut s.a.v.s. e më tha: *"Ti do t'i vish një populli prej Ehli Kitabit (të cilëve u është shpallë Libri, të krishterëve a jehudëve), andaj thirri ata në dëshmi se nuk ka zot përveç All-llahut dhe se vërtet unë jam i Dërguari i All-llahut. Nëse ata i binden kësaj, atëherë mësoji ata që All-llahu i ka urdhëruar me pesë namaze çdo ditë e natë, e nëse edhe këtë e pranojnë, atëherë mësoji ata që All-llahu i ka obliguar me sadaka (zekat), të cilën do t'ua marrësh pasanikëve të tyre e do t'ua japësh të varfërve të tyre, e nëse edhe këtë e pranojnë, atëherë ruhu (mos merr) nga gjërat e çmueshme të pasurisë së tyre. Dhe ruhu nga mallkimi (nëma) i të dëmtuarit, sepse mes mallkimit të tij dhe All-llahut nuk ka perde (pengesë)."*

(Muttefekun alejhi)

Hadithi 214

Transmetohet nga Ebu Humejd Abdurrahman ibn Sa'd es-Saidij r.a. se ka thënë: "Pejgamberi s.a.v.s. e angazhoi një njeri nga Ezdi, të cilin e quanin Ibni Lutbijje- për ta mbledhur zekatin. Kur ka ardhur, ka thënë: "Kjo është juaja, kurse kjo është dhuratë për mua." Atëherë i Dërguari i All-llahut s.av.s. u ngrit në minber dhe pasi e falënderoi dhe madhëroi All-llahun tha: *"Unë e kam angazhuar një njeri nga ju të ma kryejë punën me të cilën më ka ngarkuar All-llahu, e ai vjen dhe më thotë: "Kjo është juaja, kurse këtë* e kam dhuratë që më është dhuruar mua. E përse nuk ka ndenjur në shtëpinë e prindërve të vet që ta marrë atje atë dhuratë, nëse është i sigurtë? Pasha All-llahun, çdokush nga ju që, pa të drejtë, merr pjesë të zekatit do të vijë në Ditën e Gjykimit duke e bartur në qafën e vet. Nëse e ka marrë devenë, do ta bartë në qafë dhe ajo me pëllitje do ta kumtojë turpin e tij. Nëse e ka marrë lopën, do ta bartë në qafë dhe ajo me palljen e vet do ta kumtojë turpin e tij. Nëse e ka marrë delen, do ta bartë në qafë dhe ajo me blegërimën e vet do ta kumtojë turpin e tij."

Pas kësaj (i Dërguari) i ka ngritur duart e veta, aq sa e kemi parë bardhësinë e sqetullave të tij, pastaj ka thënë: "O All-llahu im, a kam komunikuar (mjaft)?"

(Muttefekun alejhi)

Hadithi 215

Transmetohet nga Ebu Hurejra r.a. se Pejgamberi s.a.v.s ka thënë: "Kush i ka bërë një padrejtësi (zullum) vëllait të vet në nderin e tij a diku tjetër, le t'i kërkojë falje atij për të sot, para asaj kur nuk do të ketë dinarë e as dirhemë: nëse e ka një vepër të mire, me të do t'i paguhet padrejtësia; por nëse nuk do të ketë vepra të mira, atëherë do t'i merren mëkatet e të dëmtuarit dhe do t'i jepen atij (që ka bërë zullum)."

(Transmeton Buhariu)

Hadithi 216

Transmetohet nga Abdull-llah ibn Amr ibn el-As r. anhuma se Pejgamberi s.a.v.s. ka thënë: "Musliman (i mirëfilltë) është ai nga gjuha dhe dora e të cilit janë të qetë muslimanët. Kurse muhaxhir (i mirëfilltë) është ai që i braktis plotësisht ndalimet e All-llahut."

(Muttefekun alejhi)

Hadithi 219

Transmetohet nga Ebu Umame Ijas ibn Tha'lebe el-Harithij r.a. se i Dërguari i All-llahut s.a.v.s. ka thënë: *"Kush ia merr të drejtën një muslimani me dorën e tij të djathtë, All-llahu ia përcakton Xhehenemin dhe ia ndalon Xhenetin."* Një njeri i thotë: "Edhe nëse është ndonjë çështje e lehtë, o i Dërguari i All-llahut!? Tha: *"Po, qoftë edhe një rrem nga druri i misvakut."*

(Transmeton Muslimi)

Hadithi 223

Nga Ebu Hurejra r.a. përcillet se i Dërguari i All-llahut s.a.v.s. ka thënë: *"A e dini kush është i falimentuar (muflis)?"* (As-habët) Thanë: "I falimentuar te ne është ai i cili nuk ka as para e as mall." Tha: *"I falimentuar i umetit tim është ai që vjen në Ditën e Gjykimit me namaz, me agjërim, me zekat, por edhe me mëkatin e sharjes së një personi, me shpifje të një tjetri, me ngrënien e pasurisë së një tjetri, me gjakderdhjen e një personi, me rrahjen e një tjetri, e kur t'u jepen atyre prej veprave të mira të këtij dhe nëse harxhohen mirësitë e tij para se t'u paguhen borxhet, atëherë do të merren prej mëkateve të tyre dhe do t'i ngarkohen këtij, pastaj edhe ky do të hidhet në zjarr."*

(Transmeton Muslimi)

Hadithi 224

Transmetohet nga Ummi Seleme r.a. se i Dërguari i All-llahut s.a.v.s. ka thënë: *"Vërtet unë jam njeri, ju në konfliktet tuaja më drejtoheni mua. Është e mundshme që ndonjëri prej jush është më i aftë që t'i shtrojë argumentet e veta dhe unë të gjykoj në dobi të tij, sipas asaj që kam dëgjuar. Andaj, kujt t'ia shqiptoj të drejtën e vëllait të tij, vërtet ia kam shkëputur një pjesë të zjarrit (të xhehenemit)."*

(Muttefekun alejhi)

Hadithi 225

Transmetohet nga Ibni Umeri r. anhuma se i Dërguari i All-llahut s.a.v.s. ka thënë: *"Besimtari është vazhdimisht në hapësirën e fesë së tij, derisa të derdhë gjak në mënyrë të palejuar."*

(Transmeton Buhariu)

Hadithi 226

Transmetohet nga Havla bint Thamir el-Ensarije, gruaja e Ham-zës r.a., se ka thënë: *"E kam dëgjuar të Dërguarin e All-llahut s.a.v.s. duke thënë: "Vërtet disa njerëz shkelin në pasurinë e All-lla-hut pa të drejtë, andaj në Ditën e Gjykimit i pret zjarri i Xhehene-mit."*

(Transmeton Buhariu)

MADHËRIMI I SHEJTËRIVE TË MUSLIMANËVE, SHPJEGIMI I TË DREJTAVE TË TYRE SI DHE KUJDESI DHE MËSHIRA NDAJ TYRE

All-llahu i Madhëruar thotë:

"E kush i madhëron shejtëritë e All-llahut, është mirë për të ndaj Zotit të vet."

(el-Haxhxh, 30)

"E kush i madhëron dispozitat e All-llahut, ajo është shenjë e zemrës fisnike."

(el-Haxhxh, 32)

."..Kurse ndaj besimtarëve bëhu i butë."

(el-Hixhr, 88)

."..Nëse dikush vret dikë që s'ka vrarë askënd ose nuk ka bërë në tokë trazira, sikur ka vrarë tërë njerëzinë; por kush bëhet shkaktar për të jetuar dikush, sikur tërë njerëzisë ia ka ruajtur jetën."

(el-Maide, 32)

Hadithi 227

Transmetohet nga Ebu Musa r.a. se i Dërguari i All-llahut s.a.v.s ka thënë: *"Besimtari me besimtarin është i lidhur sikurse ndërtesa, elementet e së cilës janë të lidhur fort njëri me tjetrin"*, dhe i kryqëzoi gishtat e tij."

(Muttefekun alejhi)

Hadithi 228

Transmetohet nga Ebu Musa r.a., po ashtu, se i Dërguari i All-llahut s.a.v.s. ka thënë: *"Kush kalon nga xhamitë a tregjet tona, e me vete ka shigjeta (ose çfarëdo arme), le t'i mbajë në vendin e tyre ose le t'i kapë për majë (të hekurt), që me to të mos pengojë ndonjë musliman."*

(Muttefekun alejhi)

Hadithi 259

Transmetohet nga En-Nu'man ibn Beshir r.a. se i Dërguari i All-llahut s.a.v.s. ka thënë: *"Besimtarët në marrëdhëniet mes tyre; në mëshirë, dashuri e miqësi janë si një trup, e nëse sëmuret një organ edhe pjesët e tjera të trupit shqetësohen dhe mbarë organizmi vuan nga dhembjet, pagjumësia dhe ngritja e temperatures."*

(Muttefekun alejhi)

Hadithi 230

Transmetohet nga Ebu Hurejra r.a. se ka thënë: "Pejgamberi s.a.v.s. e puthi Hasanin, të birin e Aliut r.a., kurse tek ai ishte el-Akre' ibn Habis që tha: "Unë kam dhjetë fëmijë dhe asnjërin prej tyre ende nuk e kam puthur." I Dërguari i All-llahut s.a.v.s. e shikoi dhe tha: *"Kush nuk bën mëshirë (ndaj të tjerëve), nuk do të bëhet mëshirë ndaj tij (prej All-llahut)."*

(Muttefekun alejhi)

Hadithi 231

Transmetohet nga Aishja r.a. se ka thënë: "Erdhën disa njerëz (arabë) tek i Dërguari i All-llahut s.a.v.s. e i thanë: "A i puthni ju fëmijët tuaj?" Tha: *"Po"* (Ata) Thanë: "Ne, pasha All-llahun, nuk i puthim!" I Dërguari i All-llahut s.a.v.s. tha: *"Çka mund t'ju bëj, nëse All-llahu e ka shkëputur mëshirën nga zemrat tuaja."*

(Muttefekun alejhi)

Hadithi 233

Nga Ebu Hurejra r.a. transmetohet se i Dërguari i All-llahut s.a.v.s. ka thënë: *"Nëse ndonjëri prej jush u prin njerëzve në na-maz, le të lehtësojë, sepse në mesin e tyre ka të dobët, të sëmurë dhe pleq. Kur të falet vetë, atëherë le ta zgjasë sa të dojë."*

(Muttefekun alejhi)

Në një transmetim tjetër shtohen edhe fjalët: *"ka edhe të nevojshëm."*

Hadithi 236

Nga Ebu Katade el-Harith ibn Rib'ij r.a. transmetohet se i Dër-guari i All-llahut s.a.v.s. ka thënë: *"Vërtet unë ngrihem për namaz dhe dëshiroj të qëndroj gjatë në të, por kur dëgjoj vajin e fëmijës, e lehtësoj (shkurtoj) atë, duke mos pasur dëshirë që t'ia vështi-rësoj (punën) nënës së fëmijës"*

(Transmeton Buhariu)

Hadithi 238

Nga Ibni Umeri r.a. transmetohet se i Dërguari i All-llahut s.a.v.s. ka thënë: *"Muslimani është vëlla i muslimanit: nuk i bën atij padrejtësi e as nuk e lë në baltë. Atij që i ndihmon vëllait të vet që ta përballojë vështirësinë dhe t'i plotësojë dëshirat e do t'ia largojë vështirësitë e tij. Atij që ia lehtëson vëllait të vet një barrë (vështirësi), All-llahu do t'ia lehtësojë atij vështirësitë në Ditën e Gjykimit. Atij që ia mbulon muslimanit ndonjë turp, All-llahu do t'ia mbulojë turpin në Ditën e Gjykimit."*

Hadithi 240

Nga Ebu Hurejra r.a. transmetohet se i Dërguari i All-llahut s.a.v.s. ka thënë: *"Mos i bëni zili njëri-tjetrit, as mos e mashtroni njëri-tjetrin; mos e urreni njëri-tjetrin; mos ia ktheni shpinën njëri-tjetrit, duke u hidhëruar; mos iu impononi njëri-tjetrit në shitblerje. Bëhuni, robër të All-llahut, vëllezër të vërtetë. Muslimani është vëlla i muslimanit. Nuk i bën atij padrejtësi, nuk e përul, nuk e lëshon. Devotshmëria është këtu."* Tri herë tha duke bërë shenjë në gjoksin e tij. *"Një njeriu i del mjaft e keqja, nëse e nënçmon vëllanë e tij musliman. Secilit musliman patjetër i janë të shenjta dhe të paprekshme jeta, pasuria dhe nderi i muslimanit tjetër."*

(Transmeton Muslimi)

Hadithi 241

Nga Enesi r.a. transmetohet se Pejgamberi s.a.v.s. ka thënë: *"Askush nga ju nuk do të jetë besimtar i vërtetë derisa të dëshirojë për vëllanë e tij atë që dëshiron për vetveten."*

(Muttefekun alejhi)

Hadithi 242

Transmetohet, po ashtu nga Enesi r.a., se i Dërguari i All-llahut s.a.v.s. ka thënë: *"Ndihmoje vëllanë tënd, mizor qoftë a i dëmtuar!"* Një njeri i tha: "O i Dërguari i All-llahut, i ndihmoj të dëmtuarit, por më njofto si t'i ndihmoj nëse është mizor?" Tha: *"Ta ndalosh atë nga dhuna është ndihmë për të."*

(Transmeton Buhariu)

Hadithi 243

Nga Ebu Hurejra r.a. transmetohet se i Dërguari i All-llahut s.a.v.s. ka thënë: *"Muslimani ndaj muslimanit ka pesë detyra: Kthimi i selamit, vizita e të sëmurit, përcjellja e xhenazes, përgjigjja në ftesë, përgjigjja me lutje (Jerhamukell-llah, All-llahu të mëshi-roftë! - atij që teshtin dhe thotë: el-hamdu li-l-lah)."*

(Muttefekun alejhi)

Sipas një transmetimi të Muslimit hadithi citohet kështu: *"Muslimani ndaj muslimanit ka gjashtë detyra. Kur ta takosh, jepi selam; kur të thërret (në punë a gazmend), përgjigjju; kur prej teje kërkon këshillë, këshilloje; kur teshtin dhe falënderon All-llahun me "el-hamdu li-l-lah" përgjigjju me "jerhamukell-llah"; kur të sëmuhet, vizitoje dhe kur të vdesë, përcille deri në varr."*

Hadithi 244

Transmetohet nga Ebu Umare el-Bera ibn Azib r.a. se ka thënë: "I Dërguari i All-llahut s.a.v.s. na i ka urdhëruar shtatë (gjëra) dhe na i ka ndaluar shtatë: Na ka urdhëruar vizitën e të sëmurit, përc-jelljen e xhenazes, përgjigjen me lutje atij që teshtin, pranimin e vërtetësisë së betimit, ndihmën e të dëmtuarit, të përgjigjurit në ftesë dhe përhapjen e selamit. Por na e ka ndaluar: vënien e unaza-ve të arit, pirjen prej enës së argjendtë, shtrimin e jastëkut të mëndafshtë të mbushur me pambuk në shpinë të deves për hipje, bartjen e jelekut të mëndafshtë të qëndisur me lara të linjta, vesh-jen e rrobave të mëndafshta, rrobat prej armaçit dhe prej mën-dafshit, të hollat dhe të trashat."

(Muttefekun alejhi)

MBULIMI I TURPEVE TË MUSLIMANËVE DHE NDALIMI I PËRHAPJES SË TYRE PA NDONJË ARSYE TË DOMOSDOSHME

All-llahu i Madhëruar thotë:

"Ata që dëshirojnë që te besimtarët të përhapet amorali-teti i pret dënim i dhembshëm në këtë dhe në botën tje-tër."

(en-Nûr, 19)

Hadithi 245

Nga Ebu Hurejra r.a. transmetohet se Pejgamberi s.a.v.s. ka thënë: *"Nuk e mbulon asnjë rob (njeri) robin tjetër në këtë botë, e të mos e mbulojë atë All-llahu në Ditën e Gjykimit."*

(Transmeton Muslimi)

Hadithi 246

Nga Ebu Hurejra r.a. transmetohet se ka thënë: "E kam dëgjuar të Dërguarin e All-llahut s.a.v.s. duke thënë: *"Gjithë umeti im do të jetë i falur përveç mëkatarëve publikë, kurse prej mëkateve publike është kur një njeri e bën një punë natën, pastaj gdhihet duke qenë i mbuluar (mëkati i tij) nga ana e All-llahut, por ai thotë: "O filan, unë mbrëmë e kam bërë këtë dhe atë vepër." Atë mbrëmë e pat mbuluar Krijuesi i tij, kurse ai, kur u gdhi, e zbulon atë që ia pat mbuluar All-llahu."*

(Muttefekun alejhi)

Hadithi 248

Nga Ebu Hurejra r.a. transmetohet të ketë thënë: "la sollën Pejgamberit s.a.v.s. një njeri që kishte pirë (alkool) dhe tha: *"Rriheni!"* Ebu Hurejra ka thënë: "Të gjithë e rrahën; dikush me dorë, dikush me këpucë, e dikush edhe me rroba!" Pasi u nis, disa njerëz i thanë: "All-llahu të turpëroftë!" (Pejgamberi) Tha: *"Mos thoni kështu, mos i ndihmoni djallit kundër tij."*

(Transmeton Buhariu)

PËRMBUSHJA E NEVOJAVE TË MUSLIMANËVE

All-llahu i Madhëruar thotë:

."*.. Dhe bëni vepra të mira, ndoshta do të shpëtoni."*

(el-Haxhxh, 77)

."..Dhe çka të bëni nga të mirat, All-llahu me siguri e di atë."

Hadithi 249

Nga Ibni Umeri r.a. transmetohet se i Dërguari i All-llahut s.a.v.s. ka thënë: *"Muslimani është vëlla i muslimanit, nuk i bën atij padrejtësi e as nuk e lë në baltë. Atij që i ndihmon vëllait të vet që t'i kalojë vështirësitë dhe t'i plotësojë nevojat e veta, All-llahu do t'ia plotësojë dëshirat dhe do t'ia largojë vështirësitë. Atij që ia lehtëson muslimanit ndonjë vështirësi, All-llahu do t'ia lehtësojë vështirësitë në Ditën e Gjykimit. Atij që ia mbulon musli-manit ndonjë turp, All-llahu do ta mbulojë turpin e tij në Ditën e Gjykimit."*

(Muttefekun alejhi)

Hadithi 250

Transmetohet nga Ebu Hurejra r.a. se Pejgamberi s.a.v.s. ka thënë: *"Atij që besimtarit ia lehtëson një brengë të kësaj bote, All-llahu do t'ia lehtësojë një nga brengat e botës tjetër. Atij që të varfrit ia lehtëson gjendjen, All-llahu do t'ia lehtësojë edhe në këtë botë edhe në botën tjetër. Atij që i mbulon turpet e një muslimani, All-llahu do t'ia mbulojë atij në të dy botët. All-llahu do t'i ndihmojë robit të vet, derisa ai rob i ndihmon vëllait të vet. Kush niset rrugës së fitimit të diturisë, All-llahu (për atë) do t'ia lehtësojë rrugën deri në Xhenet. Asnjëherë nuk mblidhet një grup i njerëzve në një prej shtëpive të All-llahut (në xhami) për ta lexuar Kur'anin dhe për ta mësuar në mes vete, e që mbi ta të mos lëshohet dhe t'i mbrojë mëshira e All-llahut, dhe që të mos i rrethojnë engjëjt ose që All-llahu të mos i lavdërojë në mesin e atyre që janë tek ai (engjëjt, Pejgamberët dhe njerëzit e mirë). Atë që e zbraps puna e tij, nuk mund ta përparojë prejardhja e tij."*

(Muttefekun alejhi)

NDËRMJETËSIMI-NDËRHYRJA (SHEFA'ATI)

All-llahu i Madhëruar thotë:

"Kush angazhohet për të mirë, ai do të ketë pjesëmarrje në shpërblim."

(en-Nisa, 85)

Hadithi 251

Transmetohet nga Ebu Musa el-Esh'arij r.a. se ka thënë: "Kur i vinte Pejgamberit s.a.v.s. ndonjë njeri për ndonjë nevojë (kërkesë), kthehej nga të pranishmit dhe u thonte: *"Angazhohuni, ndërhyni e do të shpërbleheni! All-llahu përcakton nëpërmjet gjuhës së Pejgamberit të Vet ç'të dojë."*

(Muttefekun alejhi)

Kurse në një transmetim tjetër është: *"çka të dëshirojë."*

VENDOSJA E RREGULLIT DHE E QETËSISË (PAJTIMI) NË MES NJERËZVE

All-llahu i Madhëruar thotë:

"Në shumë biseda të tyre të fshehta nuk ka ndonjë dobi, përveç se kur kërkojnë të ndahet sadakaja ose të bëhen vepra të mira ose të pajtojnë njerëz ndërmjet veti... "

(en-Nisa, 114)

."..Pajtimi është më i mirë."

(en-Nisa, 128)

."..Prandaj frikësojuni All-llahut dhe koordinoni çështjet tuaja ndër veti."

(el-Enfal, 1)

"Pa dyshim besimtarët janë vëllezër, prandaj pajtoni dy vëllezër tuaj."

(el-Huxhurat, 10)

Hadithi 253

Nga Ebu Hurejra r.a. transmetohet se Pejgamberi s.a.v.s. ka thënë: "Në çdo nyje të njeriut, çdo ditë kur paraqitet dielli, duhet dhënë sadaka. Nëse i pajton dy (veta) dhe sillesh drejt mes tyre, edhe ajo është sadaka. Nëse dikujt i ndihmon që të hipë në kalë, ose i ndihmon që ta ngarkojë barrën në kale, edhe kjo është sadaka. Edhe fjala e mirë është sadaka. Secilin hap që bën për namaz, po ashtu është sadaka. Largimi nga rruga i asaj që i pengon kalimtarët, edhe ajo është sadaka."

(Muttefekun alejhi)

Hadithi 254

Nga Ummi Kulthum bint Ukbe Ebi Muajt r.a. transmetohet se ka thënë: "E kam dëgjuar të Dërguarin e All-llahut s.a.v.s. duke thënë: *"Nuk është gënjeshtar ai që vendos rregull dhe paqe (pajton) mes njerëzve, pastaj përcjell lajme të mira ose flet mire."*

(Muttefekun alejhi)

Në transmetimin e Muslimit shtohen këto fjalë: "Nuk e kam dëgjuar (Alejhisselamin) të lejojë diçka nga bisedat e njerëzve siç ishte në këto biseda për luftën dhe pajtimin mes njerëzve, biseda e burrit gruas së tij dhe biseda e gruas ndaj burrit të saj."

VLERA E TË DOBTËVE, TË VARFËRVE DHE TË HUMBURVE

All-llahu i Madhëruar thotë:

"Qëndro vendosmërisht në anën e atyre të cilët i luten Zotit të vet në mëngjes dhe në mbrëmje me dëshirë që të meritojnë simpatinë e Tij dhe mos i hiq sytë e tu prej atyre."

(el-Kehf, 28)

Hadithi 257

Transmetohet nga Harithe ibn Vehbi r.a. se: "E kam dëgjuar të Dërguarin e All-llahut s.a.v.s. duke thënë: *"A doni t'ju kumtoj (diçka) për banorët e Xhenetit? Çdo musliman i dobët (nga modestia duket i tillë) dhe i përbuzur (nga njerëzit), nëse betohet në*

All-llahun për diçka, All-llahu do t'ia plotësojë. A doni t'ju kumtoj diçka edhe për banorët e Xhehenemit? (I tillë është) Çdo njeri kokëfortë, vetjak dhe mendjemadh."

(Muttefekun alejhi)

Hadithi 261

Transmetohet nga Ebu Hurejra r.a., i cili ka thënë se një grua zezake ose një djalosh i ri e ka fshirë me fshesë xhaminë. Pasi humbi (një kohë), i Dërguari i All-llahut s.a.v.s. pyeti për të, e i thanë: "Ka vdekur!" (Pejgamberi) Tha: *"Përse nuk më keni njoftuar për këtë?"* Ata sikur e nënçmojnë atë. Ai u tha: *"Ma tregoni varrin e saj apo të tij."* Pasi ia treguan varrin, ai ia fali xhenazen e pastaj tha: *"Vërtet këto varreza janë të errëta për pronarët e tyre, dhe All-llahu i Madhëruar do t'i ndriçojë ata për hir të namazit tim për ta."*

(Muttefekun alejhi)

Hadithi 263

Transmetohet nga Usame r.a. se Pejgamberi s.a.v.s. ka thënë: *"Qëndrova në derë të Xhenetit, kur në të hynin përgjithësisht të mjerët, kurse pasanikët ishin të burgosur dhe pritnin thirrjen e mbikëqyrësve të Xhehenemit për të hyrë në të. Dhe qëndrova në derë të Xhehenemit, kur në të përgjithësisht hynin grate."*

(Muttefekun alejhi)

Hadithi 264

Transmetohet nga Ebu Hurejra r.a. se Pejgamberi s.a.v.s. ka thënë: *"Vetëm tre (fëmijë prej Beni Israilëve) kanë folur në djep: "Isai, biri i Merjemes, dhe pronari i Xhurejxhit* (të tretit transmetuesi nuk ia përmend emrin). *Xhurejxhi ka qenë një njeri që bënte ibadet. Ai ndërtoi për vete një ndërtesë të posaçme (savme'a) dhe në të bënte ibadet. Duke qenë aty (një ditë), i vjen nëna e vet, e gjeti në namaz dhe i tha: "O Xhurejxh!"* (Xhurejxhi) Tha: *"O Zoti* im, nëna ime apo namazi?" Dhe u përcaktua për vazhdimin e namazit, kurse nëna e tij shkoi prapë. Të nesërmen në agim, prapë i erdhi nëna dhe përsëri e gjeti në namaz dhe i tha: "O Xhurejxh!" (Ky përsëri në namaz me zemër) Thotë: "O Zoti im, nëna ime apo namazi im?" Vendosi ta vazhdojë namazin gjer në fund (dhe, kur ta përfundojë namazin, atëherë t'ia çelë derën dhe t'i përgjigjet nënës, por nëna nuk e pret dhe kthehet si ditën e kaluar). Ditën e tretë, nëna e tij vjen përsëri dhe fillon të thërrasë: "O Xhurejxh!" (Xhurejxhi që falte namaz) Tha: "O Zoti im, nëna ime apo namazi im?" Dhe prap (Xhurejxhi) e zgjedh namazin. (Nëna) Tha: "O All-llahu im, mos e vdis derisa të shohë fytyrat e lavireve!"

Beni Israilët ndërmjet tyre e përmendin Xhurejxhin dhe ibadetin e tij. Aty ishte edhe një grua lavire, e cila shquhej me bukurinë e saj. (Kur dëgjoi për Xhurejxhin) Tha: "Nëse doni, unë e provokoj dhe e mashtroj?! "Pastaj, ajo iu ofrua, por ai as që ia vuri veshin. Atëherë kaloi (atypari) një bari me një kope i cili i kullote rreth vendit të ibadetit (savme'a) të Xhurejxhit, të cilit ajo gruaja iu ofrua, me të cilën bariu pati marrëdhënie intime dhe ajo mbeti shtatzënë. Kur lindi, ajo tha: "Kjo foshnje është me Xhurejxhin!" Pastaj erdhën (njerëzit) te savme'a e tij, ia rrënuan dhe filluan ta rrahin. (Xhurejxhi) Tha: "Ç'keni, o njerëz?" Thanë: "Ti ke bërë mëkat (zina) me këtë lavire, dhe ajo ka lindur me ty." Tha: "Ku është foshnja?" Pasi ia sollën aty, tha: "Më lejoni derisa të fal namaz, dhe u fal, pasi e përfundojë (namazin) erdhi te fëmija, e preku në bark dhe tha: "O fëmijë, kush është babai yt?" (Fëmija) Tha: "Filan bariu." Pastaj iu afruan (njerëzit) e filluan ta puthin, ta përqafojnë dhe pastaj i thanë. "Po ta ndërtojmë savme'an tënd prej ari." Tha: "Jo, ma ndërtoni përsëri prej balte, siç ka qenë." Dhe ia ndërtuan.

Duke thithur foshnja gji te nëna e vet, kalon atypari një kalorës hipur në një deve të shtrenjtë e të bukur dhe nëna e tij tha: "O All-llahu im, bëje djalin tim sikurse ky!" Fëmija e la gjirin, u kthye nga njeriu, e shikoi dhe tha: "O All-llahu im, mos më bë si ai!" Pastaj u kthye nga gjiri dhe vazhdoi të thithë." (Transmetuesi tregon e thotë) "Sikur po e shoh të Dërguarin e All-llahut s.a.v.s. se

si e vë gishtin e tij tregues dhe fillon të thithë duke na treguar."
Pastaj (Pejgamberi) tha: *"Pastaj (njerëzit) kaluan me një robëreshë duke e rrahur dhe i thonin: "Ke bërë zina, ke vjedhur." Kurse ajo thonte: "Hasbijall-llahu ve ni'mel-vekil" (All-llahu më mjafton për gjithçka dhe Ai është mbrojtësi më i mirë) nëna e foshnjës atëherë tha: "O All-llahu im, mos e bë djalin tim si kjo." Foshnja e la thithjen dhe shikoi nga ajo e tha: "O All-llahu im, më bë mua si ajo."*

Këtu përsëritet tregimi: *"Nëna e foshnjës tha: "Kaloi një njeri me pamje të bukur, e unë thashë: "O All-llahu im, bëje djalin tim sikur ky!" Kurse ti the: "O All-llahu im, mos më bë si ai." Pastaj kaluan me robëreshën të cilën e rrihnin dhe i thonin se ka bërë zina dhe ka vjedhur. Thashë: "O All-llahu im, mos e bë djalin tim si ajo", kurse ti the: "O All-llahu im, më bë mua si ajo!" (Foshnja) Tha: "Vërtet, ai njeri është tiran, andaj dhe kam thënë, o All-llahu im, mos më bërë si ai! Kurse ajo për të cilën thonin se ka bërë zina e nuk ka bërë, ka vjedhur, e ajo nuk ka vjedhur, thashë: O All-llahu im, më bë mua si ajo."*

(Muttefekun alejhi)

PËRZEMËRSIA NDAJ BONJAKËVE, NDAJ VAJZAVE, TË GJITHË TË DOBTËVE, TË VARFËRVE, TË DËSHPËRUARVE DHE BAMIRËSIA, MËSHIRA DHE KUJDESI NDAJ TYRE

All-llahu i Madhëruar thotë:

"Kurse ndaj besimtarëve bëhu i butë."

(el-Hixhr, 88)

"Qëndro vendosmërisht në anën e atyre që i luten Zotit të vet në mëngjes dhe në mbrëmje me dëshirë që të meritojnë simpatinë e Tij, dhe mos i hiq sytë e tu prej atyre, duke dëshiruar bukurinë e jetës së kësaj bote."

(el-Kehf, 28)

"Prandaj bonjakun mos e nënçmo. Dhe lypësin mos e refuzo."

"A e ke parë atë që përgënjeshtron atë botë? Po, ai është që refuzon ashpër bonjakun. Dhe nuk nxit për ushqimin e të varfërit."

(el-Maun, l-3)

Hadithi 267

Transmetohet nga Sehl ibn Sa'd r.a. se i Dërguari i All-llahut s.a.v.s. ka thënë: *"Unë dhe mbrojtësi (kujdestari) i bonjakut do të jemi në Xhenet kështu"*, dhe bëri shenjë me gishtin tregues dhe gishtin e mesëm dhe i ndau nga njëri-tjetri."

(Transmeton Buhariu)

Hadithi 270

Transmetohet nga Ebu Hurejra r.a. se Pejgamberi s.a.v.s. ka thënë: *"Ai që kujdeset për të shkretët dhe të varfërit është si ai që lufton në rrugë të All-llahut."* (Transmetuesi thotë) Mendoj se (Pejgamberi) tha: *"Si ai që falet pandërprerë dhe si ai që agjëron pandërprerë."*

(Muttefekun alejhi)

Hadithi 272

Transmetohet nga Enesi r.a. se Pejgamberi s.a.v.s. ka thënë: *"Kush i rrit (duke u kujdesur) dy vajza deri në moshën madhore, kur të vijë në Ditën e Gjykimit unë dhe ai do të jemi si këta të dy"*, dhe i bashkoi gishtat."

(Transmeton Muslimı)

Hadithi 273

Transmetohet nga Aishja r.a. se ka thënë: "Hyri tek unë një grua me dy vajza të vogla dhe lypte, kurse unë nuk gjeta asgjë përveç një hurme. Ia dhashë atë hurmë, të cilën ua ndau dy vajza-ve të veta, duke mos ngrënë prej saj. Pastaj u ngrit dhe doli. Pas kësaj hyri Pejgamberi s.a.v.s. dhe unë e njoftova, kurse ai tha:

"Kush vëhet në sprovë sadoqoftë me vajza dhe sillet me mirësi ndaj tyre, ato do t'i jenë perde (mbrojtje) nga zjarri."

(Muttefekun alejhi)

Hadithi 275

Nga Ebu Shurejh Huvejlid ibn Amr el-Huzaij r.a. transmetohet se Pejgamberi s.a.v.s. ka thënë: *"O All-llahu im, po e legalizoj (po e bëj të ligjshme) të drejtën e dy (kategorive) të dobëtve: të bonjakut dhe të femrës."*

(Hadithi hasen, e transmeton Nesaiu)

REKOMANDIMI PËR KUJDES NDAJ GRAVE

All-llahu i Madhëruar thotë:

."..Çoni jetë të mirë me to...!"

(en-Nisa, l9)

"Ju nuk mund të jeni plotësisht të drejtë ndaj grave, edhe pse e përpiqeni për këtë, por mos i lejoni vetes shprehinë që ndonjërën ta lini si të varur. Dhe nëse i përmirësoni marrëdhëniet dhe ruheni, All-llahu është, pa dyshim, shumë i mëshirshëm dhe fal shumë."

(en-Nisa, l29)

Hadithi 278

Transmetohet nga Ebu Hurejra r.a. se i Dërguari i All-llahut s.a.v.s. ka thënë: *"Pranoni rekomandimin që grave t'u bëni mirë! Vërtet gruaja është krijuar nga brinja. Laku më i madh i brinjës është më lart. Nëse provon ta drejtosh, do ta thyesh, nëse e lë çfarë është, ajo mbetet e shtrembër. Andaj pranoni rekomandimin ndaj grave."*

(Muttefekun alejhi)

Në një transmetim të dy sahihëve thuhet: *"Gruaja është sikurse brinja, nëse e drejton, e thyen, e nëse pajtohesh me të, pajtohesh me të ashtu si është, e shtrembër."* Ndërkaq në transmetimin e Muslimit thuhet: *"Vërtet gruaja është krijuar nga brinja, asnjëherë nuk drejtohet sipas rregullit, e nëse pajtohesh me të, pajtohesh ashtu si është, e shtrembër e nëse fillon ta drejtosh, do ta thyesh, kurse thyerja e saj është shkurorëzimi i saj."*

Hadithi 281

Transmetohet nga Amr ibn el-Ahves el-Xhushemij r.a. se e ka dëgjuar Pejgamberin s.a.v.s. në Haxhin e Lamtumirës duke thënë, pasi i shprehu lavdi e falënderim All-llahut, tërhoqi vërejtje dhe këshilloi, pastaj tha: *"Pranoni rekomandimin që grave t'u bëni mirë, sepse nuk e keni të lejuar më tepër në to tjetër përveç asaj (do të thotë: dëfrimin, ruajtjen e burrit dhe të pasurisë së tij), por nëse haptas janë të pamoralshme, atëherë u lejohet t'i largoni prej vetes - t'i ndani në shtrat dhe t'i rrihni, por jo tepër. Nëse bëhen prapë të dëgjueshme, atëherë mos kërkoni mënyrë tjetër për t'i shtypur (ndaj tyre silluni mirë si më parë). Ju keni të drejta ndaj grave tuaja dhe gratë tuaja kanë të drejta ndaj jush. Gratë tuaja nuk guxojnë në shtratin tuaj ta pranojnë tjetërkë, e as ta lejojnë në shtëpinë tuaj atë që ju nuk e doni. Kurse e drejta e tyre të ju është që të kujdeseni mirë për to, t'u jepni ushqim dhe t'i veshmbathni si ka hije."*

(Transmeton Tirmidhiu dhe thotë hadithi hasen sahih)

Hadithi 282

Transmetohet nga Muavije ibn Hajde r.a. se ka thënë: "Thashë, o i Dërguari i All-llahut, çfarë detyra ka secili prej nesh ndaj gruas së vet?" (Pejgamberi) Tha: *"Ta ushqesh, kur të ushqehesh vet, ta veshmbathësh, kur këtë e bën për vete, mos ta rrahësh në fytyrë, mos ta qortosh dhe mos ta lësh vetëm askund përveç në shtëpi."*

(Hadith hasen, transmeton Ebu Davudi dhe thotë: *"Mos e qorto"* e ka kuptimin (mos i thuaj "All-llahu të shëmtoftë")

Hadithi 283

Transmetohet nga Ebu Hurejra, r.a. se i Dërguari i All-llahut s.a.v.s. ka thënë: *"Besimtari me iman të plotë është ai që është më i sjellshëm, kurse më i miri prej jush është ai që është më i mirë për gratë e veta."*

(Transmeton Tirmidhiu dhe thotë hadithi hasen sahih)

Hadithi 285

Transmetohet nga Abdull-llah ibn Amr ibn el-'As r.a. se i Dër-guari i All-llahut s.a.v.s. ka thënë: *"Kjo botë (dunjaja) është pasu-ri, kurse pasuria e saj më e madhe është gruaja e mirë."*

(Transmeton Muslimi)

DETYRAT E GRUAS NDAJ BURRIT

All-llahu i Madhëruar thotë:

"Burrat janë mbështetja e grave me aq sa i ka dhënë All-llahu përparësi njërës palë ndaj tjetrës dhe për shkak se ata shpenzojnë pasurinë e tyre. Prandaj gratë e mira janë të dëgjueshme dhe në mungesë të burrit kujdesen për atë që kujdeset edhe All-llahu."

(en-Nisa, 34)

Prej hadritheve të kësaj teme është edhe ai i theksuari në kapit-ullin paraprak nga Amr ibn el-Ahves.

Hadithi 287

Transmetohet nga Ebu Hurejra r.a. se i Dërguari i All-llahut s.a.v.s. ka thënë: *"Kur burri e thërret gruan e tij në shtrat, e ajo këtë e refuzon dhe nëse fle burri dhe e kalon natën i hidhëruar me të, engjëjt do ta mallkojnë (atë grua) deri në mëngjes."*

(Muttefekun alejhi)

Në një transmetim tjetër të dy sahihëve thuhet: *"Kur gruaja fle jashtë shtratit të burrit të saj, e mallkojnë engjëjt deri në mëngjes."* Në një transmetim tjetër, i Dërguari i All-llahut s.a.v.s. ka thënë: *"Pasha Atë, në duart e të cilit gjendet shpirti im, kur një burrë e thërret gruan e tij në shtrat e ajo refuzon, Krijuesi i qiejve do të jetë i hidhëruar me të derisa burri i saj të jetë i kënaqur me të."*

Hadithi 288

Transmetohet, po ashtu, nga Ebu Hurejra r.a. se i Dërguari i All-llahut s.a.v.s. ka thënë: *"Nuk i lejohet gruas që të agjërojë (nafile) kur e ka burrin të pranishëm, përveç me lejen e tij. Po ashtu, ajo nuk lejon hyrje në shtëpi të tij, pa lejen e tij."*

(Muttefekun alejhi, kurse ky citat është i Buhariut)

Hadithi 289

Nga Ibni Umeri r.a. transmetohet se Pejgamberi s.a.v.s. ka thënë: *"Të gjithë ju jeni barinj dhe secili do të jetë përgjegjës për tufën e tij. Mëkëmbësi është bari, burri në familjen e tij është bari, gruaja është bareshë në shtëpinë e burrit të saj dhe rojtare e fëmijëve. Pra, të gjithë ju jeni barinj dhe secili do të jetë përgjegjës për tufën e tij."*

(Muttefekun alejhi)

Hadithi 291

Transmetohet nga Ebu Hurejra r.a. se Pejgamberi s.a.v.s. ka thënë: *"Sikur ta urdhëroja dikë për t'i bërë sexhde dikujt tjetër (përveç All-llahut), do ta urdhëroja gruan për t'i bërë sexhde burrit të saj."*

(Transmeton Tirmidhiu dhe thotë: Hadithi hasen sahih)

FURNIZIMI I FAMILJES

All-llahu i Madhëruar thotë:

.".. Kurse babai i famijës ka për detyrë ushqimin dhe veshjen e tyre në mënyrë të denjë."

"Ai që ka, të shpenzojë sipas pasurisë së vet, por edhe ai që është në skamje të shpenzojë nga ajo që i ka dhënë All-llahu, sepse All-llahu nuk ngarkon askë më tepër sesa i ka dhënë."

(et-Talak, 7)

."..Çkado që ju të jepni (dhuroni) Ai atë e kompenson."

(Sebe', 39)

Hadithi 295

Nga Ebu Hurejra, r.a. transmetohet se i Dërguari i All-llahut s.a.v.s. ka thënë: *"Të hollat që i ke shpenzuar në rrugë të All-lla- hut, të hollat që i ke shpenzuar për lirimin e robërve, të hollat që i ke dhënë për të varfërit dhe të hollat që i ke shpenzuar për fa- miljen tënde, shpërblimi më i madh është për ato që i ke shpen- zuar për familjen tënde."*

(Transmeton Muslimi)

Hadithi 296

Nga Ebu Abdull-llahu (e thuhet Ebu Abdurrahmani) Thevban ibn Buxhdudi, rob (mevla) i të Dërguarit të All-llahut s.a.v.s., transme- tohet se ka thënë: "Ka thënë i Dërguari i All-llahut s.a.v.s.: *"Paraja më e vlefshme të cilën e shpenzon njeriu është ajo që e shpenzon për familjen e vet, paraja të cilën e shpenzon për mbajtjen e kaf- shës për (luftë) në rrugë të All-llahut dhe paraja të cilën e shpen- zon për shokët e tij në rrugë të All-llahut."*

(Transmeton Muslimi)

Hadithi 298

Transmetohet nga Sa'd ibn Ebu Vekkasi r.a. në një hadith të tij të gjatë, të cilin e theksuam në fillim të librit në kapitullin e Nijetit, se i Dërguari i All-llahut s.a.v.s. i ka thënë atij: *"Vërtet, ti nuk do të bësh asnjë shpenzim në emër të All-llahut, e që për të të mos shpërblehesh, madje edhe për atë që e vë në gojën e gruas tënde."*

(Muttefekun alejhi)

Hadithi 299

Transmetohet nga Ebu Mes 'ud el-Bedrij r.a. se Pejgamberi s.a.v.s. ka thënë: *"Kur e bën njeriu një shpenzim për mbajtjen e familjes së tij, duke llogaritur shpërblimin e All-llahut, ajo do të jetë për të sadaka."*

(Muttefekun alejhi)

Hadithi 301 / 1

Transmetohet nga Ebu Hurejra r.a. se Pejgamberi s.a.v.s. ka thënë: *"Nuk ka ditë në të cilën gdhihen robërit e All-llahut e që të mos zbresin dy engjëj dhe njëri të thotë: "O All-llahu im, jepi kompensim atij që ka shpenzuar", kurse tjetri thotë: "O All-llahu im, jepi shkatërrim atij që (dorën e vet) ka shtrënguar."*

(Muttefekun alejhi)

Hadithi 301 / 2

Transmetohet nga Ebu Hurejra r.a. se Pejgamberi s.a.v.s. ka thënë: *"Dora e sipërme (që jep) është më e mirë se dora e poshtme (që lyp). Fillo prej familjes tënde. Sadaka më e mirë është ajo që bëhet duke qenë i pasur (pasi t'i ketë plotësuar nevojat e fami-ljes), kush bëhet dinjitoz, All-llahu ia ruan dinjitetin dhe kujt i mjafton ajo që ka, All-llahu do t'ia mjaftojë."*

(Transmeton Buhariu)

All-llahu i Madhëruar thotë:

"Nuk do ta arrini mirësinë e plotë derisa të mos ndani një pjesë të asaj që e keni më të dashur."

(Ali' Imran, 92)

"O besimtarë! Shpenzoni nga ato gjëra të bukura që i fitoni dhe prej atyre që ua japim nga toka, mos nisni të ndani atë që nuk vlen të shpërndahet, që ju vetë nuk do ta kishit marrë, vetëm me symbyllur."

(el-Bekare,267)

DOMOSDOSHMËRIA E URDHËRIMIT TË FAMILJES, FËMIJËVE DHE TË GJITHË ATYRE NËN KUJDES PËR DËGJUESHMËRI NDAJ ALL-LLAHUT, NDALIMI I TYRE NGA MOSDËGJUESHMËRIA DHE EDUKIMI E PENGIMI NGA KRYERJA E TË NDALUARAVE

All-llahu i Madhëruar thotë:

"Urdhëroje familjen tënde të kryejë namazin dhe insis-to në këtë!"

(Ta Ha,l32)

"O besimtarë, ruajeni veten dhe familjen tuaj nga zjarri."

(et-Tahrim,6)

Hadithi 303

Transmetohet nga Ebu Hurejra r.a.: "Hasani, i biri i Aliut r.a. (si fëmijë) njëherë e mori një hurmë nga hurmat e dhëna për sadaka dhe e shtiu në gojë. I Dërguari i All-llahut s.a.v.s. i tha: *"Mos, mos, gjuaje atë! A nuk e di se ne nuk hamë sadaka?!"*

(Muttefekun alejhi)

Sipas një transmetimi tjetër thuhet: *"Për ne nuk është e lejuar sadakaja."*

101

Hadithi 305

Nga Ibni Umeri r.a. transmetohet se ka thënë: "E kam dëgjuar të Dërguarin e All-llahut s.a.v.s. duke thënë:*"Të gjithë ju jeni barinj dhe secili do të përgjigjet për tufën e tij. Imami (udhëheqësi – sunduesi) është bari (i popullit të vet) dhe do të jetë përgjegjës për tufën e tij. Burri është bari në familjen e vet dhe do të përgjigjet për tufën e tij. Gruaja është bareshë në shtëpinë e burrit të saj dhe ajo do të jetë përgjegjëse për tufën e saj. Shërbëtori është bari (rojtar) i pasurisë së zotëriut të vet dhe do të jetë përgjegjës për tufën e tij. Pra, të gjithë ju jeni barinj dhe secili do të përgjigjet për tufën e tij."*

(Muttefekun alejhi)

Hadithi 306

Transmetohet nga Amr ibn Shuajbi, ky nga babai i tij, e ai nga babai i vet r.a., se i Dërguari i All-llahut s.a.v.s. ka thënë: *"Urdhëroni fëmijët tuaj për (të falur) namaz kur të jetë shtatë vjeç, e detyrojëni me forcë (rrihni) kur t'i bëjnë dhjetë vjeç dhe ndajini në shtrat."*

(Hadith hasen, transmeton Ebu Davudi)

E DREJTA E FQINJIT DHE POROSIA PËR TË

All-llahu i Madhëruar thotë:

"Adhurone All-llahun dhe asnjë send mos e trajtoni të barabartë me Te! Jini të mirë me prindërit dhe të afërmit, edhe bonjakët edhe të varfërit e ngratë, edhe me fqinjët e afërt edhe me fqinjët e largët, edhe me shokët për rreth, edhe udhëtarët edhe ata që janë nën kujdesin tuaj!"

(en-Nisa, 36)

Hadithi 308

Transmetohet nga Ibni Umeri dhe Aishja r.a. se i Dërguari i All-llahut s.a.v.s. ka thënë: *"Vazhdimisht më ka porositur Xhibrili për fqinjin, saqë kam menduar se do t'i jepë të drejtë edhe në trashëgi-mi."*

(Muttefekun alejhi)

Hadithi 309

Transmetohet se Ebu Dherri r.a. ka thënë: "Më ka thënë i Dër-guari i All-llahut s.a.v.s.: *"O Ebu Dherr, kur të ziesh çorbë, shto në të ujë dhe kujdesu për fqinjin."*

(Transmeton Muslimi)

Në një transmetim tjetër, po ashtu nga Ebu Dherri, thuhet: "Vërtet, miku im sal-lall-llahu alejhi ve sel-lem më ka porositur: *"Kur të ziesh çorbë, shtoja pak ujin, e pastaj shiko familjet e fqinjëve dhe nda një pjesë prej saj."*

Hadithi 310

Transmetohet nga Ebu Hurejra r.a. se Pejgamberi s.a.v.s. ka thënë: *"Pasha All-llahun nuk beson, pasha All-llahun nuk beson, pasha All-llahun nuk beson!"* I thanë: "Kush, o i Dërguari i All-llahut? Tha: *"Ai, fqinji i të cilit nuk është i sigurtë nga të këqijat e tij!"*

(Muttefekun alejhi)

Në një transmetim të Muslimit thuhet: *"Nuk do të hyjë në Xhenet ai, fqinji i të cilit nuk është i sigurtë prej të këqijave të tij."*

Hadithi 313

Transmetohet, po ashtu nga Ebu Hurejra r.a., se i Dërguari i All-llahut s.a.v.s. ka thënë: *"Kush i beson All-llahut dhe Ditës së Mbrame mos ta shqetësojë fqinjin e vet, kush i beson All-llahut dhe Ditës së Mbrame le ta nderojë mikun (musafirin) e vet dhe kush i beson All-llahut dhe Ditës së Mbrame le të flasë mirë ose le të heshtë."*

Hadithi 316

Transmetohet nga Abdull-llah ibn Umeri r.a. se i Dërguari i All-llahut s.a.v.s. ka thënë: *"Shokë më të mirë tek All-llahu i Madhë-ruar janë ata që janë më të mirë për shokun e vet dhe fqinjë më të mirë tek All-llahu janë ata që janë më të mirë për fqinjin e vet."*

(Transmeton Tirmidhiu dhe thotë hadith hasen)

BAMIRËSIA NDAJ PRINDËRVE DHE FAREFISIT

All-llahu i Madhëruar thotë:

"Adhurojeni All-llahun dhe asnjë send mos e trajtoni të barabartë me Të! Jini të mirë me prindërit dhe të afër-mit, edhe me bonjakët dhe të varfërit e ngratë, edhe me fqinjët e afërt edhe me fqinjët e largët, edhe me shokët përreth, edhe me udhëtarët, edhe me ata që janë nën kujdesin tuaj"

(en-Nisa, 36)

.".Frikësojuni All-llahut, në emër të të Cilit betoheni dhe mbani lidhjet familjare."

(en-Nisa, l);

"Edhe ata, që respektojnë atë çka ka urdhëruar All-llahu, që të respektohet (për mbajtjen e lidhjeve fami-ljare)."

(err-Rra'd, 2l)

"Ne e kemi porositur njeriun të sillet mirë ndaj prindë-rve të vet."

(el-Ankebut, 8)

"Zoti yt ka përcaktuar që të mos adhuroni tjetër përveç Atij dhe të silleni mirë me prindërit. Nëse njëri prej tyre, ose të dy, përjetojnë pleqëri te ti, mos u thuaj "of!" e as mos u fol me zë të lartë, por t'u drej-tohesh me fjalë respekti të plotë. Shtrij përpara tyre krahët e përulshmërisë dhe thuaj: "O Zoti im, ki mëshi-rë ndaj tyre, siç kanë pasur kujdes ata ndaj meje në vegjëli!"

(el-Isra, 23-24)

"Ne e kemi porositur njeriun për prindërit e vet të sillet mirë, se nëna e vet e ka bartur në dëm të shënde-tit të saj, kurse nga gjiri e ndan brenda dy vjetëve. Të jesh mirënjohës ndaj Meje dhe prindërve të tu!."

(Lukman, l4)

Hadithi 317

Transmetohet nga Ebu Abdurrahman Abdull-llah ibn Mes'ud r.a. se ka thënë: "E kam pyetur Pejgamberin s.a.v.s.: "Cila punë është më e dashur tek All-llahu i Madhëruar?" Tha: *"Namazi në kohën e vet."* I thashë: "Pastaj cila?" Tha: *"Bamirësia ndaj prindërve."* I thashë: "Pastaj cila?" Tha: *"Xhihadi (lufta) në rrugë të All-llahut."*

(Muttefekun alejhi)

Hadithi 318

Transmetohet nga Ebu Hurejra r.a. se i Dërguari i All-llahut s.a.v.s. ka thënë: *"Fëmija prindin e vet nuk mund ta shpërblejë, përveç nëse e gjen në pronësi të dikujt dhe e blen prej tij, pastaj e liron (nga robëria)."*

(Transmeton Muslimi)

Hadithi 321

Transmetohet nga Ebu Hurejra r.a. se ka thënë: "Erdhi një nje-ri tek i Dërguari i All-llahut s.a.v.s. dhe i tha: "O i Dërguari i All-lla-hut, kush është më i merituari i njerëzve për shoqërimin tim të mi-rë?" tha: *"Nëna jote."* tha: "Pastaj kush?" (Pejgamberi) tha: *"Nëna jote."* tha: "Pastaj kush?" tha: *"Nëna jote."* tha: "Pastaj kush?" tha: *"Babai yt."*

(Muttefekun alejhi)

Kurse sipas një transmetimi tjetër thuhet: "O i Dërguari i All-llahut, kush është më i merituar për shoqërim të mirë?" Tha: *"Nëna jote, pastaj nëna jote, pastaj nëna jote, pastaj babai yt e pastaj më të afërmit me radhë."*

Hadithi 322

Transmetohet nga Ebu Hurejra r.a.se Pejgamberi s.a.v.s. ka thënë: *"I përbuzur është, i përbuzur është, i përbuzur është ai që e arrin pleqërinë e njërit apo të dy prindërve të tij dhe nuk hyn në Xhenet."*

(Transmeton Muslimi)

Hadithi 324

Transmetohet nga Enesi r.a. se i Dërguari i All-llahut s.a.v.s. ka thënë: *"Kush dëshiron që t'i shtohet furnizimi dhe t'i zgjatet jeta, atëherë le të kujdeset dhe le t'i mbajë lidhjet farefisnore."*

(Muttefekun alejhi)

Hadithi 326

Transmetohet se Abdull-llah ibn Amr ibn el-'As i ka thënë: "Erdhi një njeri te Pejgamberi s.a.v.s. dhe i tha: "Të zotohem ty për hixhret dhe xhihad, dhe kërkoj shpërblimin nga All-llahu i Madhëruar." (Pejgamberi) Tha: *"A e ke ndonjërin prej prindërve gjallë?"* Tha: "Po, madje të dy i kam gjallë." Tha: *"Dhe po kërkon shpërblim nga All-llahu i Madhëruar?"* Tha: "Po" Pejgamberi tha: *"Kthehu tek prindërit e tu dhe bëju shoqërim e shërbim të mire."*

(Muttefekun alejhi)

Kjo është shprehja e Muslimit, kurse një transmetim tjetër, i Buhariut dhe i Muslimit thekson: "Erdhi një njeri dhe kërkoi leje prej tij për xhihad. Pejgamberi tha: *"A i ke prindërit gjallë?"* Tha: "Po" Pejgamberi, atëherë tha: *"Kthehu tek ata, aty është xhihadi yt!"*

Hadithi 327

Transmetohet, po ashtu, nga Abdull-llah ibn Amr ibn el-'Asi r.a. se Pejgamberi s.a.v.s. ka thënë: *"Nuk është e mjaftueshme vetëm mbajtja e lidhjeve farefisnore, por duhen rivendosur lidhjet e pandërprera farefisnore."*

(Transmeton Buhariu)

Hadithi 328

Transmetohet nga Aishja r.a. se i Dërguari i All-llahut s.a.v.s. ka thënë: *"Afëria (e gjakut) varet në Arsh dhe thotë: "Kush i mban lidhjet me mua, All-llahu do t'i mbajë me të, ndërsa kush i ndërpret lidhjet me mua, All-llahu do t'i ndërprejë lidhjet me të."*

(Muttefekun alejhi)

Hadithi 330

Transmetohet nga Esma, bija e Ebu Bekër es-Siddikut r.a., se ka thënë: "Më erdhi nëna ime, që ishte ende idhujtare (mushrike) në kohën kur i Dërguari i All-llahut s.a.v.s. ishte në marrëveshje (me idhujtarët në marrëveshjen e Hudejbisë), dhe unë i kërkova sqarim duke i thënë: "Më ka ardhur nëna ime që më do dhe është permalluar, andaj, a të mbaj lidhje me të?" Tha: *"Po, mbaj lidhje me të."*

(Muttefekun alejhi)

Hadithi 336

Transmetohet nga Ebu Ejjub Halid ibn Zejd el-Ensarij r.a. se një njeri ka thënë: "O i Dërguari i All-llahut, më trego për një punë që do të më shpie në Xhenet dhe do të më largojë nga Xhehenemi?" Pejgamberi s.a.v.s. tha: *"Ta adhurosh All-llahun dhe të mos i shoqërosh asgjë, ta falësh namazin, ta ndash zekatin dhe t'i mbash lidhjet farefisnore."*

(Muttefekun alejhi)

Hadithi 337

Transmetohet nga Selman ibn'Amiri, r.a. se Pejgamberi s.a. v.s. ka thënë: *"Kur të bëjë iftar ndonjëri prej jush, le ta bëjë këtë me hurmë, sepse ajo është begati (bereqet), nese atë nuk e ka, atëherë me ujë, sepse ai është pastërti."* Dhe ka thënë: *"Sadakaja ndaj të varfërit është një sadaka, kurse ndaj farefisit është sadaka e dyfishtë, sadaka dhe ndihmë."*

(Transmeton Tirmidhiu dhe thotë hadith hasen)

Hadithi 338

Transmetohet nga Ibni Umeri r.a. se ka thënë: "Unë kam pasur një grua të cilën e doja, kurse Umeri (babai i tij) e urrente dhe më tha: "Shkurorëzoje!" Unë refuzova. Pastaj Umeri r.a. shkoi te Pejgamberi s.a.v.s. dhe i tregoi për këtë. Pejgamberi s.a.v.s. tha: "Shkurorëzoje!"

(Transmetojnë Ebu Davudi dhe Tirmidhiu dhe thonë hadith hasen sahih)

Hadithi 339

Transmetohet nga Ebu ed-Derda r.a., i cili ka thënë se i ka ardhur një njeri dhe i ka thënë: "E kam një grua, kurse nëna ime po më urdhëron që ta shkurorëzoj!? (Ebu ed-Derda) Tha: "E kam dëgjuar të Dërguarin e All-llahut s.a.v.s. duke thënë: "Prindi është dera e mesme e Xhenetit, nëse do, lëshoje (derën), e nëse do, ruaje atë derë."

(Transmeton Tirmidhiu dhe thotë hadith hasen sahih)

NDALIMI I KEQTRAJTIMIT TË PRINDËRVE DHE I NDËRPRERJES SË LIDHJEVE FAREFISNORE

All-llahu i Madhëruar thotë:

"A mos edhe ju, po të kishit marrë pushtet, do të shkaktonit trazira në tokë dhe do të shthurnit lidhjet tuaja familjare? Ata janë, të cilët All-llahu i mallkoi dhe i bëri të shurdhër dhe të verbër."

(Muhammed, 22-33)

"Kurse ata, të cilët e thejnë besën e All-llahut, edhe pasi e kanë dhënë seriozisht fjalën dhe atë që u ka urdhëruar All-llahu të respektohet e mënjanojnë dhe bëjnë trazira në tokë; ata i pret mallkimi dhe vend-banimi më i keq!"

(err-Rra'd,25)

"Zoti yt ka urdhëruar që të mos adhuroni tjetër përveç Atij dhe të silleni mirë me prindërit. Nëse njëri prej tyre, ose të dy, përjetojnë pleqëri te ti, mos u thuaj "of!" e as mos u hidhëro, por t'u drejtohesh me fjalë respekti të plotë. Shtrij përpara tyre krahët e përul-shmërisë dhe

108

thuaj: "O Zoti im, ki mëshirë ndaj tyre, siç kanë pasur kujdes ata ndaj meje në vegjëli!"

(el-Isra, 23-24)

Hadithi 341

Transmetohet nga Ebu Bekrete Nufej ibn el-Harith r.a. se i Dërguari i All-llahut s.a.v.s. ka thënë tri herë: *"A doni t'ju njoftoj për mëkatet më të mëdha?"* Ne i thamë: "Gjithsesi, o i Dërguari i All-llahut!" Tha: *"Nëse i përshkruhet All-llahut shok (shirk) dhe mos-dëgjimi i prindërve."* Ishte (ulur) i mbështetur, pastaj u drejtua dhe tha: *"Vini re, edhe rrena, edhe dëshmia e rrejshme"*, dhe vazhdimisht e përsëriti këtë saqë thamë: "Ah, sikur të heshte!"

(Muttefekun alejhi)

Hadithi 342

Transmetohet nga Abdull-llah ibn Amr ibn el-'Asi r.a. se Pejgamberi s.a.v.s. ka thënë: *"Mëkatet e mëdha janë: Nëse i përshkruhet All-llahut shok (shirk); mosdëgjimi i prindërve; vrasja e njeriut dhe betimi i rrejshëm (kur të bëhet me qëllim dhe me vetëdije rrejshëm)."*

(Transmeton Buhariu)

Hadithi 344

Transmetohet nga Ebu Muhammed Xhubejr ibn Mut'imi r.a. se i Dërguari i All-llahut s.a.v.s. ka thënë: *"Nuk do të hyjë në Xhenet ai që i ndërpret lidhjet."* Sufjani në transmetimin e tij, thotë: "Do të thotë lidhjet familjare."

(Muttefekun alejhi)

Hadithi 345

Transmetohet nga Ebu Isa el-Mugire ibn Shu'beja r.a. se Pejgamberi s.a.v.s. ka thënë: *"Vërtet All-llahu i Madhëruar ua ka ndaluar (haram) mosdëgjueshmërinë ndaj nënave; moskryerjen e obligimit dhe kërkimin e asaj që nuk ju takon; dhe nëpërkëmbjen e vajzave (varrimi për së gjalli) dhe ua ka bërë të urryer (mekruh) thashethemet (kur flitet gjithçka që dëgjoni); pastaj pyetjet e shumta (për çka s'ka nevojë) dhe harxhimin e tepërt (të pakont-rolluar) të pasurisë (në vende të paparapara nga feja)."*

(Muttefekun alejhi)

Kësaj teme i përket edhe hadithi i theksuar në temën e ka-luar (nr.328).

VLERA E BAMIRËSISË NDAJ MIQVE TË PRINDËRVE, MIQVE TË TË AFËRMVE, TË BASHKËSHORTES DHE TË TJERËVE

Hadithi 346

Transmetohet nga Ibni Umeri r.a. se Pejgamberi s.a.v.s. ka thënë: *"Bamirësia më e mirë është që njeriu të mbajë lidhje me dashamirin e babait të vet."*

Abdull-llah ibn Dinari nga Abdull-llah ibn Umeri r.a. thotë se një beduin e kishte takuar atë në rrugë për në Meke. Abdull-llah ibn Umeri i kishte dhënë selam dhe e kishte hipur në gomarin ku ishte i hypur vetë, pastaj ia kishte dhënë edhe shallin që kishte në kokën e tij. Atëherë ne i thamë atij: "All-llahu të dhashtë të mira, ata janë beduinë dhe kënaqen me pak." Abdull-llah ibni Umeri atëherë tha: "Vërtet, babai i këtij ka qenë dashamir i Umer ibn el-Hattabit r.a., kurse unë e kam dëgjuar të Dërguarin e All-llahut s.a.v.s. duke thënë: *"Vërtet, bamirësi më e mirë është që njeriu të mbajë lidhje me dashamirët e babait të vet."*

Një transmetim tjetër nga Ibni Dinari thotë: "Kur dilte Ibni Umeri në Meke, i hipte gomarit të tij - kur mërzitej nga deveja - dhe me një shall e mbulonte dhe forconte kokën dhe duke qenë kështu hipur mbi gomar, kaloi atypari një beduin, të cilit i tha: "A nuk je ti i biri i filanit?" (Beduini) Tha: "Po, unë jam." (Ibni Umeri) Pastaj, ia dha gomarin dhe i tha: "Hipi këtij!" dhe ia dha edhe kapelën duke i thënë "Me këtë mbuloje dhe mbështille kokën." Disa shokë të tij i thanë: "All-llahu të faltë, ia dhe këtij arabi gomarin mbi të cilin ishe hipur vetë dhe kapelen me të cilën e pate mbështjellur e mbuluar kokën tënde?" (Ibni Umeri)

Tha: "Vërtet, unë e kam dëgjuar të Dërguarin e All-llahut s.a. v.s. duke thënë: *"Vërtet, bamirësi më e mirë është që njeriu t'i mbajë lidhjet me dashamirët e babait të vet pas vdekjes së tij."* Vërtet, babai i tij ka qenë shok i Umerit r.a."

(Të gjitha transmetimet janë nga Muslimi)

Hadithi 349

Transmetohet nga Enes ibn Maliku r.a. se ka thënë: "Dola në udhëtim bashkë me Xherir ibn Abdull-llah el-Bexhel-lij r.a. dhe filloi të më shërbejë. Unë i thashë: "Mos vepro kështu!" Kurse ai m'u përgjigj: "Vërtet, unë i kam parë ensarët, kështu vepronin me të Dërguarin e All-llahut s.a.v.s. dhe unë jam zotuar në vetvete që secilin prej tyre mos ta shoqëroj e të mos i shërbej."

(Muttefekun alejhi)

RESPEKTI NDAJ FAMILJES SË TË DËRGUARIT TË ALL-LLAHUT S.A.V.S. DHE SQARIMI I VLERËS SË TYRE

All-llahu i Madhëruar thotë:

."..All-llahu, me të vërtetë, dëshiron që nga ju - o familja e Pejgamberit, - t'i largojë mëkatet dhe t'ju pastrojë plotësisht."

(el-Ahzab, 33),

Dhe thotë:

."..E kush madhëron dispozitat e All-llahut, ajo është shenjë e zemrës fisnike."

(el-Haxhxh, 32)

Hadithi 350

Transmetohet nga Jezid Hajjani se ka thënë: "U nisëm unë, Husajn ibn Sebre dhe Amr ibn Muslimi për te Zejd ibn Erkami r.a. dhe pasi u ulëm, i tha atij Husajni: "O Zejd, ti ke arritur shumë të mira; e ke parë të Dërguarin e All-llahut s.a.v.s., i ke dëgjuar fjalët e tij, ke luftuar bashkë me të dhe je falur pas tij. Ti, vërtet o Zejd, ke përjetuar shumë të mira, andaj na thuaj diçka nga ajo që ke dëgjuar nga i Dërguari i All-llahut s.a.v.s.?" Tha: "O djali i vëllait, pasha All-llahun, tashmë jam plakur, ka kaluar koha ime, diçka edhe kam harruar nga ajo që mbaja në mend nga i Dërguari i All-llahut s.a.v.s., andaj atë që jua them, pranojeni, kurse për atë që nuk jua them, mos më obligoni", e pastaj tha: "Një ditë, u ngrit i Dërguari i All-llahut s.a.v.s. dhe na mbajti një fjalim te një ujë që quhet "Humma" në mes të Mekes dhe Medines. Aty ai e falënderoi dhe lavdëroi All-llahun, pastaj këshilloi dhe tërhoqi vërejtje e pastaj tha: *"O njerëz, kujdes, vërtet unë jam njeri, është afruar që të vijë i dërguari i Krijuesit tim dhe unë do t'i përgjigjem, andaj po ua lë dy gjëra madhështore: e para është Libri i All-llahut, në të cilin gjendet udhëzimi dhe drita, andaj merreni Librin e All-llahut dhe përmbajuni atij."* Nxiti dhe inkurajoi për Librin e All-llahut e pastaj tha: *"Dhe familja ime; ua përkujtoj (ua tërheq vërejtjen) All-llahun për familjen time, ua përkujtoj All-llahun për familjen time!"* Atëherë Husajni i tha: "E kush janë familja e tij, o Zejd? A nuk janë gratë e tij prej familjes së tij?" (Zejdi) tha: "Gratë e tij janë prej familjes së tij, por edhe të gjithë ata të cilëve u është ndaluar marrja e sadakasë pas tij janë të familjes së tij." Tha: "E kush janë ata?" (Zejdi) Tha: "Ata janë familja e Aliut, fami-lja e Akilit, familja e Xhaferit dhe familja e Abbasit." Tha: "Të gjithë këtyre u është e ndaluar marrja e sadakas?" Tha: "Po."

(Transmeton Muslimi)

Sipas një transmetimi tjetër, ky hadith citohet kështu: *"Kujdes, unë po ua lë dy gjëra madhështore: E para është Libri i All-llahut. Ai është lidhja (litar) e All-llahut, kush e pason atë, është i përudhur, ndërsa kush e braktis, do të jetë në laj-thitje."*

Hadithi 351

Transmetohet nga Ibni Umeri r.a. e ky nga Ebu Bekër es-Siddiku r.a. se ka thënë: "Kujdesuni për Muhammedin s.a.v.s. në fami-ljen e tij."

Fjala "kujdesuni" do të thotë ruajeni, respektojeni, ndero-jeni. All-llahu e di më së miri!

NDERIMI I DIJETARËVE (ISLAMË), TË VJETËRVE DHE TË DALLUARVE, DHËNIA E PËRPARËSIVE ATYRE PARA TË TJERËVE, LARTËSIMI I TUBIMEVE TË TYRE DHE SHFAQJA E GRADËS SË TYRE

All-llahu i Madhëruar thotë:

.".. Thuaj: "A janë njëlloj ata që dinë dhe ata që nuk dinë? Mësim marrin vetëm të mençurit."

(ez-Zumer, 9)

Hadithi 353

Transmetohet nga Mes'ud Ukbe ibn Amr el-Bedrij el-Ensarij r.a. se ka thënë: "I Dërguari i All-llahut s.a.v.s. na i prekte supet e kra-hëve tona (me duart e tij) gjatë namazit dhe na thonte: *"Barazo-huni - drejtohuni, mos jini të pabarazuar (në saf), pastaj dhe zem-rat tuaja do të janë të padrejtuara. Le të më pasojnë (afrohen) mua të mençurit dhe më të aftët, pastaj ata që vijnë pas tyre, pas-taj ata që vijnë pas tyre."*

(Transmeton Muslimi)

Hadithi 357

Transmetohet nga Ibni Umeri r.a. se Pejgamberi s.a.v.s. ka thënë: *"Kam parë ëndërr se po e përdorja misvakun, kur më erdhën dy njerëz, njëri ishte më i vjetër se tjetri. Unë ia dhashë misvakun atij më të riut, kurse m'u tha: "Të vjetrit së pari", atëherë ia dhashë atij më të vjetrit."*

(Transmeton Muslimi me sened, kurse Buhariu pa sened)

Hadithi 359

Transmetohet nga Amr ibn Shuajbi, nga babai i tij, kurse ai nga babai i vet r.a., se i Dërguari i All-llahut s.a.v.s ka thënë: *"Nuk është prej nesh ai që nuk është i mëshirshëm ndaj të vegjëlve tanë dhe kush nuk ia di respektin e duhur të vjetërve tanë."*

(Hadith sahih. Transmetojnë Ebu Davudi dhe Tirmidhiu të cilët thonë se është hadith hasen sahih. Ndërkaq në transmetimin e Ebu Davudit thuhet: "të drejtën e të vjetërve tanë.")

Hadithi 360

Transmetohet nga Mejmun ibn Ebi Shebibi, All-llahu e mëshiroftë, se Aishja r.a. një lypësi që kaloi i dha një copë bukë, kurse kur kaloi një tjetër, që ishte më i veshur dhe më i pashëm, i ofroi të ulet, e pastaj i dha të hajë. Kur e pyetën për këtë, ajo tha: "I Dërguari i All-llahut s.a.v.s. ka thënë: *"Gradoni njerëzit sipas gradave të tyre."*

(Transmeton Ebu Davudi, por thotë se Mejmuni nuk e ka mbërritur Aishen)

Muslimi në fillim të Sahihut të tij e ka theksuar pa sened, ku thotë: "Transmetohet nga Aishja r.a.: "Na ka urdhëruar i Dërguari i All-llahut s.a.v.s. që t'i gradojmë njerëzit sipas gradave të tyre." Kurse el-Hakim Ebu Abdull-llah në librin e tij "Ma'rifetu ulumi-l-hadith" (Njohja e shkencave të hadithit) e thekson këtë hadith dhe thotë se është hadith sahih.

VIZITA E NJERËZVE TË MIRË, QËNDRIMI ME TA, SHOQËRIMI DHE DASHURIA E TYRE, THIRRJA E TYRE PËR VIZITË, PËR T'U LUTUR PËR TY DHE VIZITA E VENDEVE TË RËNDËSISHME (ISLAME)

All-llahu i Madhëruar thotë:

"Dhe kur i tha Musa djalit të vet: "Do të shkoj derisa të arrij aty ku bashkohen dy dete, ose do të ec dhe vetëm do të ec. Dhe kur ata dy arritën deri në vendin ku ata dy duhej të bashkohen, e harruan peshkun e tyre, e ai u nis

rrugës së vet nëpër det. Po kur u largua, (Musa) i tha djalit të vet: "Na jep të hamë mëngjesin, sepse nga kjo rrugë jona jemi lodhur. A e sheh? i tha ky. Kur u ndalëm në atë breg, e unë e harrova peshkun, këtë s'e ka bërë tjetërkush përpos vetë djallit, që ta përmend atë. Ai patjetër do të jetë zhytur në det, për çudi! Tha: Kjo është ajo që na duhet dhe u kthyen të dy rrugës prej nga kishin ardhur. Dhe e gjetën një njeri nga robërit Tanë, të cilit i patëm dhënë mëshirë nga ana Jonë dhe i mësuam atë që e dimë vetëm Ne. "A mund të të bëj shoqëri?" i tha Musa. "Por të ma mësosh tërë atë drejtësi që e ke mësuar ti."

(el-Kehf, 60-66)

Dhe ka thënë:

"Qëndro vendosmërisht në anën e atyre, të cilët i luten Zotit të vet në mëngjes dhe në mbrëmje me dëshirë që të meritojnë simpatinë e Tij."

(el-Kehf, 28)

Hadithi 365

Transmetohet nga Ebu Hurejra r.a. se Pejgamberi s.a.v.s. ka thënë: "Një njeri e vizitoi një vëlla të vetin në një fshat tjetër. All-llahu i Madhëruar ia cakton një engjëll për ta vëzhguar gjatë rrugës së tij dhe kur erdhi tek ai (engjëlli) i tha: "Ku po shkon?" Tha: "Te një vëlla imi në këtë fshat." Tha: "A mos ke ti tek ai ndonjë interes material?" Tha: "Jo, por unë atë e dua për All-llahun!" (Engjëlli) Tha: "Unë jam i dërguar nga All-llahu te ti për të njoftuar se All-llahu të do ty ashtu siç e do ti atë njeri."

(Transmeton Muslimi)

Hadithi 366

Transmetohet nga Ebu Hurejra r.a. se i Dërguari i All-llahut s.a.v.s. ka thënë: "Kush e viziton një të sëmurë ose e viziton vëllanë e tij për All-llah, do të thërrasë një thirrës (engjëll) se ti je i mrekullueshëm dhe ke vepruar për mrekulli dhe se ke fituar (rezervuar) një vend në Xhenet."

(Transmeton Tirmidhiu dhe thotë hadithi hasen)

Hadithi 367

Transmetohet nga Ebu Musa el-Esh'arij r.a. se Pejgamberi s.a.v.s. ka thënë: *"Shembulli i qëndrimit me njerëz të mirë dhe me njerëz të këqinj është sikurse shitorja e miskut (parfumeria) dhe farkëtorja. Shitësi i miskut ose të jep ose të shet, ose së paku prej tij kundërmon erë e këndshme. Kurse farkëtari ose t'i djeg teshat, ose prej tij do të vijë erë e pakëndshme (nga thëngjilli)."*

(Muttefekun alejhi)

Hadithi 368

Transmetohet nga Ebu Hurejra r.a. se Pejgamberi s.a.v.s. ka thënë: *"Gruaja martohet për katër gjëra: pasuria materiale, prej- ardhja, bukuria dhe feja e saj. Andaj, përcaktohu për atë që është e dhënë në fe, përndryshe mbetesh përdhé!"*

(Muttefekun alejhi)

Hadithi 369

Transmetohet nga Ibni Abbasi r.a. se Pejgamberi s.a.v.s. i ka thënë Xhibrilit: *"Çka po të pengon ty që nuk po na viziton më shpesh?"* Pastaj u shpall ajeti: (Xhibrili tha) ***"Dhe ne zbresim (në Tokë) vetëm me urdhrin e Zotit tënd. Atij i përket ajo që është para nesh dhe që është pas nesh, dhe ajo që është në mes kë- tyre dyjave."*** *(Merjem, 64)*

(Transmeton Buhariu)

Hadithi 372

Transmetohet nga Ebu Musa el-Esh'arij r.a. se Pejgamberi s.a.v.s. ka thënë: *"Njeriu në botën e ardhme do të jetë me atë që e ka dashur."*

(Muttefekun alejhi)

Në një transmetim tjetër thuhet: "I është thënë Pejgambe-rit s.a.v.s.: "Njeriu i do të vetët, por nuk mundet t'u bashko-het." Tha: *"Njeriu është me atë që e do."*

Hadithi 373

Transmetohet nga Enesi r.a. se një beduin i tha të Dërguarit të All-llahut s.a.v.s.: "Kur është Kijameti?" I Dërguari i All-llahut s.a.v.s. tha: *"Çka ke përgatitur për të?"* Tha: "Dashurinë për All-llahun dhe të Dërguarin e Tij." (Pejgamberi) Tha: *"Ti (do të) jesh me atë që ke dashur."*

(Muttefekun alejhi)

Ky është citat i Muslimit, kurse sipas një transmetimi tjetër të Buhariut dhe Muslimit: "Nuk kam përgatitur shumë agjërim, as namaz, as sadaka, por e dua All-llahun dhe të Dërguarin e Tij."

Hadithi 374

Transmetohet nga Ibni Mes'udi r.a. se ka thënë: "Erdhi një njeri tek i Dërguari i All-llahut s.a.v.s. dhe i tha: "O i Dërguari i All-llahut, çfarë thua për një njeri i cili i do të vetët, por nuk mund t'i arrijë ata?" I Dërguari i All-llahut s.a.v.s. tha: *"Njeriu do të jetë me atë që e ka dashur."*

(Muttefekun alejhi)

Hadithi 377

Transmetohet nga Usejr ibn Amri e i thuhet Ibni Xhabir, se ka thënë: "Umer ibn el-Hattabi r.a. kur i erdhën njësitë (luftarake) nga Jemeni i pyeti: "A është në mesin tuaj Uvejs ibn Amir?" Derisa erdhi te Uvejsi r.a. dhe i tha: "A je ti Uvejs ibn 'Amir?" (Uvejsi) Tha: "Po!" "A je nga (fisi) Muradi dhe nga (familja) Karani?" (Uvejsi) Tha: "Po." (Umeri prapë vazhdoi) "A e ke pasur gërbulën e pastaj je shëruar prej saj përveç një vendi sa një dirhem?" Tha: "Po." (Umeri) Tha: "A ke nënë?" Tha: "Po." Tha (Umeri): "E kam dëgjuar të Dërguarin e All-llahut s.a.v.s. duke thënë: *"Do t'ju vijë juve Uvejs ibn Amiri me njësitë e Jemenit nga Muradi, pastaj nga*

Karani, ai e ka pasur sëmundjen e gërbulës dhe është shëruar, përveç nga vendi sa një dirhem. Ai e ka nënën ndaj së cilës është shumë bamirës, sikur ta luste ai All-llahun për diçka, do t'ia plotësojë, andaj nëse mundesh, (lute) që ai të kërkojë falje (magfiret) për ty, bëje!" (Umeri i tha): "Kërko magfiret për mua!" (Dhe Uvejsi) kërkoi falje për të. Pastaj Umeri i tha: "Ku dëshiron të shkosh?" Tha: "Në Kufe." (Umeri) Tha: "A t'i shkruaj mëkëmbësit të atjeshëm?" (Uvejsi) Tha: "Unë do të jem me njerëz të parëndësishëm, këtë e kam qejf më tepër!"

Në vitin e adhshëm në haxh vjen një njeri i dalluar nga Kufa, i cili takohet me Umerin e ky e pyet për Uvejsin. Ai tha: "E kam lënë me një shtëpi të keqe me pak gjësende. (Umeri) Tha: "E kam dëgjuar të Dërguarin e All-llahut s.a.v.s. duke thënë: *"Do t'ju vijë Uvejs ibn Amiri me njësitë e Jemenit nga Muradi, nga Karani, që ka qenë i sëmurë nga gërbula e pastaj është shëruar, përveç një vendi sa një dirhem. Ka një nënë ndaj së cilës sillet me shumë bamirësi. Nëse i lutet All-llahut diçka, ia pranon, prandaj, nëse mundesh, kërko që ai të lutet për ty."* (Ky njeri nga Kufa) Shkon te Uvejsi dhe i thotë: "Kërko falje për mua!" (Uvejsi) Tha: "Ti ke qenë më vonë në udhëtim të mirë, andaj ti lutu për mua!" Pastaj i tha: "A e ke takuar Umerin?" Tha: "Po." (Më në fund Uvejsi) Iu lut (All-llahut) për faljen e atij. Pas kësaj njerëzit e zbulojnë Uvejsin (dhe bëjnë një pushtim të vërtetë drejt tij) dhe ky largohet prej tyre."

(Transmeton Muslimi)

Në një transmetim tjetër të Muslimit thuhet: "Nga Usejr ibn Xhabiri r.a. transmetohet se banorët e Kufes dërguan një delegacion për tek Umeri r.a. në mesin e të cilëve ndodhej një njeri nga ata që e përbuzën Uvejsin. Umeri tha. "A ka këtu ndonjë nga Karani?" dhe vjen ai njeriu, ndërsa Umeri i tha: "Vërtet, i Dërguari i All-llahut s.a.v.s. ka thënë: *"Vërtet, do t'ju vijë një njeri nga Jemeni, do ta quajnë Uvejs, nuk ka lënë asgjë në Jemen përveç nënës së tij. E ka pasur sëmundjen e gërbulës, por kur i lutet All-llahut. Ky e shëroi përveç një vendi sa një dinar apo një dirhem, andaj kush ta takojë prej jush, le ta lusë për t'i bërë lutje All-llahut për falje."*

Në një transmetim tjetër nga Umeri r.a. thuhet se ka thënë: "Unë, vërtet e kam dëgjuar të Dërguarin e All-llahut s.a.v.s. duke thënë: *"Vërtet tabiiju më i mirë është një njeri i quajtur Uvejs, që ka një nënë, ka qenë i sëmurë nga gërbula, andaj i thoni të bëjë lutje për ju për magfiret."*

RËNDËSIA E DASHURISË NË EMËR TË ALL-LLAHUT DHE INKURAJIMI I SAJ, PASTAJ INFORMIMI I NJERIUT TË DASHUR SE E DO DHE ÇKA I THOTË ATIJ KUR TË MËSOJË PËR KËTË

All-llahu i Madhëruar thotë:

"Muhammedi është Pejgamber i All-llahut, kurse ata që janë me të janë të ashpër ndaj jobesimtarëve, por të mëshirshëm ndërmjet veti; i sheh si përkulen dhe bien me fytyrë për toke (sexhde), duke dëshiruar mirësinë e All-llahut dhe kënaqësinë e Tij. Në fytyrë kanë shenjat, gjurmët nga të rënat me fytyrë për toke (sexhde). Ai është përshkrimi i tyre në Tevrat, kurse përshkrimi i tyre në Inxhil: ata janë si bima, kur lëshon filizin e vet e pastaj e forcon, trashet dhe e pjek frytin e vet, duke nxitur entuziazëm tek mbjellësit e për t'i zemëruar me të jobesimtarët. All-llahu u ka premtuar atyre, të cilët besojnë dhe bëjnë vepra të mira, falje dhe shpërblim të madh."

(el-Fet'h, 29),

Dhe thotë:

"Edhe ata, të cilët e kanë përgatitur shtëpinë dhe besimin përpara atyre, i duan ata që kanë ardhur te këta."

(el-Hashr, 9)

Hadithi 381

Transmetohet nga Ebu Hurejra r.a. se Pejgamberi s.av.s. ka thënë: *"Shtatë persona (lloje njerëzish) All-llahu do t'i vendosë nën hijen (mbrojtjen) e Tij atë ditë kur nuk do të ketë tjetër përveç hijes së Tij. Ata janë: Imami (udhëheqësi) i drejtë; një i ri i cili është rritur në ibadet dhe respekt të All-llahut të Madhëruar; një njeri, zemra e të cilit është e lidhur me xhamitë; dy njerëz të cilët duhen në emër të All-llahut, janë shoqëruar dhe të tillë kanë mbetur gjer në ndarje (vdekje); një njeri të cilin e ka thirrur një grua autoritative dhe e bukur, kurse ai e refuzon duke i thënë se i fri-*

kësohet All-llahut njeriu i cili ndan sadaka fshehurazi, ashtu që dora e majtë nuk e di çka bën (sa ndan) e djathta; dhe njeriu që e përmend All-llahun në vetmi dhe i mbushen sytë me lot."

(Muttefekun alejhi)

Hadithi 382

Nga Ebu Hurejra r.a. transmetohet se i Dërguari i All-llahut s.a.v.s ka thënë: *"All-llahu i Madhëruar Ditën e Gjykimit do të thotë: "Ku janë ata që janë dashur në emër të Madhërisë Sime? Sot do t'i vendos nën hijen Time, në ditën ku nuk do të ketë hije (mbrojtje) tjetër përveç hijes Sime."*

(Transmeton Muslimi)

Hadithi 383

Transmetohet nga Ebu Hurejra r.a. se i Dërguari i All-llahut s.a.v.s. ka thënë: *"Nuk do të hyni në Xhenet derisa të besoni, dhe nuk do të besoni derisa të duheni ndërmjet jush. A doni t'ju udhëzoj për diçka që, nëse i përmbaheni, do të duheni në mes veti? Atëherë jepni ndërmjet veti selam."*

(Transmeton Muslimi)

Hadithi 384

Transmetohet nga Ebu Hurejra r.a. se Pejgamberi s.a.v.s. ka thënë: *"Një njeri e vizitoi vëllanë e vet në një fshat tjetër. All-llahu i Madhëruar i'a caktoi një engjëll për ta vëzhguar gjatë rrugës së tij dhe kur erdhi tek ai (engjëlli) i tha: "Ku po shkon?" Tha: "Tek një vëlla i im në këtë fshat." Tha: "A mos ke ti tek ai ndonjë interes material?" Tha: "Jo, por unë e dua atë për hir të All-llahut!" Engjëlli i tha: "Unë jam i dërguar nga All-llahu xh.sh. tek ti për të njoftuar se All-llahu të do ty ashtu siç e do ti atë njeri."*

(Transmeton Muslimi)

Hadithi 390

Transmetohet nga Enesi r.a. se ka thënë se një njeri ishte tek Pejgamberi s.a.v.s. dhe kalon aty një njeri tjetër, kurse ky që ishte tek Pejgamberi tha: "O i Dërguari i All-llahut, unë vërtet e dua këtë njeri." Pejgamberi s.a.v.s. i tha: *"A e ke informuar atë se e do?"* Tha: "Jo." Pejgamberi i tha: *"Informoje."* Ky e takon dhe i thotë: "Unë të dua për hir të All-llahut." Ai i tha: "All-llahu të dashtë, që të ka bërë të më duash për Të."

(Transmeton Ebu Davudi me isnad sahih)

SHENJAT E DASHURISË SË ALL-LLAHUT TË MADHËRUAR NDAJ ROBIT, INKURAJIMI PËR T'U PAJISUR ME KËTË CILËSI DHE PËR ANGAZHIM NË FITIMIN E SAJ

All-llahu i Madhëruar thotë:

"Thuaj, nëse e duani All-llahun, pasomëni, edhe juve All-llahu do t'ju dojë dhe do t'ua falë mëkatet. All-llahu fal dhe është Mëshirëplotë."

(Ali Imran, 31)

"O besimtarë, kush prej jush i shmanget fesë së vet, All-llahu në vend të tyre do të sjell njerëz që i do Ai dhe që e duan Atë; të përulur ndaj besimtarëve dhe kryelartë ndaj jobesimtarëve; ata do të luftojnë në rrugë të All-llahut dhe nuk do t'i frikësohen kërcënimit të kurrfarë kërcënuesi. Ajo është mirësi e All-llahut, të cilën Ai ia jep kujt të dojë - dhe All-llahu ka dije shumë të gjerë."

(el-Maide, 54)

Hadithi 392

Transmetohet nga Ebu Hurejra r.a. se Pejgamberi s.a.v.s. ka thënë: *"Kur All-llahu i Madhëruar e do robin e Vet, i thërret Xhibrilit: "Vërtet All-llahu i Madhëruar e do filanin, ndaj duaje edhe ti, dhe Xhibrili e do. Pastaj e shpall tek banorët e qiellit: "Vërtet All-*

llahu e do filanin, ndaj duajeni edhe ju. Pastaj banorët e qiellit e
duan dhe i sigurojnë pranim në Tokë. "

(Muttefekun alejhi)

Kurse sipas një transmetimi të Muslimit, i Dërguari i All-lla-
hut s.av.s. ka thënë: *"All-llahu i Madhëruar, nëse e do një rob,
e fton Xhibrilin dhe i thotë: "Unë, vërtet e dua filanin, andaj
duaje edhe ti," dhe Xhibrili e do. Pastaj do të thërrasë në qiell
dhe do të thotë: "Vërtet, All-llahu e do filanin, ndaj duajeni
edhe ju," dhe do ta duan banorët e qiellit dhe pastaj i sigurohet
atij pranim në Tokë. Nëse e urren një rob, e fton Xhibrilin dhe i
thotë: "Unë, vërtet e urrej filanin, ndaj urreje edhe ti." Dhe
Xhibrili e urren. Pastaj thërret tek banorët e qiellit: "Vërtet,
All-llahu e urren filanin, andaj urrejeni edhe ju. "Pastaj atij i
përgatitet urrejtje edhe në Tokë. "*

TËRHEQJA E VËREJTJES (PËR KUJDES) NGA OFENDIMI I NJERËZVE TË MIRË, TË DOBTËVE DHE TË VARFËRVE

All-llahu i Madhëruar thotë:

*"Kurse ata, të cilët i ofendojnë besimtarët dhe besim-
taret për diçka që nuk e meritojnë, ngarkohen vetë me
shpifje dhe mëkat haptazi."*

(el-Ahzab, 58)

Dhe thotë:

*"Prandaj bonjakun mos e nënçmo. Dhe lypësin mos e
refuzo."*

(ed-Duha, 9-10)

Sa i përket haditheve për këtë temë, ato janë shumë. Prej tyre
është hadithi i transmetuar nga Ebu Hurejra r.a. në kapitullin para-
prak që fillon me fjalët: *"Kush i bën armiqësi një mikut tim, do t'i
shpall luftë."* Hadithi tjetër i kësaj teme është ai që transmetohet
nga Sa'd ibn Ebi Vekkasi r.a., i cili nga fundi thekson: *"O Ebu Bekër,
nëse ti i hidhëron ata, e ke hidhëruar Krijuesin tend."*

123

Hadithi 394

Transmetohet nga Xhundub ibn Abdull-llah r.a. se i Dërguari i All-llahut s.a.v.s. ka thënë: *"Kush e fal namazin e sabahut, ai është nën mbrojtjen e All-llahut, andaj mos t'i kundërvihet askush kësaj mbrojtjeje me diçka, sepse kush i kundërvihet mbrojtjes së All-llahut, do ta arrijë atë All-llahu, dhe pastaj do ta gjuajë me fytyrë në zjarr të Xhehenemit."*

(Transmeton Muslimi)

APLIKIMI I GJYKIMEVE NJERËZORE PËR VEPRAT E JASHTME, KURSE TË FSHEHTAT JANË NË KOMPETENCË TË ALL-LLAHUT

All-llahu i Madhëruar thotë:

" ...Nëse pendohen, e kryejnë namazin dhe japin zekatin, atëherë lini të qetë."

(et-Teube, 5)

Hadithi 396

Transmetohet nga Abdull-llah Tarik ibn Eshjem r.a. se ka thënë: "E kam dëgjuar të Dërguarin e All-llahut s.a.v.s. duke thënë: *"Kush thotë: LA ILAHE IL-LALL-LLAH (Nuk ka Zot tjetër përveç All-llahut) dhe mohon hyjnitë e gjithçka që adhurohet, përveç All-llahut, atij i sigurohet pasuria dhe gjaku i tij, kurse llogaria e tij definitive është tek All-llahu."*

(Transmeton Muslimi)

Hadithi 397

Transmetohet nga Ebu Ma'bed el-Mikdad ibn el-Esvedi r.a. se ka thënë: "I thashë të Dërguarit të All-llahut s.a.v.s.: "Çfarë mendon ti nëse unë e takoj një njeri jobesimtar (kafir), luftojmë dhe ai ma pret njërën dorë me shpatë, pastaj strehohet tek një lis dhe thotë: "Iu dorëzova All-llahut, u bëra musliman. A mund ta vras, o i

Dërguar i All-llahut, pasi ta thotë këtë? Pejgamberi i tha: *"Mos e vrit!"* I thashë: "O i Dërguari i All-llahut, ai ma ka prerë (këput) njërën dorë, e pastaj e ka deklaruar atë!" Pejgamberi i tha: *"Mos e vrit atë, sepse nëse e vret, atëherë ai është në pozitën tënde para se ta vrasësh, dhe ti do të biesh në pozitën e tij para se ta thonte deklaratën."*

(Muttefekun alejhi)

Hadithi 398

Transmetohet nga Usame ibn Zejdi r.a. të ketë thënë: "I Dërguari i All-llahut s.a.v.s na dërgoi në Hurek (lagje e fisit) të Xhuhejnes, e ne herët në mëngjes u takuam në ujin e tyre. Unë dhe njeri prej ensarëve e kapëm njërin prej tyre, e pasi e paaftësuam, ai tha: "LA ILAHE IL-LALL-LLAH" (Nuk ka Zot tjetër përveç All-llahut). Atëherë, ensariu u përmbajt, kurse unë gjuajta me shigjetën time dhe e vrava. Kur u kthyem në Medinë, Pejgamberi s.a.v.s. mësoi për këtë ngjarje dhe më tha: *"O Usame, a e vrave pasi ka thënë La ilahe il-lall-llah?"* I thashë: "O i Dërguari i All-llahut, ai këtë e ka thënë për t'u mbrojtur." Pejgamberi s.a.v.s. më tha: *"A e ke vrarë pasi ka thënë La ilahe il-lall-llah?"* Atëherë, këtë fjalë e ka përsëritur aq shumë, saqë dëshirova të mos e kisha pranuar Islamin deri atë ditë."

(Muttefekun alejhi)

E sipas një transmetimi: "Pastaj i Dërguari i All-llahut s.av.s. tha: *"A tha La ilahe il-lall-llah dhe ti e vrave?"* I thashë: "O i Dërguari i All-llahut, ai këtë e ka thënë nga frika prej armës." Tha: *"A mos ia hape zemrën e tij që ta dije a e ka thënë apo jo?!"* Vazhdimisht e përsëriti, saqë dëshirova që Islamin ta kisha pranuar atë ditë."

FRIKA (HAUF)

All-llahu i Madhëruar thotë:

.".. Frikësomuni vetëm Mua!"

(el-Bekare, 40)

"Njëmend, hakmarrja e Zotit tënd është shumë e fortë."

(el-Buruxh, 12)

"Ja, ashtu dënon Zoti yt kur dënon qytetet që kanë bërë mizori. Dënimi i Tij është, njëmend, fort i dhemb-shëm. Në këtë ka, pa dyshim, argumente për atë që i frikësohet dënimit në botën tjetër; e ajo është ditë kur të gjithë njerëzit do të tubohen dhe ajo është ditë e dëshmuar. Dhe ne e shtyjmë vetëm deri në një kohë të caktuar. Kur të vijë ajo ditë asnjë nuk do të flasë pa lejen e tij. Prej atyre do të ketë të mjerë dhe fatlumë. Sa u përket të këqinjve, ata do të jenë në zjarr, ku merret frymë rëndë."

(Hud. 102-106)

"All-llahu u bën vërejtje për pezmin e tij."

(Ali Imran, 28)

"Atë ditë, kur njeriu ik nga vëllai i vet. Edhe nga nëna edhe nga babai i vet. Edhe nga shoqja e vet dhe dje-mtë e vet. Atë ditë secilit njeri do t'i mjaftojë çështja e vet."

(Abese, 34-37)

"O njerëz, frikësojuni Zotit tuaj! Me të vërtetë dridhja e fundit (e Ditës së Kijametit) është ngjarje e madhe. Atë ditë kur shihni që secila femër me fëmijë për gjiri do ta lë atë, dhe secila shtatzënë do ta hedhë frytin e vet (dështojë) dhe do shohësh njerëz të dehur; e ata nuk janë të dehur, por dënimi i All-llahut është i tmerrshëm."

(el-Haxhxh, 1-2)

"Kurse ai që i është frikësuar forcës së Zotit të vet, do të ketë dy Xhenete."

(err-Rrahman, 46)

"Do t'i qasen njëri-tjetrit duke e pyetur. Dhe duke thënë: "Më herët kemi pasur kujdes në familjen tonë. E All-llahu na dhuroi mëshirë dhe na ruajti nga vuajtja në zjarr. Ne i *jemi lutur edhe më parë, Ai është me të vërtetë Bamirës dhe i Mëshirshëm."*

(et-Tur, 25-28)

Për këtë temë ka shumë ajete të njohura. Qëllim jonë ka qenë që të japim shenjë në disa prej tyre, dhe e bëmë. Sa u përket haditheve, po ashtu janë shumë, por ne do t'i theksojmë vetëm disa prej tyre.

Suksesi është me ndihmën e All-llahut xh.sh.

Hadithi 402

Transmetohet nga Ibni Mes'udi r.a. se i Dërguari i All-llahut s.a.v.s. ka thënë: *"Në atë ditë (Ditën e gjykimit) do të sillet Xhehenemi me shtatëdhjetë frerë dhe në çdo fre do të ketë nga shtatëdhjetë engjëj që e tërheqin."*

(Transmeton Muslimi)

Hadithi 411

Transmetohet nga Ebu Dherri r.a. se i Dërguari i All-llahut s.a.v.s. ka thënë: *"Unë vërtet shoh atë që ju nuk e shihni. Qielli krikëllon dhe i takon (i ka hije) që të krikëllojë. Në të nuk ka vend në madhësi të katër gishtave e të mos ketë një engjëll me fytyrë në sexhde për All-llahun e Madhëruar. Pasha All-llahun, sikur të dinit ju çka di unë, do të qeshnit pak e do të qanit shumë dhe as që do të dëfreheshit me gratë në shtrat, por do të dilnit në rrugë dhe do të kërkonit ndihmën e All-llahut të Madhëruar."*

(Transmeton Tirmidhiu dhe thotë hadithi hasen)

Hadithi 413

Transmetohet nga Ebu Hurejra r.a. se ka thënë: "I Dërguari i All-llahut s.a.v.s. e lexoi: *"Atë ditë ajo (Toka) i tregon lajmet e veta."* (ez-Zilzal,4), pastaj tha: *"A e dini cilat janë lajmet e saj?"* Thanë: "All-llahu dhe i Dërguari i Tij e dinë më së miri." Tha: *"Lajmet e saj janë që të dëshmojë për secilin rob apo robëreshë se*

127

ç'kanë punuar në sipërfaqen e saj dhe do t'i thotë: "Ke punuar këtë dhe këtë (filan punën), në filan ditë!' Ja, pra, këto janë lajmet e saj."

(Transmeton Tirmidhiu dhe thotë hadith hasen sahih)

Hadithi 416

Transmetohet nga Aishja r.a. të ketë thënë: "E kam dëgjuar të Dërguarin e All-llahut s.a.v.s. duke thënë: *"Në Ditën e Gjykimit njerëzit do të ringjallen të zbathur, të zhveshur dhe të pabërë sunet."* Unë i thashë: "O i Dërguari i All-llahut, a meshkujt dhe femrat bashkë, të shikojnë në njëri-tjetrin?" Tha: *"Oj Aishe, gjendja (çështja) do të jetë aq e ashpër, saqë askujt nuk do t'i bie ndërmend ta shikojë tjetrin."* Sipas një transmetimi tjetër: *"Çështja do të jetë më e rëndësishme sesa të shikojnë njëri-tjetrin."*

(Muttefekun alejhi)

SHPRESA (ERR-RREXH'A)

All-llahu i Madhëruar thotë:

"Thuaj: "O njerëzit e mi që keni bërë gabim ndaj vetes, mos e këputni shpresën te mëshira e All-llahut! All-llahu, me siguri do t'ua falë të gjitha mëkatet; Ai, njëmend, fal shumë dhe është i Mëshirshëm."

(ez-Zumer, 53)

."..A dënojmë Ne dikë tjetër përveç jobesimtarit?"

(Sebe'e, 17)

."..Neve na shpallet se dënimi pa dyshim do ta godasë atë që gënjen dhe shmanget (nga e vërteta)."

(Tâ Hâ, 48)

Dhe thotë:

."..Kurse mëshira Ime ngërthen çdo send."

(el-A'raf, 156)

Hadithi 418

Transmetohet nga Ebu Dherri r.a. se Pejgamberi s.a.v.s. ka thënë: *"All-llahu i Madhëruar thotë: "Kush vjen me një vepër të mire, do të ketë shpërblim për të dhjetëfish e më tepër, kurse kush vjen me një vepër të keqe, do të ketë dënim vetëm sa një vepër, ose do ta fal. Kush më afrohet për një pëllëmbë, Unë i afrohem për një kut; kush më afrohet një kut, Unë i afrohem atij një pash. Kurse kush më vjen duke ecur, Unë i shkoj atij duke vrapuar. Kush më takon Mua me mëkate sa madhësia e Tokës por nuk më shoqëron asgjë, do ta takoj Unë ate me po aq falje (magfiret)."*

(Transmetom Muslimi)

Kuptimi i hadithit: "Kush më afrohet Mua me dëgjueshmëri ndaj Meje, Unë do t'i afrohem atij me mëshirën Time - dhe nëse ai e shton (dëgjueshmërinë) edhe Unë ia shtoj (mëshirën). Nëse ai më vjen duke ecur dhe nxiton në dëgjueshmëri, unë do t'i vij duke vrapuar, do të thotë: do ta kaploj atë me mëshirë dhe nuk do ta bëjë të nevojshëm që të ecë shumë për t'ia arritur që-llimit të tij." All-llahu i di të gjitha më së miri.

Hadithi 419

Transmetohet nga Xhabiri r.a. që ka thënë "Erdhi një beduin te Pejgamberi s.a.v.s. dhe tha: "O i Dërguari i All-llahut, cilat janë dy veprat obliguese (që tërheqin pas shpërblim apo dënim në botën tjetër)?" Pejgamberi s.a.v.s. tha: *"Kush vdes duke mos i shoqëruar All-llahut asgjë, do të hyjë në Xhenet. Dhe kush vdes duke i shoqë-ruar All-llahut diçka, do të hyjë në Xhehenem."*

(Transmeton Muslimi)

Hadithi 420

Transmetohet nga Enesi r.a. se Pejgamberi s.a.v.s u nis (për rrugë), kurse Muadhi i kishte hipur (devesë - kalit) pas shpinës së Pejgamberit, e ai i tha: *"O Muadh!"* (Muadhi) Tha: "Si urdhëron, o i Dërguari i All-llahut (Lebbejke ve sa'dejke)!" (Pejgamberi) Tha: *"O Muadh!"* Tha: "Si urdhëron, o i Dërguari i All-llahut" - tri herë - (Pejgamberi) Tha: *"Nuk ka asnjë njeri (rob) i cili dëshmon me* zemër të sinqertë që nuk ka Zot tjetër përveç All-llahut dhe që Muhammedi është robi dhe i Dërguari i Tij, e që të mos ia ketë ndaluar All-llahu atij Xhehenemin." (Muadhi) Tha: "O i Dërguari i All-llahut, a t'ua kumtoj këtë njerëzve që të gëzohen?" Tha: *"Atë-herë, do t'i mbështeten."* Muadhi këtë e kumtoi pak para vdekjes, nga frika se do të bëjë mëkat për fshehjen e një diturie."

(Muttefekun alejhi)

Hadithi 421

Transmetohet nga Ebu Hurejra ose Ebu Se'id el-Hudrij r.a. (dyshon transmetuesi se cili prej këtyre të dyve: "Pasi u zhvillua beteja në Tebuk, i kaploi njerëzit uria, prandaj erdhën te Pejgam-beri dhe thanë: "O i Dërguari i All-llahut, a na lejon t'i therim de-vetë tona e të ushqehemi me to dhe të lyhemi (me yndyrën e tyre për shkak të vapës)? I Dërguari i All-llahut s.a.v.s. u tha: *"Bëjeni."* Pastaj erdhi Umeri r.a. dhe tha: "O i Dërguari i All-llahut, nëse e bën (lejon) këtë, do të na pakësohen devetë (dhe do të dobësohe-mi), por bëju thirrje që ta grumbullojnë pjesën e mbetur të ushqi-mit, pastaj lute All-llahun që ta begatojë, ndoshta All-llahu do ta bëjë atë të begatshëm." Atëherë i Dërguari i All-llahut s.a.v.s. tha: *"Mirë"* pastaj kërkoi një qilim lëkure, të cilin e shtroi. Pastaj kërkoi që t'ia sjellin ushqimet që u kanë mbetur. Kështu, një njeri solli një grusht bukë misri, një tjetër solli një grusht hurma, kurse një tjetër grimca (të bukës) dhe kur të gjitha këto i tubuan në shtrojen e lëkurës, e gjithë kjo ishte një sasi e vogël ushqimi. Atëherë i Dërguari i All-llahut s.a.v.s bëri një lutje (dua) për bereqet, e pastaj tha: *"Merrni ushqim në enët tuaja."* Dhe (njerë-zit) morën ushqim në enët e tyre ashtu që nuk lanë asnjë enë të ushtrisë pa e mbushur me ushqim. Hëngrën derisa u ngopën dhe në fund prapë mbeti ushqim. Atëherë i Dërguari i All-llahut s.a.v.s. tha: *"Dëshmoj dhe deklaroj se nuk ka zot tjetër përveç All-llahut dhe se unë jam i Dërguar i All-llahut. Nuk e takon All-llahu asnjë rob që i vjen me këto dyja (me shehadet), duke mos pasur kurrfarë dyshimi, e të jetë i penguar nga Xheneti."*

(Transmeton Muslimi)

Hadithi 422

Transmetohet nga 'Itban ibn Maliku r.a. i cili ishte pjesëmarrës në betejën e Bedrit, se ka thënë: "Folësha me popullin tim Beni Salim. Mua dhe ata na ndante një luginë. Kur binin shira (të mëdha) mua më bëhej vështirë të kaloja (deri) te xhamia e tyre, andaj erdha tek i Dërguari i All-llahut s.a.v.s. dhe i thashë: "Më është dobësuar të pamurit, kurse lugina e cila gjendet midis meje dhe popullit tim vërshohet kur bien shira dhe më vështirësohet kalimi i saj, andaj do të dëshiroja që të vish e të falesh në një vend në shtëpinë time, të cilën unë do ta bëja faltore." I Dërguari i All-llahut s.a.v.s. i tha: *"Do ta bëj këtë."* Të nesërmen më erdhi i Dërguari i All-llahut me Ebu Bekrin r.a., pasi që kaloi dita. I Dërguari i All-llahut s.a.v.s. para derës kërkoi leje (për hyrje), unë i dhashë leje, e pasi hyri ende pa u ulur tha: *"Ku dëshiron të falem në shtëpinë tënde?"* Unë i tregova vendin ku dëshiroja të falet. I Dërguari s.a.v.s. aty qëndroi në këmbë, mori tekbir, kurse ne pas tij u radhitëm (në saf), ku ai i fali dy rekate. Pastaj dha selam e edhe ne pas tij. E mbajta në shtëpi për drake, të cilën ia përgatitëm nga mielli i fërguar me dhjam. Kur dëgjuan të afërmit, vendësit, fqinjët se i Dërguari i All-llahut s.a.v.s. ndodhet në shtëpinë time, u tubuan burrat, saqë u mbush shtëpia plot. Një njeri tha: "Ç'bëri Maliku, nuk po e shoh: "Një tjetër tha: "Ai është dyfytyrësh, nuk e don All-llahun e as të Dërguarin e Tij!" I Dërguari i All-llahut tha: *"Mos thuaj ashtu, a nuk e sheh se ka thënë La ilahe il-lall-llah, duke dëshiruar me të kënaqësinë e All-llahut?"* Ai njeriu i tha: "All-llahu dhe i Dërguari i Tij e dinë më së miri, mirëpo sa na përket neve, pasha All-llahun, ne nuk e shohim dashurinë e tij, as të folurit e tij përveç se te munafikët!" Atëherë i Dërguari i All-llahut s.a.v.s. tha: *"Vërtet, All-llahu ia ka ndaluar zjarrit (Xhehenemit) atë që thotë: La ilahe il-lall-llah, me të cilën dëshiron të arrijë kënaqësinë e All-llahut."*

(Muttefekun alejhi)

Hadithi 425

Transmetohet nga Ebu Hurejra r.a. se ka thënë: "E kam dëgjuar të Dërguarin e All-llahut s.a.v.s duke thënë: *"All-llahu e ka ndarë mëshirën e Tij në njëqind pjesë. Nëntëdhjetë e nëntë i ka mbajtur për Vete, kurse vetëm një pjesë e ka lëshuar në Tokë. Nga ajo pjesë të gjitha krijesat mëshirohen mes veti, saqë edhe kafsha e ngre thundrën (këmbën) nga i vogli i saj nga frika se mos e lëndon."* Kurse, sipas një transmetimi tjetër: *"Vërtet All-llahu i ka njëqind mëshira (rahmete), dhe vetëm një prej tyre e ka lëshuar në mes xhinëve, njerëzve, kafshëve dhe insekteve. Me atë një mëshirë duhet në mes veti duhen dhe mëshirohen dhe me të egërsira e do të voglin e saj. Kurse nëntëdhjetë e nëntë mëshirat e tjera All-llahu i ka lënë për mëshirë ndaj robërve të Tij në Ditën e Gjykimit."*

(Muttefekun alejhi)

Kurse Muslimi transmeton nga Selman el-Farisiu r.a. se i Dërguari i All-llahut s.a.v.s. ka thënë: *"Vërtet All-llahu i Madhëruar ka njëqind mëshira; prej tyre një mëshirë është me të cilën mëshirohen krijesat mes veti, kurse nëntëdhjetë e nëntë për Ditën e Gjykimit."* Kurse, në një transmetim tjetër: *"Vërtet All-llahu i Madhëruar kur i ka krijuar Qiejt dhe Tokën, i ka krijuar edhe njëqind mëshira. Secila mëshirë mbulon mes Qiellit dhe Tokës. Vetëm një mëshirë e ka lëshuar në Tokë, me të cilën nëna e mëshiron fëmijën e saj, egërsirat dhe shpezët mëshirohen në mes veti, ndërsa në Ditën e Gjykimit do të plotësohet krejtësisht mëshira."*

Hadithi 426

Transmetohet nga Ebu Hurejra r.a. se Pejgamberi s.a.v.s., duke rrëfyer nga Krijuesi i tij i Madhëruar, ka thënë: *"Një rob bën një mëkat dhe thotë: "O All-llahu im, ma fal mëkatin tim"* kurse All-llahu i Madhëruar do të thotë: *"Robi im ka bërë një mëkat dhe e ka ditur se e ka Krijuesin i cili e fal mëkatin, por edhe dënon për të."* Pastaj kthehet dhe përsëri bën mëkat, e pastaj thotë: *"O Zot, ma fal mua mëkatin"*, kurse All-llahu xh.sh. thotë: *"Robi im bëri një mëkat, por e di se ka Krijuesin që e fal mëkatin, por edhe* dënon për të." Pastaj kthehet dhe përsëri bën mëkat, dhe prapë thotë: "O Zot, ma fal mua mëkatin", kurse i Lartmadhërishmi thotë: "Robi im bëri një mëkat, por e di se ka Krijuesin i cili e fal mëkatin, por edhe dënon për të. Unë tashmë, e kam falur robin tim, le të veprojë ç'të dojë!"

(Muttefekun alejhi)

Hadithi 427

Transmetohet nga Ebu Hurejra r.a. se i Dërguari i All-llahut s.a.v.s. ka thënë: *"Pasha Atë, në dorën e të cilit gjendet shpirti im, sikur ju të mos bënit mëkat, do t'ju zhdukte All-llahu dhe do të sillte një popull që bën mëkate, pastaj kërkon falje dhe All-llahu i Madhëruar i fal."*

(Transmeton Muslimi)

Hadithi 428

Transmetohet nga Ebu Ejjub Halid ibn Zejdi r.a. se ka thënë: "E kam dëgjuar të Dërguarin e All-llahut s.a.v.s duke thënë: *"Sikur ju të mos bënit mëkate, All-llahu do të krijonte krijesa që do të gabonin, e pastaj kërkojnë falje (bëjnë istigfar) dhe do të fallen."*

(Transmeton Muslimi)

Hadithi 431

Transmetohet nga Muadh ibn Xhebeli r.a. se ka thënë: "Kisha i hipur në gomar pas Pejgamberit s.a.v.s. kur më tha: *"O Muadh, a e di cila është e drejta e All-llahut ndaj robërve të Tij, dhe çka është e drejta e robërve ndaj All-llahut?"* Thashë: "All-llahu dhe i Dërguari i Tij e dinë më së miri." Tha: *"Vërtet, e drejta e All-llahut ndaj robërve është që ata ta adhurojnë dhe mos t'i shoqërojnë asgjë, kurse e drejta e robërve ndaj All-llahut është që mos t'i dënojë ata që nuk i shoqërojnë asgjë."* Thashë: "O i Dërguari i All-llahut, a t'i përgëzoj njerëzit?" Tha: *"Mos i përgëzo, që të mos mbështeten në të."*

(Muttefekun alejhi)

Hadithi 432

Transmetohet nga el-Bera' ibn 'Azibi r.a. se Pejgamberi s.a. v.s. ka thënë: *"Muslimani, kur të pyetet në varr, do të dëshmojë se nuk ka Zot tjetër përveç All-llahut dhe se Muhammedi është i Dërguari i Tij."* Këtë e vërtetojnë Fjalët e All-llahut: *"All-llahu do t'i forcojë besimtarët me fjalë të forta edhe në këtë edhe në atë botë."* (Ibrahim, 27)

(Muttefekun alejhi)

Hadithi 433

Transmetohet nga Enesi r.a. se i Dërguari i All-llahut s.a.v.s. ka thënë: *"Vërtet kur jobesimtari e bën një bamirësi, ai do të shpërblehet për të me furnizim (kënaqësi) të kësaj bote, kurse besimtarit, All-llahu ia deponon shpërblimet për ahiret, kurse për këtë botë i jep furnizim sipas dëgjueshmërisë së tij."* Në një transmetim tjetër thuhet: *"Vërtet All-llahu nuk e dëmton një besimtar për një bamirësi, i jep për të në këtë botë, por e shpërblen edhe në botën tjetër (ahiret). Kurse jobesimtari (kafiri) për bamirësinë e tij që e bën për All-llahun e Madhëruar shpërblehet me furnizim në këtë botë - ndaj kur të shkojë në botën tjetër nuk do të ketë asnjë bamirësi që të shpërblehet."*

(Transmeton Muslimi)

Hadithi 434

Transmetohet nga Xhabiri r.a. se i Dërguari i All-llahut s.a.v.s. ka thënë: *"Shembulli i pesë namazeve është si shembulli i një lumi që rrjedh shumë para derës së ndonjërit prej jush, në të cilin pastrohet çdo ditë nga pesë here."*

(Transmeton Muslimi)

Hadithi 436

Transmetohet nga Ibni Mes'udi r.a. se ka thënë: *"Ishim me të Dërguarin e All-llahut s.a.v.s. afër dyzet veta në një kuba (shtëpi* arabe e vogël, e rrumbullakët nga tenda) kur tha: *"A jeni të këna-qur që të jeni një e katërta e xhenetlive?"* Thamë: "Po." Tha: *"A jeni të kënaqur që të jeni një e treta e xhenetlive?"* Thamë: "Po." Tha: *"Pasha Atë, në dorën e të cilit gjendet shpirti i Muhammedit, unë me siguri shpresoj që ju do të jeni gjysma e xhenetlive. Ngase në Xhenet nuk do të hyjë askush përveç atij që është musliman. Ju sot, kundrejt idhujtarëve, jeni sikurse qimja e bardhë në lëkurën e mëzatit të zi, ose sikurse qimja e zezë në lëkurën e mëzatit të kuq."*

(Muttefekun alejhi)

Hadithi 443

Transmetohet nga Ebu Nexhih Amr ibn Abese es-Sulemiji r.a. se ka thënë: "Kurse unë isha në xhahilijet (periudha paraislame) konsi-deroja se njerëzit janë në lajthitje dhe nuk janë asgjë, sepse ata adhuronin idhujt. Kur dëgjova për një njeri në Meke, i cili kumton lajme i hipa devesë dhe shkova tek ai. Ai njeri ishte i Dërguari i All-llahut s.a.v.s., që fshehej nga populli i vet, të cilët e ndiqnin dhe mundonin. Andaj, unë, duke u fshehur hyra tek ai në Mekke dhe i thashë: "Kush je ti?" Tha: *"Unë jam Pejgamber (nebijjun)."* I thashë: "E ç'është pejgamberi?" Tha: *"Mua më ka dërguar All-llahu."* I thashë: "Me çka të ka dërguar?" Tha: *"Më ka dërguar që të predikoj mbajtjen e lidhjeve familjare, thyerjen e idhujve dhe të njësohet All-llahu pa i shoqëruar asgjë."* Thashë: "Kush është me ty në këtë rrugë?" Tha: *"I liri dhe robi."* Me të ishte Ebu Bekri dhe Bilali r.a. I thashë: "Unë, vërtet, do të pasoj ty." Tha: *"Ti, vërtet, tani kurrë nuk do të mundesh, a nuk po e sheh gjendjen time dhe të njerëzve të mi? Por, kthehu në shtëpi, dhe kur të dëgjosh se kam dalë publikisht, atëherë eja."* Transmetuesi vazhdon: Tha: "Pastaj shkova në shtëpi, kurse i Dërguari i All-llahut s.a.v.s. erdhi në Medine, dhe unë duke qenë tek familja ime, fillova të pyes për lajme. I pyesja njerëzit që vinin nga Medina, derisa erdhi një grup prej medinasve që dhe u thashë: "Çfarë po bën ai njeriu që erdhi në Medine?" Thanë: "Njerëzit nxitojnë tek ai nga të gjitha anët, kurse populli i tij dëshiroi ta likuidojë, por nuk ia arritën." Pastaj unë shkova në Medine, hyra tek ai dhe i thashë: "O i Dërguari i All-llahut, a po më njeh?" Tha: *"Po, ti je ai që je takuar me mua në Meke"* (Transmetuesi thotë:) I thashë: "O i Dërguari i All-llahut, më njofto nga ajo që të ka mësuar All-llahu, e që unë nuk e di. Më thuaj diçka për namazin." Tha: *"Fale namazin e sabahut, pastaj prit mos fal namaz (nafile) derisa të lindë dielli dhe të ngrihet lart sa një shtizë. Kur lind dielli, lind në mes dy brirëve të djallit (dy yje kundrejt yllit Sqap - astr.) dhe atëherë atij (diellit) i bëjnë sexhde jobesimtarët. Pastaj fal një namaz, se vërtet ai namaz është publik dhe i arritshëm, derisa të bëhet hija e shtizës sa shtiza. Kur të shkurtohet hija maksimalisht, atëherë ndërpreje namazin ose mos fal namaz, sepse atëherë merr flakë Xhehenemi. Kur të zgjatet hija, atëherë falu, sepse vërtet ai namaz është publik dhe i arritshëm derisa të falet ikindia, pastaj prapë ndër-preje faljen e namazit, derisa të perëndojë dielli, sepse ai perën-don në mes dy brirëve të djallit (koha e djallit) dhe atëherë atij i bëjnë sexhde jobesimtarët."* (Transmetuesi më tutje vazhdon) I thashë Pejgamberit: "O Pejgamber i All-llahut, më fol mua për abdestin" Tha: *"Cilido prej jush që bën përgatitje për abdest, pastaj e shpërlan gojën dhe hundën deri në thellësi, atëherë i bien mëkatet e fytyrës, të gojës dhe hundës së tij. Pastaj, kur ta lajë fytyrën e tij ashtu siç e ka urdhëruar All-llahu xh.sh., atëherë i bien mëkatet e fytyrës nëpër mjekrën e tij bashkë me ujin. Pastaj i lan duart deri mbi bërryla, atëherë i bien mëkatet e duarve bashkë me ujin nga majat e gishtave. Pastaj, kur e fërkon kokën (me dorë të lagur), atëherë i bien mëkatet e kokës bashkë me ujin nëpër majën e flokëve. Pastaj, kur lan këmbët deri tek zogu i këmbës, atëherë i bien mëkatet e këmbëve bashkë me ujin nga majat e gishtave. Pastaj, nëse ai ngrihet dhe falet, i shpreh lavdi All-llahut të Madhëruar, e falënderon dhe lavedron ashtu siç e meriton dhe e zbraz zemrën e tij për All-llahun xh.sh., do të lirohet prej mëkateve të tij ashtu siç ka qenë kur e ka lindur nëna e tij."*

Kur ia rrëfen Amr ibn Abeseja (transmetuesi) këtë hadith Ebu Umamës, që ishte sahabij i të Dërguarit s.a.v.s., Ebu Umame i tha: "O Amr ibn Abese, shiko ç'po flet në një vend që ta ka mundësuar ky njeri?" Atëherë Amri i tha: "O Ebu Umame, unë jam i moshuar me vjet, dhe eshtrat më janë dobësuar, edhe exheli më është afruar, dhe unë nuk kam nevojë të gënjej për All-llahun e Madhëruar e as për të Dërguarin e All-llahut s.a.v.s. Po ta kisha dëgjuar këtë prej të Dërguarit s.a.v.s. vetëm një herë, apo vetëm dy herë, apo vetëm tri herë dhe numëroi deri në shtatë herë, nuk do të flisja kurrë, por unë e kam dëgjuar atë edhe më tepër se aq."

(Transmeton Muslimi)

RËNDËSIA - VLERA E SHPRESËS

All-llahu i Madhëruar, duke lajmëruar për robin e mirë thotë:

."*.. Kurse unë çështjen time ia lë All-llahut. All-llahu, me të vërtetë i sheh njerëzit, dhe All-llahu e ruajti nga të këqijat dhe kurthat e tyre.*"

(Gafir, 44-45)

Hadithi 446

Transmetohet nga Xhabir ibn Abdull-llahu r.a. se ai e ka dëgjuar të Dërguarin e All-llahut s.a.v.s. tri ditë para se të vdesë duke thënë: *"Le të mos e gjejë vdekja asnjërin prej jush, e të mos ketë për All-llahun e Madhëruar mendim të mirë (shpresë)."*

(Transmeton Muslimi)

Hadithi 447

Transmetohet nga Enesi r.a. se ka thënë: "E kam dëgjuar të Dërguarin e All-llahut s.a.v.s duke thënë: *"All-llahu i Madhëruar thotë: "O biri i Ademit, derisa të më thërrasësh dhe të kërkosh ndihmë nga Unë, do të fal çka ke vepruar. O biri i Ademit, qofshin mëkatet e tua deri te vranësirat e qiellit dhe nëse kërkon falje nga*

Unë, do të të fal ty. O biri i Ademit, nëse tek Unë vjen me mëkatet më të mëdha gati sikur toka, pastaj më drejtohesh, duke mos më shoqëruar asgjë, do të vijë unë ty me falje po aq të madhe."

(Transmeton Tirmidhiu dhe thotë se hadithi është hasen)

BASHKIMI MES FRIKËS DHE SHPRESËS

Dije, se për njeriun është më mirë kur është me shëndet të mirë, që të jetë në frikë dhe në shpresë dhe të jetë frika e tij e barabartë me shpresën. Kurse në gjendje të sëmundjes është e dëshirueshme që të anojë shpresa. Dispozitat e sheriatit, tekstet e Kur'anit dhe të Sunetit e konfirmojnë në mënyrë të qartë këtë.

All-llahu i Madhëruar thotë:

."*.. Kurthën e All-llahut e kanë të siguruar vetëm njerëzit e humbur.*"

(el-A'raf, 99)

."*.. Vetëm jobesimtarët e humbin shpresën në mëshi-rën e All-llahut.*"

(Jusuf, 87)

"*Atë ditë kur disa fytyra do të zbardhen e disa do të nxihen.*"

(Ali Imran, 106)

."*..Zoti yt është, me të vërtetë i shpejtë në dënim, por Ai është edhe shumë Mëshirëplotë.*"

(el-A'raf, 167)

"*Pa dyshim të mirët janë në Xhenet, kurse mëkatarët me siguri në Xhehenem.*"

(el-Infitar, 13-14)

"*Sa për atë, veprat e të cilit çojnë peshë, Ai është i këna-qur në jetë. Kurse ai, veprat e të cilit vijnë të lehta në peshojë, vendbanim do të kenë zjarrin.*"

(el-Karia, 6-9)

Ajete me këtë kuptim ka shumë. Aty bashkohet frika dhe shpresa në dy apo më shumë ajete të njëpasnjëshme, apo edhe brenda një ajeti. Ndërsa prej haditheve, janë:

Hadithi 448

Nga Ebu Hurejra r.a. transmetohet se i Dërguari i All-llahut s.a.v.s. ka thënë: *"Sikur ta dinte besimtari se çfarë dënimi zotëron All-llahu, askush nuk do të shpresonte në Xhenetin e Tij, dhe sikur ta dinte jobesimtari se çfarë mëshire zotëron All-llahu, nuk do ta humbte shpresën nga Xheneti i Tij."*

(Transmeton Muslimi)

Hadithi 449

Transmetohet nga Ebu Se'id el-Hudrij r.a. se i Dërguari i All-llahut s.a.v.s. ka thënë: *"Kur të përgatitet xhenazja dhe njerëzit e vejnë në krahët e tyre, nëse është i mirë do të thotë: "Nxitoni, nxitoni sa më parë të më lëshoni në varr!" Por nëse i vdekuri është jo i mirë, do të thotë: "Mjer unë ku po më çoni. Më ktheni!" Atë zë e dëgjon çdokush përveç njeriut! E sikur ai ta dëgjonte, do t'i binte të fikët."*

(Transmeton Buhariu)

Hadithi 450

Transmetohet nga Ibni Mes'udi r.a. se i Dërguari i All-llahut s.a.v.s. ka thënë: *"Secilit nga ju Xheneti i është më afër sesa lidhësja e këpucës së tij e po ashtu edhe Xhehenemi."*

(Transmeton Buhariu)

RËNDËSIA E TË QARIT NGA FRIKA E ALL-LLAHUT TË MADHËRUAR DHE NGA MALLI PËR TË

All-llahu i Madhëruar thotë.

"Dhe duke qarë bëjnë sexhde dhe ai leximi ua rrit respektin dhe frikën."

(el-Isra', 109)

139

Dhe thotë:

"A këtij fjalimi i çuditeni? Dhe qeshni e nuk qani (në vend se të qani)."

(en-Nexhm, 59-60)

Hadithi 451

Transmetohet nga Ibni Mes'udi r.a. se ka thënë: "Më ka thënë mua Pejgamberi s.a.v.s.: *"Më lexo Kur'an!"* I thashë: "O i Dërguari i All-llahut, të të lexoj ty, ndërsa ai ty po të shpallet? Tha: *"Unë dë-shiroj ta dëgjoj prej tjetërkujt."* Atëherë ia lexova atij suren en-Nisa, derisa erdha tek ky ajet: **"Po ç'do të bëhet, atëherë, kur të sjellim dëshmitarë nga secili popull, e ty do të sjellim dëshmita-rë kundër tyre?"** *(en-Nisa, 41)* Tha: *"Mjaft për tani."* Kur u ktheva nga ai, i pashë sytë që po i rridhnin lot."

(Muttefekun alejhi)

Hadithi 454

Transmetohet nga Ebu Hurejra r.a. se i Dërguari i All-llahut s.a.v.s. ka thënë: *"Shtatë persona (lloje njerëzish) All-llahu do t'i vendosë nën hijen (mbrojtjen) e Tij, atë Ditë, ku nuk do të ketë hije (mbrojtje) tjetër përveç saj. Ata janë: Sunduesi i drejtë; i riu që ëshë rritur në ibadet dhe dëgjueshmëri ndaj All-llahut; njeriu zemra e të cilit është e lidhur me xhamitë; dy persona (shokë) të cilët në emër të All-llahut janë dashur, janë shoqëruar dhe të tillë janë ndarë deri në vdekje; njeriu të cilin e thërret një grua autori-tative dhe e bukur, kurse ky i përgjigjet se i frikësohet All-llahut; njeriu i cili e ndan sadakanë fshehurazi, saqë dora e majtë nuk di sa ndan e djathta, dhe një njeri i cili e përkujton All-llahun në vetmi dhe i mbushen sytë me lot."*

(Muttefekun alejhi)

Hadithi 455

Transmetohet nga Abdull-llah ibn esh-Shihijr r.a. të ketë thënë: "I erdha të Dërguarit të All-llahut s.a.v.s., ndërsa ai ishte

140

duke u falur. Në gjoksin e tij dëgjohej një ushtimë, sikurse ushtima e kazanit kur zien nga të qarët."

(Hadith sahih, transmetojnë Ebu Davudi dhe Tirmidhiu)

VLERA E JETËS ASKETE (ZUHD) NË KËTË BOTË, INKURAJIMI PËR T'U KËNAQUR ME PAK DHE VLERA E VARFËRISË

All-llahu i Madhëruar thotë:

"Pa dyshim jeta në këtë botë i shëmbëllen ujit që ne e lëshojmë nga qielli me të cilin përzihen (ushqehen) bimët në tokë prej të cilave ushqehen njerëzit dhe kafshët. Ashtu që kur toka stoliset me petkun e vet dhe qëndiset, dhe kur banorët e saj mendojnë se ata janë zotëruesit e saj, vjen urdhri ynë, natën ose ditën, dhe ne ato i bëjmë si të korrura, sikur të mos kishin qenë dje fare. Ja, ashtu ne në hollësi shkoqisim argumentet për popullin që mendon."

(Junus, 24)

"Sillja si shembull jetën e kësaj bote që është sikur uji që e lëshojmë ne nga qielli, me të cilin ushqehen bimët në tokë, e përsëri thahet e teret dhe e derdhin erërat. E All-llahu ka mundësi për çdo send! Pasuria dhe djemtë janë stoli e jetës së kësaj bote, por veprat e mira të vazh-dueshme janë më të mira si shpërblim nga Zoti yt dhe janë shpresa më e mirë."

(el-Kehf, 45-46)

"Ta dini se jeta në këtë botë është një lojë dhe zbavitje edhe stoli edhe gara ndërmjet jush në shtimin e pasurisë dhe të fëmijëve, si shembulli i shiut pas të cilit bima rritet që i mahnit jobesimtarët; ajo mugu-llon, por pastaj e sheh të zbehtë e më vonë bëhet e tharë. Ndërsa në atë botë ka dënim të rëndë, edhe falje e kënaqësi të All-llahut. Jeta në këtë botë është vetëm një zbavitje e rrejshme."

(el-Hadid, 20)

"Njerëzve u është zbukuruar dëshira për epshe dhe dashuri për gratë, djemtë, dhe kuajt e bukur, bagëtitë

dhe të mbjellat. Ajo është kënaqësi e jetës në këtë botë, por vendkthimi te All-llahu është më i mirë."

(' Ali 'Imran, 14)

"O njerëz! Premtimi i All-llahut është, pa dyshim, i vërtetë dhe kurrsesi mos t'ju mashtrojë jeta në këtë botë dhe le të mos ju gënjejë djalli në besimin tuaj në All-llahun."

(el-Fatir, 5)

"Ju preokupon shumimi i pasurisë. Derisa të shkoni në varre. Mirë, do ta merrni vesh! Edhe një herë ani! Me siguri do ta dini! Po si jo! Sikur ta dinit, me siguri dhe me bindje."

(et-Tekathur, 1-5)

"Jeta në këtë botë s'është kurrgjë tjetër, përveç zbavitje dhe lojë, vetëm bota tjetër është jetë e vërtetë, sikur ta dinin!"

(el-Ankebut, 64)

Ajetet mbi këtë temë janë të shumta dhe të njohura, ndërsa sa u përket haditheve, ato janë më shumë , prandaj do t'i theksojmë vetëm disa prej tyre:

Hadithi 467

Transmetohet nga el-Mustevrid ibn Shedadi r.a. se i Dërguari i All-llahut s.a.v.s. ka thënë: *"Kjo botë (dunjaja) ndaj botës tjetër (Ahiretit) është sikur kur njëri prej jush ta vendosë gishtin e tij në det, pastaj le të shikojë me çka i kthehet (nga uji i detit)."*

(Transmeton Muslimi)

Hadithi 468

Transmetohet nga Xhabiri r.a. se i Dërguari i All-llahut s.a.v.s. kaloi nëpër treg, kurse njerëzit ishin tubuar rreth tij. Pastaj kaloi pranë një cjapi të ngordhur me veshë të vegjël, e kapi për veshi dhe tha: *"Cili prej jush dëshiron ta marrë për një dirhem?"* I thanë: "Askush prej nesh nuk jep për të asgjë, çka mund të bëjmë me te?" Pastaj tha: *"A doni të jetë juaji?"* Thanë: "Pasha All-llahun, edhe të ishte i gjallë, ishte me të meta, me veshë të vegjël, e lëre më i ngordhur!" Atëherë tha: *"Pasha All-llahun, kjo botë, vërtet për All-llahun është më e pavlefshme sesa ky (cjap) për ju."*

142

Hadithi 469

Transmetohet nga Ebu Dherri r.a. të ketë thënë: "Isha duke shkuar me Pejgamberin s.a.v.s. nëpër një tokë me gurë të zi në Medine derisa u drejtuam nga Uhudi, atëherë më tha: *"O Ebu Dherr."* I thashë: "Si urdhëron, o i Dërguari i All-llahut!" Tha: *"Nuk gëzohem të kem ar sa ky Uhudi e të kalojnë tek tri ditë, e nga ai të mbetet vetëm një dinar, vetëm nëse kam të paguaj borxh, ose që me të t'u flas robërve të All-llahut (njerëzve) kështu, kështu dhe kështu të jetë nga e djathta, nga e majta dhe nga prapa."* Pastaj eci (Pejgamberi) dhe më tha: *"Vërtet, ata që kanë shumë, në Ditën e Gjykimit do të kenë pak, përveç nëse thonë (veprojnë) me pasurinë kështu, kështu dhe kështu është edhe nga e djathta, nga e majta dhe nga prapa, por të këtillët janë pak."* Pastaj më tha: *"Qëndro në atë vend, mos lëviz askund derisa të kthehem!"* Pastaj u nis nëpër errësirë të natës derisa nuk dukej, atëherë dëgjova një zë të lartë, unë u frikësova se mos e sulmoi dikush Pejgamberin s.a.v.s. dhe dëshiroja t'i shkoj, mirëpo m'u kujtua fjala e tij *"mos lëviz askund derisa të kthehem"*, andaj nuk lëviza derisa erdhi. Atëherë i thashë: "Unë dëgjova një zë, nga i cili u frikësova..". dhe ia shpjegova... ndërsa ai më tha: *"A e ke dëgjuar?"* I thashë: "Po." Tha: *"Ai ishte Xhibrili, më erdhi dhe më tha: "Kush vdes prej umetit tënd duke mos i shoqëruar All-llahut asgjë, do të hyjë në Xhenet."* I thashë: *"A edhe nëse ka bërë prostitucion (zina) dhe nëse ka vjedhur? Tha: "Edhe nëse ka bërë prostitucion dhe nëse ka vjedhur."*

(Muttefekun alejhi, ky citat është i Buhariut)

Hadithi 470

Transmetohet nga Ebu Hurejra r.a. se i Dërguari i All-llahut s.a.v.s. ka thënë: *"Sikur të kisha ar sa është Uhudi, do të gëzohesha sikur të mos kalojnë tri ditë e tek unë të mos mbetet asgjë, përveç diçka për ta paguar borxhin."*

143

Hadithi 473

Transmetohet nga Ebu Hurejra r.a. se ka thënë: "Vërtet, unë i kam parë shtatëdhjetë sofistë (të varfërit që nuk kanë pasur shtëpi, andaj kanë banuar në sofa të xhamisë gjatë kohës së alejhis-selamit) asnjëri prej tyre nuk kishte gunë (mbulesë të gjatë të trupit), por vetëm ndërresë (çarçaf për mbulimin prej mesit e te-poshtë) ose vetëm këmishë të thjeshtë të lidhur për qafe. Ato, disa-ve iu arrinin deri nën gjunj, kurse disave deri në nyell të këmbëve, të cilat e mbanin me dorë nga frika se mos u shihen vendet e turpshme (avreti)."

(Transmeton Buhariu)

Hadithi 477

Transmetohet nga en-Nu'man ibn Beshiri r.a. se ka thënë: "Umer ibn el-Hattabi r.a. foli për fitimin e njerëzve nga të mirat në këtë botë dhe tha: "Vërtet e kam parë të Dërguarin e All-llahut s.a.v.s. gjatë tërë ditës (me bark) të përkulur (nga uria), nuk kishte as hurma të këqija, që ta mbushte barkun e tij."

(Transmeton Muslimi)

Hadithi 478

Transmetohet nga Aishja r.a. se ka thënë: "Ndërroi jetë i Dër-guari i All-llahut s.a.v.s., kurse në shtëpinë (dhomën) time nuk kish-te asgjë që mund të hante ai që ka mëlçi (njeri, kafshë etj.) përveç pak elb në raftin tim, e mora dhe hëngra prej tij mjaft gjatë, pastaj e mata dhe ai u harxhua."

(Muttefekun alejhi)

Hadithi 483

Transmetohet nga Abdull-llah ibn Mes'udi r.a. se i Dërguari i All-llahut s.a.v.s. ka thënë: *"Mos u thelloni (mos u merrni shumë) në pasuri të patundshme, që të mos dashuroheni me këtë botë."*

Hadithi 489

Transmetohet nga Ka'b ibn Maliku r.a. se i Dërguari i All-llahut s.a.v.s. ka thënë: *"Dy ujq të uritur të cilët bien ndër dele nuk bëjnë më tepër dëm sesa lakmia e njeriut për pasuri dhe karrierë (autoritet) fesë së tij."*

(Transmeton Tirmidhiu dhe thotë hadith hasen sahih)

Hadithi 492

Transmetohet nga Ibni Abbasi dhe 'Imran ibn el-Husajni r.a. se Pejgamberi s.a.v.s. ka thënë: *"Kam shikuar në Xhenet dhe kam pa-rë se shumica e xhenetlinjve janë të varfrit (e kësaj bote), dhe kam shikuar në Xhehenem dhe kam parë se shumica e tyre janë gra."*

(Muttefekun alejhi, nga transmetimi i Ibni Abbasit, po ashtu e transmeton Buhariu nga transmetimi i Imran ibn el-Husajnit)

VLERA E URISË, E JETËS MODESTE DHE VLERA E MODESTISË NË NGRËNIE, PIRJE, VESHMBATHJE DHE NË DËFRIMET E TJERA TË SHPIRTIT SI DHE BRAKTISJA E KËNAQËSIVE

All-llahu i Madhëruar thotë:

"Por pas atyre mbetën pasardhës të këqij, që e lanë namazin dhe u dhanë pas epsheve. Ata, mbase do të pë-sojnë. Përveç atyre që janë penduar dhe kanë besuar edhe kanë bërë vepra të mira. Atyre nuk do t'u bëhet kurrfarë e padrejte."

(Merjem, 59-60)

"Dhe doli para popullit të vet me stolitë e tij, e ata, që adhuronin jetën e kësaj bote, thoshin: -Eh sikur edhe ne të kishim atë që iu dha Karunit! Ai është, njëmend, fatlum. -Të mjerët ju - thoshin të diturit. -Për atë që be-son dhe bën vepra të mira, më i mirë është shpërbli-mi i All-llahut."

(el-Kasas, 79-80)

"Pastaj, atë ditë do të pyeteni patjetër për kënaqësi-të."
(et-Tekathur, 8)

"Kush e dëshiron këtë botë Ne kujt të duam i japim shpejt çka të dëshirojë, por pastaj i përgatisim Xhehe-nemin në të cilin do të digjet i turpëruar dhe i përu-lur."
(el-Isra, 18)

Ajetet për këtë temë janë të shumta dhe të njohura. Kurse ha-dithet si vijon:

Hadithi 498

Transmetohet nga Ebu Se'id el-Makburij, nga Ebu Hurejra r.a. se ky kaloi (njëherë) pranë disa njerëzve që kishin përpara një dele të pjekur dhe e thirrën, por ai refuzoi që të hajë duke thënë: "I Dërguari i All-llahut s.a.v.s. ka shkuar nga kjo botë e nuk është ngo-pur me bukë të elbit."

(Transmeton Buhariu)

Hadithi 499

Transmetohet nga Enesi r.a. se ka thënë: "Pejgamberi s.a.v.s. deri kur ka vdekur nuk ka ngrënë asnjëherë në tavolinë, as nuk ka ngrënë bukë të situr."

(Transmeton Buhariu)

Në një transmetim tjetër të tij thuhet: "E as që ka parë (para vetes) ndonjëherë dele të pjekur (me lëkurë), pasi që është përvëluar."

Hadithi 502

Transmetohet nga Ebu Hurejra r.a. të ketë thënë: "I Dërguari i All-llahut s.a.v.s. doli një ditë, a një natë, kur edhe Ebu Bekri dhe Umeri r.a. kishin dalë. Atëherë (Pejgamberi) tha: *"Ç'ju ka shtyrë të dilni nga shtëpitë tuaja në këtë kohë?"* Thanë: "Uria, o i Dërguari i All-llahut!" Tha: *"Edhe mua, pasha atë në dorë të të Cilit është shpirti im, më ka nxjerrë (prej shtëpisë) ajo që ju ka nxjerrë juve. Çohuni!"* Pastaj u ngritën me të dhe erdhën te një njeri prej ensarëve, mirëpo ai nuk ishte në shtëpi. Kur e pa (Pejgamberin) gruaja (e atij njeriu), tha: "Mirësevini, urdhëroni!" I Dërguari i All-llahut s.a.v.s. i tha: *"Ku është filani (për të zotin e shtëpisë)?"* Tha: "Ka shkuar të na kërkojë ujë për pije." Në atë çast erdhi ensariu, shikoi të Dërguarin e All-llahut s.a.v.s. dhe dy shokët e tij, pastaj tha: "Falënderimi i qoftë All-llahut, sot askush nuk ka mysafirë më të ndershëm se unë!" Pastaj shkoi. Më pas erdhi me një kalavesh hurme në të cilën kishte hurma të njoma, të thata dhe të lëngëta (por të pjekura) dhe ju tha: "Urdhëroni, hani! Pastaj e mori bris-kun, kurse i Dërguari i All-llahut s.a.v.s. i tha: *"Kujdes, mos e merr (mos e prej) atë që milet dhe jep qumësht!"* Pastaj (ensariu) preu mish deleje nga i cili hëngrën, edhe nga kalaveshi me hurma të lloj-llojshme dhe pinë ujë.

Pasi hëngrën dhe pinë, i Dërguari i i All-llahut s.a.v.s. i tha Ebu Bekrit dhe Umerit r.a.: *"Pasha Atë në dorë të të Cilit është shpirti im, në Ditën e Gjykimit do të pyeteni për këtë begati. Nga shtëpia ju ka nxjerrë uria, pastaj nuk jeni kthyer derisa ju ka arritur kjo begati."*

(Transmeton Muslimi)

(Pyetja në Ditën e Gjykimit ka të bëjë me llojet e begative, e jo si qortim. All-llahu e di më së miri. Në transmetimin e Tirmidhiut theksohet se ky ensarij quhej Ebu-l-Hejthem et-Tejhani).

Hadithi 504

Transmetohet nga Ebu Musa el-Esh'arij r.a. se ka thënë: "Aishja r.a. i nxori e na i tregoi dy ndërresa - këmishën dhe mbule-sën (e pjesës së poshtme të trupit), të cilat ishin shumë të vrazhda e të trasha dhe tha: "Në këto të dyja ka ndërruar jetë i Dërguari i All-llahut s.a.v.s."

(Muttefekun alejhi)

Hadithi 505

Transmetohet nga Sa'd ibn Ebi Vekkasi r.a. se ka thënë: "Unë jam i pari i arabëve që kam gjuajtur shtizën në rrugë të All-llahut. Kemi qenë në betejë me të Dërguarin e All-llahut s.a.v.s. dhe nuk kemi pasur tjetër ushqim përveç fletëve të hublës dhe semurës (dy lloje drush të shkretëtirës), saqë ndonjëri prej nesh i nxirrte jashtë (kur e kryente nevojën) sikurse i hanë delet e që nuk përzihej (nga thatësia)."

(Muttefekun alejhi)

Hadithi 506

Transmetohet nga Ebu Hurejra r.a. se i Dërguari i All-llahut s.a.v.s. ka thënë: *"O All-llahu im, bëje Ti furnizimin e familjes së Muhammedit (në ushqim)."*

(Muttefekun alejhi)

Hadithi 509

Transmetohet nga Aishja r.a. të ketë thënë: "Ndërroi jetë i Dërguari i All-llahut s.a.v.s., kurse mburoja e tij ishte e depozituar te një çifut për 30 sa'a elb." (Sa': masë peshë e njohur, 3,332 kg)

(Muttefekun alejhi)

Hadithi 511

Transmetohet nga Ebu Hurejra r.a. se ka thënë: "Vërtet i kam parë shtatëdhjetë sofistë (të varfër të cilët nuk kanë pasur shtëpi andaj kanë banuar në sofa të xhamisë gjatë kohës së Pejgamberit), asnjëri prej tyre nuk kishte gunë (mantel), por vetëm ndërresë (çarçaf për mbulimin prej mesit e teposhtë), ose vetëm këmishë të thjeshtë të lidhur për qafe. Ato disave iu arrinin deri nën gjunj, kurse disave deri në zog të këmbëve, të cilat i mbanin me dorë nga frika se mos u shihen vendet e turpshme (avreti)."

(Transmeton Buhariu)

Hadithi 512

Transmetohet nga Aishja r.a. se ka thënë: "Shtrati i të Dërguarit s.a.v.s. ka qenë prej lëkurës, i mbushur me palmë."

(Transmeton Buhariu)

Hadithi 515

Transmetohet nga Ebu Umameje r.a. se i Dërguari i All-llahut s.a.v.s. ka thënë: *"O biri i Ademit, nëse e shpenzon tepricën (e pasurisë), më mirë është për ty, kurse nëse e mban, është më keq për ty. Askush nuk të qorton nëse jeton në mënyrë modeste. Dhe fillo (me rastin e shpenzimit) prej atyre që je i obliguar t'i furnizosh."*

(Transmeton Tirmidhiu dhe thotë hadith hasen sahih)

Hadithi 516

Transmetohet nga Ubejdullah ibn Mihsan el-Ensarij el-Hatmij r.a. se i Dërguari i All-llahut s.a.v.s. ka thënë: *"Kush gdhihet prej jush i sigurtë në shpirtin e tij, i shëndoshë në trupin e tij dhe ka ushqim për një ditë, është sikur t'i jetë dhënë krejt bota."*

(Transmeton Tirmidhiu dhe thotë hadith hasen)

Hadithi 517

Transmetohet nga Abdull-llah ibn Amr ibn el-'Asi r.a. se i Dërguari i All-llahut s.a.v.s. ka thënë: *"Ka shpëtuar ai që është bërë musliman, ka furnizim (vetëm) aq sa i nevojitet dhe e ka bërë All-llahu të kënaqur me atë që i ka dhënë."*

(Transmeton Muslimi)

Hadithi 518

Transmetohet nga Ebu Muhammed Fedalete ibn Ubejd el-Ensarij r.a. se e ka dëgjuar të Dërguarin e All-llahut s.a.v.s duke thënë: *"I lumi ai që është udhëzuar në Islam, jetesën e ka të mjaftueshme dhe është i kënaqur (me atë që ka)."*

(Transmeton Tirmidhiu dhe thotë hadith hasen sahih)

Hadithi 519

Transmetohet nga Ibni Abbasi r.a. se ka thënë: "I Dërguari i All-llahut s.a.v.s. rregullisht i ka kaluar netët i uritur (pa ngrënë), edhe familja e tij nuk kanë pasur darkë, kurse buka e tyre më së shumti ka qenë prej elbit."

(Transmeton Tirmidhiu dhe thotë hadith hasen sahih)

MODESTIA, THJESHTËSIA DHE EKONOMIZIMI NË JETESË DHE NË SHPENZIME SI DHE QORTIMI I LYPJES PA NEVOJË

All-llahu i Madhëruar thotë:

"Në tokë nuk ka asnjë qenie të gjallë e të mos e ketë ushqimin tek All-llahu."

(Hud, 6)

"Të varfërit që janë të angazhuar në rrugë të All-llahut dhe nuk mund të punojnë tokën, i painformuari i konsl-deron këta si të pasur, për shkak të modestisë së tyre (varfanjakëve). Do t'i njohësh sipas pamjes së tyre, ata nuk u mërziten njerëzve duke lypur."

(el-Bekare, 273)

"Edhe ata, të cilët kur shpenzojnë nuk shpërderdhin e as nuk janë tepër dorështrënguar; por, në këtë mbajnë mesataren."

(el-Furkan, 67)

"Kurse exhinët dhe njerëzit nuk i kam krijuar për tjetër vetëm se të më adhurojnë. Nuk kërkoj prej tyre furnizim as që dëshiroj të më ushqejnë."

(edh-Dharijat, 56-57)

Ndërsa sa u përket haditheve, shumica e tyre u theksuan në dy kapitujt paraprak, kurse prej të patheksuarave ja disa:

Hadithi 527

Transmetohet nga Ebu Hurejra r.a. se Pejgamberi s.a.v.s. ka thënë: *"Nuk është pasuria në shumë mall, por pasuri e mirëfilltë është pasuria e shpirtit."*

(Muttefekun alejhi)

Hadithi 529

Transmetohet nga Hakim ibn Hizam r.a. të ketë thënë: "Kërkova nga i Dërguari i All-llahut s.a.v.s. dhe ai më dha. Pastaj prapë i kërkova dhe ai prapë më dha. Dhe përsëri i kërkova dhe ai përsëri më dha. Pastaj më tha: *"O Hakim, vërtet kjo pasuri është e këndshme (për sy) dhe e ëmbël (për zemër), andaj kush e merr me bujari do të begatohet, kurse kush e mban me kryelartësi, nuk do të begatohet. I atilli do të jetë si ai që ha e nuk ngopet. Dhe dora e epërme është më e mirë se dora e poshtme."* Hakimi thotë: "Pastaj i thashë: "Pasha Atë që të ka dërguar me të Vërtetën, unë prej askujt pas teje nuk do të pranoj asgjë deri të ndahem prej kësaj bote." Njëherë Ebu Bekri r.a. e ftoi Hakimin për t'ia dhënë ndonjë dhuratë, por ky refuzoi të pranojë gjë prej tij. Pastaj, po ashtu, edhe Umeri r.a. e ftoi t'i jape, por ky e refuzon. Pastaj (Umeri) tha: "O muslimanë, bëhuni dëshmitarë për Hakimin se po ia ofroj të drejtën (pjesën) e tij që ia ka caktuar All-llahu në këtë plaçkë (lufte) dhe se ai (Hakimi) po e refuzon." Hakimi prej asnjë njeriu nuk ka pranuar asgjë pas Pejgamberit s.a.v.s. derisa vdiq."

(Muttefekun alejhi)

Hadithi 531

Transmetohet nga Amr ibn Taglibi r.a. se i Dërguari i All-llahut s.a.v.s. solli një pasuri apo robër (lufte) dhe i ndau. Disa njerëzve u dha kurse disave jo, andaj i shkoi lajmi se ata që nuk u dha u hidhëruan dhe e qortuan. (Pejgamberi u ngrit dhe pasi) E falënderoi dhe e lavdëroi All-llahun dhe tha. *"Pasha All-llahun, unë i kam dhënë ndonjë njeriu kurse ndonjë e kam lënë. Atë që e kam lënë, e dua*

më shumë se atë të cilit i kam dhënë. Unë, vërtet, u kam dhënë disave, sepse kam parë në zemrat e tyre mosdurim, mospajtim dhe shqetësim, kurse i kam lënë disa njerëz që All-llahu ua ka bërë zemrat të pasura dhe të hajrit. Prej këtyre është Amr ibn Taglib."
Amr ibn Taglibi ka thënë: *"Pasha All-llahun, më tepër kam dashur atë fjalë të të Dërguarit s.a.v.s. sesa pasurinë më të çmueshme."*

(Transmeton Buhariu)

INKURAJIMI I NGRËNIES NGA PUNA E DORËS SË TIJ DHE RUAJTJA NGA LYPJA DHE EKSPOZIMI I PRANIMIT TË NDIHMAVE

All-llahu i Madhëruar thotë:

"Dhe kur të kryhet namazi atëherë shpërndahuni nëpër tokë dhe kërkoni mirësinë e All-llahut."

(el-Xhum'a, 10)

Hadithi 546

Transmetohet nga Ebu Hurejra r.a. se Pejgamberi s.a.v.s. ka thënë: *"Davudi alejhis selam nuk është ushqyer përveçse nga puna (fitimi) me dorë të vet."*

(Transmeton Buhariu)

BUJARIA, ZEMËRGJERËSIA DHE SHPENZIMI NË VEPRA TË MIRA DUKE QENË I BINDUR NË ALL-LLAHUN E MADHËRUAR

All-llahu i Madhëruar thotë:

."".. Çkado që ju të jepni (dhuroni) Ai atë e kompe-nson."

(Sebe', 39)

."".. Çkado që shpenzoni nga mirësia, e keni për vete dhe çkado që t'u jepni të tjerëve le të jetë vetëm për hir të

All-llahut dhe ajo që e shpenzoni për të mirë, do t'ju kompensohet dhe nuk do të jeni të dëmtuar."

(el-Bekare, 272)

."... Dhe çkado që jepni për të mirë, All-llahu me siguri e di."

(el-Bekare 273)

Hadithi 555

Transmetohet nga Abdull-llah ibn Amr ibn el-Asi r.a. se një njeri e pyeti të Dërguarin e All-llahut s.a.v.s.: "Cili Islam është më i mirë? Tha: *"Ta ushqesh tjetrin dhe t'i japësh selam të njohurit e të panjohurit."*

(Muttefekun alejhi)

Hadithi 556

Transmetohet nga Abdull-llah ibn Amr ibn el-'As r.a. (po ashtu) se i Dërguari i All-llahut s.a.v.s. ka thënë: *"Ekzistojnë dyzet (40) mirësi; më e larta është t'i jepet dikujt dhia (që të shërbehet me qumështin e saj e pastaj t'ia kthejë). Kushdo që e bën një prej kë-tyre mirësive, duke shpresuar shpërblim dhe me besim në të prem-tuarën (e All-llahut), All-llahu i Madhëruar për të do ta dërgojë në Xhenet."*

(Transmeton Buhariu)

Hadithi 557

Transmetohet nga Ebu Umame Sudejj ibn 'Axhlani r.a. se i Dërguari i All-llahut s.a.v.s. ka thënë: *"O biri i Ademit, ti nëse e shpenzon tepricën, më mirë është për ty, kurse nëse e mban, është më keq për ty. Askush nuk të qorton nëse jeton në mënyrë modes-te. Dhe fillo (me rastin e shpenzimit) prej atyre që je i obliguar t'i furnizosh. Dora e epërme është me e mirë se dora e poshtme."*

(Transmeton Muslimi)

Hadithi 559

Transmetohet nga Umeri r.a. të ketë thënë: "E ndau i Dërguari i All-llahut s.a.v.s. një ditë një pasuri, e unë i thashë: "O i Dërguari i All-llahut, të tjerët veç këtyre kanë pasur më shumë të drejtë në te!" Tha: *"Këta më kanë vënë në pozitë që të zgjedh; o të kërkojnë tepër e t'u jap, o të më cilësojnë si koprrac, (u dhashë më tepër) e unë nuk jam koprrac."*

(Transmeton Muslimi)

Hadithi 564

Transmetohet nga Esma, bija e Ebu Bekër es-Siddikut r.a., se ka thënë: "Më ka thënë i Dërguari i All-llahut s.a.v.s.: *"Mos u bëj koprrace, pastaj All-llahu ashtu vepron ndaj teje."* Në një transmetim tjetër: *"Shpenzo, ndihmoju të tjerëve apo flijo dhe mos regjistro (çka bëjnë të tjerët), pastaj edhe për ty t'i regjistron All-llahu. Mos mbaj mend (çka punojnë ose flasin), se pastaj edhe All-llahu vepron ndaj teje ashtu."*

(Muttefekun alejhi)

ALTRUIZMI DHE JOEGOIZMI

All-llahu i Madhëruar thotë:

."... Dhe u japin përparësi, madje edhe kur kanë nevojë për vete."

(el-Hashr, 9)

"Dhe ushqejnë me bukë për hir të Tij të varfrin, bonjakun dhe të robëruarin."

(ed-Dehr, 8);

dhe ajete të tjera.

Hadithi 570

Transmetohet nga Ebu Hurejra r.a. se i Dërguari i All-llahut s.a.v.s. ka thënë: *"Ushqimi i përgatitur për dy është i mjaftueshëm edhe për tre, kurse ushqimi i përgatitur për tre mjafton për katër."*

(Muttefekun alejhi)

Në një transmetim të Muslimit nga Xhabiri r.a. thuhet se Pejgamberi s.a.v.s. ka thënë: *"Ushqimi i njërit u mjafton dyve, ushqimi i dyve u mjafton katërve, kurse ushqimi i katërve mjafton për tetë."*

Hadithi 571

Transmetohet nga Ebu Se'id el Hudrij r.a. se ka thënë: "Duke qenë njëherë në rrugë me Pejgamberin s.a.v.s, erdhi një njeri i hipur në kafshën e tij. Filloi ta hedhë shikimin e tij majtas dhe djathtas, atëherë i Dërguari i All-llahut s.a.v.s. tha: *"Kush ka tepër kafshë për kalërim, le t'i japë atij që nuk ka, kush ka tepër ushqim (të rrugës), le t'i japë prej tij atij që nuk ka ushqim"*, dhe i përmendi llojet e ndryshme të pasurisë, saqë vërejtëm se askush prej nesh nuk ka të drejtë në tepricë."

(Transmeton Muslimi)

VLERA E PASURISË SË ATIJ QË ËSHTË FALËNDERUES (ALL-LLAHUN), I CILI E FITON DHE E SHPENZON PASURINË SIÇ ËSHTË PARAPARË (FETARISHT)

All-llahu i Madhëruar thotë:

"Sa i përket atij që jep edhe ruhet. Edhe e dëshmon më të bukurën. Atij do t'ia lehtësojmë (rrugën) për lehtësim."

(el-Lejl, 5-7)

"Do të jetë larg tij ai që ruhet. Ai që jep (sadaka) nga pasuria e vet, e pastrohet. Dhe jo atij prej të cilit do të shpërblehet me ndonjë dhunti. Por vetëm që të përfitojë

155

*afërsinë e Zotit të vet të lartmadhërishëm. Dhe ai, pa
mëdyshje, do të kënaqet."*

(el-Lejl, 17-21)

*"Bukur është kur jepni lëmoshë haptazi, por ёshё më mirë
për ju nëse ua jepni të varfërve fshehurazi. Dhe Ai do t'ua
falë disa vepra tuaja të këqija. All-llahu është i informuar
se ç'bёni."*

(el-Bekare, 271)

*"Nuk do të arrini mirёsinё e plotё derisa tё mos ndani njё
pjesё tё asaj qё e keni mё tё dashur. Ju çkado qoftё tё
ndani, ani, All-llahu me siguri e di atё."*

(Ali 'Imran, 92)

Ajetet mbi vlerën e shpenzimit në dëgjueshmëri të All-llahut
janë të shumta dhe të njohura.

Hadithi 578

Transmetohet nga Ebu Hurejra r.a. se të varfrit e muhaxhirёve
erdhën tek i Dёrguari i All-llahut s.a.v.s. dhe i thanë: "Pasanikët na
i morën gradat e larta dhe shpërblimin e përhershëm!" (Pejgam-
beri) Tha: *"Ç'është ajo?"* Ata thanë: "Ata falin namaz si ne, agjё-
rojnë si ne, ata ndajnë sadaka, kurse ne nuk mundemi, ata lirojnë
robёr, kurse ne nuk mundemi." Atëherë i Dёrguari i All-llahut s.a.
v.s. u tha: *"A doni t'ju mёsoj diçka me çka do t'i arrini ata qё ju
kanё kaluar dhe do t'i tejkaloni ata qё janё pas jush dhe nuk do tё
jetё askush mё i vlefshёm se ju, përveç atij qё vepron sikur ju?"*
Thanë: "Gjithsesi, o i Dёrguari i All-llahut!" Tha: *"Shqiptoni tesbih
(subhanall-llah, Lavdi All-llahut), tekbir (All-llahu ekber: All-llahu
është mё i Madhi) dhe tahmid (Elhamduli-l-lah: Falёnderimi All-
llahut) pas çdo namazi nga 33 herё."* (Pas njё kohe) U kthyen tek i
Dёrguari i All-llahut tё varfrit e muhaxhirёve dhe i thanë: "Kanё
dëgjuar vëllezërit tanё pasanikё se ç'po veprojmё dhe ata po bёjnё
tё njёjtёn!" I Dёrguari i All-llahut s.a.v.s. tha: *"Ajo ёshtё prej
shpёrblimit tё All-llahut, qё ia jep kujt tё dojё."*

(Muttefekun alejhi)

Këtë citat e transmeton Muslimi. All-llahu e di mё sё miri.

156

PËRKUJTIMI I VDEKJES DHE SHKURTIMI I SHPRESËS

All-llahu i Madhëruar thotë.

"Çdo qenie e gjallë do ta përjetojë vdekjen, dhe vetëm në Ditën e kijametit do të fitoni në tërësi shpërblimet tuaja. Kush do të jetë i larguar nga zjarri dhe i futur në Xhenet ai ka arritur sukses, sepse jeta në këtë botë nuk është asgjë tjetër veçse kënaqësi mashtruese."

(Ali Imran, 185)

."..Kurse njeriu nuk e di se ç'do të bëjë nesër dhe askush nuk e di se në ç'vend do të vdesë."

(Lukman, 34)

.".. E kur u vjen çasti për asnjë moment nuk munden as ta vonojnë e as ta shpejtojnë."

(en-Nahl, 61)

"O besimtarë, pasuria dhe fëmijët tuaj të mos ua largojnë vëmendjen nga All-llahu. Kush bën ashtu, hej, ata janë të humbur. Dhe shpërndani prej asaj që ne ju furnizojmë, para se t'i vijë vdekja ndonjërit prej jush, e të thotë: "O Zot, sikur të më presësh edhe pak do të jap lëmoshë dhe të bëhem nga të mirët." All-llahu, me siguri nuk do t'ia vonojë askujt kur t'i vijë momenti i vet, dhe All-llahu e di mirë se çka punoni."

(el-Munafikun, 9-11)

"Kur dikujt prej tyre i vjen vdekja, ai thërret, "O Zoti im, më kthe, mbase do të bëj ndonjë vepër të mirë në atë që e kam lëshuar! Kurrë! Kjo është fjalë që do ta flasë Ai e prapa tyre do të ketë një pengesë deri në ditën kur do të ringjallen. E kur të fryhet në sur, atëherë nuk do të ketë lidhje familjare ndërmjet atyre as që do të pyesin për njëri-tjetrin. Kujt i peshojnë më rëndë (veprat e mira) ata do të jenë të shpëtuar. Kurse ata, veprat e të cilëve nuk peshojnë, ata e kanë humbur vetveten në Xhehenem, ku do të mbesin përgjithmonë. Zjarri do t'ua djegë atyre fytyrat dhe do të mbesin aty dhëmbzgërdhirë. Po a nuk ju janë lexuar ajetet e mia, dhe ju i mohonit?! "O Zoti ynë, - do të thonë, - na ka mundur mjerimi ynë prandaj jemi bërë popull i humbur. Zoti ynë, na shpëto prej tij (mjerimit), e

nëse prapë bëjmë keq, atëherë, me të vërtetë ne jemi kriminelë." Rrini aty dhe asgjë mos më flisni, - u thotë Ai. Ka pasur një grup nga robërit e mi që thonë: "O Zoti ynë! Ne besuam, prandaj na fal dhe na mëshiro se Ti je më i miri i Mëshiruesve!" Ju i keni marrë për tallje, si të magjepsur, saqë patët harruar vërejtjen time dhe i keni përqeshur. Sot Unë i kam shpërblyer për atë që kanë duruar, ata me të vërtetë kanë arritur ç'kanë dëshiru-ar. Po sa vjet keni kaluar në tokë? - do të pyesë Ai. Kemi kaluar një ditë ose një pjesë të ditës - do të përgjigjen. Pyeti ata që kanë numëruar. Po si! - do të thotë Ai, - kohë të shkurtër keni kaluar, sikur vetëm ta dinit! A keni menduar se ju kemi krijuar kot dhe se nuk do të ktheheni te ne?"

(el-Mu'minun, 99-115)

"A nuk është koha që besimtarëve t'u zbutet zemra kur përmendet All-llahu dhe çka ka zbritur nga e vërteta (Kur'ani), e të mos jenë sikur ata të cilëve qysh më herët u është dhënë Libri. Atyre u është zgjatur koha, andaj zemrat e tyre janë bërë të ashpra, dhe shumica prej tyre janë të mbrapshtë."

(el-Hadid, 16)

Ajetet mbi këtë temë janë të shumta dhe të njohura.

Hadithi 579

Transmetohet nga Ibni Umeri r.a. se ka thënë: "Më kapi i Dër-guari i All-llahut s.a.v.s. për krahu dhe më tha: *"Jeto në këtë botë si të jesh i huaj ose udhëtar."* Kurse vetë Ibni Umeri r.a. thonte: "Kur të ngrysesh, mos e prit mëngjesin, kurse kur të gdhihesh, mos e prit mbrëmjen. Derisa je i shëndoshë, përgatitu për sëmundje, kurse gjatë jetës, përgatitu për vdekje."

(Transmeton Buhariu)

Hadithi 581

Transmetohet nga Enesi r.a. të ketë thënë: "Pejgamberi s.a. v.s. i bëri disa vija, pastaj tha: *"Këto (vija) janë shpresa e njeriut (për jetë të gjatë), kurse kjo është exheli. Pastaj duke qenë ashtu në këtë gjendje, e bëri një vijë edhe më të shkurtër."*

PREFERIMI I VIZITËS SË VARREZAVE PËR MASHKUJ DHE ÇKA THOTË VIZITORI

Hadithi 588

Transmetohet nga Burejde r.a. se ka thënë: "Pejgamberi s.a.v.s. i ka mësuar që, kur t'i vizitojnë varrezat, të thonë: *"Paqja dhe shpëtimi qofshin mbi ju, o banorë të këtyre shtëpive, që jeni besimtarë dhe muslimanë. Edhe ne, nëse do All-llahu, do të vijmë te ju. Kërkojmë nga All-llahu për ne dhe për ju falje."*

(Transmeton Muslimi)

Hadithi 589

Transmetohet nga Ibni Abbasi r.a. të ketë thënë: "Kaloi i Dërguari i All-llahut s.a.v.s. pranë varrezave në Medine, pastaj u kthye me fytyrë nga ata dhe tha: *"Paqja dhe shpëtimi qofshin mbi ju, o banorë të këtyre varrezave. All-llahu na faltë neve dhe juve. Ju jeni të parët tanë, kurse ne së shpejti pas jush."*

(Transmeton Tirmidhiu dhe thotë hadith hasen)

MOSPREFERIMI I DËSHIRËS TË VDEKJES PËR SHKAK TË NDONJË FATKEQËSIE QË E GODET NJERIUN, PËRVEÇ NËSE BËHET NGA FRIKA E SPEKULLIMEVE NË FE

Hadithi 592

Transmetohet nga Kajs ibn Ebu Hazimi të ketë thënë: "Hymë te Habbab ibn el-Eretti r.a. për ta vizituar që u pat djegur me shtatë djegie (vende), e ai tha: "Vërtet shokët tanë, që kanë vdekur, kanë shkuar dhe kjo botë aspak nuk ua ka munguar (shpërblimin), kurse ne kemi grumbulluar aq pasuri sa nuk kemi vend t'i vendosim,

159

përveç në dhé, dhe sikur të mos na kishte ndaluar Pejgamberi s.a.v.s. që ta dëshirojmë vdekjen, unë do ta dëshiroja." Pastaj, kur i erdhëm herën tjetër, ai po e ndërtonte një mur për vete dhe tha: "Vërtet, muslimani do të shpërblehet për çdo gjë që e harxhon, përveç atë që e fut në këtë dhe."

(Muttefekun alejhi)

Këtë citat e transmeton Buhariu.

PËRKUSHTIMI - DEVOTSHMËRIA DHE LARGIMI I DYSHIMEVE

All-llahu i Madhëruar thotë:

.".. *E keni konsideruar imtësi, por ajo tek All-llahu është e madhe.*"

(en-Nûr, 15)

"*Sepse Zoti yt është njëmend në pritë.*"

(el-Fexhr, 14)

Hadithi 595

Transmetohet nga en-Nevvas ibn Sem'ani r.a. se Pejgamberi s.a.v.s. ka thënë: "*Bamirësi është sjellja dhe karakteri i mirë, kurse mëkat është ajo çka mendon në vetvete, e nuk dëshiron që ta dinë njerëzit.*"

(Transmeton Muslimi)

Hadithi 597

Transmetohet nga Ebu Sirvea Ukbe ibn el-Harithi r.a. se ai u martua me vajzën e Ebu Ihab ibn Azizit, pastaj erdhi një grua dhe i tha: "Unë i kam dhënë gji Ukbës dhe asaj me të cilën është martuar." Ukbeja i tha asaj: "Unë nuk e di se ti më ke dhënë gji, e as që ti më ke informuar për këtë." Pastaj i hipi (kafshës për hipje) dhe erdhi në Medine tek i Dërguari s.a.v.s. dhe e pyeti. I Dërguari i All-llahut s.a.v.s. tha: "*Si jo, pasi që është thënë!*" Pastaj Ukbe e shkurorëzoi atë dhe ajo u martua me tjetër burrë."

Hadithi 598

Transmetohet nga Hasan ibn Aliu r.a. se ka thënë: "Kam mbajtur në mend nga i Dërguari i All-llahut s.a.v.s.: *"Largoju asaj që të duket e dyshimtë, ndërsa përmbaju asaj ku nuk je i dyshimtë."*

(Transmeton Tirmidhiu dhe thotë hadith hasen sahih)

PREFERIMI I IZOLIMIT NGA DEVIJIMI I NJERËZVE GJATË KOHËS APO FRIKA PREJ ÇRREGULLIMEVE NË FE, RËNIA NË HARAM DHE NË GJËRA TË TJERA TË DYSHIMTA

All-llahu i Madhëruar thotë:

"Prandaj, shpejtoni te All-llahu, unë nga ai jam (i dërguar) t'iu tërheq vërejtjen haptazi."

(edh-Dharijat, 50)

Hadithi 604

Transmetohet nga Ebu Se'id el-Hudrij r.a. se i Dërguari i All-llahut s.a.v.s. ka thënë: *"Së shpejti do të vijë koha kur muslimanit do t'i jenë pasuria më e mirë delet me të cilat do të shkojë nëpër majë të bjeshkëve dhe pas rrjedhave të ujit, duke ikur me fenë e tij nga sprovat e ndryshme."*

(Transmeton Buhariu)

VLERA E SHOQËRIMIT ME NJERËZ, SHKUARJA NË TUBIMET DHE XHEMATET E TYRE, NË VENDET E MIRËSISË, NË TUBIMET E MËSIMIT DHE TË DHIKRIT ME TA, VIZITA E TË SËMURËVE TË TYRE, SHKUARJA NË XHENAZET E TYRE, NDIHMA E TË NEVOJSHMËVE, UDHËZIMI I TË PADISHMËVE DHE DOBI TË TJERA PËR ATË QË ËSHTË NË GJENDJE TË URDHËROJË PËR TË MIRË DHE TË NDALOJË NGA E KEQJA, PËRMBAJTJA E VETVETES NGA MUNDIMI (TË TJERËT) DHE DURIMI NË MUNDIME (NGA TË TJERËT)

Dije, se shoqërimi me njerëz në mënyrën e sipërtheksuar është i lavdëruar, sepse ashtu ka vepruar edhe vetë i Dërguari i All-llahut, por edhe të gjithë Pejgamberët e tjerë, salavatull-llahi ve selam-uhu alejhim, pastaj hulefaurr-rrashidinët, sahabët e tjerë, tabiinët dhe dijetarët e të zgjedhurit e muslimanëve pas tyre. Kjo ka qenë rruga dhe drejtimi në të cilin kanë ecur shumica e tabiinëve, këtë e kanë rekomanduar Shafi'iju, Ahmedi dhe shumica e fukahave r.a.

(Për të gjitha këto tema ekzistojnë kapitujt të veçantë në këtë libër, ndaj këtu do të lëshohet theksimi i ajeteve dhe haditheve në detaje.)

Do të kufizohemi vetëm në theksimin e një ajeti kur'anor për të parë dhe kuptuar rëndësinë e shoqërimit ndërmjet masave njerë-zore. All-llahu i Madhëruar thotë:

"Ndihmojeni njëri-tjetrin në bamirësi dhe devotshmëri."

(el-Maide, 2)

All-llahu i Madhëruar thotë:

"Dhe bëhu më i afërt ndaj besimtarëve që të pasojnë!"

(esh-Shuara, 215)

"O besimtarë, nëse dikush prej jush i shmanget fesë së vet, ani, se All-llahu në vend të tyre do të sjellë njerëz që i do Ai dhe që e duan Atë; të përulur ndaj besimtarëve dhe kryelartë ndaj jobesimtarëve."

(el-Maide, 54)

"O njerëz, Ne ju kemi krijuar juve prej një mashkulli dhe një femre dhe ju kemi bërë popuj e fise që ta njihni njëri-tjetrin. Më fisniku tek All-llahu është ai i cili më së shumti i ruhet Atij."

(el-Huxhurat, 13)

"Prandaj mos mburreni fort me vetveten. Ai e di më mirë atë që ruhet."

(en-Nexhm, 32)

"Banorët e Fortifikatës do t'i thërrasin njerëzit, të cilët do t'i njohin sipas karakteristikave të tyre, dhe do t'u thonë: "Nuk u bëri kurrfarë dobie tubimi juaj e as mendjemadhësia. A janë këta, për të cilët keni bërë be se nuk do t'i mbërrijë mëshirë e All-llahut? Hyni në Xhenet, për ju nuk ka frikë dhe ju mos u brengosni fare!"

(el-A'raf, 48-49)

Hadithi 609

Transmetohet nga Enesi r.a. se kaloi pranë famijëve dhe u dha selam, pastaj tha: "Kështu ka vepruar Pejgamberi s.a.v.s."

(Mutefekun alejhi)

Hadithi 610

Transmetohet nga Enesi r.a. se ka thënë: "Sikur ndonjë robëreshë e Medinës të kërkonte nga Pejgamberi s.a.v.s. (ndonjë ndihmë a shërbim), do të shkonte për të ku të dojë (ajo)."

Hadithi 611

Transmetohet nga el-Esved ibn Jezid se ka thënë. "Është pyetur Aishja r.a. se ç'bënte Pejgamberi s.a.v.s. në shtëpi? Tha: "Ka qenë gjithmonë në ndihmë të familjes, kurse kur vinte koha e namazit, shkonte në namaz."

(Transmeton Buhariu)

Hadithi 612

Transmetohet nga Ebu Rif'ate Temim ibn Usejdi r.a. të ketë thënë. "Erdha tek i Dërguari i All-llahut s.a.v.s., i cili ishte duke e mbajtur hutben dhe i thashë: "O i Dërguari i All-llahut, ka ardhur një njeri i panjohur dhe po pyet për fenë, sepse nuk di se ç'është feja." Atëherë i Dërguari i All-llahut s.a.v.s. u kthye nga unë, e la hutben dhe erdhi tek unë. Pastaj ia sollën një karrige, në të cilën u ul dhe filloi të më mësojë atë që All-llahu ia ka mësuar. Pastaj iu kthye hutbës së vet (të filluar) dhe e përfundoi."

(Transmeton Muslimi)

Hadithi 613

Transmetohet nga Enesi r.a. se i Dërguari i All-llahut s.a.v.s. kur hante ndonjë ushqim i lëpinte tre gishtat e vet. Ka thënë (Enesi): "Ka thënë (Pejgamberi): *"Kur ndonjërit prej jush i bie kafshata, le t'ia largojë papastërtinë dhe pastaj le të hajë e mos t'ia lë djallit."* Dhe ka urdhëruar që të fshihet (me gishta) ena, pastaj ka thënë: *"Sepse nuk e dini se në cilin ushqim gjendet begatia (bereqeti)."*

(Transmeton Muslimi)

NDALIMI I MENDJEMADHËSISË DHE VETKËNAQËSISË

All-llahu i Madhëruar thotë:

"Atë botën tjetër do t'ia japim atyre, të cilët nuk lak-mojnë madhështinë në këtë botë, as duan çrregullime, se ardhmëria është e atyre që i frikësohen All-llahut."

(el-Kasas, 83)

"Mos ec mendjemadh nëpër tokë."

(el-Isra', 37)

"Dhe, nga arroganca, mos ua kthe njerëzve fytyrën tënde dhe rrugës mos ec kryelartë e me arrogancë, se All-llahu nuk e do arrogantin e lavdëraçin."

(Lukman, 18)

"Karuni ka qenë nga populli i Musaut dhe e ka shtypur (atë popull) dhe ne i patëm dhënë aq pasuri sa çelësat e tij me vështirësi i kanë bartur disa vetë të fortë; prandaj populli i thonte: "Mos u entuziazmo, sepse All-llahu nuk i do ata që janë shumë të gëzuar. Dhe përpi-qu me sa të ka dhënë All-llahu, të fitosh botën tjetër, por mos e harro as pjesën tënde (përgjegjësinë tënde) në këtë botë dhe bë mirë, si të ka bërë ty mirë All-llahu, e mos bëj çrregullime në Tokë, sepse All-llahu nuk i do ata që bëjnë çrregullime." Ai tha: "Ajo që më është dhënë, më është dhënë me dijen time." A nuk e ka ditur se All-llahu para atij ka shfarosur disa popuj, të cilët kanë qenë më të fortë se ai (Karuni), ose edhe më shumë; Prandaj më-katarët as që do të merren në pyetje për mëkatet e veta. Dhe doli para popullit të vet me stolitë e tij, e ata, të cilët adhuronin jetën e kësaj bote thoshin: "Eh sikur edhe ne të kishim atë që iu dha Karunit! Ai është, njëmend, fatlum." Të mjerët ju - thoshin të diturit. Për atë që beson dhe bën vepra të mira, më i mirë është shpërblimi i All-llahut, por do t'u jepet vetëm durimtarëve. Dhe ne, atë dhe pallatin e tij e shafuam në dhe."

(el Kasas, 76-81)

165

Hadithi 622

Transmetohet nga Ebu Hurejra r.a. se i Dërguari i All-llahut s.a.v.s. ka thënë: *"Me tre All-llahu nuk do të flasë në Ditën e Gjykimit, nuk do t'ua falë e as s'do t'i mbrojë me rahmetin e Tij. Për ta është caktuar dënim i rëndë e i dhembshëm. Ata janë: plaku që bën zina; sunduesi që gënjen (dhe e mashtron popullin) dhe i varfëri që është mendjemadh."*

(Transmeton Muslimi)

Hadithi 624

Transmetohet nga Ebu Hurejra r.a. se i Dërguari i All-llahut s.a.v.s. ka thënë: *"Derisa një njeri me petka të bukura, i kënaqur në vetvete, me flokë të krehura, ecte me mendjemadhësi, në atë çast All-llahu i Madhëruar e fundosi në dhe, ku do të thellohet deri në Ditën e Gjykimit!"*

(Muttefekun alejhi)

Hadithi 625

Transmetohet nga Seleme ibn el-Ekva r.a. se i Dërguari i All-llahut s.a.v.s. ka thënë: *"Njeriu vazhdimisht ecën me kryelartësi derisa të shkruhet me tiranët, e pastaj e godet çka i ka goditur edhe ata."*

(Transmeton Tirmidhiu dhe thotë hadith hasen)

KARAKTERI – MORALI I MIRË

All-llahu i Madhëruar thotë:

"Sepse ti je, me të vërtetë, lart me virtyte të larta."
(el-Kalem, 4)

.".. Të cilët e mposhtin hidhërimin dhe i falin njerë-zit."
(Ali Imran, 134)

Hadithi 628

Transmetohet nga Sa'b ibn Xheth-thame r.a. të ketë thënë: "Ia dhurova të Dërguarit të All-llahut s.a.v.s. një gomar të egër, por ai ma ktheu prapë. Kur vërejti (ndryshimin) në fytyrën time tha: *"Ne nuk po ta kthejmë për tjetër arsye, por pse e kemi të ndaluar (haram - mbajtjen e kafshëve të egra)."*

(Muttefekun alejhi)

Hadithi 629

Transmetohet nga Nevvas ibn Sem'ani r.a. se ka thënë: "E kam pyetur të Dërguarin e All-llahut s.a.v.s. për mirësinë dhe për mëkatin, e ai më tha: *"Mirësi është të jesh me karakter të mirë, kurse mëkat (keqveprim) është ajo që të shqetëson në gjoksin tënd e që dëshiron ta fshehësh nga njerëzit."*

(Transmeton Muslimi)

Hadithi 631

Transmetohet nga Ebu ed-Derda r.a. se Pejgamberi s.a.v.s. ka thënë: *"Asnjë send nuk do të jetë më i rëndë në peshojën e besimtarit në Ditën e Gjykimit sesa karakteri i mirë. Dhe, vërtet, All-llahu e urren të pamoralshmin dhe fjalëndyrin."*

(Transmeton Tirmidhiu dhe thotë hadith hasen sahih)

Hadithi 632

Transmetohet nga Ebu Hurejra r.a. të ketë thënë: "Është pyetur i Dërguari i All-llahut s.a.v.s. se çka i shpie më së shumti njerëzit në Xhenet dhe ka thënë: *"Devotshmëria ndaj All-llahut dhe karakteri i mire."* Pastaj është pyetur çka i shpie më së shumti njerëzit në Xhehenem dhe ka thënë. *"Goja dhe organet seksuale."*

(Transmeton Tirmidhiu dhe thotë hadith hasen sahih)

Hadithi 633

Transmetohet nga Ebu Hurejra r.a. se i Dërguari i All-llahut s.a.v.s. ka thënë: *"Besimtari me besim më të plotë është ai që e ka karakterin më të mirë, kurse më të mirët prej jush janë ata që janë më të mirë për gratë e veta."*

(Transmeton Tirmidhiu dhe thotë hadith hasen sahih)

Hadithi 634

Transmetohet nga Aishja r.a. se ka thënë: "E kam dëgjuar të Dërguarin e All-llahut s.a.v.s. duke thënë: *"Vërtet besimtari me karakter të mirë arrin gradën e atij që vazhdimisht agjëron dhe që fal namaz."*

(Transmeton Ebu Davudi)

Hadithi 635

Transmetohet nga Ebu Umame el-Bahilij r.a. se i Dërguari i All-llahut s.a.v.s. ka thënë: *"Unë i jam garant (dorëzan) për një shtëpi në mes kopshtit të Xhenetit atij (besimtari) që e flak grindjen mes veti, edhe nëse ka të drejtë. Dhe për një shtëpi në mes të Xhenetit atij që e lë rrenën, qoftë edhe në mahi. Dhe për një shtëpi në Xhenetin më të lartë atij që e ka moralin më të mire."*

(Hadith sahih, transmeton Ebu Davudi me sened sahih)

Hadithi 636

Nga Xhabiri r.a. transmetohet se i Dërguari i All-llahut ka thënë: *"Vërtet më i dashuri tek unë prej jush dhe më afër meje Ditën e Gjykimit do të jetë ai që është me moral më të lartë. Më të urryerit tek unë dhe më të largët prej meje Ditën e Gjykimit do të jenë ata që flasin shumë, ata që flasin me mendjemadhësi si dhe ata që flasin me gojën plot."* Shokët (as-habët) i thanë: "O i Dërguari i All-llahut, ne i njohim 'thartharët' (që flasin shumë) dhe 'muteshed-dikët' (ata që imponohen), por kush janë 'mutefejhikët'?" Pejgamberi s.a.v.s. u përgjigj: *"Mendjemëdhenjtë!"*

(Transmeton Tirmidhiu dhe thotë se ky është hadith hasen)

Tirmidhiu transmeton gjithashtu mendimin e Abdull-llah ibni Mubarekut, rreth shpjegimit të karakterit të mirë (morali i lartë), i cili përbëhet prej fytyrës së ndritshme, vazhdimësisë së përhershme në vepra të mira dhe largimit nga ato vepra të cilat i shqetësojnë të tjerët.

PËR URTËSINË, TOLERANCËN DHE BUTËSINË

All-llahu i Madhëruar thotë:

"Ata të cilët e mposhtin hidhërimin dhe i falin njerëzit. Edhe All-llahu i do bamirësit."

(Ali Imran:134)

All-llahu i Madhëruar gjithashtu thotë:

"Ti merri me të mirë! Urdhëro për vepra të mira dhe largohu nga injorantët."

(el-A'raf:199)

All-llahu i Madhëruar prapë thotë:

"E mira dhe e keqja nuk janë të barabarta. Të keqen ktheje me të mirë, andaj armiku yt do të bëhet mik i sinqertë. Atë nuk mund ta arrijë tjetërkush veçse durimtarët, dhe atë nuk mund ta arrijë tjetër veçse ai që ka shumë fat."

(Fussilet:34-35)

All-llahu xh.sh. thotë:

"Vërtet ai që duron dhe fal, posedon virtyte më të larta."
(esh-Shûrâ:43)

Hadithi 638

Aishja r.a. thotë se Pejgamberi s.a.v.s. ka thënë: *"Vërtet All-llahu është i Butë dhe Ai e do butësinë në të gjitha sendet."*

(Muttefekun alejhi)

169

Hadithi 639

Aishja r.a. thotë se Pejgamberi s.a.v.s. ka thënë: *"Vërtet All-llahu është i Butë dhe Ai e do butësinë dhe me butësi fitohet ajo që nuk fitohet me vrazhdësi si dhe ajo që nuk fitohet ndryshe."*

(Transmeton Muslimi)

Hadithi 641

Ebu Hurejra r.a. thotë: "Një beduin arab hyri në xhami dhe filloi ta kryejë nevojën e vogël. Njerëzit u çuan në këmbë që ta sulmojnë për këtë vepër të tij, ndërsa Pejgamberi s.a.v.s. tha: *"Lëreni, e në vendin e urinës së tij hidhni një kovë me ujë ose një kusi me ujë. Vërtet ju jeni dërguar për lehtësim e jo për vështirësim (komplikim)."*

(Transmeton Buhariu)

Hadithi 642

Nga Enesi r.a. transmetohet se Pejgamberi s.a.v.s. ka thënë: *"Lehtësoni e mos vështirësoni, përgëzoni e mos tmerroni."*

(Muttefekun alejhi)

Hadithi 643

Xherir ibni Abdull-llahu r.a. thotë: "E kam dëgjuar të Dërguarin e All-llahut duke thënë: *"Atij të cilit i mungon butësia, i mungojnë të gjitha të mirat"*, ose *"Ai që është i ndaluar nga butësia, është i ndaluar nga të gjitha të mirat."*

(Transmeton Muslimi)

Hadithi 644

Ebu Hurejra r.a. thotë se një njeri i ka thënë Pejgamberit s.a.v.s.: "Më këshillo!" Pejgamberi s.a.v.s. i tha: *"Mos u hidhëro!"* Njeriu këtë e përsëriti disa herë për këshillë, por Pejgamberi s.a.v.s. çdo herë ia përsëriste: *"Mos u hidhëro!"*

(Transmeton Buhariu)

Hadithi 645

Nga Ebu Ja'la Sheddad bin Evs r.a. tregohet se Pejgamberi s.a.v.s. ka thënë: *"Vërtet All-llahu ka obliguar mirësinë për çdo gjë, prandaj kur të vritni, vritni me njerëzi dhe kur të preni, preni me njerëzi. Çdokush prej jush duhet së pari ta mprehë thikën dhe ta qetësojë kafshën për therje."*

(Transmeton Muslimi)

Hadithi 646

Aishja r.a. thotë: "Asnjëherë Pejgamberi s.a.v.s. nuk ka zgje-dhur në mes dy gjërave e të mos ketë zgjedhur më të lehtën, nëse nuk ishte mëkat. Nëse një gjë ishte mëkat, atëherë Pejgamberi s.a. v.s. ishte njeriu më i largët prej saj. I Dërguari i All-llahut asnjë-herë nuk i është hakmarrë askujt për vetveten (nuk e ka dënuar askend për vetveten), përveç atëherë kur janë shkelur urdhrat e All-llahut, atëherë është hakmarrë për hir të All-llahut."

(Muttefekun alejhi)

Hadithi 647

Ibnu Mes'udi r.a. tregon se Pejgamberi s.a.v.s. ka thënë: *"A doni t'ju tregoj se kush ndalohet prej zjarrit ose kujt i është zjarri i ndaluar? Zjarri i është ndaluar atij që është njeri i afërt, i lehtë, i dashur, i sjellshëm dhe i butë."*

(Transmeton Tirmidhiu dhe thotë se është hadith hasen)

All-llahu i Madhëruar në Kur'an thotë:

"Ti merri me të mirë! Urdhëro për vepra të mira dhe shmangiu injorantëve."

(el-A'raf:199)

All-llahu xh.sh. prapë thotë:

"Pra, ti përmbahu mirë kundër teprimeve të tyre!"

(el-Hixhr:85)

All-llahu xh.sh. thotë:

"Le t'ua falin dhe të ndahen butësisht. A nuk dëshironi ju që All-llahu t'ju falë juve?"

(en-Nûr:22)

All-llahu i Madhëruar përsëri thotë:

"Ata që i falin njerëzit. Edhe All-llahu i do bamirësit."

(Ali Imran:134)

All-llahu xh.sh. përsëri thotë:

"Por, kush duron dhe fal, ajo është nga punët e mençura."

(esh-Shûrâ:43)

Ajetet e Kur'anit që flasin rreth kësaj teme janë të shumta dhe të njohura.

Hadithi 648

Aishja r.a. tregon se i ka thënë Pejgamberit s.a.v.s.: "A ke pasur në jetën tënde ndonjë ditë më të vështirë se dita e Uhudit?" Pejgamberi s.a.v.s. u përgjigj: *"Kur kam shkuar te populli yt, ditën e Akabes, ishte më vështirë. Iu paraqita birit të Abdi Jalile ibnu Abdi Kulale, por ai refuzoi të përgjigjet në atë që dëshiroja. Atëherë vazhdova udhëtimin dhe shenjat e shqetësimit dukeshin në fytyrën time, nuk kam ardhur në vete derisa kam arritur në Karnith-thealibe. Aty e kam ngritur kokën, kur një re mbi mua më bën hije. Kur e kam shikuar atë, kam vërejtur në të Xhibrilin a.s., i* cili atëherë thirri dhe më tha: *"Vërtet All-llahu i ka dëgjuar fjalët e popullit tënd, dhe e ka parë sulmin e tyre ndaj teje. All-llahu e dërgoi melekun e kodrave që ta urdhërosh të veprojë me ta si të dëshirosh ti."* Atëherë më ka thirrë meleku i kodrave, më ka përshëndetur me selam e pastaj ka thënë: *"O Muhammed, vërtet unë jam meleku i kodrave dhe All-llahu më dërgoi te ti që të më urdhërosh të veproj ashtu si dëshiron ti. Nëse ti dëshiron, këto dy kodra do t'i hedh mbi ta."* Atëherë Pejgamberi s.a.v.s., ashtu siç tregon Aishja r.a., ka thënë: *"Jo. Por, dëshira ime është që All-llahu të falë prej tyre pasardhës, të cilët do ta adhurojnë vetëm All-llahun xh.sh. dhe nuk do t'i bëjnë Atij shok tjetër."*

(Muttefekun alejhi)

Hadithi 649

Aishja r.a. thotë: "Pejgamberi s.a.v.s. asnjëherë nuk e ka rra- hur askë me dorën e vet, asnjë grua, asnjë shërbëtor, përveç në xhihad për hir të All-llahut. Ai asnjëherë nuk e ka dënuar askë për diçka apo nuk është hakmarrë ndaj dikujt, përveç atëherë kur janë thyer urdhrat e All-llahut. Atëherë është dënuar vetëm për hir të All-llahut xh.sh."

(Transmeton Muslimi)

Hadithi 651

Ibnu Mes'udi r.a. thotë: "Sikur jam duke e parë të Dërguarin e All-llahut duke treguar për një Pejgamber prej Pejgamberëve, mbi të gjithë qoftë paqja dhe shpëtimi i Zotit, se si e kishte rrahur populli i vet, derisa i kishte rrjedhur gjaku. Dhe ai, duke e fshirë gjakun prej fytyrës, thonte: "O Zoti im, falja popullit tim, sepse vërtet ata nuk dine."

(Muttefekun alejhi)

All-llahu i Madhëruar thotë:

"Me moral të lartë dhe të devotshëm (muttekin) janë ata që e mposhtin hidhërimin dhe i falin njerëzit. Dhe All-llahu i do bamirësit."

(Ali Imran: 134)

All-llahu xh.sh. gjithashtu thotë:

"Por, kush duron dhe fal, ajo është nga punët e mençura."

(esh-Shûrâ: 43)

HIDHËRIMI NDAJ MOSPËRFILLJES SË LIGJEVE TË SHERIATIT DHE PËRKRAHJA E FESË SË ALL-LLAHUT

All-llahu xh.sh. thotë:

"Kush i madhëron shenjtëritë e All-llahut është mirë për të ndaj Zotit të vet."

(el-Haxhxh:30)

All-llahu xh.sh. përsëri thotë:

"Nëse ndihmoni All-llahun edhe Ai do t'u ndihmojë juve dhe do t'ua forcojë këmbët tuaja."

(Muhammed:7)

Hadithi 654

Ebu Mes'ud Ukbe bin Amr El-Bedri r.a. thotë: "Erdhi një njeri te Pejgamberi s.a.v.s. dhe tha: "Unë e vonoj faljen e namazit të sabahut për shkak të njërit që e zgjat tepër namazin!" Ebu Mes'udi pastaj tregon: "Unë asnjëherë më parë nuk e kisha parë Pejgamberin s.a.v.s. gjatë dhënies së këshillave më të hidhëruar se atë ditë. Pejgamberi s.a.v.s. pastaj iu kthye të pranishmëve dhe u tha: *"O ju njerëz, vërtet disa prej jush i largojnë të tjerët. Prandaj, ai i cili prej jush iu prin të tjerëve le ta shkurtojë namazin, sepse pas tij është plaku, fëmija si dhe ai që ka nevojë për diçka tjetër."*

(Muttefekun alejhi)

Hadithi 655

Aishja r.a. thotë: "Erdhi Pejgamberi s.a.v.s. prej një udhëtimi, dhe unë e kisha mbuluar një dollap me një perde, në të cilin kishte figura. Kur e pa Pejgamberi s.a.v.s. e bëri atë copë-copë dhe iu skuq fytyra (nga hidhërimi) dhe tha: *"Oj Aishe, dënimi më i ashpër i All-llahut Ditën e Gjykimit do të jetë për ata të cilët i imitojnë krijesat e All-llahut."*

(Muttefekun alejhi)

Hadithi 656

Aishja r.a. përsëri thotë: "Kurejshitët ishin tepër të shqetësuar për shkak të rastit të gruas nga fisi El-Mahzumi, e cila kishte vjedhur, e pastaj kishin thënë: "Kush do t'i flasë për këtë Pejgamberit s.a.v.s.?" Pastaj thanë: "Kush do të ketë guxim ta bëjë këtë përveç Usame ibnu Zejdit, i cili ishte i dashuri i Pejgamberit s.a.v.s." Usameje shkoi tek i Dërguari i All-llahut dhe i tregoi se ka ardhur të ndërmjetësojë për rastin e asaj gruaje. Pejgamberi s.a.v.s. tha: *"Ti po ndërmjetëson që të mos zbatohet një dënim prej dënimeve të All-llahut?"* Pastaj Pejgamberi s.a.v.s. u ngrit në këmbë dhe filloi të flasë, ku përveç të tjerash tha: *"Ata të cilët ishin para jush pësuan për arsye se, kur në mesin e tyre vidhte ndonjë fisnik (i pasur), e linin, nuk e dënonin, ndërsa kur vidhte ndonjë i dobët (i varfër) e zbatonin mbi të dënimin! Betohem me All-llahun që sikur të vidhte Fatimeja, e bija e Muhammedit, unë sigurisht do t'ia preja dorën."*

(Muttefekun alejhi)

Hadithi 657

Enesi r.a. tregon se Pejgamberi s.a.v.s. ka parë një pështymë (në tokë) në drejtim të kibles dhe kjo gjë e nevrikosi aq shumë, saqë kjo u vërejt në fytyrën e tij, u ngrit dhe e fshiu me dorën e vet, e pastaj tha: *"Vërtet çdonjëri prej jush, kur çohet për të falur namazin, atëherë është duke folur me Krijuesin e vet dhe Zoti i tij është në mes tij dhe Kibles, për atë nuk lejohet që askush prej jush të pështyjë në drejtim të Kibles, por mund të pështyjë në të majtë, apo nën këmbët e tij."* Pastaj mori një skaj të mbulesës së tij dhe pështyu në të, e paloi njërën anë me tjetrën dhe tha: *"Apo le të veprojë në këtë mënyrë."*

(Muttefekun alejhi)

Sa i përket përshtyrjes në të majtë apo nën këmbë, kjo ka të bëjë vetëm jashtë xhamisë. Ndërsa kur jemi në xhami, atëherë pështyrja lejohet vetëm në shami, apo në ndonjë leckë tjetër.

OBLIGIMI I SUNDUESVE QË TË SILLEN MIRË ME SHTETASIT E TYRE

All-llahu xh.sh. në Kur'an thotë:

"Dhe bëhu më i afërt ndaj besimtarëve që të pasojnë!"
(esh-Shuara:215)

All-llahu xh.sh. thotë:

"All-llahu urdhëron drejtësi dhe mirësi, ndihmë dhe respekt ndaj të afërmve dhe ndalon amoralitetin, neverinë dhe gjithçka që është krim dhe urrejtje. Ai ju këshillon të pranoni mësimin."
(en-Nahl:90)

Hadithi 658

Ibni Umeri r.a. thotë: "Kam dëgjuar Pejgamberin s.a.v.s. duke thënë: *"Të gjithë ju jeni barinj dhe secili do të përgjigjet për kopenë e vet. Imami është bari dhe do të pyetet për kopenë e tij. Burri është bari në shtëpinë e vet dhe ai do të pyetet për kopenë e tij. Gruaja është bareshë në shtëpinë e burrit dhe ajo do të pyetet për kopenë e saj, edhe shërbëtori është bari në pasurinë e zotërisë*

176

së tij dhe ai do të pyetet për ate që e ka ruajtur. Të gjithë ju jeni barinj dhe do të përgjigjeni për atë që keni ruajtur."

(Muttefekun alejhi)

Hadithi 659

Ebu Ja'la Ma'kil bin Jesari thotë: "E kam dëgjuar Pejgamberin s.a.v.s. duke thënë: *"Atë rob që All-llahu e cakton për ruajtjen e një kopeje dhe ai vdes duke e tradhtuar kopenë e tij, All-llahu xh.sh. ia ndalon atij hyrjen në Xhenet."*

(Muttefekun alejhi)

Në një rivajet: *"Nëse nuk e këshillon përgjegjësin e vet, ai nuk do ta shijojë erën e Xhenetit."*

Në një rivajet të Muslimit thuhet: *"Çdo prijës, që është përgjegjës për çështjet e muslimanëve dhe nuk mundohet për ta dhe nuk i këshillon ata, nuk do të hyjë me ta në Xhenet."*

Hadithi 660

Aishja r.a. thotë: "E kam dëgjuar Pejgamberin s.a.v.s. në shtëpinë time duke thënë: *"O Zoti im, ai i cili udhëheq umetin tim, nëse i mundon ata, atëherë Ti mundoje atë, ndërsa kush udhëheq me umetin tim diçka dhe sillet mirë me ta, atëherë Ti ndihmoje atë."*

(Transmeton Muslimi)

Hadithi 661

Ebu Hurejra r.a. tregon se Pejgamberi s.a.v.s. ka thënë: *"Beni Israilët udhëhiqeshin nga Pejgamberët, posa vdiste një Pejgamber, menjëherë vinte në vend të tij tjetri. Pas meje nuk ka Pejgamber tjetër. Por, do të ketë hulefa (pasardhës) të shumtë."* Shokët i thanë: "O i Dërguar i All-llahut çka na urdhëron? Pejgamberi s.a.v.s. u përgjigj: *"Përmbusheni urdhrin e të parit, pastaj të tjerëve jepjuni hakun e tyre dhe pastaj luteni All-llahun për halifen tuaj. Vërtet All-llahu do t'i pyesë për të gjitha ato gjëra për të cilat kanë qenë mbikëqyrës."*

(Muttefekun alejhi)

Hadithi 662

Nga Aidh ibni Amr tregohet se ka shkuar te Ubejdullah ibni Zijadi, dhe i ka thënë: "O biri im, unë e kam dëgjuar Pejgamberin s.a.v.s. duke thënë: *"Vërtet bariu më i keq është 'hutameja' (që sillet vrazhdë e pa mëshirë me kopenë e vet), prandaj ruhu të mos bëhesh i tillë!"*

(Muttefekun alejhi)

PËR VALIUN (SUNDUESIN) E DREJTË

All-llahu i Madhëruar thotë:

"All-llahu urdhëron drejtësi dhe mirësi, ndihmë dhe respekt ndaj të afërmve."

(en-Nahl:90)

All-llahu xh.sh. gjithashtu thotë:

"Dhe punoni me drejtësi, All-llahu njëmend i do të drejtët."

(el-Huxhurat:9)

Hadithi 665

Nga Abdull-llah ibni Amr ibni El-Asi r.anhuma tregohet se Pejgamberi s.a.v.s. ka thënë: *"Njerëzit e drejtë tek All-llahu do të jenë në minbera prej nurit (dritës): ata persona që kanë gjykuar në mënyrë të drejtë, ata që ishin të drejtë në familjet e tyre, si dhe ata që janë të drejtë me ata që i kanë nën mbikëqyrje."*

(Transmeton Muslimi)

Hadithi 666

Nga Avf ibni Maliku r.a. thuhet: "E kam dëgjuar Pejgamberin s.a.v.s. duke thënë: *"Udhëheqësit tuaj më të mirë janë ata që ju duan dhe i doni dhe ata për të cilët ju luteni dhe ata luten për ju. Ndërsa udhëheqësit tuaj më të këqijnj janë ata të cilët ju i urreni dhe ata ju urrejnë si dhe ata të cilët ju i mallkoni dhe ata ju mall-kojnë!"* Avfi r.a. tha: "Atëherë ne i thamë: "O Pejgamber i All-lla-hut, a do t'u kundërvihemi ne?" Tha: *"Jo, derisa të falin së bashku me ju namazin. Jo, derisa të falin së bashku me ju namazin."*

(Transmeton Muslimi)

Hadithi 667

Ijad ibni Himari r.a. thotë: "E kam dëgjuar Pejgamberin s.a. v.s. duke thënë: *"Banorë të Xhenetit janë tre persona: udhëheqësi i drejtë që u përmbahet këshillave, njeriu i mëshirshëm, zemra e të cilit është e butë për çdo të afërm dhe për çdo musliman, si dhe njeriu i pastër e i ndershëm, i cili ka shumë fëmijë."*

(Transmeton Muslimi)

URDHËROHET DËGJUESHMËRIA E UDHËHEQËSVE NË TË MIRA, NDËRSA NDALOHET DËGJUESHMËRIA E TYRE NË TË KËQIJA

All-llahu i Madhëruar thotë:

"O besimtarë, përuljuni All-llahut dhe përuljuni Pejga-m-berit, por edhe përfaqësuesve tuaj."

(en-Nisa:59)

Hadithi 670

Ibnu Umeri r.anhuma thotë: "E kam dëgjuar Pejgamberin s.a.-v.s. duke thënë: *"Kush e heq dorën e vet nga dëgjueshmëria, do ta takojë All-llahun Ditën e Gjykimit, por nuk do të ketë argument mbrojtës. Kush vdes dhe në qafën e vet nuk ka besë të dhënë, vdes me vdekje injoranti."*

(Transmeton Muslimi)

Në një rivajet tjetër të Muslimit ky hadith thuhet kështu: *"Kush vdes i ndarë nga xhemati, vdes me vdekje injoranti."*

Hadithi 677

Ibni Abbasi r.anhuma tregon se i Dërguari i All-llahut s.a.v.s. ka thënë: *"Kush urren diçka nga prijësit e vet, le të durojë, sepse ai i cili largohet nga sulltani (udhëheqësi) i vet vetëm për një pëllëm-bë, do të vdes me vdekje injoranti."*

(Muttefekun alejhi)

Hadithi 678

Ebu Bekerete tregon se e ka dëgjuar Pejgamberin s.a.v.s. duke thënë: *"Kush e nënçmon udhëheqjen e vet, All-llahu do ta nënçmo-jë atë."*

(Transmeton Tirmidhiu dhe thotë se është hadith hasen)

Rreth kësaj teme ekzistojnë shumë hadithe, të cilat janë përmendur në kapitujt e tjerë.

NDALIMI I KËRKIMIT TË VENDEVE UDHËHEQËSE, PREFEROHET LARGIMI NGA VENDET UDHËHE-QËSE, NËSE KËTË NUK E KËRKON NEVOJA

All-llahu i Madhëruar thotë:

"Atë, botën tjetër, do t'ua japim atyre që nuk lakmoj-në madhështinë në këtë botë, as duan çrregullime, se ardh-mëria është e atyre që i frikësohen All-llahut."

(el-Kasas:83)

Hadithi 679

Nga Ebu Seid Abdurrahman bin Semura r.a. thuhet se Pejgam-beri s.a.v.s. ka thënë: *"O Abdurrahman, i biri i Semurinit, mos kër-ko vende udhëheqëse. Nëse vjen deri te vendi udhëheqës pa e kër-kuar atë, atëherë do të jesh i ndihmuar, ndërsa nëse në vend udhë-heqës vjen duke e kërkuar pozitën vetë, atëherë ti vetë je garant për të. Nëse betohesh në diçka, por e sheh se tjetra është më e mi-rë se ajo për të cilën je betuar, atëherë bë atë që është më e mi-*

180

rë, e për betimin tënd të dhënë më parë jep keffaret (i paraparë
për betim)."

TËRHEQJA E VËREJTJES SUNDUESVE, QË TË KENË KUJDES NË ZGJEDHJEN E BASHKËPUNËTORËVE TË MIRË DHE T'U RUHEN ATYRE QË NUK JANË TË VYESHËM

All-llahu i Madhëruar thotë:

"Atë ditë miqtë do të bëhen armiq të njëri-tjetrit, përveç të devotshmëve."

(ez-Zuhruf:67)

Hadithi 683

Nga Ebu Seidi dhe Ebu Hurejra, r.anhuma, transmetohet se Pejgamberi s.a.v.s. ka thënë: *"All-llahu nuk e ka dërguar asnjë Pejgamber si dhe nuk e ka vendosur asnjë halife e që nuk ia ka dhënë dy shoqëri: Njëra shoqëri e udhëzon në punë të mira dhe e nxit në të mbara, ndërsa tjetra e udhëzon në punë të këqija dhe e nxit në të mbrapshta. I mbrojtur dhe i ruajtur do të jetë vetëm ai të cilin e mbron dhe e ruan All-llahu."*

(Transmeton Buhariu)

NDALOHET VENDOSJA NË VENDET UDHËHEQËSE, GJYKATAT DHE TË NGJASHME ME TO, E PERSONAVE QË I KËRKOJNË OSE I LAKMOJNË KËTO POZITA

Hadithi 685

Nga Ebu Musa El-Esh'ariu r.a. thuhet: "Hyra te Pejgamberi s.a. v.s. unë dhe dy kushërinjtë e mi. Njëri prej tyre i tha: "O i Dërguari i All-llahut, më emëro udhëheqës në atë që All-llahu ta ka dhënë të sundosh mbi të." Tjetri tha të njëjtën gjë si i pari. Pejgamberi s.a.v.s. pastaj u tha: *"Betohem në All-llahun se ne nuk vendosim në pozitat udhëheqëse (vali) asnjë person që e kërkon atë, ose atë që e lakmon pozitën."*

(Muttefekun alejhi)

PËR TURPËRIMIN, VLERËN E TIJ DHE NXITJA PËR PASURIMIN ME TË

Hadithi 687

Nga Imran bin Husejni r.anhuma tregohet se Pejgamberi s.a.v.s. ka thënë: *"Turpi sjell vetëm mirësi."*

(Muttefekun alejhi)

Dhe në një rivajet tjetër të Muslimit thuhet: *"Turpi në tërësi është mirësi (hajr)"*, ose ka thënë: *"Turpi është krejt mirësi (hajr)."*

Hadithi 688

Nga Ebu Hurejra r.a. tregohet se Pejgamberi s.a.v.s. ka thënë: *"Besimi (imani) është shtatëdhjetë e ca ose gjashtëdhjetë e ca pjesë. Pjesa më e vlefshme e imanit është fjala "La ilahe il-lall-llah" (nuk ka zot tjetër përveç All-llahut), ndërsa më e vogla është mënjanimi i ndonjë sendi nga rruga, që i pengon kalimtarët. Edhe turpi është një pjesë e imanit."*

(Muttefekun alejhi)

Hadithi 689

Nga Ebu Seid El-Hudriu r.a. thuhet: "Pejgamberi s.a.v.s. ishte i turpërueshëm, më i turpërueshëm sesa virgjëresha në rrobat e saj. Kur shihte diçka që nuk i pëlqente, ne e hetonim këtë në fytyrën e tij."

(Muttefekun alejhi)

Thelbi i turpit, sipas mendimit të dijetarëve eminentë, është karakteri që e nxit njeriun që t'i braktisë të këqijat dhe që e ndalon që të mos ia japë të drejtën që i takon secilit person. Ndërsa Ebul Kasim El-Xhunejdi r.a. duke e përshkruar turpin thotë: "Turpi është shikimi i shenjave të All-llahut, d.m.th. shenjat e begative të Tij dhe shikimi i mungesave të veta. Produkt i këtyre të dyjave është turpi."

PËR RUAJTJEN E SEKRETIT

All-llahu i Madhëruar thotë:

"Dhe përmbushni obligimet, sepse obligimet me siguri kanë përgjegjësi."

(el-Isra:34)

Hadithi 690

Nga Ebu Seid El-Hudriu r.a. tregohet se Pejgamberi s.a.v.s. ka thënë: *"Vërtet njeriu më i keq tek All-llahu në Ditën e Gjykimit është ai që i zbulon fshehtësitë e gruas së vet, e pastaj ajo të tijat, dhe pastaj përhapen fshehtësitë."*

(Transmeton Muslimi)

Hadithi 692

Nga Aishja r.a. thuhet: "Një ditë ishim ne, gratë e Pejgamberit s.a.v.s., tek ai, kur u duk Fatimeja r.a., që ecte plotësisht ashtu si ecte Pejgamberi s.a.v.s. Kur e pa Pejgamberi s.a.v.s. i dëshiroi mirëseardhje dhe tha: *"Mirë se erdhe bija ime!"* e pastaj ia bëri një vend dhe e uli pranë vetes në anën e djathtë apo të majtë, e pastaj i tregoi diçka fshehtas dhe ajo qau shumë. Kur Muhammedi s.a.v.s. e pa dëshpërimin e saj të madh, për të dytën here, përsëri fshehtas, i tha diçka e pastaj ajo u gëzua dhe qeshi. Unë pastaj i thashë: "Ty të zgjodhi Pejgamberi s.a.v.s. në mesin tonë dhe të tregoi ndonjë fshehtësi!", dhe e pyeta: "Ç'të tha Pejgamberi s.a.v.s.?" Ajo m'u përgjigj: "Nuk mund t'i zbuloj fshehtësitë e të Dërguarit të

All-llahut." Dhe pasi që Pejgamberi s.a.v.s. kishte ndërruar jetë, i thashë Fatimesë: "Të betohem në hakun tim që ke ti, që të më thuash tani se ç'të ka thënë i Dërguari i All-llahut atëherë kur nuk dëshirove të më tregosh, pra më thuaj tani." H. Fatimeja më tha: "Po. Tani mund të të tregoj. Sa i përket herës së parë, kur më tregoi fshehtazi, më tha: *"Për çdo vit Xhibrili një herë ose dy herë së bashku me të e lexon Kur'anin dhe në këtë moment dy herë më ka propozuar, unë mendoj se vdekja ime më është afruar, por ti ki frikë All-llahun dhe ki durim. Vërtet unë për ty jam paraardhës i mrekullueshëm."* Për këtë unë kam qarë, ashtu si më ke vërejtur. Por, kur Pejgamberi s.a.v.s. e pa dëshpërimin tim të madh, atëherë për të dytën herë më pëshpëriti (më foli në vesh) dhe më tha: *"O Fatime, a nuk je e kënaqur të jesh prijëse (zonjë) e të gjitha grave besimtare, apo prijëse e grave të këtij umeti?"* Atëherë kam qeshur dhe jam gëzuar ashtu si më ke vërejtur vetë."

(Muttefekun alejhi)

PËR REALIZIMIN E OBLIGIMIT DHE PËRMBUSHJEN E PREMTIMIT

All-llahu i Madhëruar thotë:

"Dhe realizoni obligimet, sepse obligimet kanë me siguri përgjegjësi."

(el-Isra:34)

All-llahu xh.sh. thotë:

"Dhe zbatoni obligimet e All-llahut për të cilat jeni ngarkuar."

(en-Nahl:91)

All-llahu xh.sh. thotë:

"O besimtarë, zbatoni marrëveshjet!"

(el-Maide:1)

All-llahu xh.sh. gjithashtu thotë:

"O besimtarë, përse flisni atë që nuk e bëni. Tek All-llahu është shumë e urrejtur ta thoni atë që nuk e punoni."

(es-Saff:2-3)

Hadithi 694

Nga Ebu Hurejra r.a. transmetohet se Pejgamberi s.a.v.s. ka thënë: *"Shenjat e hipokritit janë tri: kur flet gënjen, kur premton nuk e përmbush premtimin dhe kur zotohet, e shkel zotimin."*

(Muttefekun alejhi)

Në rivajetet e Muslimit shtohet: *"Edhe nëse agjëron, falet dhe mendon se është musliman."*

Hadithi 695

Nga Abdull-llah bin Amr ibn El-Asi r.anhuma transmetohet se Pejgamberi s.a.v.s. ka thënë: *"Personi tek i cili gjenden këto katër (cilësi) është hipokrit i vërtetë, kurse ai, tek i cili gjendet një prej tyre, ai zotëron cilësi të hipokrizisë, derisa nuk e flak atë:*

- kur flet, gënjen;

- kur premton, nuk e përmbush premtimin;

- kur është në zënkë, sillet padrejtësisht dhe

- kur zotohet, e shkel zotimin (tradhton)."

(Muttefekun alejhi)

Hadithi 696

Nga Xhabiri r.a.: *"Pejgamberi s.a.v.s. më ka thënë: "Sikur të kishte ardhur pasuria nga Bahrejni, unë do ta kisha dhënë këtë, kë-të dhe këtë."* Mirëpo pasuria nga Bahrejni nuk erdhi, derisa Pejga-mberi s.a.v.s. ndërroi jetë. Kur erdhi pasuria e Bahrejnit, Ebu Bekri urdhëroi që të kumtohet lajmi: "Kujt i ka premtuar Pejgamberi s.a.v.s. diçka, ose kujt i ka mbetur borxh, le të vijë te ne." Unë shkova tek Ebu Bekri dhe i thashë: "Mua ma ka thënë i Dërguari i

All-llahut këtë dhe këtë." Ebu Bekri i mori dy grushta plot nga ai thesar (pasuri), kur i numërova, ato ishin pesëqind. Ai më tha: "Merr dy herë aq!"

(Muttefekun alejhi)

PËR VAZHDUESHMËRINË E TRADITAVE TË MIRA

All-llahu i Madhëruar thotë:

"Vërtet All-llahu nuk do ta ndryshoj gjendjen e një po-pulli, derisa ai të mos e ndryshojë vetveten."

(er-Ra'd:11)

All-llahu xh.sh. thotë:

"Dhe mos u bëni si ajo, e cila e prishi tjerrin e saj pasi ta ketë dredhur fort."

(en-Nahl:92)

All-llahu xh.sh. prapë thotë:

"Dhe të mos jeni sikur ata të cilëve qysh më herët u është dhënë Libri. Atyre u është zgjatur koha, andaj zemrat e tyre janë bërë të ashpra."

(el-Hadid:16)

All-llahu xh.sh. po ashtu thotë:

"Mirëpo, ata nuk kujdesen për këtë si duhet."

(el-Hadid:27)

Hadithi 697

Abdull-llah ibn Amr ibn Asi r.anhuma thotë: "Pejgamberi s.a. v.s. më ka thënë: *"O Abdull-llah, mos u bë si filani, i cili natën e shndërroi në namaz e pastaj e la edhe namazin e natës."*

(Muttefekun alejhi)

PREFEROHET QË GJATË TAKIMIT ME NJERËZ TË JESH I HARESHËM DHE I DASHUR SI ME FJALË ASHTU EDHE ME QËNDRIMIN PERSONAL

All-llahu xh.sh. thotë:

"Bëhu i butë ndaj besimtarëve."

(el-Hixhr:88)

All-llahu i Madhëruar gjithashtu thotë:

"Por, sikur të jesh i ashpër dhe hijerëndë do të iknin prej rrethit tënd."

(Ali Imran:159)

Hadithi 700

Ebu Dherri r.a. thotë: "Pejgamberi s.a.v.s. ka thënë: *"Asnjë punë të mirë mos e nënçmo, pra edhe atë që ta takosh mikun tënd me fytyrë të qeshur."*

(Transmeton Muslimi)

TË FOLURIT E QARTË DHE T'I SHPJEGOHET BASHKËBISEDUESIT

Hadithi 701

Enesi r.a. tregon se Pejgamberi s.a.v.s. kur e thonte një fjali, e përsëriste nga tri herë derisa të kuptohej prej tij. Ndërsa kur vinte në mesin e njerëzve, përshëndeste me selam deri në tri herë.

(Transmeton Buhariu)

Hadithi 702

Aishja r.a. thotë: "Pejgamberi s.a.v.s. në fjalimin e vet ishte i qartë dhe çdokush që e dëgjonte e kuptonte."

(Transmeton Ebu Davudi)

DËGJIMI I BISEDËS SË BASHKËBISEDUESIT QË ËSHTË E NDALUAR SI DHE HESHTJA DHE PREZENTIMI I KUVENDIT TË DIJETARIT ËSHTË PREJ OBLIGIMEVE FETARE

Hadithi 703

Xherir ibni Abdil-lahi r.a. thotë: "Pejgamberi s.a.v.s. në haxh-xhetul veda më ka thënë: *"Kërko prej njerëzve që të kenë vëmen-dje."* Pastaj tha: *"Mos u ktheni pas meje në pabesimtarë (kuffarë), që njëri-tjetrit t'i mëshoni në qafë."*

(Muttefekun alejhi)

PËR PREDIKIMIN DHE MATURINË NË TË

All-llahu i Madhëruar thotë:

"Thirr në rrugën e Zotit tënd me urtësi dhe këshillime të mira."

(en-Nahl:125)

Hadithi 706

Muavije ibn El-Hakem Es-Sulemi r.a. thotë: "Derisa unë isha duke u falur me Pejgamberin s.a.v.s. njëri prej të pranishmëve te-shtiu dhe unë thashë: "Jerhamuk-All-llah" "All-llahu të mëshirof-të!" Njerëzit e pranishëm më shpuan me shikimet e tyre! Unë thashë me vete: "Medet për mua, nëna ime! Ç'keni, pse më shiko-ni?" Ata filluan t'i rrahin gjunjtë. Pasi i pashë se heshtën, unë nuk bëra më zë. Pasi Pejgamberi s.a.v.s. u fal, dhe ai për mua ishte më i dashur se prindët e mi, betohem në prindët e mi se nuk kam parë këshillues më të mirë para dhe pas tij. Betohem në All-llahun se ai nuk më ka përqeshur, nuk më ka fyer e as nuk më ka qortuar. Ai tha: *"Në këtë namaz, nuk lejohet e folura prej fjalëve të njerëzve. Në këtë namaz ushtrohet vetëm tesbihu, tekbiri si dhe leximi i Kur'anit, apo ashtu si ka thënë Pejgamberi"* Unë pastaj thashë: "O i Dërguari i All-llahut, unë jam shumë afër me kohën e injorancës, ndërsa tani All-llahu xh.sh. na dhuroi Islamin. Tek ne ka njerëz të cilët shkojnë te fallxhorët!" Pejgamberi tha: *"Po ti mos shko!"* Unë pastaj i thashë: "Tek ne ka njerëz të cilët qesin fall me shpezë!" Ai më tha: *"Këto janë gjëra, të cilat ata i gjejnë në kraharorët e tyre, por ti mos e ndiq rrugën e tyre!"*

(Transmeton Muslimi)

Hadithi 707

Irbad ibni Sarije r.a. thotë: "Pejgamberi s.a.v.s. na mbajti një këshillë prej së cilës u drodhën zemrat dhe lotuan sytë."

Ky hadith në tërësi është përmendur në kapitullin për ruajtjen e sunetit (me numër rendor 161).

(Transmeton Tirmidhiu dhe thotë se është hadith hasen sahih)

DINJITETI DHE URTËSIA (MENÇURIA)

All-llahu i Madhëruar thotë:

"Kurse robër të të Mëshirshmit janë ata, të cilët nëpër tokë ecin qetë, ndërsa kur u drejtohen injorantët, thonë: "Paqe e qetësi!"

(el-Furkan:63)

Hadithi 708

Aishja r.a. thotë: "Unë asnjëherë nuk e kam parë të Dërguarin e All-llahut të kapluar në të qeshur që t'i duket nofulla. Ai vetëm ka buzëqeshur."

(Muttefekun alejhi)

ARDHJA NË NAMAZ, NË MËSIM DHE NGJASHËM ME TO PREJ IBADETEVE ME DINJITET DHE QETËSI, PA NGUTI ËSHTË VIRTYT FETAR

All-llahu i Madhëruar thotë:

"Dhe kush madhëron traditat e All-llahut, ajo është she-një e zemrës fisnike."

(el-Haxhxh:32)

NDERIMI I MUSAFIRIT ËSHTË VIRTYT FETAR

All-llahu i Madhëruar thotë:

"A të ka arritur rrëfimi për musafirët e nderuar të Ibra-himit. Kur hynë dhe thanë: 'Paqe!' Dhe ai tha: 'Paqe, o njerëz të panjohur!' Dhe ai shkoi pa u hetuar, ke familja e vet dhe solli një viç të majmë të pjekur. Ua ofroi dhe u tha: 'A nuk e hani?'"

(edh-Dharrijat:24-27)

All-llahu i Madhëruar thotë:

"Dhe populli i tij u vërsul tek ai - të cilët edhe më parë bënin vepra të turpshme. O populli im, tha ai, ja vajzat e mia, këto janë më të pastra për ju! Frikësoju-ni All-llahut dhe mos më turpëroni me musafirët e mi! Vallë a nuk paska prej jush asnjë njeri i mençur?"

(Hud:78)

Hadithi 711

Ebu Hurejra r.a. thotë se Pejgamberi s.a.v.s. ka thënë: *"Kush beson në All-llahun dhe Ditën e fundit, le ta nderojë musafirin, dhe kush beson në All-llahun dhe Ditën e fundit, le t'i ndihmojë të afërmit, dhe kush beson në All-llahun dhe Ditën e fundit, le të flasë mirë ose le të heshtë."*

(Muttefekun alejhi)

All-llahu i Madhëruar thotë:

"Përgëzoji robërit e Mi, që dëgjojnë fjalët dhe pasojnë atë më të bukurën prej tyre."

(ez-Zumer:17-18)

All-llahu xh.sh. prapë thotë:

"Zoti i tyre i përgëzon se do të jetë i mëshirshëm dhe mirëbërës dhe se do t'i dërgojë në Xhenet ku do të kenë kënaqësi të vazhdueshme."

(et-Tewbe: 21)

All-llahu xh.sh. thotë:

"Dhe ne e gëzuam me një djalosh të mirë."

(es-Saffat:101)

All-llahu xh.sh. thotë:

"Edhe Ibrahimit i patën ardhur të deleguarit tanë me laj-me të mira."

(Hud:69)

All-llahu xh.sh. gjithashtu thotë:

"Kurse gruaja e tij rrinte në këmbë dhe ne e përgëzu-am me Is-hakun e pas Is-hakut dhe Jakupin."

(Hud:71)

All-llahu xh.sh. prapë thotë:

"Dhe derisa ai lutej në tempull, në këmbë, engjëjt e thi-rrën: All-llahu ty të përgëzoi me Jahjanë."

(Ali Imran: 39)

All-llahu xh.sh. thotë:

"Dhe kur engjëjt i thanë: Oj Merjeme, All-llahu të përgë-zon me fjalën e vet se emrin do ta ketë Mesih."

(Ali Imran:45)

Ka edhe shumë ajete të tjera të njohura në këtë temë, ndërsa sa u përket haditheve:

Hadithi 713

Ebu Ibrahimi, i cili quhet edhe Ebu Muhammed dhe Ebu Muavije Abdull-llah ibni Ebi Evfa r.a. thotë se Pejgamberi s.a.v.s., e ka për-gëzuar Hatixhen r.a. me një shtëpi prej margaritarëve në Xhenet, në të cilën nuk ka zhurmë, as monotoni e as lodhje.

(Muttefekun alejhi)

Hadithi 714

Nga Ebu Musa El-Eshariu r.a., i cili mori abdest në shtëpinë e vet, pastaj doli nga shtëpia dhe tha: "Gjithsesi do ta shoqëroj Pej-gamberin s.a.v.s. dhe do ta kaloj me të këtë ditë." Shkoi në xhami dhe pyeti për Pejgamberin s.a.v.s. Të pranishmit i thanë: "Shkoi atje!" Esh'ariu tha: "Unë dola prej xhamisë dhe shkova pas tij, duke pyetur për të, derisa arrita tek pusi i Erisit. Aty qëndrova tek dera, derisa Pejgamberi s.a.v.s. i mbaroi punët e veta dhe mori abdest. Pastaj u ngrita afër tij, ndërsa ai ishte ulur në pusin e Erisit. Qëndronte në mesin e lartësisë së pusit, i kishte përvjelur këmbët dhe i kishte lëshuar në pus. Unë e përshëndeta me selam, pastaj u ktheva, u ula tek dera dhe thashë: "Vërtet sot do të jem portieri i Pejgamberit s.a.v.s." Pastaj arriti Ebu Bekri r.a. e shtyu derën dhe unë i thashë: "Kush është?" Tha: "Unë jam Ebu Bekri." Unë pastaj ia ktheva: "Prit pak!" Pastaj shkova tek Pejgamberi s.a.v.s. dhe i thashë: "Ebu Bekri kërkon leje të hyjë!" Pejgamberi s.a.v.s. tha: *"Lëre të hyjë dhe përgëzoje se do të shkojë në Xhenet!"* Unë pastaj u ktheva tek Ebu Bekri dhe i thashë: "Urdhëro, hyr. Pejgamberi s.a.v.s. të përgëzon me Xhenet. Ebu Bekri hyri dhe u ul në anën e djathtë të Pejgamberit s.a.v.s. në pjesën e sipërme të arkës së pusit dhe të dy këmbët i shtiu në pus, ashtu siç kishte vepruar i Dërguari i All-llahut, dhe i përvoli teshat. Unë prapë u ktheva, u ula, dhe e lashë në shtëpi vëllanë tim të marrë abdest dhe të vijë pas meje.

Atëherë kam thënë: "Nëse All-llahu xh.sh. i jep ndonjë të mirë (duke menduar për vëllanë tim, i cili kishte mbetur në shtëpi duke marrë abdest), do t'i vijë."

Kur, dikush trokiti në derë, dhe unë pyeta: "Kush është?" Ai u përgjigj: "Umeri, i biri i Hattabit!" Unë i thashë: "Prit pak!" Pastaj shkova tek Pejgamberi s.a.v.s., e përshëndeta me selam, pastaj i thashë: "Umeri kërkon të hyjë!" Pejgamberi s.a.v.s. tha: *"Lëre dhe përgëzoje me Xhenet."* Unë u ktheva te Umeri r.a. dhe i thashë: "Urdhëro, hyr! Pejgamberi s.a.v.s. të përgëzon me Xhenet." Ai hyri dhe u ul në anën e majtë të Pejgamberit s.a.v.s., në pjesën e epërme të pusit dhe i shtiu këmbët në të.

Pastaj unë u ktheva, u ula dhe thashë: "Nëse All-llahu ia dëshiron të mirën (mendon në vëllanë e vet), do t'i vijë."

Atëherë dikush trokiti në derë. Unë prapë pyeta: "Kush është?" Ai u përgjigj: "Uthmani, i biri i Affanit." Unë iu përgjigja: "Prit pak!" Pastaj shkova tek Pejgamberi s.a.v.s. dhe e lajmërova për ardhjen e Uthmanit. Pejgamberi s.a.v.s. tha: *"Lejoje të hyjë dhe përgëzoje me Xhenet si dhe belanë e cila do t'i ndodhë."* Unë u ktheva tek Uthmani dhe i thashë: "Urdhëro, Pejgamberi s.a.v.s. të përgëzon me Xhenet dhe belanë e cila do të ndodhë." Uthmani r.a. e gjeti pjesën e epërme të pusit të mbuluar dhe u ul në anën tjetër të posit."

Seid ibnu Musej-jeb thotë: "Uljen e këtyre e kam shpjeguar me varrezat e tyre."

(Muttefekun alejhi)

Ebu Musa El-Esh'ariu në një rivajet shton: "Kur Uthmani mori vesh për lajmin e gëzuar për Xhenet, e falënderoi All-llahun xh.sh. e pastaj tha: "All-llahul Musteanu" (All-llahu është Ai prej të cilit kërkoj ndihmë)."

Hadithi 716

Ibnu Shumaseta thotë: "Shkuam ta vizitojmë Amr ibnul Asin r.a. të shtrirë në shtratin e vdekjes, i cili qau shumë. Pastaj e ktheu fytyrën nga muri. I biri i tij filloi t'i flasë: "O babai im! A nuk të ka përgëzuar Pejgamberi s.a.v.s. me këtë dhe këtë?" Ai u kthye me fytyrë nga ne dhe tha: "Më e vlefshmja dhe ajo të cilën e llogarisim më shumë është fjala e dëshmisë (shehadeti) se nuk ka Zot tjetër përveç All-llahut dhe se Muhammedi s.a.v.s. është i Dërguari i Tij. Unë vërtet kalova nëpër tri periudha: E konsideroja veten se isha armiku më i madh i Pejgamberit s.a.v.s., më dukej se askush nuk e urrente më shumë se unë, dhe në atë kohë nuk kishte për mua kënaqësi më të madhe vetëm se ta mbytja Pejgamberin. Sikur të vdisja në atë gjendje, do të isha me siguri gjithmonë në Xhehenem. Mirëpo, kur All-llahu e vendosi Islamin në zemrën time, shkova tek Pejgamberi s.a.v.s. dhe i thashë: "Shtrije dorën e djathtë që të betohem (zotohem)." Ai e shtriu dorën e tij të djathtë, ndërsa unë e tërhoqa dorën time. Pejgamberi s.a.v.s. tha: *"Ç'ke o Amr?"* Unë pastaj i thashë: "Dua të të kushtëzoj!" Pejgamberi u përgjigj: *"Kushtëzo ç'të duash!"* Unë pastaj i thashë: "Dua që të më falen gabimet!" Pejgamberi tha: *"A nuk e di se Islami shlyen çdo gjë që ka qenë më parë? A nuk e di ti se hixhreti rrënon çdo gjë që ka qenë më parë? A nuk e di se haxhi shlyen çdo gjë që ka qenë më parë?"* Për mua atëherë nuk kishte njeri më të dashur si dhe më të madh në sytë e mi se Pejgamberi s.a.v.s. Unë nuk mundesha t'i ngopja sytë me të për shkak të respektit që kisha ndaj tij. Sikur të më pyesë sot dikush që ta përshkruaj, nuk do të mundesha ta bëj, për arsye se unë nuk i kam ngopur sytë e mi me të. Sikur të kisha vdekur në atë gjendje me siguri do të shpresoja që të jem prej xhenetlinjve.

Pastaj ishte periudha e tretë. Isha i ngarkuar në vende udhë-heqëse me përgjegjësi (veli) dhe nuk e dija gjendjen time si jam gjendur gjatë kësaj kohe. Për këtë kur të vdes, të mos më përcjellë vajtimi e zjarri, ndërsa kur të më varrosni, hidheni mbi mua dheun nga pak, pastaj qëndroni rreth varrit tim aq sa të mund të prehet kurbani dhe të copëtohet mishi i tij, që te heq mërzinë me ju deri sa të shoh se me çfarë t'iu drejtohem të dërguarve të Krijuesit tim."

(Transmeton Muslimi)

PËRSHËNDETJA ME MIKUN DHE POROSIA PARA NDARJES PËR SHKAK TË UDHËTIMIT OSE PËR DIÇKA TJETËR, LUTJA PËR TË SI DHE KËRKIMI I LUTJES PREJ TIJ

All-llahu i Madhëruar thotë:

"Dhe Ibrahimi ua porositi këtë bijve të vet, si edhe Jakubi: 'O bijtë e mi, All-llahu ua ka zgjedhur fenë, assesi mos vdisni ndryshe, vetëm si muslimanë!' A ishit ju dëshmitarë (të pranishëm) kur i erdhi Jakubit momenti i vdekjes dhe u tha djemve të vet: 'Çka do të adhuroni pas meje?' Do të adhurojmë, i thanë ata, Zotin tënd dhe Zotin e të parëve të tu, Ibrahimit dhe Ismailit e Is-hakut, vetëm një Zot, dhe ne atij i jemi dorëzuar."

(el-Bekare:132-133)

Hadithi 717

Ebu Sulejman Malik ibni El-Huvejrith r.a. thotë: "Shkuam tek i Dërguari i All-llahut dhe të gjithë ne ishim të ri dhe të një moshe. Te ai qëndruam njëzet netë, ndërsa Pejgamberi s.a.v.s. ishte i më-shirshëm dhe i dashur. Ai mendoi se na ka marrë malli për familjet tona, andaj na pyeti se kë kemi prej familjes e ne i treguam, pastaj ai tha: *"Kthehuni tek familjet tuaja dhe rrini me ta, mësojini dhe urdhëroni në të mira dhe faleni këtë namaz në këtë kohë dhe namazin tjetër në kohën tjetër. E kur të vijë koha e namazit, njëri prej jush le ta thërrasë ezanin, e më i moshuari nga ju le të dalë imam."*

(Muttefekun alejhi)

Buhariu shton në një rivajet: *"Faluni ashtu sikurse më keni parë duke u falur!"*

Hadithi 718

Umer ibnu Hattabi r.a. thotë: "Kërkova leje prej Pejgamberit s.a.v.s. për kryerjen e Umres (vizita e Qabes jashtë kohës së haxh-xhit), më lejoi dhe më tha: *"Mos na harro, o vëlla, nga lutjet e*

195

tua!" Ai e tha një fjalë e cila më gëzoi më tepër sesa të bëhej e tërë bota imja."

Në një rivajet tjetër Pejgamberi s.a.v.s. ka thënë: *"Shoqërona, vëlla, në lutjet e tua!"*

(Këtë hadith e transmetojnë Ebu Davudi dhe Tirmidhiu dhe thotë se është hadith hasen sahih)

Hadithi 721

Enesi r.a. thotë: "Erdhi një njeri tek Pejgamberi s.a.v.s. dhe tha: "Unë kam vendosur të udhëtoj, më përgatit me diçka." Pejgamberi s.a.v.s. tha: *"All-llahu të përgatittë me devotshmëri (takualluk)!"* Njeriu prapë tha: "Shto diçka tjetër!" Pejgamberi s.a.v.s. i tha: *"Dhe t'i faltë mëkatet!"* "Shto prapë!" I Dërguari i All-llahut tha: *"Dhe ta lehtësoftë ty të mirën (hajrin), kudo që të jesh!"*

(Transmeton Tirmidhiu dhe thotë: hadith hasen)

PËR UDHËZIMIN DHE KËSHILLIMIN

All-llahu xh.sh. thotë:

"Dhe konsultohu me ta në punë!"

(Ali Imran:159)

All-llahu xh.sh. thotë:

"Dhe ata konsultohen mes veti për punët e veta."

(esh-Shûrâ:35)

Hadithi 722

Xhabiri r.a. thotë: "Pejgamberi s.a.v.s. na mësonte istiharen (të kërkuarit e asaj që është më së miri)) në të gjitha gjërat, ashtu siç na i mësonte suret e Kur'anit. Ai thotë: *"Kur dikush prej jush dëshiron të bëjë diçka, le të falë dy rekate, jasht farzit, pastaj le të thotë: "O Zoti im, Ty të drejtohem që të më orientosh me dijen Tënde për atë që është më mirë për mua. Ty të drejtohem që të më japësh fuqi për kryerjen e punëve të mira, me fuqinë Tënde, kërkoj dhuntinë Tënde të pakufishme, Ti je i Gjithëfuqishëm, ndërsa unë nuk kam fuqi, Ti je Ai që posedon dituri, ndërsa unë nuk di dhe Ti je Ai që i di të fshehtat. O Zoti im, nëse sipas dijenisë Tënde, kjo punë është e mirë (hajr) për mua, për fenë time, jetën time si dhe për përfundimin tim - ose të thotë: Për këtë jetën time kalimtare dhe për jetën e ardhshme të amshueshme - atëherë Ti më ndihmo në këtë punën time, lehtësoma mua dhe bëre atë të begatshme. Po, nëse në dijeninë Tënde e di, se kjo punë për mua është e dëmshme (sherr), në fenë time, në jetën time dhe në përfundimin tim - ose të thotë: Në këtë jetë timen si dhe jetën e ardhshme të përhershme - atëherë largoje atë prej meje dhe më largo mua nga ajo. Më cakto mua të mirën (hajrin) kudo qoftë, pastaj më bëj të kënaqur me të."*

Transmetuesi thotë se lutësi e shpreh dëshirën e vet.

(Transmeton Buhariu)

SHKUARJA NË NAMAZIN E BAJRAMIT, NË VIZITË TË TË SËMURIT, HAXHIUT, GAZIUT-LUFTËTARIT, NË XHENAZE SI DHE TË NGJASHME ME TO, NË NJË RRUGË, NDËRSA KTHIMI NGA KËTO TË BËHET NË DREJTIME TË TJERA, PËR SHKAK TË SHTIMIT TË VENDEVE NË TË CILAT BËHET IBADET

Hadithi 723

Xhabiri r.a. thotë: "Në ditën e Bajramit, Pejgamberi s.a.v.s. e ndërronte drejtimin e kthimit të vet."

(Transmeton Buhariu)

Ky hadith do të thotë se i Dërguari i All-llahut shkonte në një rrugë, ndërsa kthehej në shtëpi nga një rrugë tjetër.

Hadithi 724

Nga Ibnu Umeri r.anhuma tregohet se Pejgamberi s.a.v.s. në Medine shkonte rrugës "Tarikush-shexhere", ndërsa kthehej rrugës Muarrese "Tarikul-muarres." Kur hynte në Meke, hynte grykës së sipërme, ndërsa dilte grykës së poshtme.

(Muttefekun alejhi)

NË CILAT PUNË KANË PËRPARËSI PJESËT E DJATHTA E NË CILAT PJESËT E MAJTA TË TRUPIT

Është e njohur se është mustehab t'u jepet përparësi organeve të djathta në të gjitha punët e ndershme si: abdesti, gusli, tejemmumi, veshja e rrobave, mbathja e këpucëve, rrobave të brendshme, hyrja në xhami, përdorimi i misvakut (furçës së dhëmbëve), prerja e thonjve, shkurtimi i mustaqeve, mënjanimi i qimeve nga vendet e mbuluara të trupit, qethja e flokëve, dhënia e selamit në namaz, në ushqim e pije, përshëndetje, kapjen e Haxheri Esvedit, daljen nga banjo, për çdo marrje dhe dhënie etj.

Është mustehab t'u jepet përparësi organeve të majta në punët e kundërta me ato që i përmendëm si: pështyerja në të majtë, hyrja në banjo, dalja nga xhamia, zbathja e këpucëve, rrobave të brendshme, rrobave, gjatë istinxhait (pastrimit të organeve të nevojës së madhe dhe të vogël), si dhe të gjitha punëve të papastra.

All-llahu i Madhëruar thotë:

"Ai të cilit do t'i jepet libri në dorën e djathtë të tij, do të thotë: 'Ja, lexomani librin tim!"

(el-Hâkka:19)

All-llahu xh.sh. thotë:

"Dhe ata të djathtët, e çka di ti se kush janë të djathtët? Po të majtët, kush janë të majtët"

(el-Vakia:8-9)

Hadithi 725

Aishja r.anha thotë: "Pejgamberit s.a.v.s. i pëlqente përdorimi i pjesëve të djathta të trupit në të gjitha çështjet e tij: në gjërat e pastra, ecje si dhe në mbathje."

(Muttefekun alejhi)

Hadithi 726

Aishja r.anha thotë: "Pejgamberi s.a.v.s. e përdorte dorën e djathtë për punët e pastra dhe ushqim, ndërsa dorën e majtë e përdorte për punët e papastra dhe izjet."

(Muttefekun alejhi)

Hadithi 728

Ebu Hurejra r.a. tregon se Pejgamberi s.a.v.s. ka thënë: *"Kur të mbatheni, filloni me të djathtën tuaj, ndërsa kur të zbatheni, filloni me të majtën, le të jetë e djathta e para që mbathet dhe e mbrama që zbathet."*

(Muttefekun alejhi)

Hadithi 729

Nga Hafsa r.anha tregohet se Pejgamberi s.a.v.s. përdorte dorën e djathtë për ushqim, pije dhe veshje, ndërsa dorën e majtë për gjërat e tjera.

(Transmetojnë Ebu Davudi dhe të tjerët)

Hadithi 730

Nga Ebu Hurejra r.a. tregohet se Pejgamberi s.a.v.s. ka thënë: *"Kur të visheni dhe kur të merrni abdest, filloni me të djathtat tuaja."*

(Transmetojnë Ebu Davudi dhe Tirmidhiu, hadith sahih)

FILLIMI ME EMRIN E ALL-LLAHUT DHE MBARIMI ME FALËNDERIMIN E TIJ

Hadithi 733

Nga Aishja r.anha tregohet se Pejgamberi s.a.v.s. ka thënë: *"Kur dikush prej jush fillon të hajë, le ta përmendë emrin e All-llahut të Madhëruar, por nëse harron ta përmendë në fillim të ngrënies, atëherë le të thotë: "Me emër të All-llahut në fillim dhe në mbarim të ushqimit (Bismil-lahi evvelehu ve ahirehu)."*

(Transmetojnë Ebu Davudi dhe Tirmidhiu, i cili thotë se ky është hadith hasen)

Hadithi 734

Xhabiri r.a. thotë: "E kam dëgjuar të Dërguarin e All-llahut duke thënë: *"Kur një njeri hyn në shtëpinë e vet dhe e përmend emrin e All-llahut xh.sh. para se të hyjë, si dhe para se të hajë, atëherë shejtani do t'u thotë shokëve të vet: "Këtu nuk keni as të ndejtur e as ushqim." Ndërsa kur një njeri hyn në shtëpinë e vet, por nuk e përmend emrin e All-llahut xh.sh. para se të hyjë, atëherë shejtani thotë: "Keni gjetur vend për të ndejtur." Ndërsa kur njeriu nuk e përmend emrin e All-llahut xh.sh. para se të hajë, atëherë shejtani u thotë shokëve të vet: "Keni gjetur të ndejtur dhe ushqim."*

(Transmeton Muslimi)

Hadithi 735

Hudhejfeja r.a. thotë: "Ne, kur hanim ushqim së bashku me të Dërguarin e All-llahut, nuk e zgjatnim dorën në ushqim, para se t'ia fillonte Pejgamberi s.a.v.s. Njëherë ishim duke ngrënë së bashku me Pejgamberin s.a.v.s. dhe erdhi një shërbëtore (xharije), sikur e shtyrë nga dikush, erdhi dhe deshi ta vërë dorën e saj në ushqim, por Pejgamberi s.a.v.s. e kapi për dore. Pastaj erdhi një beduin (malësor), sikur i shtyrë nga dikush, edhe këtë Pejgamberi s.a.v.s. e kapi për dore e pastaj tha: *"Vërtet, shejtanit i lejohet të hajë në ushqim nëse në të nuk është përmendur emri i All-llahut. Shejtani ka ardhur me këtë shërbëtore që të hajë së bashku me të, dhe për këtë unë e kapa për dore, e pengova të hajë. Pastaj shejtani erdhi me këtë beduin, që nëpërmes tij të hajë, prandaj edhe këtë e kapa për dore, e pengova. Pasha Atë, në dorën e të cilit është shpirti im, vërtet është dora e tij (shejtanit) në dorën time, me duart e tyre (të shërbëtores dhe beduinit) nuk kam vepruar me dëshirën time, por me urdhrin e Tij i kam penguar që të hanë me ne, pa e përmendur emrin e All-llahut."* Pastaj i Dërguari i All-llahut e përmendi emrin e All-llahut të Madhëruar."

(Transmeton Muslimi)

Hadithi 736

Umejje bin Mahshia Es-Sahabiu r.a. thotë: "Pejgamberi s.a.v.s. ishte ulur dhe një njeri pranë tij filloi të hante pa e përmendur emrin e All-llahut. Pasi gati e kishte kryer ngrënien, kur e afroi kafshatën e fundit te goja tha: "Bismil-lahi evvelehu ve ahirehu." (Me emër të All-llahut në fillim dhe në përfundim të ushqimit). Pejgamberi s.a.v.s. qeshi, pastaj tha: *"Shejtani hante vazhdimisht me të, por kur e përmendi emrin e All-llahut, e volli gjithë atë që e kishte në barkun e vet."*

(Transmetojnë Ebu Davudi dhe Nesaiu)

Hadithi 737

Nga Aishja r.anha thuhet: "Pejgamberi s.a.v.s. ishte duke ngrënë ushqim me gjashtë shokët e vet. Erdhi një nomad dhe e hëngri ushqimin me dy kafshata. Pejgamberi s.a.v.s. u tha shokëve të vet: *"Sa i përket atij, sikur ta kishte përmendur emrin e All-llahut, do t'u kishte mjaftuar edhe juve."*

(Transmeton Tirmidhiu dhe thotë: hadith hasen sahih)

Hadithi 738

Nga Ebu Umame r.a. bëhet e ditur se Pejgamberi s.a.v.s. kur e çonte sofrën e vet, thonte: *"Falënderimi i qoftë All-llahut në ushqimin e mjaftueshëm (bollëk) të mirë e të pastër dhe të begatshëm, nga i cili Krijuesi ynë nuk na ka bërë të panevojshëm dhe të mjaftueshëm."*

(Transmeton Buhariu)

NËNÇMIMI I USHQIMIT ËSHTË I PALEJUESHËM, ANDAJ PREFEROHET LAVDIMI I TIJ

Hadithi 740

Nga Ebu Hurejra r.a. thuhet: "Pejgamberi s.a.v.s. asnjëherë nuk ka përmendur të meta në asnjë ushqim, nëse i ka ardhur i shijshëm e ka ngrënë, e nëse nuk e ka pëlqyer e ka lënë."

(Muttefekun alejhi)

Hadithi 741

Nga Xhabiri r.a. tregohet se Pejgamberi s.a.v.s. kërkoi nga familja e vet t'i sjellin për ushqim erëza, por ata i thanë: "Nuk kemi asgjë tjetër përveç uthullës." Pejgamberi s.a.v.s. atëherë kërkoi uthull, pastaj filloi të hajë duke thënë: *"Sa të mira janë erëzat dhe uthulla, sa të mira janë erëzat dhe uthulla!"*

(Transmeton Muslimi)

I FTUARI NË ZIAFET ËSHTË I DETZRUAR TA LAJMËROJ TË PAFTUARIN TË CILIN E KA MARRË ME VETE DHE TË KËRKOJ LEJE

Hadithi 743

Ebu Mes'ud El-Bedriu r.a. thotë: "Një njeri e ftoi Pejgamberin s.a.v.s. në një ziafet, të cilin e kishte përgatitur për të dhe për katër të tjerë, kështu që Pejgamberi s.a.v.s. ishte prej atyre të pestëve i pesti, por i ishte bashkangjitur edhe një njeri gjatë rrugës për në ziafet. Kur arritën tek dera e të zotit të ziafetit, Pejgamberi s.a.v.s. i tha: *"Ky na është bashkangjitur gjatë rrugës, pra nëse e lejon edhe këtë lejoje, e nëse jo, atëherë ky le të kthehet!"* Atëherë i zoti i shtëpisë tha: "Gjithsesi unë e lejoj, o i Dërguari i All-llahut që të jetë së bashku me ne në ziafet."

(Muttefekun alejhi)

OBLIGIMI I NGRËNIES PARA VETES SI DHE I SJELLJES SË MIRË GJATË USHQIMIT

Hadithi 744

Umer ibnu Ebi Selemi r.anhuma thotë: "Isha fëmijë dhe nën mbikëqyrjen e Pejgamberit s.a.v.s. në shtëpinë e tij. Njëherë, para se t'ia fillonim ushqimit, zgjata dorën në një enë të ushqimit, por Pejgamberi s.a.v.s. më tha: *"Djalosh, thuaj 'Bismil-lah', përmende emrin e All-llahut, ha me dorën e djathtë dhe ha para vetes."*

(Muttefekun alejhi)

Hadithi 745

Seleme ibni Ekva r.a. tregon se një njeri ka ngrënë tek Pejgamberi s.a.v.s. me dorën e majtë, e i Dërguari i All-llahut i tha: *"Ha me dorën e djathtë!"* Ai tha: "Nuk mundem!" Pejgamberi s.a.v.s. tha: *"Si nuk mundesh, nuk të pengon asgjë përveç mendjemadhësisë!"* Pas kësaj, njeriu nuk e afroi dorën e majtë tek goja."

(Transmeton Muslimi)

NDALIMI I NGRËNIES SË DY HURMAVE NË TË NJËJTËN KOHË KUR HAHET NË SHOQËRI

Hadithi 746

Xhebelete bin Suhajmi thotë: "Një vit të urisë kam ngrënë hurma me Ibnu Zubejrin. Pranë nesh kaloi Abdull-llah ibni Umeri r.a. e ne ishim duke ngrënë hurma, ndërsa ai na tha: "Mos i hani nga dy hurma menjëherë, sepse Pejgamberi s.a.v.s. ka ndaluar që të hahen nga dy hurma përnjëherë." Pastaj tha: "Përveç nëse njeriu ia lejon vëllait të vet ngrënien e dy hurmave menjëherë."

(Muttefekun alejhi)

URDHËROHET NGRËNIA PREJ SKAJIT TË ENËS, NDËRSA NDALOHET FILLIMI I NGRËNIES PREJ MESIT TË SAJ

Hadithi 749

Abdull-llah ibn Busr r.a. thotë: "Pejgamberi s.a.v.s. kishte një enë që quhej "El-garrau", të cilën e çonin katër persona (sini apo sofër). Pasi as-habët e falnin namazin e paradrekës (Salatu-d-Duha) e binin sofrën e madhe me përshesh me valë dhe uleshin të pranishmit rreth saj. Kur ishte numri i madh, atëherë Pejgamberi s.a.v.s. ulej në gjunj që të uleshin sa më shumë. Një beduin, i cili e kishte vërejtur, pyeti: "Çfarë ulje është kjo?" Pejgamberi s.a.v.s. u përgjigj: *"Vërtet All-llahu mua më ka bërë rob të ndershëm e nuk më ka bërë tiran kokëfortë."* Pastaj tha: *"Hani prej skajit të enës dhe lëre mesin e saj që të keni bereqet në ushqim!"*

(Transmeton Ebu Davudi)

PËR MOSPREFERIMIN E NGRËNIES DUKE QENË I MBËSHTETUR

Hadithi 751

Enesi r.a. thotë: "E kam parë Pejgamberin s.a.v.s. të ulur në pjesën e mbrapme të trupit duke ngrënë hurma."

(Transmeton Muslimi)

MUSTEHABET DHE EDUKATA E TË NGRËNIES

Preferohet ngrënia me tre gishta dhe lëpirja e gishtërinjve me yndyrë, ndërsa është mekruh (nuk preferohet) fërkimi i tyre para ngjyerjes, është mustehab (e pëqyeshme) që të fshihet ena, gjithashtu mustehab është marrja dhe ngrënia e kafshatës që bie nga sofra, si dhe lejohet fshirja e tyre me ushqim tjetër.

Hadithi 754

Xhabiri r.a. tregon se Pejgamberi s.a.v.s. ka urdhëruar lëpirjen e gishtërinjve si dhe lëpirjen e enës dhe ka thënë: *"Ju nuk e dini se në cilin ushqim gjendet bereqeti."*

(Transmeton Muslimi)

Hadithi 755

Xhabiri r.a. tregon se Pejgamberi s.a.v.s. ka thënë: *"Nëse dikujt prej Jush i bie kafshata c bukës, le ta marrë dhe le ta pastrojë nëse në të ka ndonjë send, pastaj le ta hajë, e mos t'ia lërë atë shejtanit. Kur ta kryejë ushqimin, mos t'i fshijë gishtërinjtë me shami derisa t'i lëpijë, sepse nuk e di se në cilin ushqim është bereqeti."*

(Transmeton Muslimi)

Hadithi 757

Enesi r.a. thotë: "Pejgamberi s.a.v.s. hante ushqim, i lëpinte gishtërinjtë e vet tri herë dhe thonte: *"Nëse ju bie ndonjë kafshatë, duhet ta marrni atë dhe duhet ta pastroni nëse në të ka diçka, dhe duhet ta hani e të mos ia lini shejtanit."* Ai na urdhëroi që ta fshijmë tepsinë dhe tha: *"Ju nuk e dini se në cilin ushqim tuajin është bereqeti."*

(Transmeton Muslimi)

Hadithi 758

Nga Seid ibni El-Harithi tregohet se e ka pyetur Xhabirin r.a. rreth prishjes së abdestit me prekjen e ushqimit që e ka kapë zjarri, me ç'rast ai u përgjigj: "Jo! Vërtet ne në kohën e Pejgamberit s.a.v.s. nuk gjenim ushqim të tillë, vetëm në raste të rralla, por edhe sikur të gjenim, ne në atë kohë nuk kishim shami, përveç skajeve të rrobave të duarve dhe këmbëve tona. Pastaj faleshim dhe nuk merrnim abdest."

(Transmeton Buhariu)

EDUKATA DHE SJELLJA GJATË PIJES

Mustehab është që para pijes të mënjanohet çdo send që ka rënë, e sidomos ajo e cila është e dëmshme ose infektuese, edhe nëse kjo kërkon fryrje në enë, a nga ana e jashtme e enës. Mustehab është që të mbahet dora e djathtë para pijes.

Hadithi 761

Nga Enesi r.a. tregohet se Pejgamberi s.a.v.s. merrte frymë kur pinte ujë nga tri herë.

(Muttefekun alejhi)

Merrte frymë jashtë enës së ujit. Transmetuesi nuk e ka përmendur shkakun.

Hadithi 762

Nga Ibni Abbasi r.anhuma tregohet se Pejgamberi s.a.v.s. ka thënë: *"Mos pini përnjëherësh ashtu siç pijnë kafshët, por pini me dy ose me tre (gllënka) së bashku. Përmendni emrin e All-llahut kur të filloni dhe falënderoni All-llahun kur ta përfundoni pirjen."*

(Transmeton Tirmidhiu, hadith hasen)

Hadithi 763

Nga Ebu Katade tregohet se Pejgamberi s.a.v.s. e ka ndaluar frymëmarrjen në enë.

(Muttefekun alejhi)

Hadithi 765

Nga Sehl ibni Sa'di r.a. tregohet se Pejgamberit s.a.v.s. i kishin sjellur diçka për të pirë, piu prej saj, por në anën e djathtë kishte një djalosh, ndërsa në anën e majtë ishin disa njerëz të moshuar, e i Dërguari i All-llahut i tha djaloshit: *"A më lejon mua që së pari t'u jap këyre?"* Djaloshi u përgjigj: "Jo, për All-llahun, unë askujt nuk i jap përparësi në atë që më takon prej teje." Pejgamberi s.a.v.s. me dorën e vet i dha të pijë."

Ky djalosh ishte ibni Abbasi

(Muttefekun alejhi)

PËR MEKRUHET (QORTIMET) PARA PIJES

Mekruh është pirja nga ena e mbyllur, sikurse kanë qenë ibrikët, nga gryka e tyre, por ky mekruh është mekruh tenzihi e jo tahrimi.

Hadithi 766

Nga Ebu Seid El-Hudriu r.a. tregohet: "I Dërguari i All-llahut ndaloi kthimin e grykës së enëve për pije." (Fjala është për enë prej lëkure, kur gryka e saj kthehet ashtu që pjesa e brendshme të dalë jasht).

(Muttefekun alejhi)

FRYERJA NË ENËN ME UJË ËSHTË E NDALUAR

Hadithi 769

Nga Ebu Seid El-Hudriu r.a. tregohet se Pejgamberi s.a.v.s. e ka ndaluar fryerjen në ujë. Një njeri ka thënë: "Qimen të cilën e shoh në enë?" Pejgamberi s.a.v.s. tha: *"Derdhe atë!"* Njeriu tha: "Unë nuk ngopem me një frymëmarrje." Pejgamberi s.a.v.s. tha: *"Largoje atëherë enën nga goja jote dhe merr frymë!"*

(Transmeton Tirmidhiu, hadith hasen)

PIRJA ULUR ËSHTË MË E MIRË, POR LEJOHET EDHE PIRJA NË KËMBË

Hadithi 771

Ibni Abbasi r.a. thotë: "I dhash ujë Pejgamberit s.a.v.s. prej Zemzemit dhe ai piu duke qëndruar në këmbë."

(Muttefekun alejhi)

Hadithi 775

Enesi r.a. tregon se Pejgamberi s.a.v.s. ka ndaluar që njeriu të pijë ujë në këmbë. Katade thotë: "E pyetëm Enesin: 'E ngrënia e ushqimit?'" Enesi u përgjigj: "Ajo është edhe më e keqe dhe më e shëmtuar!"

(Transmeton Muslimi)

Në një rivajet të Muslimit thuhet se Pejgamberi s.a.v.s. e ka qortuar dhe e ka ndaluar pirjen në këmbë.

Hadithi 776

Ebu Hurejra r.a. thotë se i Dërguari i All-llahut ka thënë: *"As-njëri prej jush të mos pijë në këmbë, e nëse harron, le ta kthejë."*

(Transmeton Muslimi)

PREFEROHET QË UJËDHËNËSI TË PIJË I FUNDIT

Hadithi 777

Ebu Katade r.a. thotë se Pejgamberi s.a.v.s. ka thënë: *"Ai që i shërben njerëzit në pije, pi i fundit."*

(Transmeton Tirmidhiu dhe thotë hadith hasen sahih)

ENËT PËR PIJE

Lejohet pirja nga të gjitha enët e pastra, përveç enëve të arta dhe të argjendta. Lejohet pirja e ujit nga burimi pa e përdorur enën ose dorën e vet. Ndalohet përdorimi i enës së artë dhe të argjendtë në pije dhe ushqim si dhe në të gjitha përdorimet e tjera.

Hadithi 779

Abdull-llah ibni Zejdi r.a. thotë: "Na erdhi Pejgamberi s.a.v.s. e i nxorrëm ujë në një enë bakri dhe ai mori abdest."

(Transmeton Muslimi)

Hadithi 780

Xhabiri r.a. thotë se Pejgamberi s.a.v.s. ka shkuar te një njeri prej ensarëve dhe me të ishte një shok i tij. Pejgamberi s.a.v.s. i tha të zotit të shtëpisë, ensarit: *"Nëse ke ujë prej mbrëmë në kirbe (kirbe është enë prej lëkure për ujë që i ngjan janxhikut), e nëse jo, ne do të pimë ujë nga burimi (uji që ka qëndruar në kirbe është më i ftohtë)."* (Transmeton Buhariu)

Mustehab është veshja e rrobave të bardha, por lejohet veshja e ngjyrës së kuqe, të gjelbër, të verdhë, të zezë. Lejohet që rrobat të jenë prej pambukut, lirit, fijeve të leshit si dhe të materieve të tjera, përveç mëndafshit.

All-llahu i Madhëruar thotë:

"O djemtë e Ademit! Ju kemi dhënë rroba që t'i mbuloni vendet tuaja të turpshme dhe veshje për zbukurim, mirë-po rrobat e devotshmërisë janë më të mirat. Ato janë disa argumente të All-llahut që ndoshta të mblidhni mend."

(el-A'raf:26)

All-llahu i Madhëruar prapë thotë:

"Ju jap edhe veshje që ju mbron nga të nxehtit, ju jap parzmore që t'ju mbrojnë në luftë."

(en-Nahl:81)

Hadithi 783

Ibni Abbasi r.anhuma tregon se Pejgamberi s.a.v.s. ka thënë: *"Veshuni me rroba të bardha, sepse ato janë veshja më e pastër dhe më e mirë juaja. Në rroba të bardha mbështillni të vdekurit tuaj."*

(Transmetojnë Ebu Davudi dhe Tirmidhiu dhe thotë hadith hasen sahih)

Hadithi 786

Ebu Xhuhajfe, Vehb ibni Abdil-lahu r.a. thotë: "E kam parë Pejgamberin s.a.v.s. në Meke, në Ebtah (vend afër Mekes), në ten-dën e tij të kuqe prej lëkure. Doli Bilali me ujin për abdest. Disave u kullonte uji i abdestit, e disa e fshinin. Atëherë doli Pejgamberi s.a.v.s. që kishte veshur një pallto të kuqe. Sikur tani i shoh

211

kërcijtë e tij të bardhë. Mori abdest, ndërsa Bilali thirri ezanin. Unë e përcillja se çfarë thonte me gojën e vet, duke u kthyer herë në të djathtë e herë në të majtë: "Ejani në namaz, ejani në shpëtim!" Pastaj para vetes vuri një shkop të shkurtër, doli përpara dhe u fal. Para tij kalonin qentë dhe gomarët pa pengesë."

(Muttefekun alejhi)

Hadithi 787

Ebu Remthe Rifaatut-Tejmijje thotë: "Unë e kam parë të Dër-guarin e All-llahut të veshur me dy rroba të gjelbra."

(Transmetojnë Ebu Davudi dhe Tirmidhiu)

Hadithi 788

Xhabiri r.a. tregon se : "Pejgamberi s.a.v.s. ditën e çlirimit të Mekkes ka hyrë në të me çallmë të zezë."

(Muttefekun alejhi)

Hadithi 789

Ebu Seid Amr ibni Hurejthi r.a. thotë: "Sikur tani jam duke e parë të Dërguarin e All-llahut me çallmë të zezë, anët e së cilës preknin në krahët e tij."

(Transmeton Muslimi)

Në një rivajet tjetër të tij thuhet se Pejgamberi s.a.v.s., kur u foli të pranishmëve, e kishte çallmën e zezë.

Hadithi 791

Aishja r.anha thotë: "Pejgamberi s.a.v.s. doli një ditë në mën-gjes i veshur me një pallto lara-lara prej gëzofi të zi leshi."

(Transmeton Muslimi)

Hadithi 792

Mugire ibni Shu'be r.a. thotë: "Një natë udhëtova me të Dër-guarin e All-llahut, e ai më tha: "A ke ujë?" Unë iu përgjigja: "Po!" Ai atëherë zbriti prej kafshës kalëruese të vet dhe shkoi larg derisa më nuk dukej nga terri i natës, pastaj u kthye. Unë atëherë ia për-gatita një enë me ujë dhe ai e lau fytyrën e vet, por, pasi kishte ve-shur një xhybe prej leshi, nuk mundej t'i nxirrte duart, derisa i për-voli mëngët nga ana e poshtme e xhybes. Pastaj i lau bërrylat dhe i dha mes-h kokës. Unë desha t'i ndihmoj që t'i heq të dy mestet, e ai tha: "Lëre, i kam mbathur në këmbë të pastra", atëherë vetëm i ka dhënë mes-h mesteve."

(Muttefekun alejhi)

Në një rivajet tjetër thuhet se Pejgamberi s.a.v.s. kishte të veshur xhyben e Shamit me mëngë të ngushta. Ndërsa në një rivajet tjetër se kjo ka ndodhur në betejën e Tebukut.

PËR GJATËSINË E KËMISHËS, MËNGËVE, IZARIT, ANËVE TË ÇALLMËS DHE NDALIMIN E ZGJATJES PËR SHKAK TË MENDJEMADHËSISË

Hadithi 794

Esma binti Jezid El-Ensari r.anha thotë: "Mëngët e këmishës së Pejgamberit s.a.v.s. ishin të gjata deri te nyjet."

(Transmetojnë Ebu Davudi dhe Tirmidhiu dhe thotë hadith hasen)

Hadithi 797

Ebu Hurejra r.a. thotë: "Ç'është nën nyellin e këmbës prej veshjeve, e ka vendin në zjarr."

(Transmeton Buhariu)

Hadithi 798

Ebu Dherri r.a. tregon se Pejgamberi s.a.v.s. ka thënë: *"Treve All-llahu xh.sh. nuk do t'u flasë Ditën e Gjykimit, as që do t'i shikojë, e as nuk do t'i falë, por do t'i dënojë shumë ashpër."* Këtë i Dërguari i All-llahut e ka përsëritur tri herë, e Ebu Dherri ka thënë: "Kanë dështuar dhe kanë pësuar ata, e kush janë ata, o i Dërguari i All-llahut?" Pejgamberi s.a.v.s. u përgjigj: *"Ai që shet mend me rroba, ai që bën intriga dhe shpif dhe ai që e shet pasurinë e vet duke u betuar rrejshëm."*

(Transmeton Muslimi)

Hadithi 800

Ebu Xhurejji, Xhabir ibni Sulejmi r.a. thotë: "Kam parë një njeri, nga i cili njerëzit nuk e largonin shikimin e tyre dhe çdo gjë që ai thonte, ata e pranonin me zemër." Pyeta: Kush është ky? Ata më thanë: "I Dërguari i All-llahut!" Unë atëherë i thashë dy herë: "Alejkes-selamu, ja Resulull-llah!" (Në ty qoftë paqja, o i Dërguari i All-llahut!), e ai më tha: *"Mos thuaj: 'Alejkes-selamu', sepse 'alejkes-selamu' është përshëndetje e të vdekurve, por thuaj: 'Es-selamu alejke."* Transmetuesi pastaj vazhdon e thotë: "Unë atëherë i thashë: "A je ti i Dërguari i All-llahut?" Ai më tha: *"Unë jam i Dërguari i All-llahut, i Atij që, nëse të ndodh ndonjë fatkeqësi dhe ti e thërret në ndihmë, Ai do ta largojë ty atë fatkeqësi, e nëse të ndodh e keqja e vitit dhe ti e thërret në ndihmë, Ai do ta bëjë vitin të begatshëm, nëse ti gjendesh në ndonjë mal apo shkretëtirë dhe c humb kafshën tënde, nëse e thërret Atë në ndihmë, Ai do ta kthejë."* Transmetuesi tregon: "Unë pastaj i thashë: "Më obligo me diçka!" Ai më tha: *"Mos e fyej askënd!"*, dhe vërtet pas kësaj nuk kam fyer askë, qoftë i lirë apo rob, qoftë deve apo dele. *"Mos e nënçmo asnjë të mirë, të flasësh fytyrëqeshur me vëllanë tënd, sepse edhe ajo është prej gjërave të mira. Ngreje izarin tënd deri në kërçik, e nëse këtë nuk e do, atëherë deri në zogth të këmbës. Ruhu nga veshja tejet e gjatë, sepse ajo është shenjë e mendjema-*

dhësisë, ndërsa All-llahu nuk i do mendjemëdhenjtë. Nëse dikush të fyen dhe të turpëron me atë që e di te ti, ti mos e turpëro me atë që e di tek ai. Vërtet turpi do të bjerë mbi të."

(Transmetojnë Ebu Davudi dhe Tirmidhiu me isnad të vërtetë, ndërsa Tirmidhiu thotë hadith hasen sahih)

NUK ËSHTË MIRË TË STOLISEN RROBAT

Hadithi 806

Muadh ibni Enesi r.a. tregon se Pejgamberi s.a.v.s. ka thënë: *"Kush e lë stolisjen me rroba për shkak të modestisë ndaj All-llahut, edhe pse ka mundësi për të, All-llahu do ta thërrasë Ditën e Gjykimit para të gjithë krijesave dhe do t'i ofrojë të zgjedhë çfarëdo rrobash të imanit për t'i veshur."*

(Transmeton Tirmidhiu, hadith hasen)

MUSTEHAB ËSHTË VESHJA ME MATURI

Mustehab është që në veshje të ndiqet mesatarja, të mos kalohet në ekstrem, i cili vjen në kundërshtim me zakonet dhe traditat, ose nuk përputhet me mësimet e sheriatit.

Hadithi 807

Nga Amr ibni Shuajbi, nga babai i tij dhe nga gjyshi i tij, transmetohet se Pejgamberi s.a.v.s. ka thënë: *"Vërtet All-llahu dëshiron të shohë gjurmën e begative të Tij në robin e Vet."*

(Transmeton Tirmidhiu dhe thotë hadith hasen)

PËR NDALIMIN E VESHJES SË MESHKUJVE ME RROBA TË MËNDAFSHTA DHE ULJEN NË VENDIN E SHTRUAR ME MËNDAFSH, SI DHE LEJIMIN E RROBAVE TË MËNDAFSHTA PËR FEMRA

Hadithi 809

Umer bin Hattabi r.a. thotë: "E kam dëgjuar Pejgamberin s.a. v.s. duke thënë: *"Vërtet, mëndafshin e vesh ai që nuk ka fat."*

(Muttefekun alejhi)

Në një rivajet të Buhariut thuhet: *"Ai që nuk ka fat në ahiret."*

Hadithi 810

Enesi r.a. thotë: "Pejgamberi s.a.v.s. ka thënë: *"Kush e ka veshur mëndafshin në këtë botë, nuk do ta veshë atë në botën e ardhshme (ahiret)."*

(Muttefekun alejhi)

Hadithi 812

Ebu Musa El-Eshariu r.a. thotë se: "Pejgamberi s.a.v.s. ka thënë: *"Veshja e mëndafshit dhe e arit është e ndaluar për meshkujt e umetit tim, ndërsa u lejohet femrave."*

(Transmeton Tirmidhiu dhe thotë hadith hasen sahih)

LEJOHET VESHJA E MËNDAFSHIT PËR TË ZGJEBOSURIT

Hadithi 814

Enesi r.a. thotë: "I Dërguari i All-llahut ua lejoi veshjen e rrobave të mëndafshta Zubejrit dhe Abdurrahman ibni Avfit, për shkak të zgjebes."

(Muttefekun alejhi)

NDALOHET SHTRUARJA E LËKURËS SË TIGRAVE, HIPJA DHE ULJA MBI TË

Hadithi 815

Muaviu r.a. thotë se Pejgamberi s.a.v.s. ka thënë: *"Mos hipni në shalë mëndafshi e as në atë prej lëkure tigri."*

(Transmetojnë Ebu Davudi dhe të tjerët me isnad të mire, hadith hasen)

Hadithi 816

Ebul Melihu nga babai i tij thotë se Pejgamberi s.a.v.s. e ka ndaluar përdorimin e lëkurës së luanit.

(Transmeton Ebu Davudi, Tirmidhiu dhe të tjerët me isnad të mirë)

Në rivajetin e Tirmidhiut thuhet: "E ka ndaluar shtruarjen e lëkurës së luanit."

Hadithi 819

Berra ibni Azibi r.a. thotë: "Pejgamberi s.a.v.s. më ka thënë: *"Kur të shkosh në shtrat, merr abdest sikurse për namaz, e pastaj shtrihu në anën e djathtë dhe thuaj: 'O Zoti im, Ty të dorëzohem me shpirtin tim, te Ti drejtohem me fytyrën time, Ty të autorizoj për çështjen time, Ty të dorëzohem për dëshirat dhe peripecitë e mia. Nuk ka strehim dhe shpëtim përveç te Ti. Unë i besoj Librit Tënd të shpallur si dhe Pejgamberit Tënd të dërguar.' Le të jenë këto fjalët e tua të fundit."*

(Muttefekun alejhi)

Hadithi 820

Aishja r.anha thotë: "I Dërguari i All-llahut falte gjatë natës njëmbëdhjetë rekate dhe kur agonte i falte dy rekate të shkurtra, pastaj shtrihej në anën e tij të djathtë derisa vinte muezini dhe thirrte ezanin."

(Muttefekun alejhi)

Hadithi 823

Ebu Hurejra r.a. tregon se Pejgamberi s.a.v.s. ka thënë: *"Kush ulet në një vend për ulje dhe në të nuk e përmend All-llahun, ai do të jetë i larguar nga All-llahu. Gjithashtu, edhe kush është i shtrirë në një shtrat në të cilin nuk e përmend All-llahun, do të jetë i larguar dhe i ndërprerë prej All-llahut."*

(Transmeton Ebu Davudi me isnad të mirë)

SHTRIRJA NË SHPINË, VËNIA E KËMBËS MBI KËMBË ETJ.

Hadithi 825

Xhabir ibni Semure r.anhuma thotë: "I Dërguari i All-llahut, kur e falte namazin e sabahut, ulej këmbëkryq derisa lindte mirë dielli."

(Hadith sahih, transmeton Ebu Davudi dhe të tjerët me sened të vërtetë)

Hadithi 826

Ibni Umeri r.anhuma thotë: "E kam parë Pejgamberin s.a.v.s. në oborrin e Qabes të mbështjellë këmbë dhe duar kështu (u ul, i mblodhi këmbët në gishtërinj, duke i kapur me duar), kjo ishte të ndenjurit këmbëkryq."

(Transmeton Buhariu)

Hadithi 828

Shedid ibni Suvejd r.a. thotë: "Kaloi i Dërguari i All-llahut para meje dhe unë isha ulur kështu: e kisha vënë dorën time të majtë pas shpine dhe isha mbështetur në shpinën e dorës sime, e Pejgamberi s.a.v.s. më tha: *"E preferon uljen e atyre me të cilët All-llahu është hidhëruar?"*

(Transmeton Ebu Davudi me isnad të vërtetë)

MIRËSJELLJA NË TUBIM DHE EDUKATA E TË ULURIT

Hadithi 831

Xhabir ibni Semure r.anhuma thotë: "Kur shkonim tek i Dërguari i All-llahut, çdonjëri prej nesh ulej në fund, ku kishte vend."

(Transmetojnë Ebu Davudi dhe Tirmidhiu dhe thonë hadith hasen)

Hadithi 832

Ebu Abdull-llah Selman El-Farisiu r.a. thotë se Pejgamberi s.a.v.s. ka thënë: *"Çdo njeri që lahet ditën e xhumasë dhe pastrohet sa më mirë që të jetë e mundur, pastaj përdor yndyrë dhe vë parfum dhe niset në namazin e xhumasë dhe nuk i ndan dy vetë që janë ulur, pastaj fal namazin e obliguar dhe hesht gjatë kohës kur imami e lexon hytben, All-llahu i Madhëruar me siguri do t'ia falë mëkatet e javës së kaluar."*

(Transmeton Buhariu)

Hadithi 833

Amr ibni Shuajbi, nga babai i tij dhe ai nga gjyshi i tij, r.a. tregon se Pejgamberi s.a.v.s. ka thënë: *"Nuk lejohet që një njeri të ulet në mesin e dy personave, pa marrë lejen e tyre."*

(Transmetojnë Ebu Davudi dhe Tirmidhiu dhe thotë hadith hasen)

Hadithi 834

Hudhejfe ibnul Jemani r.a. thotë se Pejgamberi s.a.v.s. e ka mallkuar atë që ulet në mesin e rrethit.

(Transmeton Ebu Davudi me isnad të mirë)

Tirmidhiu transmeton nga Ebi Mixhlezi se një njeri ishte ulur në mesin e rrethit dhe Hudhejfeja i kishte thënë: "Është i mallkuar nga gjuha e Muhammedit s.a.v.s. ai që ulet në mesin e rrethit të njerëzve." Tirmidhiu thotë se është hadith sahih.

Hadithi 838

Ibnu Umeri r.a. thotë: "Të pakta ishin ato tubime prej të cilave i Dërguari i All-llahut çohej pa e thënë për të tubuarit këtë lutje: *"O Zoti im, na jep frikën Tënde, e cila do të na largojë nga gabimet, dhe na jep përulshmërinë tënde, e cila do të na çojë në Xhenetin Tënd, na jep besimin e fortë, që do të na i lehtësojë fatkeqësitë e kësaj bote. O Zoti im, forcona të dëgjuarit tonë, të parët tonë dhe fuqinë tonë, sa të jemi të gjallë. Na dhuro trashëgi-*

mtarë. Na bëj superiorë mbi ata që na shtypin, na jep ndihmën Tënde kundër armikut tonë, mos lësho fatkeqësi në fenë tonë, mos na e bë kujdesin tonë më të madh për jetën e kësaj bote e mos na kufizo dijeninë tonë dhe as mos na nënshtro tek ai që nuk na mëshiron."

(Transmeton Tirmidhiu dhe thotë hadith hasen)

Hadithi 840

Ebu Hurejra r.a. tregon se Pejgamberi s.a.v.s. ka thënë: "*Ata njerëz që rrinë në një tubim dhe në të nuk e përmendin All-llahun e Madhëruar si dhe nuk thonë salavate për Pejgamberin s.a.v.s., ata meritojnë dënimin, e All-llahu, nëse do, i dënon, nëse dëshiron, i fal.*"

(Transmeton Tirmidhiu dhe thotë hadith hasen)

Hadithi 841

Ebu Hurejra r.a. tregon se Pejgamberi s.a.v.s. ka thënë: "*Kush ulet në një vend ku nuk përmendet All-llahu xh.sh., ai është në humbje. Gjithashtu i tillë është edhe ai që bie të pushojë dhe nuk e përmend All-llahun xh.sh. gjatë pushimit, atë e pret dënimi dhe qortimi i All-llahut.*"

(Transmeton Ebu Davudi)

ËNDRRAT DHE LIDHUR ME TO

All-llahu i Madhëruar thotë:

"*Edhe një tjetër argument i Tij është gjumi juaj natën dhe ditën.*"

(err-Rrum:23)

Hadithi 846

Ebu Katade r.a. tregon se Pejgamberi s.a.v.s. ka thënë: "*Ëndrra e mirë - në një rivajet tjetër ëndrra e bukur - është prej*

All-llahut, ndërsa ëndërrimi i keq është prej shejtanit. Prandaj, ai që sheh në ëndërr diçka që nuk i pëlqen, le të fryjë tri herë në të majtë dhe le të kërkojë mbrojtjen e All-llahut nga shejtani dhe nuk do t'i bëjë dëm asgjë."

(Muttefekun alejhi)

Hadithi 847

Xhabiri r.a. tregon se Pejgamberi s.a.v.s. ka thënë: *"Kur dikush prej jush sheh ëndërr të keqe, të pështyjë në të majtë tri herë dhe të kërkojë mbrojtjen e All-llahut nga shejtani tri herë e të kthehet nga ana në të cilën ishte shtrirë."*

(Transmeton Muslimi)

Hadithi 848

Ebul Eska, Vathil ibnul Eska r.a., tregon se Pejgamberi s.a.v.s. ka thënë: *"Vërtet prej shpifjeve më të mëdha është që njeriu të pranojë për baba atë të cilin nuk e ka, ose të vërtetojë se ka parë në ëndërr atë që nuk e ka parë, ose të deklarojë për të Dërguarin e All-llahut atë që nuk e ka thënë."*

(Transmeton Buhariu)

All-llahu i Madhëruar thotë:

"O besimtarë, mos hyni në shtëpi të huaj pa marrë leje dhe pa i përshëndetur njerëzit e saj."

(en-Nûr:27)

Po ashtu, All-llahu xh.sh. thotë:

"Por, kur të hyni në shtëpi, ju të përshëndetni me për-shëndetje të caktuar nga All-llahu, të uruar e të bekuar."

(en-Nûr:61)

All-llahu xh.sh. gjithashtu thotë:

"Kur të përshëndeteni nga dikush kthejani me përshën-detje më të mirë ose me (përshëndetje) të njëjtë!"

(en-Nisa:86)

All-llahu xh.sh. thotë:

"A të ka arritur rrëfimi për musafirët e nderuar të Ibrahi-mit, kur hynë dhe thanë: 'Paqe!' Dhe ai u tha: 'Paqe, o njerëz të panjohur!"

(edh-Dharrijat:24-25)

Hadithi 850

Ebu Hurejra r.a. tregon se Pejgamberi s.a.v.s. ka thënë: *"Pasi All-llahu e krijoi Ademin a.s. i tha: "Shko dhe përshëndete atë grup të melekëve që janë ulur dhe dëgjo si do të përshëndesin. Ajo përshëndetje do të jetë përshëndetja jote si dhe përshëndetja e pasardhësve të tu." Ademi a.s. u tha: "Es-selamu alejkum", e ata u përgjigjën: "Es-selamu alejke ue rahmetull-llah!" (Paqja dhe mëshira e All-llahut qoftë mbi ty!), duke ia shtuar: "Ue rahmetull-llah" (mëshira e Zotit)."*

(Muttefekun alejhi)

223

Hadithi 851

Ebu Umare El-Berra ibni Azibi r.anhuma thotë: "Pejgamberi i All-llahut më ka urdhëruar me shtatë gjëra: vizitën e të sëmurit, përcjelljen e xhenazes, kërkimin e shëndetit për atë që teshtin, ndihmën e të dobëtit, ndihmën e të shtypurit, përhapjen e selamit – paqes dhe pranimin e betimit të atij i cili betohet në diçka."

(Muttefekun alejhi)

Ky është një prej rivajeteve të Buhariut.

Hadithi 852

Ebu Hurejra r.a. thotë se Pejgamberi s.a.v.s. ka thënë: *"Nuk do të hyni në Xhenet derisa të besoni dhe nuk do të besoni derisa ta doni njëri-tjetrin. A nuk dëshironi t'ju udhëzoj në një gjë, nëse e bëni atë do ta doni njëri-tjetrin? Përhapni selamin (përshëndetjen) ndërmjet jush!"*

(Transmeton Muslimi)

Hadithi 853

Ebu Jusuf Abdull-llah ibni Selami r.a. thotë se e ka dëgjuar të Dërguarin e All-llahut duke thënë: *"O njerëz, përhapeni selamin (thirrni në paqe), jepni ushqim, mbani lidhjet familjare, faluni kur njerëzit flenë, do të hyni në Xhenet me selam."*

(Transmeton Tirmidhiu dhe thotë hadith hasen sahih)

Hadithi 854

Tufejl ibni Ubejje bin Ka'bi tregon se ai shkonte tek Abdull-llah ibni Umeri dhe herët në mëngjes shkonin me të në treg. Thotë: "Kudo që shkonim nëpër treg, Abdull-llahu e përshëndeste secilin me radhë, njerëzit e rëndomtë, tregtarët, të varfrit, nuk kalonte pranë askujt pa e përshëndetur." Tufejli pastaj vazhdon: "Njëherë shkova tek Abdull-llah ibni Umeri r.a. dhe ai më ftoi që të shkoj me të në treg e unë i thashë: Çfarë po kërkon në treg, kur nuk do të shesësh e as nuk do të blesh asgjë, nuk do të vësh në licitacion asgjë e as nuk do të rrish me askënd në treg. Rri me ne këtu të bisedojmë." Abdull-llah ibni Umeri r.anhuma më tha: "O Ebu Batn (Tufejli ishte barkmadh), ne shkojmë për shkak të selamit, përshëndesim këdo që takojmë."

(Transmeton Maliku në *Muvatta* me isnad sahih)

SI DUHET TË JEPET SELAMI

Mustehab është që ai që fillon me selam të thotë: "Es-selamu alejkum ue rahmetull-llahi ue berekatuhu", të përshëndeste në shumës (Paqja dhe shpëtimi si dhe mëshira dhe bekimi i All-llahut qofshin mbi ju!) e jo në njëjës, edhe nëse i përshëndeturi është vetëm një person. Ndërsa ai i cili ia kthen përshëndetjen do t'i thotë: "Ue alejkumus-selam ue rahmetull-llahi ve berekatuhu", po ashtu në shumës, por me lidhësen "ue" në fillim (Edhe mbi ju qoftë paqja, mëshira dhe begatia e All-llahut!)

Hadithi 855

Imran ibni Husajni r.anhuma thotë: "Erdhi një njeri te Pejgamberi s.a.v.s. dhe tha: "Es-selamu alejkum." Pejgamberi s.a.v.s. ia ktheu; pastaj njeriu u ul, e Pejgamberi s.a.v.s. tha: *"Dhjetë."* Pastaj erdhi një njeri tjetër dhe tha: "Es-selamu alejkum ue rahmetull-llahi." Pejgamberi s.a.v.s. ia ktheu selamin, njeriu u ul dhe Pejgamberi s.a.v.s. tha: *"Njëzet."* Më vonë erdhi edhe një njeri tjetër dhe tha: "Es-selamu alejkum ue rahmetull-llahi ue berekatuhu." Pejgamberi s.a.v.s. pranoi selamin, njeriu u ul dhe Pejgamberi s.a.v.s. tha: *"Tridhjetë."*

(Transmetojnë Ebu Davudi dhe Tirmidhiu, hadith hasen)

Hadithi 856

Aishja r.a. tregon se Pejgamberi s.a.v.s. ka thënë: *"Ky është Xhibrili, të përshëndet me selam."* Unë atëherë i thashë: "Ue alej-his-selamu ue rahmetullahi ue berekatuhu."

(Muttefekun alejhi)

Në disa rivajete është lënë fjala "ue berekatuhu" e në disa jo. Gjithsesi më e mirë është ajo që është më e plotë.

Hadithi 858

Mikdadi r.a. në një hadith të tij të gjatë thotë: "Në ia çonim Pejgamberit s.a.v.s. pjesën e tij të qumështit dhe një natë shkova vonë, i dhashë selam që të mos e shqetësoj atë që është duke fjetur dhe të dëgjojë ai që është i zgjuar. Pas kësaj erdhi Pejgamberi s.a.v.s. dhe e përshëndeti me selam ashtu siç kishte vepruar Mikdadi."

(Transmeton Muslimi)

EDUKATA E SELAMIT

Hadithi 862

Ebu Hurejra r.a. tregon se Pejgamberi s.a.v.s. ka thënë: *"Kalorësi përshëndet këmbësorin, këmbësori atë që është ulur, grupi i vogël e përshëndet grupin e madh."*

(Muttefekun alejhi)

Në një rivajet të Buhariut thuhet: *"I riu e përshëndet të moshuarin."*

PËRSËRITJA E SELAMIT ËSHTË MUSTEHAB ME PERSONIN TË CILIN E TAKON PAS NDARJES, NËSE PERSONI HYN DHE DEL NË TË NJËJTËN KOHË, APO NËSE I NDAN NDONJË DRU APO DIÇKA E NGJASHME...

Hadithi 864

Ebu Hurejra r.a., në hadithin rreth personit i cili nuk e falte mirë namazin, tregon se ka ardhur dhe e ka falur namazin e pastaj ka ardhur te Pejgamberi s.a.v.s. dhe i ka dhënë selam. Pejgamberi s.a.v.s. e pranoi selamin e pastaj tha: *"Kthehu dhe falu përsëri, sepse nuk je falur!"* Personi i cili nuk falej mirë shkoi dhe e përsëriti namazin, pastaj përsëri erdhi dhe i dha selam Pejgamberit s.a.v.s. Në këtë mënyrë veproi tri herë.

(Muttefekun alejhi)

Hadithi 865

Ebu Hurejra r.a. tregon se Pejgamberi s.a.v.s. ka thënë: *"Kur ndonjëri prej jush e takon vëllanë e vet, le ta përshëndesë me selam, nëse ata i ndan ndonjë dru, ose ndonjë mur dhe përsëri takohen, le ta përshëndesë atë."*

(Transmeton Ebu Davudi)

DHËNIA E SELAMIT PARA HYRJES NË SHTËPI

All-llahu xh.sh. në Kur'an thotë:

"Por, kur të hyni në shtëpi, ju të përshëndetni me përshëndetje të caktuar nga All-llahu, të uruar e të bekuar."

(en-Nûr:61)

227

Hadithi 866

Enesi r.a. thotë: "Pejgamberi s.a.v.s. më ka thënë: *"O djalosh, kur të hysh në familje tënde, përshëndete që të ketë begati për ty dhe për familjen tënde."*

(Transmeton Tirmidhiu, hadith hasen sahih)

PËRSHËNDETJA E BURRIT ME GRUAN E VET DHE TË AFËRMIT E TIJ, SI DHE PËRSHËNDETJA E GRAVE TË TJERA ME TË CILAT NUK KA KURRFARË LIDHJE. PËRSHËNDETJA E TYRE ËSHTË E KUSHTËZUAR ME SIGURIMIN QË TË MOS VIHET DERI TE FITNEJA

Hadithi 868

Sehl bin Sa'di r.a. thotë: "Në mesin tonë ishte një grua - sipas një rivajeti ishte e vjetër - e cila i merrte gjërat ushqimore dhe i ziente në një vorbë, i bluante kokrrat e elbit dhe, kur ne e falnim namazin e xhumasë, shkonim dhe e përshëndetnim atë dhe ajo na jepte nga ushqimi."

(Transmeton Buhariu)

Hadithi 869

Ummi Hani dhe motra e saj bintu Ebi Talib r.a. thonë: "Shkova te Pejgamberi s.a.v.s. ditën e çlirimit të Mekes kur ai ishte duke u larë, ndërsa Fatimeja e mbulonte me një mbulesë e unë e përshëndeta, e pastaj e përmendi hadithin e mëparshëm."

(Transmeton Muslimi)

Hadithi 870

Esma bintu Jezid r.a. thotë: "Kaloi pranë nesh Pejgamberi s.a.v.s. pranë grave dhe na përshëndeti në mesin e grave."

(Transmeton Ebu Davudi dhe Tirmidhiu si hadith hasen)

Ky është citimi i hadithit sipas Ebu Davudit, ndërsa citimi i Tirmidhiut është se vërtet Pejgamberi s.a.v.s. një ditë kaloi në xhami ku ishin ulur një grup i grave dhe ai dha shenjë me dorë për përshëndetje.

NDALIMI I PËRSHËNDETJES SË JOMUSLIMANËVE DHE PRANIMI I PËRSHËNDETJES SË TYRE ME SELAM, PËRSHËNDETJA ME SELAM NË NJË GRUP NË TË CILIN KA MUSLIMANË DHE JOMUSLIMANË

Hadithi 872

Enesi r.a. tregon se i Dërguari i All-llahut ka thënë: *"Kur ehli kitabët (besimtarët e librave të shenjtë) ju përshëndesin, thoni: "Ve alejkum." (Edhe mbi ju)*

(Muttefekun alejhi)

PËRSHËNDETJA E TË PRANISHMËVE PARA LARGIMIT NGA TUBIMI

Hadithi 874

Ebu Hurejra r.a. tregon se Pejgamberi s.a.v.s. ka thënë: *"Kur ndonjëri prej jush vjen në ndonjë tubim të përshëndesë me selam dhe kur dëshiron të largohet, të përshëndesë prapë me selam. Nuk është i pari më i vlefshëm se i fundit."*

(Transmetojnë Ebu Davudi dhe Tirmidhiu dhe thotë hadith hasen)

All-llahu xh.sh. në Kur'an thotë:

"O besimtarë, mos hyni në shtëpi të huaja pa marrë leje dhe pa i përshëndetur njerëzit e asaj (shtëpie)."

(en-Nûr:27)

All-llahu xh.sh. po ashtu thotë:

"Edhe kur fëmijët tuaj arrijnë moshën e pjekurisë, le të kërkojnë leje (për të hyrë), ashtu siç kanë kërkuar leje ata përpara tyre."

(en-Nûr:59)

Hadithi 875

Ebu Musa El-Esh'ariu r.a. tregon se Pejgamberi s.a.v.s. thotë: *"Kërkesa apo leja për të hyrë përsëritet tri herë, nëse të pranon mirë, e nëse jo, atëherë kthehu."*

(Muttefekun alejhi)

Hadithi 876

Sehl ibnu Sa'd r.a. tregon se Pejgamberi s.a.v.s. thotë: *"Kërkimi i lejes për të hyrë diku është bërë për shkak të ekspozimit."*

(Muttefekun alejhi)

Hadithi 877

Nga Rib'ijj ibni Hirash tregohet se një njeri nga fisi i Beni Amirëve ka kërkuar leje prej Pejgamberit s.a.v.s. që të hyjë në shtëpinë e tij dhe i ka thënë: "A mund të hyj?" Pejgamberi s.a.v.s. i ka thënë shërbëtorit të vet: *"Dil dhe mësoje si kërkohet leja për të hyrë dhe thuaji atij të thotë: 'Es-selamu alejkum, a është e lirë?'* Pejgamberi s.a.v.s. atëherë i dha leje dhe njeriu hyri."

(Transmeton Ebu Davudi me isnad sahih)

Hadithi 878

Kilde ibni Hanbeli r.a. tregon: "Shkova te Pejgamberi s.a.v.s. dhe hyra tek ai pa e përshëndetur dhe Pejgamberi s.a.v.s. më tha: *"Kthehu dhe thuaj: 'Es-selamu alejkum, a është e lirë hyrja?"*

(Transmetojnë Ebu Davudi dhe Tirmidhiu, hadith hasen)

MËNYRA E PARAQITJES PARA SE TË KËRKOHET LEJE PREJ DIKUJT DHE DHËNIA E TË DHËNAVE TË PËRGJITHSHME SI EMRI DHE MBIEMRI, E JO VETËM "UNË" APO TË NGJASHME ME TO

Hadithi 880

Ebu Dherri r.a. thotë: "Një natë dola dhe e vërejta Pejgamberin s.a.v.s. duke shëtitur vetëm. Unë shkoja nën hijen e Hënës dhe kur Pejgamberi s.a.v.s. më vërejti e më tha: *"Kush është?"*, unë u përgjigja: "Ebu Dherri."

(Muttefekun alejhi)

KËRKIMI I SHËNDETIT PËR ATË QË TESHTIN ME FJALË ADEKUATE NË RASTIN ADEKUAT

Hadithi 884

Ebu Hurejra r.a. thotë se Pejgamberi s.a.v.s. ka thënë: *"Nëse ndonjëri prej jush teshtin, le të thotë: 'Falënderimi i qoftë All-llahut', ndërsa shoku i tij apo vëllai: 'All-llahu të mëshiroftë'. Kur t'i thotë vëllai apo shoku i vet: 'All-llahu të pastë mëshiruar', atëherë personi që teshtin le të thotë: 'Zoti ju udhëzoftë dhe mendjen tuaj e ndriçoftë."*

(Transmeton Buhariu)

Hadithi 885

Ebu Musa tregon se e ka dëgjuar të Dërguarin e All-llahut duke thënë: *"Nëse dikush prej jush teshtin dhe thotë 'El-hamdulil-lah' (Falënderimi i qoftë All-llahut), përshëndeteni me fjalët e njohura, por nëse nuk thotë 'El-hamdulil-lah', atëherë mos kërkoni shëndet për të, mos i thoni 'Jerhamukell-llahu'!"*

(Transmeton Muslimi)

Hadithi 886

Enesi r.a. tregon: "Dy njerëz kanë teshtitur te Pejgamberi s.a.v.s. dhe për njërin prej tyre Pejgamberi s.a.v.s. kërkoi shëndet dhe tha: *'Jerhamukell-llahu!'* (të mëshiroftë All-llahu), e për thetrin jo. I dyti, për të cilin Pejgamberi s.a.v.s. nuk kërkoi shëndet, tha: "Kur ky teshtin kërkuat shëndet për të, ndërsa kur teshtita unë, këtë nuk e bëte." Pejgamberi s.a.v.s. u përgjigj: *"Ky e falënderoi All-llahun, ndërsa ti nuk veprove ashtu."*

(Muttefekun alejhi)

Hadithi 887

Ebu Hurejra r.a. tregon se kur Pejgamberi s.a.v.s. teshtinte, e vënte dorën e vet apo ndonjë shami në gojën e vet dhe sa mundej e ulte zërin e tështimës së vet. Transmetuesit nuk i kujtohet se Ebu Hurejra thonte: "e zvogëlonte apo e mbulonte zërin e tështimes."

(Transmetojnë Ebu Davudi dhe Tirmidhiu si hadith hasen sahih)

Hadithi 888

Ebu Musa r.a. thotë: "Çifutët, kur vinin te Pejgamberi s.a.v.s., teshtinin dhe dëshironin që Pejgamberi s.a.v.s. t'u thonte: "Jerhamukumull-llahu!" (All-llahu ju mëshiroftë!). Por, Pejgamberi s.a.v.s. u thonte: *"All-llahu ju udhëzoftë dhe ua ndriçoftë mendjen tuaj!"*

(Transmetojnë Ebu Davudi dhe Tirmidhiu dhe thonë hadith hasen sahih)

MUSTEHAB ËSHTË PËRSHËNDETJA ME SHTRËNGIMIN E DUARVE, BUZËQESHJE DHE PUTHJEN E DORËS SË NJERIUT TË MIRË

Hadithi 892

Berra r.a. tregon se Pejgamberi s.a.v.s. ka thënë: *"Dy musli-manë të cilët takohen dhe në mes veti përshëndeten, All-llahu xh.sh. do t'ua falë mëkatet e tyre para se ata të ndahen."*

(Transmeton Ebu Davudi)

Hadithi 893

Enesi r.a. tregon se një njeri ka thënë: "O i Dërguari i All-lla-hut, njëri prej nesh e takon vëllanë a mikun e vet, a ka nevojë (në shenjë nderimi) të përulet?" Pejgamberi s.a.v.s. u përgjigj: *"Jo!"* "A mund ta marrë për dore dhe ta përshëndesë me dorë?" Pejga-mberi s.a.v.s. tha: *"Po!"*

(Transmeton Tirmidhiu, hadith hasen)

Hadithi 894

Safvan bin Assali r.a. tregon: "Një çifut i thotë shokut të vet: "Eja me mua te ky Pejgamber", dhe shkuam tek i Dërguari i All-llahut dhe e pyetëm për shpjegimin e ajeteve (nëntë mrekullive të mëdha të All-llahut), ndërsa transmetuesi, pasi e ka përmendur hadithin për ato ajete, thotë: "Në fund të dy e puthën dorën dhe këmbën e Pejgamberit s.a.v.s. dhe thanë: "Dëshmojmë se ti je i Dërguari i All-llahut."

(Transmeton Tirmidhiu dhe të tjerët me sened të vërtetë)

Hadithi 895

Ibni Umeri r.anhuma duke treguar një ndodhi thotë: "Ne iu afruam Pejgamberit s.a.v.s. dhe ia puthëm dorën."

(Transmeton Ebu Davudi)

Hadithi 898

Ebu Hurejra tregon se Pejgamberi s.a.v.s. e ka puthur Hasanin, të birin e Aliut r.a., e atëherë Akre bin Habisi i tha: "Unë i kam dhjetë fëmijë dhe asnjëherë asnjërin prej tyre nuk e kam puthur." Atëherë Pejgamberi s.a.v.s. i tha: *"Ai që nuk ka mëshirë për të tjerët, nuk do të mëshirohet."* (Ai që nuk ka mëshirë ndaj të tjerëve edhe të tjerët nuk do të jenë të mëshirshëm ndaj tij)

(Muttefekun alejhi)

Hadithi 899

Berra ibni Azibi r.anhuma thotë se Pejgamberi s.a.v.s. na ka urdhëruar: *"Ta vizitojmë të sëmurin, ta përcjellim xhenazen, të kërkojmë shëndet për atë që teshtin (nëse thotë 'El-hamdulil-lah'), ta respektojmë betimin, t'i dalim në ndihmë të shtypurit, t'i përgjigjemi ftesës dhe të përhapim paqen (selamin)."*

(Muttefekun alejhi)

Hadithi 900

Ebu Hurejra r.a. tregon se Pejgamberi s.a.v.s. thotë: *"Musli-mani ndaj muslimanit ka këto pesë obligime: pranimin e selamit, vizitën e të sëmurit, përcjelljen e xhenazes, përgjigjen e ftesës si dhe kërkimin e shëndetit për ata që teshtijnë."*

(Muttefekun alejhi)

Hadithi 901

Ebu Hurejra r.a. tregon se i Dërguari i All-llahut ka thënë: *"Vërtet All-llahu i Madhëruar do të thotë Ditën e Kijametit: "O njeri, isha i sëmurë dhe nuk më vizitove!"* Njeriu atëherë do të përgjigjet: *"O Zoti im, si do të të vizitoj Ty, kur Ti je Zot i të gjitha botëve?"* All-llahu do të thotë: *"A nuk e ke ditur se robi im ishte i sëmurë dhe nuk e ke vizituar? A nuk e di se, sikur ta kishe vizituar, me siguri do të më kishe gjetur Mua tek ai. O njeri, kam kërkuar prej teje ushqim, por nuk më ke dhënë."* Njeriu do të përgjigjet: *"O Zoti im, si do të të jap unë Ty ushqim, kur Ti je Zot i të gjitha botëve?"* All-llahu do të thotë: *"A nuk e ke ditur që robi im ka kërkuar prej teje ushqim e ti nuk i ke dhënë? A nuk e ke ditur se, sikur t'i kishe dhënë ushqim, do të më kishe gjetur Mua* tek ai. O njeri, Unë kam kërkuar prej teje të më japësh ujë, por ti nuk më ke dhënë të pijë!" Njeriu do të thotë: "O Zoti im, si do të të jap unë Ty ujë, kur Ti je Zot i të gjitha botëve?" All-llahu do të thotë: "Ka kërkuar robi Im ujë prej teje e ti nuk i ke dhënë. Sikur t'i kishe dhënë ujë atij, do të më kishe gjetur Mua tek ai!"

(Transmeton Muslimi)

Hadithi 902

Ebu Musa r.a. tregon se Pejgamberi s.a.v.s. ka thënë: "*Vizitoni të sëmurit, ushqeni të uriturit dhe lironi të kapurit rob.*"

(Transmeton Buhariu)

Hadithi 903

Thevban r.a. tregon se Pejgamberi s.a.v.s. ka thënë: "*Muslimani, kur e viziton vëllanë e vet musliman, vazhdimisht është në hurfen e Xhenetit derisa të kthehet.*" Të pranishmit e pyetën se ç'është hurfa e Xhenetit? Pejgamberi s.a.v.s. u përgjigj: "*Ata janë portokajt e këputur, pemët e Xhenetit.*"

(Transmeton Muslimi)

Hadithi 904

Aliu r.a. tregon se e ka dëgjuar Pejgamberin s.a.v.s. duke thënë: "*Ai musliman që e viziton muslimanin në mëngjes, shtatëdhjetë mijë melekë do të luten për të deri në mbrëmje, e nëse e viziton pas akshamit dhe në kohën e jacisë, atëherë do të luten për të shtatëdhjetë mijë melekë deri në agim. Shpërblimi i tij do të jetë një pemë e veçantë, portokaj të vjelur.*"

(Transmeton Tirmidhiu)

Hadithi 905

Enesi r.a. thotë: "Një djalë i ri çifut shërbente tek i Dërguari i All-llahut dhe një ditë u sëmur. Pejgamberi s.a.v.s. erdhi ta vizitojë, u ul afër kokës së tij dhe i tha: "*Pranoje Islamin!*" Djaloshi e shikoi babanë e vet, i cili ishte aty. I ati i tha: "Dëgjoje Ebul Kasemin!" Djaloshi e pranoi Islamin. Pejgamberi s.a.v.s. atëherë doli duke thënë: *"Falënderimi i qoftë All-llahut, i Cili e shpëtoi nga zjarri i Xhehenemit."*

(Transmeton Buhariu)

DUAJA PËR TË SËMURIN PARA VIZITËS

Hadithi 906

Aishja r.anha tregon se kur ndokush i ankohej Pejgamberit s.a.v.s. për ndonjë gjë, sëmundje apo plagë, Pejgamberi s.a.v.s. e prekte në atë vend me gishtin e tij tregues (transmetuesi Sufjan ibni Ujejne e vuri gishtin e tij në tokë pastaj e ngriti, duke dashur të tregojë se si ka vepruar Pejgamberi s.a.v.s.) e pastaj tha: "Bismillahi, turbetu erdina, birikati ba'dina, jushfi bihi sekimuna, bidhni rabbina."

(Muttefekun alejhi)

Hadithi 910

Ebu Abdull-llah Uthman ibni Ebil Asi r.a. tregon se i është ankuar Pejgamberit s.a.v.s. për një sëmundje në trupin e vet. I Dërguari i All-llahut i tha: *"Vëje dorën tënde në vendin në të cilin ke dhembje dhe thuaj: "Bismil-lahi (tri herë) dhe shtatë herë thuaj: "Kërkoj mbrojtje nga i Gjithëfuqishmi prej sherrit të asaj që ndiej dhe prej atij që i ruhen."*

(Transmeton Muslimi)

Hadithi 912

Ibnu Abbasi r.anhuma tregon se Pejgamberi s.a.v.s. ka hyrë te një beduin për ta vizituar dhe duke e vizituar të sëmurin thonte: *"Nuk ka rrezik, pastrim (ti je ai që pastrohet prej mëkateve) me dashjen e All-llahut."*

(Transmeton Buhariu)

Hadithi 914

Ebu Seid El-Hudriu dhe Ebu Hurejra r.anhuma kanë qenë dësh-mitarë se Pejgamberi s.a.v.s. ka thënë: *"Kush thotë: 'La ilahe il-lall-llahu uall-llahu ekber' (nuk ka Zot, përveç All-llahut, All-llahu është më i madhi), All-llahu do ta dëshmojë se ai flet të vërtetën dhe do të thotë: 'Është e vërtetë se nuk ka Zot tjetër përveç Meje, Unë jam më i madhi'. Ndërsa kur të thotë njeriu: 'La ilahe il-lall-llahu uahdehu la sherike lehu' (nuk ka Zot, përveç All-llahut, Ai është i vetmi i pashoq), atëherë All-llahu do të thotë: 'Është e vër-tetë se unë jam Zot i vetëm dhe nuk kam shok në asnjë send.' Ndërsa kur të thotë robi: 'La ilahe il-lall-llahu, lehul mulku ue lehul hamdu' (nuk ka Zot, përveç All-llahut, i Tij është sundimi dhe Atij i takon falënderimi), atëherë All-llahu xh.sh. thotë: 'Është e vërtetë se nuk ka Zot përveç Meje, dhe sundimi e falënderimi është i Imi.' Ndërsa kur të thotë robi: 'Nuk ka Zot, përveç All-llahut, nuk ka asnjë akt, punë dhe ndërrim që bëhet përveç me fuqinë e All-llahut', atëherë All-llahu do të thotë: 'Është e vërtetë se nuk ka Zot përveç Meje dhe çdo ndryshim, çdo aksion dhe çdo fuqi është vetëm me Mua, kjo vepër është vetëm Imja.'* Atëherë i Dërguari i All-llahut tha: *"Kush e thotë këtë gjatë sëmundjes së vet e pastaj vdes, nuk do ta përtypë (gëlltitë) zjarri i Xhehenemit."*

(Transmeton Tirmidhiu, hadith hasen)

PËR PYETJEN E FAMILJES SË TË SËMURIT PËR GJENDJEN E TIJ

Hadithi 915

Ibni Abbasi r.anhuma tregon se Ali ibni Ebi Talib r.a. doli prej Pejgamberit s.a.v.s. kur ishte shumë i sëmurë, nga e cila sëmundje edhe vdiq, dhe njerëzit i thanë: "O Ebul Hasan, si është i Dërguari i All-llahut?" Aliu r.a. u përgjigj: "Është ngritur, el-hamdu li-l-Lah, i shëndoshë."

(Transmeton Buhariu)

MUSTEHAB ËSHTË TË POROSITET FAMILJA E TË SËMURIT DHE AI QË SHËRBEN QË TË SILLEN MIRË NDAJ TIJ

Hadithi 921

Kasim ibni Muhammed tregon se Aishja r.a. ka thënë: "Ua re'sahu!" (O për kokën time!), si dhe Pejgamberi s.a.v.s. ka thënë: *"Bel ene ua re'sahu!"* (Madje, o për kokën time!), pastaj e përmend hadithin.

(Transmeton Buhariu)

Ç'THUHET KUR TË MBULOHET I VDEKURI

Hadithi 924

Ummi Selma r.anha thotë: "Hyri Pejgamberi s.a.v.s. tek Ebu Selma dhe ai kishte humbur të pamurit. Atëherë Pejgamberi s.a.v.s. ia mbylli sytë dhe tha: *"Vërtet kur të dalë shpirti, atëherë atë e përcjell edhe shikimi."* Në atë moment disa anëtarë të familjes së Ebu Selmes filluan të bërtasin. Pejgamberi s.a.v.s. atëherë tha: *"Mos kërkoni për vete përveç hajrit, sepse melekët bëjnë amin për të gjitha ato që ju thoni."* Pastaj tha: *"O Zoti im, fale Ebu Selmen dhe ngreje gradën e tij në shoqërinë e të udhëzuarve që kanë ndjekur rrugën Tënde dhe fali pasardhës të denjë, na fal ne dhe atë, o Krijues i botëve, dhe zgjeroje varrin e tij dhe ndriçoje."*

(Transmeton Muslimi)

Hadithi 925

Ummi Seleme r.anha tregon se Pejgamberi s.a.v.s. ka thënë: *"Kur të jeni të pranishëm tek i sëmuri apo tek i vdekuri, atëherë flisni mirë, sepse melekët bëjnë amin për tërë atë që ju flitni."* Ummi Seleme r.anha tregon se kur ka vdekur Ebu Seleme, shkova te Pejgamberi s.a.v.s. e i thashë: "O i Dërguari i All-llahut, Ebu Seleme vdiq!" Ai më tha: *"Thuaj: "O Zoti im, më fal mua dhe Ebu Selemen dhe më jep mua pasardhës të mirë!"* Pastaj thashë se All-llahu më dha pas tij atë që ishte më i mirë se ai, Muhammedin s.a.v.s."

Muslimi e transmeton kështu: *"Kur të jeni të pranishëm tek i sëmuri apo tek i vdekuri"*, këtu transmetuesi dyshon. Ndërsa, Ebu Davudi dhe të tjerët e transmetojnë vetëm të vdekurin pa dyshim.

Hadithi 926

Ummi Selma r.anha thotë se e ka dëgjuar të Dërguarin e All-llahut duke thënë: *"Robit, të cilit i ndodh ndonjë fatkeqësi dhe thotë: "Inna lil-lahi ve inna ilejhi raxhiun (Vërtet ne jemi të All-llahut dhe tek Ai do të kthehemi). O Zoti im, më jep shpërblim në këtë fatkeqësi dhe zëvendësoma me një të mire." All-llahu do ta shpërblejë për fatkeqësinë qe i ka ndodhur me një shpërblim të mire."* Ummi Selma thotë: "Pasi ka shkuar në ahiret Ebu Selma, unë jam lutur ashtu siç më ka mësuar Pejgamberi s.a.v.s. dhe për këtë All-llahu ma ka dhënë Pejgamberin s.a.v.s."

(Transmeton Muslimi)

Hadithi 927

Ebu Musa r.a. tregon se Pejgamberi s.a.v.s. ka thënë: *"Kur ro-bit i vdes fëmija, All-llahu u thotë melekëve: 'A ia keni marrë shpirtin birit të robit Tim?' Melekët thonë: 'Po!' Pastaj u thotë: 'Ia keni marrë frytin e zemrës së tij?' Melekët thonë: 'Po!' Pastaj prapë All-llahu thotë: 'Çka tha për këtë robi im?' Melekët thonë: 'Falënderoi dhe kërkoi kthim te Ti!' All-llahu xh.sh. thotë: 'Ndër-tojini robit Tim një shtëpi në Xhenet dhe jepjani emrin 'Bejtul hamd' (shtëpia e falënderimit)."*

(Transmeton Tirmidhiu, hadith hasen)

Hadithi 929

Usame ibnu Zejdi r.anhuma thotë: "Njëra prej vajzave të Pej-gamberit s.a.v.s. dërgoi dike tek i Dërguari i All-llahut që t'i tregojë dhe ta thërrasë se një fëmijë apo djalë i saj, është para vdekjes. Pejgamberi s.a.v.s. i tha të dërguarit të saj: *"Kthehu tek ajo dhe thuaj se e All-llahut është e tërë ajo që e merr, e All-llahut është edhe ajo që e jep dhe çdo gjë ke Ai e ka kufirin (exhelin) e caktuar dhe për këtë urdhëroje atë që të bëjë durim dhe të llogarisë në dëmshpërblim (kompensim)."* (Transmetuesi e përmend hadithin në tërësi)

(Muttefekun alejhi)

LEJOHET TË QARËT PAS TË VDEKURIT PA VAJTUAR

Hadithi 930

Ibnu Umeri r.anhuma tregon se Pejgamberi s.a.v.s. e ka vizitu-ar Sa'd ibni Ubadeten dhe se së bashku me Pejgamberin s.a.v.s. ishin Abdurrahman ibnu Avfi, Sa'd ibnu Ebi Vekkasi dhe Abdull-llah ibnu Mes'udi r.anhum. Pejgamberi s.a.v.s. qau dhe, kur ata e panë se si qante i Dërguari i All-llahut, qanë edhe ata e ai pastaj u tha:

"*A nuk dëgjoni? Vërtet All-llahu nuk do të dënojë për shkak të lotit të syrit e as për dëshpërimin e zemrës, por do të dënojë për shkak të kësaj ose do të mëshirojë.*" Kur tha "*për shkak të kësaj*", atëherë bëri me shenjë nga gjuha."

(Muttefekun alejhi)

Hadithi 932

Enesi r.a. tregon se Pejgamberi s.a.v.s. hyri tek i biri i tij, Ibrahimi, i cili ishte para vdekjes dhe iu mbushën sytë me lotë dhe Abdurrahman ibnu Avfi i tha: "Edhe ti, o i Dërguari i All-llahut?" Pejgamberi s.a.v.s. u përgjigj: "*O ibnu Avf, kjo është mëshirë*", e pastaj vazhdoi: "*Vërtet syri qan, zemra dëshpërohet, por ne nuk do të themi përveç atë me të cilën është i kënaqur Zoti ynë. Ne për shkak të ndarjes tënde, o Ibrahim, jemi të pikëlluar.*"

(Transmeton Buhariu dhe një pjesë Muslimi)

Hadithet rreth kësaj teme janë të shumta dhe të njohura në Sahih.

PËRMBAJTJA NGA TË FOLURIT PËR DISA GJËRA TË JASHTËZAKONSHME QË SHEH TEK I VDEKURI

Hadithi 933

Ebu Rafi Eslemi, rob i të Dërguarit të All-llahut xh.sh., tregon se Pejgamberi s.a.v.s. ka thënë: "*Kush e lan të vdekurin dhe për të nuk flet asgjë, i fsheh të gjitha ato që i ka parë tek ai, All-llahu xh.sh. do t'ia falë mëkatet dyzetë herë më teper.*"

(Transmeton Hakimi, i cili thotë se hadithi është sahih sipas kushteve
të Muslimit)

PËR NAMAZIN E XHENAZES, PËRGATITJEN DHE VARRIMIN E TË VDEKURIT DHE NDALIMIN E GRAVE QË TA PËRCJELLIN VARRIMIN E TË VDEKURIT

Hadithi 934

Ebu Hurejra r.a. tregon se Pejgamberi s.a.v.s. ka thënë: *"Kush përcjell xhenazen derisa të falet namazi, ka për shpërblim një kirat, ndërsa ai që e përcjell derisa të varroset, shpërblehet me dy kirate."* Të pranishmit thanë: "Ç'janë dy kirate?" Pejgamberi s.a.v.s. u përgjigj: *"Ai shpërblim është sa dy kodra të mëdha."*

(Muttefekun alejhi)

Hadithi 936

Ummi Atijja r.anha thotë: "Na është ndaluar përcjellja e xhenazes, por ky ndalim nuk ishte i rreptë sikurse ndalimet tjera (haram)."

(Muttefekun alejhi)

MUSTEHAB ËSHTË TË KETË SA MË SHUMË XHEMAT NË FALJEN E NAMAZIT TË XHENAZES DHE TË KETË SA MË SHUMË SAFA

Hadithi 938

Ibnu Abbasi r.anhuma tregon se e ka dëgjuar Pejgamberin s.a.v.s. duke thënë: *"Kushdo që vdes prej muslimanëve dhe në faljen e xhenazes së tij marrin pjesë dyzet vetë, të cilët nuk i bëjnë shok (shirk) All-llahut, vërtet All-llahu do ta pranojë shefatin e tyre."*

(Transmeton Muslimi)

243

Hadithi 939

Merthed ibnu Abdull-llah El-Jezenij thotë: "Kur Malik ibnu Hubejra r.a. e falte namazin e xhenazes dhe kur njerëzit radhiteshin në safa, i ndante në tri pjesë e pastaj u thonte se i Dërguari i All-llahut ka thënë: *Kujt i falet namazi i xhenazes prej tri safave, atij i është premtuar Xheneti.*"

(Transmetojnë Ebu Davudi dhe Tirmidhiu dhe thonë hadith hasen)

ÇFARË LEXOHET NË NAMAZIN E XHENAZES

Hadithi 940

Ebi Abdurrahman Avf ibni Malik r.a. thotë: "Pejgamberi s.a.v.s. ka falur një xhenaze dhe e kam mbajtur në mend lutjen e tij, të cilën ai e lexoi: *'O Zoti im, fale dhe mëshiroje, falja mëkatet e tij. Bëja të këndshëm qëndrimin e tij, zgjeroja vendbanimin e tij të ri. Laje trupin e tij me ujë, borë e akull të mirë dhe të këndshëm dhe pastroje prej mëkateve të tij ashtu si pastrhen rrobat e bardha prej fëlliqësirave, ndërroja shtëpinë me më të mirë dhe familjen me më të mirë si dhe gruan me më të mirë. Fute në Xhenet dhe mbroje nga dënimi i varrit dhe dënimi i zjarrit të Xhehenemit.*" Transmetuesi thotë: "Dëshirova që unë të isha i vdekuri."

(Transmeton Muslimi)

Hadithi 941, 942, 943

Ebu Hurejra, Ebu Katadeje dhe Ebu Ibrahim Eshhelij nga baba i tij - i cili ishte sahab i Pejgamberit s.a.v.s. - r.anhum tregojnë se Pejgamberi s.a.v.s. e ka falur një xhenaze dhe ka thënë: "*O Zoti im, fali të gjallët dhe të vdekurit tanë, të vegjlit dhe të mëdhenjtë, meshkujt dhe femrat, ata që janë të pranishëm dhe ata që mungojnë. O Zoti im, atë të cilin e sjell në këtë jetë, të jetoj në Islam, dhe ai i cili vdes prej nesh, të vdesë me iman. O Zoti im, mos na nda nga dobia e tij dhe mos na vë në sprovë pas tij.*"

(Transmeton Tirmidhiu sipas rivajetit të Ebu Hurejres dhe Eshhelis. Transmetimi i Ebu Davudit nga rivajeti i Ebu Hurejres dhe Katades." Hakimi thotë: "Hadithi i Ebu Hurejres është sahih sipas kushteve të Buhariut dhe të Muslimit. Tirmidhiu thotë se Buhariu ka thënë: "Rivajeti më i saktë i këtij hadithi është i Eshheliut." Buhariu thotë: "Gjëja më e saktë në këtë temë është hadithi i Avf ibni Malikut."

Hadithi 944

Ebu Hurejra r.a. thotë se e ka dëgjuar të Dërguarin e All-llahut duke thënë: *"Kur të falni namazin e të vdekurit, atëherë lutuni për të me gjithë zemër."*

(Transmeton Ebu Davudi)

Hadithi 945

Ebu Hurejra r.a. tregon se Pejgamberi s.a.v.s. në një xhenaze ka thënë: *"O Zot, Ti je Zot i tij dhe Ti e krijove dhe Ti e drejtove në Islam. Ti ia ke marrë shpirtin dhe Ti i di të fshehtat dhe të duk-shmet e tij, ne kemi ardhur të kërkojmë shefaatin Tënd për këtë të vdekur dhe fale."*

(Transmeton Ebu Davudi)

Hadithi 946

Vathile ibnul Esk'a r.a. thotë: "Pejgamberi s.a.v.s. e fali me ne xhenazen e një njeriu musliman dhe gjatë lutjes e dëgjova duke thënë: *"O Zoti im, ky i biri i filanit është në mbrojtjen Tënde dhe në fqinjësinë Tënde dhe ruaje nga prova e varrit dhe dënimi i zja-rrit. Ti e përmbush premtimin dhe meriton falënderim. O Zoti im, fale dhe mëshiroje. Vërtet, Ti je Ai që fal dhe mëshiron."*

(Transmeton Ebu Davudi)

Hadithi 947

Abdull-llah ibni Ebi Evfa r.anhuma në xhenazen e vajzës së vet ka marrë katër tekbire dhe pas tekbirit të katërt qëndroi sa në mes dy tekbireve të para duke kërkuar falje dhe duke u lutur për bijën e vet, e pastaj tha: "I Dërguari i All-llahut vepronte po në këtë mënyrë."

Ndërsa në një rivajet thuhet: "Bëri katër tekbire, pastaj qëndroi një moment derisa mendova se ai do të thërret edhe tekbirin e pestë, pastaj dha selam në të djathtë dhe në të majtë. Pasi mbaroi, i thamë: "Ç'është kjo?" Ai u përgjigj: "Unë nuk kam shtuar më tepër se ajo që e kam parë Pejgamberin s.a.v.s.", ose ka thënë: "Kështu ka vepruar i Dërguari i All-llahut."

(Transmeton Hakimi, hadith hasen)

NGUTJA NË LARJEN E BORXHEVE TË TË VDEKURIT DHE PËRGATITJES SË VARRIMIT TË TIJ, POR NËSE VDES PAPRITMAS LIHET DERISA TË VËRTETOHET VDEKJA E TIJ

Hadithi 950

Transmeton Ebu Hurejra r.a. nga Pejgamberi s.a.v.s., se ka thënë: *"Shpirti i besimtarit është i lidhur me borxhin e vet derisa mos t'i lahet."*

(Transmeton Tirmidhiu dhe thotë hadith hasen)

Hadithi 951

Husajn ibni Vahvah r.a. tregon se është sëmurë Talha ibnu Berrai ibn Azibi r.anhuma dhe erdhi Pejgamberi s.a.v.s. ta vizitojë e i tha: *"Unë nuk e shoh Talhan ndryshe vetëm se të vdekur, më lajmëroni mua dhe ngutuni me të. Vërtet nuk ka nevojë që trupi i muslimanit të mbyllet në mesin e njerëzve të shtëpisë."*

(Transmeton Ebu Davudi)

Hadithi 952

Aliu r.a. thotë: "Ishim në xhenaze në Bekiil Garkad dhe erdhi i Dërguari i All-llahut e u ul dhe ne u ulëm rreth tij. Ai mbante një shkop, e laujti kokën dhe filloi të shpojë në tokë me shkopin e vet e pastaj tha: *"Nuk ka asnjë prej jush e që nuk i është përcaktuar një vend në Xhehenem e një vend në Xhenet."* Të pranishmit thanë: "O i Dërguari i All-llahut, a nuk duhet që ne të mbështetemi në librin tonë?" Pejgamberi s.a.v.s. tha: *"Punoni, kryeni obligimet tuaja, çdokush është i lehtësuar për atë që është krijuar."* (Transmetuesi përmend përfundimin e hadithit)

(Muttefekun alejhi)

SADAKA PËR TË VDEKURIN DHE LUTJA PËR TË

All-llahu i Madhëruar thotë:

"Edhe ata, të cilët kanë ardhur pas tyre, thonë: 'O Zoti ynë! Na e fal neve dhe vëllezërve tanë që na kanë prirë në besim."

(el-Hashr:10)

Hadithi 955

Aishja r.a. tregon se një njeri i ka thënë Pejgamberit s.a.v.s.: "Vërtet, nëna ime ka ndërruar jetë dhe kam parë se, sikur të mundej të fliste, do të më urdhëronte të jap sadaka (lëmoshë) për të. A ka dobi nëse unë jap sadaka për të?" Pejgamberi s.a.v.s. u përgjigj: *"Po!"*

(Muttefekun alejhi)

Hadithi 956

Ebu Hurejra r.a. thotë se Pejgamberi s.a.v.s. ka thënë: *"Kur vdes njeriu, puna e tij ndërpritet, përveç tri gjërave: sadakasë së përhershme (hajratit), nga dituria prej së cilës kanë dobi të tjerët ose nga pasardhësi i mirë, i cili lutet për të vdekurin."*

(Transmeton Muslimi)

SHPREHJE LAVDËRIMI PËR TË VDEKURIN

Hadithi 957

Enesi r.a. thotë: "Disa njerëz bartnin një xhenaze dhe folën mirë për të. Atëherë Pejgamberi s.a.v.s. tha: *"Ashtu duhet të jetë!"* Pastaj sollën një xhenaze tjetër dhe njerëzit folën keq për të. Pejgamberi s.a.v.s. tha: *"Ashtu duhet të jetë!"* Atëherë Umer ibnul Hattabi r.a. pyeti: "Çka duhet të jetë ashtu?" Pejgamberi s.a.v.s. u përgjigj: *"Për të parin folët mirë dhe duhet të shkojë në Xhenet. Ndërsa, për të dytin folët keq dhe duhet të shkojë në Xhehenem. Ju jeni dëshmitarë të All-llahut në tokë."*

(Muttefekun alejhi)

Hadithi 958

Ebul Esvedi thotë: "Erdha në Medine dhe u ula ke Umer ibnul Hattabi r.a. ndërsa njerëzit bartnin një xhenaze. Të pranishmit folën mirë për të vdekurin. Umeri tha: "Ashtu duhet të jetë!" Më vonë kaloi një xhenaze tjetër dhe u fol mirë edhe për të. Umeri prapë tha: "Ashtu duhet të jetë!" Pastaj kaloi një xhenaze e tretë dhe u fol keq për të. Atëherë Umeri tha: "Ashtu duhet të jetë!" Ebul Esvedi thotë: "Atëherë pyeta: 'Çka duhet të jetë ashtu, o prijës i besimtarëve?' H. Umeri tha: "Unë fola ashtu siç ka folur i Dërguari i All-llahut, e ai ka thënë: *'për cilindo musliman dëshmojnë katër vetë se është i mirë, All-llahu atë do ta çojë në Xhenet.'*

Ne atëherë thamë: 'E tre?' Pejgamberi s.a.v.s. u përgjigj: *'Edhe tre!'* Ne pastaj shtuam: 'E dy?' Pejgamberi s.a.v.s. u përgjigj: *'Edhe dy!'* Pastaj më nuk e kemi pyetur vetëm për një dëshmitar."

(Transmeton Buhariu)

PËRFITIMI NGA VDEKJA E FËMIJËVE TË VEGJËL

Hadithi 959

Enesi r.a. thotë se Pejgamberi s.a.v.s. ka thënë: *"Muslimanin të cilit i vdesin tre fëmijë, para se të arrijnë moshën e pjekurisë (bylyk), All-llahu xh.sh. do ta çojë në Xhenet për shkak të dashurisë dhe mëshirës së tij ndaj fëmijëve."*

(Muttefekun alejhi)

Hadithi 961

Ebu Seid El-Hudriu r.a. thotë: "Erdhi një grua tek i Dërguari i All-llahut dhe tha: "O i Dërguari i All-llahut, burrat po vijnë në bisedë te ti, prandaj caktoje edhe për ne një ditë, në të cilën do të tubohemi që të na mësosh atë që All-llahu ta ka mësuar ty." Pastaj, i Dërguari i All-llahut tha: *"Tubohuni këtë dhe këtë ditë"*, kur edhe u tubuam, pastaj erdhi Pejgamberi s.a.v.s. dhe na mësoi atë që ia pat mësuar All-llahu duke thënë: *"Cilësdo grua që i vdesin tre fëmijë (të moshës jomadhore), ata do të jenë perde (mburojë) për te prej zjarrit të Xhehenemit."* Një grua pyeti: "E nëse i vdesin dy fëmijë?" I Dërguari i All-llahut u përgjigj: *"Edhe dy!"*

(Muttefekun alejhi)

MUSTEHAB ËSHTË NISJA NË UDHËTIM DITËN E ENJTE NË MËNGJES

Hadithi 963

Ka'b ibnu Maliku r.a. vërteton se Pejgamberi s.a.v.s. u nis në luftën e Tebukut ditën e enjte dhe ai dëshironte që të nisej për rrugë ditën e enjte.

(Muttefekun alejhi)

Në një rivajet në Sahihajn (të Buhariut dhe Muslimit) thuhet: "Vërtet, pak herë i Dërguari i All-llahut është nisur për rrugë përveç ditës së enjte."

Hadithi 964

Sahr bin Vadaate El-Gamidij Es-Sahabij r.a. thotë se Pejgamberi s.a.v.s. ka thënë: *"O Zoti im, bekoje umetin tim në mëngjeset e hershme!"* Pejgamberi s.a.v.s., kur e dërgonte patrullën apo ushtrinë, atë e bënte në fillim të ditës. Transmetuesi Sahr ishte tregtar dhe gjithnjë e niste karvanin e tregtisë në fillim të ditës dhe kështu u pasurua dhe fitoi shumë.

(Transmetojnë Ebu Davudi dhe Tirmidhiu dhe thonë: hadith hasen)

MUSTEHAB ËSHTË QË PËR RRUGË TË GJATA TË GJESH SHOK TË MIRË, E, NËSE UDHËTOHET NË GRUPE, TË ZGJIDHET UDHËHEQËSI

Hadithi 966

Amr ibn Shuajbl, nga gjyshi i tij përmes babait të tij, transmeton se Pejgamberi s.a.v.s. ka thënë: *"Një kalorës i vetëm është një shejtan (i humbur), dy kalorës janë dy shejtanë (të humbur), ndërsa tre kalorës janë udhëtarë."*

(Transmetojnë Ebu Davudi, Tirmidhiu dhe Nesaiu, hadith hasen)

251

Hadithi 967

Ebu Seidi dhe Ebu Hurejra r.anhuma tregojnë se Pejgamberi s.a.v.s. ka thënë: *"Kur tre veta nisen për në rrugë, le ta zgjedhin menjëherë njërin për prijës (udhëheqës) të vetin."*

(Transmeton Ebu Davudi me isnad të mirë - hadith hasen)

Hadithi 968

Ibnu Abbasi r.anhuma tregon se Pejgamberi s.a.v.s. ka thënë: *"Shoqëria më e mirë është prej katër vetave, çeta më e mirë është patrulla prej katërqind vetave, ndërsa ushtria më e mirë është prej katërmijë vetave. Dymbëdhjetëmijë ushtarë nuk mund të pësojnë disfatë prej grupeve të vogla."*

(Transmeton Ebu Davudi dhe Tirmidhiu dhe thotë hadith hasen)

PËR EDUKATËN E UDHËTIMIT, VENDOSJES DHE BUAJTJES GJATË UDHËTIMIT, ZGJEDHJEN E BASHKUDHËTARËVE DHE SHOQËRISË

Hadithi 969

Ebu Hurejra r.a. thotë se Pejgamberi s.a.v.s. ka thënë: *"Kur të udhëtoni nëpër kullosa, jepjani deveve atë që u takon prej tokës. Ndërsa kur të udhëtoni nëpër shkretëtirë, ngutuni të kaloni sa më shpejtë, para se të nxehë dielli; e nëse pushoni, largohuni nga rrugët, sepse ato janë rrugë të kafshëve të egra dhe vendstrehim i luanëve gjatë natës."*

(Transmeton Muslimi)

Hadithi 975

Enesi r.a. thotë: *"Ne, kur vendoseshim në ndonjë shtëpi, nuk faleshim derisa nuk i vendosnim sendet."*

(Transmeton Ebu Davudi sipas kushteve të Muslimit)

Hadithi 978

Xhabiri r.a. tregon se Pejgamberi s.a.v.s., kur vonohej për udhëtim, u ndihmonte të dobtëve, shoqërohej me ta dhe lutej për ta.

(Transmeton Ebu Davudi me isnad të vërtetë)

Ç'THUHET ME RASTIN E HIPJES MBI KAFSHËN KALËRUESE

All-llahu i Madhëruar thotë:

"I cili ju bën të mundshme të udhëtoni me lundra dhe kafshë. Që të vendoseni mbi to dhe që të kujtoni dhuntitë e Zotit tuaj e të thoni: 'Qoftë lavdëruar Ai, i Cili na i ka nënshtruar ato. Ne këtë nuk do të mund ta bënim'."

(ez-Zuhruf:12-14)

Hadithi 979

Ibnu Umeri r.anhuma tregon se Pejgamberi s.a.v.s., kur hipte në kafshën kalëruese të vet dhe nisej për rrugë, thonte tri herë: *"All-llahu ekber"*, e pastaj vazhdonte: *"Falënderimi i qoftë Atij që na e bëri këtë ruajtës të të cilit ne nuk jemi dhe ne do të kthehemi prapë te Krijuesi ynë. O Zoti im, të lutemi Ty në këtë udhëtim tonin për devotshmëri dhe mirësi, si dhe të bëjmë vepra të atilla prej të cilave Ti je i kënaqur. O Zoti im, lehtësona në këtë rrugë dhe shkurtona largësinë. O Zoti im, Ti je shoqërues yni në udhëtim dhe zëvendës yni në familje. O Zoti im, unë kërkoj ndihmë prej Teje nga vështirësitë e rrugës dhe prej të pamurit të dëshpëruar dhe prej kthesës në pasuri, në familje dhe fëmijë."* Pejgamberi s.a.v.s., kur kthehej, e përsëriste dhe shtonte: *"Ne kthehemi të penduar, robër dhe falënderues të Zotit tonë."*

(Transmeton Muslimi)

Hadithi 981

Ali ibni Rebiate thotë: "Isha i pranishëm kur Ali ibnu Ebu Talibi zuri një kalë që të hipë në të dhe, pasi e vuri këmbën e vet në zengjin tha: "Bismil-lahi", e kur u vendos mbi shpinën e tij, tha: "Falënderimi i qoftë All-llahut, që na krijoi këtë, pronar të së cilës ne nuk jemi e as ruajtës. Dhe ne vërtet do të kthehemi te Krijuesi ynë." Pastaj tha tri herë: "El-hamdulil-lah", tri herë: "All-llahu është më i Madhi!", e pastaj vazhdoi: "Lavdërimi të takon vetëm Ty, unë jam mizorues i shpirtit tim, më fal, sepse nuk ka falës përveç Teje." Pastaj qeshi dhe të pranishmit i thanë: "O prijës i besimtarëve, për se qeshe?" Ai u përgjigj: "E kam parë të Dërguarin e All-llahut duke vepruar kështu. Pastaj përsëri qeshi e unë i thashë: "O i Dërguari i All-llahut për se qesh? " Ai u përgjigj: *"Vërtet Krijuesit tënd i pëlqen kur robi thotë: "Falmi mëkatet", sepse ai e di se mëkatet nuk mund t'i falë askush tjetër."*

(Transmetojnë Ebu Davudi dhe Tirmidhiu, hadith hasen. Ky është teksti i Ebu Davudit)

TEKBIRET E UDHËTARIT NËPËR KODRINA DHE FALËNDERIMI NËPËR RRAFSHINA SI DHE NDALIMI I NGRITJES SË TEPËRT TË ZËRIT GJATË TEKBIREVE

Hadithi 982

Xhabiri r.a. thotë: "Ne thonim tekbire kur ngriteshim në kodrina, ndërsa falënderonim kur zbritnim në rrafshina."

(Transmeton Buhariu)

Hadithi 985

Ebu Hurejra r.a. tregon se një njeri ka thënë: "O i Dërguari i All-llahut, kam ndërmend të udhëtoj, prandaj më porosit diçka." Pejgamberi s.a.v.s. i tha: *"Të porosis takuallukun (frikën nga All-llahu) dhe të marrësh tekbire në çdo kodrinë."* Pasi njeriu shkoi,

Pejgamberi s.a.v.s. tha: *"O Zoti im, shkurtoja largësinë dhe lehtë-soja udhëtimin!"*

(Transmeton Tirmidhiu dhe thotë hadith hasen)

Hadithi 986

Ebu Musa El-Esh'ariu r.a. thotë: "Ishim me të Dërguarin e All-llahut në një udhëtim dhe çdo herë që i afroheshim ndonjë rrafshine, thoshim me zë: "La ilahe il-lall-llah, All-llahu ekber." Zëri ynë ngrihej lart. I Dërguari i All-llahut me një rast tha: *"O njerëz, frenoni vetveten, sepse ju nuk i luteni të shurdhëtit apo atij që nuk është i pranishëm. Ai është me ju. Ai dëgjon dhe është afër."*

(Muttefekun alejhi)

LUTJA NË RRUGË ËSHTË MUSTEHAB

Hadithi 987

Ebu Hurejra r.a. thotë se Pejgamberi s.a.v.s. ka thënë: *"Tri lutje (dua) janë të pranuara pa dyshim: lutja e atij mbi të cilin bëhet padrejtësi, lutja e udhëtarit (musafirit), si dhe lutja e prindit për fëmijën e vet."*

(Transmetojnë Ebu Davudi dhe Tirmidhiu dhe thonë hadith hasen. Në riva-jetin e Ebu Davudit ishte hequr fjala "uledihi" - për fëmijën e vet.)

SI DUHET TË VEPROHET ME RASTIN E ARDHJES NË NJË VEND PUSHIMI, SHTËPI, HOTEL ETJ.

Hadithi 989

Havla binti Hakimi r.a. thotë se e ka dëgjuar të Dërguarin e All-llahut duke thënë: *"Kush vendoset në një vend (banesë, pushimore, hotel, etj.) pastaj thotë: "Kërkoj mbështetje prej Fjalëve të përsosura të All-llahut nga e keqja (sherri) i të gjitha krijesave", nuk do ta dëmtojë asgjë, derisa të largohet prej atij vendi."*

(Transmeton Muslimi)

KTHIMI NË SHTËPI NGA UDHËTIMI, BRENDA MUNDËSISË, DITËN E JO NATËN

Hadithi 994

Enesi r.a. thotë: "Udhëtuam me të Dërguarin e All-llahut dhe, kur arritëm afër Medines, Pejgamberi s.a.v.s. tha: *"Ne jemi ata që me zemër dhe trup kthehemi, pendohemi (bëjmë teube), adhurojmë (bëjmë ibadet) dhe e falënderojmë Krijuesin tone."* Pejgamberi s.a.v.s. i përsëriste këto fjalë derisa arritëm në Medine."

(Transmeton Muslimi)

NDALOHET UDHËTIMI I GRUAS VETËM NË UDHËTIM TË GJATË

Hadithi 996

Ebu Hurejra r.a. thotë se Pejgamberi s.a.v.s. ka thënë: *"Nuk i lejohet një gruaje, e cila beson në All-llahun dhe në Ditën e Gjykimit, të marrë rrugë të gjatë prej një dite e një nate pa e shoqëruar një i afërm i familjes."*

(Muttefekun alejhi)

Hadithi 997

Ibnu Abbasi r.a. tregon se e ka dëgjuar të Dërguarin e All-llahut duke thënë: *"Assesi nuk duhet lënë vetëm një burrë me një grua, të cilën nuk e shoqëron një i afërm. Gruaja nuk duhet të udhëtojë pa të afërmin e saj."* Një njeri tha: "O i Dërguari i All-llahut, gruaja ime udhëton për në haxh, kurse unë jam i obliguar (i regjistruar) i përhershëm në këtë e këtë betejë."Pejgamberi s.a.v.s iu përgjigj: *"Shko dhe kryeje haxhin së bashku me gruan tënde!"*

(Muttefekun alejhi)

Hadithi 998

Ebu Umame r.a. thotë se e ka dëgjuar të Dërguarin e All-llahut duke thënë: *"Lexojeni Kur'anin, vërtet ai do të ndërmjetësojë Ditën e Gjykimit për të zotët e vet."*

(Transmeton Muslimi)

Hadithi 999

Nevvas bin Sem'ani r.a. thotë: "E kam dëgjuar të Dërguarin e All-llahut duke thënë: *"Ditën e Gjykimit do të vijë Kur'ani dhe të zotët e tij, të cilët vepronin sipas tij në këtë botë (dunja); u prijnë suret "El-Bekaretu" dhe "Ali imran", të cilat ndërmjetësojnë për shokun (lexuesin) e vet."*

(Transmeton Muslimi)

Hadithi 1000

Uthman ibnu Affani r.a. thotë se i Dërguari i All-llahut ka thënë: *"Më i miri prej jush është ai i cili mëson Kur'an dhe ia mëson atë dikujt."*

(Transmeton Buhariu)

Hadithi 1002

Ebu Musa El-Esh'ariu r.a. thotë se Pejgamberi s.a.v.s. ka thënë: *"Shembulli i besimtarit që lexon Kur'anin është sikurse shembulli i qitrës (etruxhxhetu): aroma e së cilës është e mirë dhe shijen e ka të mirë; shembulli i besimtarit që nuk e lexon Kur'anin është sikurse hurma (temretu): nuk ka erë, por shijen e ka të ëmbël; ndërsa shembulli i munafikut (hipokritit) që lexon Kur'anin është sikurse shembulli i krizantemës (lule vjeshte) (rejhanetu), aroma e së cilës është e mirë, ndërsa shija e idhët. Shembulli i* munafikut që nuk e lexon Kur'anin, është sikurse shembulli i kungullit të egër (handzaletu), që nuk ka aromë, kurse shijen e ka të idhët."

(Muttefekun alejhi)

Hadithi 1003

Umer ibnul Hattabi r.a. thotë se Pejgamberi s.a.v.s. ka thënë: *"Vërtet All-llahu me këtë Libër do t'i ngrejë disa popuj, ndërsa disa të tjerë do t'i degradojë."*

(Transmeton Muslimi)

Hadithi 1004

Ibnu Umer ibnul Hattabi r.a. tregon se Pejgamberi s.a.v.s. ka thënë: *"Nuk ka xhelozi vetëm në dy veta: Njeriut të cilit All-llahu ia ka dhënë Kur'anin dhe ai është me të ditë e natë dhe njeriut të cilit All-llahu i ka dhënë pasuri dhe ai atë e harxhon natë e ditë në bamirësi."*

(Muttefekun alejhi)

Hadithi 1005

Berra bin Azib r.anhuma thotë: "Ishte një njeri i cili lexonte suretul Kehf dhe tek ai ishte një kalë i lidhur me dy litarë. Në një moment zbriti një re dhe filloi t'i afrohet, ndërsa kali filloi të ikë prej saj. Pasi agoi, njeriu erdhi te Pejgamberi s.a.v.s. dhe i tregoi për atë që kishte ndodhur. Pejgamberi s.a.v.s. tha: *"Kjo është mëshirë, zbriti për hir të Kur'anit."*

(Muttefekun alejhi)

Hadithi 1008

Abdull-llah ibnu Amr ibnul Asi r.anhuma tregon se Pejgamberi s.a.v.s. ka thënë: *"Zotëruesit të Kur'anit do t'i thuhet: Lexo dhe hip lartë, lexoje ashtu si e ke lexuar në dynja. Vendi yt do të jetë te ajeti i fundit të cilin do ta lexosh."*

(Transmetojnë Ebu Davudi dhe Tirmidhiu dhe thotë hadith hasen sahih)

Hadithi 1009

Ebu Musa r.a. tregon se Pejgamberi s.a.v.s. ka thënë: *"Ruajeni këtë Kur'an, betohem në Atë që shpirti i Muhammedit është në duart e Tij, vërtet Kur'ani shpëton (harrohet) më shpejt sesa deveja e lidhur."*

(Muttefekun alejhi)

Hadithi 1010

Ibnu Umeri r.anhuma tregon se i Dërguari i All-llahut ka thënë: *"Vërtet shembulli i një hafidhi të Kur'anit, është sikurse shembulli i një deveje me këmbë të lidhura. Nëse gjithnjë e mban lidhur do ta ketë atë, e nëse e lëshon, do t'i shkojë."*

Kështu pra është edhe me hafidhin e Kur'anit, nëse gjithnjë e lexon do të mbetet hafidh i tij, përndryshe do ta harrojë.

(Muttefekun alejhi)

ZBUKURIMI I ZËRIT GJATË LEXIMIT TË KUR'ANIT

Hadithi 1011

Ebu Hurejra r.a. thotë se e ka dëgjuar të Dërguarin e All-llahut duke thënë: *"All-llahu nuk i lejon askujt atë që ia ka lejuar Pejgamberit, që me zë të bukur, të lartë e melodik ta lexojë Kur'anin."*

(Muttefekun alejhi)

Hadithi 1013

Berra bin Azibi r.anhuma thotë: "E kam dëgjuar Pejgamberin s.a.v.s. duke lexuar në namazin e jacisë *"Vettini. Vezzejtuni."* Unë nuk kam dëgjuar zë më të bukur se zërin e Pejgamberit s.a.v.s."

(Muttefekun alejhi)

Hadithi 1017

Ebu Seid El-Hudriu r.a. tregon se një njeri e ka dëgjuar një tjetër duke lexuar: *"Kul huvall-llahu ehad"*, të cilën sure e ka përsëritur. Pasi agoi, shkoi tek i Dërguari i All-llahut dhe i tregoi se ai e nënçmonte suretul "Ihlas." Pejgamberi s.a.v.s. i tha: *"Për Atë, në duart e të cilit është shpirti im. Kjo sure është e barabartë me një të tretën e Kur'anit."*

(Transmeton Buhariu)

Hadithi 1019

Ebu Hurejra r.a. tregon se Pejgamberi s.a.v.s. ka thënë se: *"'Kul huvAll-llahu ehad' është e barabartë me një të tretën e Kur'anit."*

(Transmeton Muslimi)

Hadithi 1024

Ebu Mes'ud El-Bedrijju r.a. tregon se Pejgamberi s.a.v.s. ka thënë: *"Kush i lexon dy ajetet e fundit të sures "Bekare" gjatë një nate, do t'i mjaftojnë."*

(Muttefekun alejhi)

Hadithi 1027

Ebu Hurejra r.a. thotë: "Më autorizoi Pejgamberi s.a.v.s. për ruajtjen e zekatit të Ramazanil (sadakai fitrit) dhe më erdhi një udhëtar, që filloi të marrë ushqim, e kapa dhe i thashë: "Gjithsesi do të të dërgoj tek i Dërguari i All-llahut!" Ai tha: "Unë jam i nevojshëm, unë kam familje dhe nevojë shumë të madhe." Unë e lejova të shkojë. Kur agoi, i Dërguari i All-llahut tha: *"O Ebu Hurejra, çka bëri dje robi me ty?"* Unë i thashë: "O i Dërguari i All-llahut, u ankua në nevojshmëri dhe familje, më është dhimbsur dhe për këtë e lashë të hyjë. Pejgamberi s.a.v.s. tha: *"Sa i përket atij, ai të ka gënjyer dhe prapë do të vijë.*" Pasi e dija se do të vijë prapë, sipas fjalëve të Pejgamberit s.a.v.s., unë e pritja. Erdhi dhe filloi të marrë ushqim. Unë i thashë: "Të dërgoj tek Pejgamberi s.a.v.s." Ai prapë tha: "Më lësho, unë jam i nevojshëm, kam shumë fëmijë dhe nuk do të vij tjetër here." Mu dhimbs dhe e lëshova të shkojë. Të nesërmen, i Dërguari i All-llahut më tha: *"O Ebu Hurejra, çka bëri me ty robi?"* Unë i thashë: "Ankohej se ka nevojë shumë të madhe dhe ka shumë fëmijë. Mu dhimbs dhe e lirova të shkojë." Pejgamberi s.a.v.s. më tha: *"Ai të ka gënjyer dhe përsëri do të kthehet."* E prita për të tretën herë kur erdhi të marrë ushqim. E kapa dhe i thashë: "Gjithsesi do të të dërgoj tek Pejgamberi s.a.v.s. Kjo është hera e tretë që ti thua se nuk do të kthehesh dhe prapë vjen." Ai më tha: "Liromë, sepse unë do t'i mësoj disa fjalë, të cilat do të sjellin dobi tek All-llahu." I thashë: "Cilat janë ato?" Ai më tha: "Kur të shkosh të flesh në shtratin tënd, lexoje ajeti Kursin deri në fund të ajetit: "All-llahu la ilahe il-la huvel hajjul kajjumu", All-llahu atë natë do të të ruajë dhe shejtani nuk do të të afrohet deri në agim. Për këtë e lejova të shkojë. Të nesërmen pas agimit, Pejgamberi s.a.v.s. më tha: *"Çka bëri robi me ty dje?"* Unë i thashë: "O i Dërguari i All-llahut, ai më premtoi se do të më mësojë disa fjalë me të cilat All-llahu do të më sjellë dobi, për këtë e lejova të shkojë." Pejgamberi s.a.v.s. më tha: *"Cilat janë ato fjalë?"* Unë i thashë se ai më tha: 'Kur të shkosh të flesh lexoje ajeti Kursin prej fillimit deri në fund të ajetit: "All-llahu la ilahe il-la huvel hajjul kajjumu", dhe më ka thënë se All-llahu do të më ruajë atë natë, dhe shejtani nuk do të mund të më afrohet derisa të zgjohem. Pejgamberi s.a.v.s. tha: *"Të ka thënë të vërtetën, edhe pse ai është gënjeshtar i madh. A e di se me kë ke biseduar tri ditë o Ebu Hurejre?"* Pasi unë i thashë jo, Pejgamberi s.a.v.s. më tha: *"Ai ishte shejtani!"*

(Transmeton Buhariu)

Hadithi 1030

Ebu Hurejra r.a. thotë se Pejgamberi s.a.v.s. ka thënë: *"Ata njerëz që tubohen në njërën prej shtëpive të All-llahut (xhami), që të lexojnë Librin e All-llahut dhe ta studiojnë në mes veti, do t'ju vijë atyre paqja (qetësia) e plotë e All-llahut dhe do t'i mbulojë mëshira e Tij, dhe melaqet do të kujdesen për sigurimin e tyre e All-llahu do t'i lavdërojë."*

(Transmeton Muslimi)

VLERA E ABDESTIT

All-llahu i Madhëruar në Kur'an thotë:

"O besimtarë! Kur të niseni të kryeni faljen (namazin), lani fytyrat tuaja dhe duart tuaja me gjithë bërryla, kurse kokën tuaj fërkojeni (bëni mes-h), edhe këmbët tuaja deri në zog të këmbës. Dhe nëse jeni të papastër (xhunub), atëherë pastrohuni! Por, nëse jeni të sëmurë ose në rrugë, ose në qoftë se keni kryer nevojë natyrore apo keni pasur marrëdhënie me gratë tuaja e nuk gjeni ujë, atëherë me duart tuaja prekni tokën e pastër, lëmoni fytyrat tuaja dhe duart tuaja. All-llahu nuk do t'u bëjë vështirësi, por do që t'ju pastrojë dhe t'ua plotësojë dhuntinë e vet që të jeni mirënjohës."

(el-Maide:6)

Hadithi 1032

Ebu Hurejra r.a. tregon: "E kam dëgjuar mikun tim s.a.v.s. duke thënë: *"Veshja solemne (rrobat dhe stolitë), e besimtarit do të arrijnë deri ku ka arritur abdesti."*

(Transmeton Muslimi)

Hadithi 1035

Ebu Hurejra r.a. thotë se Pejgamberi s.a.v.s. ka thënë: *"Kur merr abdest robi musliman (besimtari), kur ta lajë fytyrën e vet, prej fytyrës së tij del çdo mëkat që ka bërë duke shikuar me sytë e vet, këto mëkate bien së bashku me rënien e ujit ose me pikën e fundit të ujit. Ndërsa kur t'i lajë duart e veta, atëherë çdo mëkat i dorës bie me ujin ose me pikën e fundit të ujit të dorës. Kur t'i lajë këmbët, atëherë çdo mëkat i këmbës do të bie prej këmbës së bashku me ujin e abdestit, apo me pikën e fundit të ujit të abdestit nga këmba, kështu që kur të kryhet abdesti, mbetet i pastër prej mëkateve."*

(Transmeton Muslimi)

Hadithi 1037

Ebu Hurejra r.a. thotë se Pejgamberi s.a.v.s. ka thënë: *"A dë-shironi t'ju tregoj se me çka All-llahu i shlyen mëkatet e juaja dhe me çka i lartëson gradat tuaja?"* Të pranishmit i thanë: "Po, o i Dërguari i All-llahut!" Pejgamberi s.a.v.s. u tha: *"Marrja e abdestit edhe atëherë kur është vështirë, shkuarja e shpeshtë në xhami dhe pritja e namazit pas namazit. Kjo është fortifikatë, kjo është fortifikatë."*

(Transmeton Muslimi)

VLERA E EZANIT

Hadithi 1041

Muavija r.a. thotë se e ka dëgjuar Pejgamberin s.a.v.s. duke thënë: *"Muezinët do të jenë më qafëgjatët (më të pashmit) në Ditën e gjykimit."*

(Transmeton Muslimi)

Hadithi 1042

Abdull-llah ibni Abdurrahman bin Ebu Sa'asaa tregon se Ebu Seid El-Hudriu i ka thënë: "Unë të shoh ty që i do dhentë dhe shkretëtirën, kur të jesh me dhen në shkretëtirë dhe kur të thërrasësh ezanin për namaz, atëherë ngrije zërin. Vërtet çdokush që e dëgjon zërin e namazit, qoftë xhind, njeri ose diçka tjetër, do të bëhet dëshmitar Ditën e Gjykimit." Ebu Seidi pastaj tha: "Unë këtë e kam dëgjuar prej të Dërguarit të All-llahut."

(Transmeton Buhariu)

Hadithi 1043

Ebu Hurejra r.a. thotë se Pejgamberi s.a.v.s. ka thënë: *"Kur thirret ezani për namaz, atëherë shejtani lëshon një zë dhe ikën që të mos e dëgjojë ezanin. Dhe kur të përfundojë ezani, ai kthehet derisa të tubohen njerëzit për namaz dhe derisa të bëhet ikameti, atëherë u afrohet njerëzve dhe u pëshpërit: Përkujtoje këtë, përkujtoje atë, etj., gjë të cilën njeriu nuk do ta kishte përkujtuar pa namaz, kështu që njeriu nuk di sa ka falur."*

(Muttefekun alejhi)

Hadithi 1044

Abdull-llah ibni Amr ibni Asi r.anhuma thotë se e ka dëgjuar të Dërguarin e All-llahut duke thënë: *"Kur ta dëgjoni ezanin, thoni ashtu siç thotë muezini, e pastaj bini salavat për mua, sepse kush bie salavat për mua një herë, All-llahu i Madhëruar vetëm për atë salavat për mua, do të bije dhjetë salavate për të. Pas salavateve luteni All-llahun për mua për "vesile", e ai është vend i posaçëm në Xhenet, i cili i takon një robi prej robërve të All-llahut e shpresoj se ai rob do të jem unë. Ai i cili bën lutje (dua) për "vesile", unë do t'i bëhem atij ndërmjetës (shefaatxhi)."*

(Transmeton Muslimi)

264

Hadithi 1046

Xhabiri r.a. thotë se Pejgamberi s.a.v.s. ka thënë: *"Kush thotë pasi ta dëgjojë thirrjen (ezanin): "O Zoti im dhe Zot i kësaj thirr-jeje të përsosur dhe i namazit që do të falet, jepja Muhammedit "vasilen dhe fadilen", vend të posaçëm dhe përparësi dhe ringjalle atë në vendin më të famshëm, të cilin ia ke premtuar. Kush e thotë këtë do të jem shefaatxhi i tij në Ditën e Gjykimit."*

(Transmeton Buhariu)

Hadithi 1048

Enesi r.a. thotë se Pejgamberi s.a.v.s. ka thënë: *"Lutja (duaja) në mes ezanit dhe ikametit nuk kthehet."*

(Transmetojnë Ebu Davudi dhe Tirmidhiu dhe thonë hadith hasen)

RËNDËSIA E NAMAZIT

All-llahu i Madhëruar në Kur'an thotë:

"Namazi me të vërtetë të pengon nga amoraliteti dhe nga çdo gjë e keqe."

(el-Ankebut:45)

Hadithi 1049

Ebu Hurejra r.a. thotë se e ka dëgjuar të Dërguarin e All-llahut duke thënë: *"Çfarë mendoni, sikur të ishte një lumë para derës së njërit prej jush, në të cilin do të lahej çdo ditë nga pesë herë, a do të mbetej në të papastërti?"* Të pranishmit thanë: "Nuk do të mbe-tej asnjë papastërti." Pejgamberi s.a.v.s. atëherë tha: *"Ky është shembulli i pesë kohëve të namazit. All-llahu me faljen e namaze-ve i shlyen mëkatet."*

(Muttefekun alejhi)

Hadithi 1050

Xhabiri r.a. thotë se Pejgamberi s.a.v.s. ka thënë: *"Shembulli i pesë kohëve të namazit është sikurse një lumë i rrjedhshëm dhe i pastër para derës së njërit prej jush, në të cilin ai lahet pesë herë në ditë."*

(Transmeton Muslimi)

Hadithi 1051

Ibnu Mes'udi r.a. tregon se një njeri e kishte puthur një grua vetëm një herë dhe erdhi tek Pejgamberi s.a.v.s. që ta lajmërojë, i penduar për atë mëkat. Atëherë All-llahu e shpalli ajetin: *"**Fale namazin ditën dhe natën, vërtet punët e mira i shlyejnë punët e këqija.**"* Njeriu atëherë i tha Pejgamberit s.a.v.s.: "A vlen kjo për mua?" Pejgamberi s.a.v.s. iu përgjigj: *"Për mbarë umetin tim!"*

(Muttefekun alejhi)

Hadithi 1053

Nga Uthman bin Affani r.a. thuhet se e ka dëgjuar të Dërguarin e All-llahut duke thënë: *"Cili njeri prej muslimanëve kur hyn koha e rregullt e namazit, merr abdest e falë namazin me përpikëri të plotë duke i kryer të gjitha ruknet e tij, ky do të jetë keffaret (larje gabimi) për mëkatet e mëparshme, derisa të mos bëjë mëkate të mëdha. Kjo vlen në mënyrë të vazhdueshme."*

(Transmeton Muslimi)

VLERA E NAMAZIT TË SABAHUT DHE TË IKINDISË

Hadithi 1059

Burejde r.a. thotë se Pejgamberi s.a.v.s. ka thënë: "Kush e lë namazin e *ikindisë, i humb e tërë puna e tij.*"

(Transmeton Buhariu)

Hadithi 1060

Ebu Hurejra thotë se Pejgamberi s.a.v.s. ka thënë: *"Kush zgjohet herët dhe shkon në xhami, All-llahu do t'i përgatisë atij banesa në Xhenet, çdo herë që zgjohet herët dhe kur bie vonë."*

(Muttefekun alejhi)

Hadithi 1061

Ebu Hurejra r.a. tregon se Pejgamberi s.a.v.s. ka thënë: *"Kush pastrohet në shtëpinë e vet, e pastaj shkon në një shtëpi prej shtëpive të All-llahut (xhami), për ta kryer njërin prej farzeve të All-llahut, për çdo hap që bën i shlyhet një mëkat, ndërsa hapi pas tij ia lartëson gradën."*

(Transmeton Muslimi)

Hadithi 1062

Ubejj ibnu Ka'bi tregon se ishte njëri prej Ensarëve, e nuk e di se ndokush ishte më larg se ai prej xhamisë e kishte shtëpinë shumë larg xhamisë, por ai nuk e linte asnjë kohë të namazit pa e falur në xhami. Njerëzit i thonin: "Sikur ta kishe blerë një gomar me të cilin do të udhëtoje deri në xhami dhe anasjelltas, gjatë natës dhe në kohën kur bën vapë e madhe." Ai u tha: "Unë nuk dëshiroj që shtëpia ime të jetë afër xhamisë, unë dëshiroj që të më shkruhet udhëtimi im në xhami, si dhe të më shkruhet udhëtimi im kur të kthehem tek familja." I Dërguari i All-llahut tha: *"All-llahu të gjitha këto t'i ka bashkuar."*

(Transmeton Muslimi)

Hadithi 1063

Xhabiri r.a. thotë: "Hapësira rreth xhamisë në Medine ishte e zbrazët dhe fisi Benu Selime dëshironte të vendosej në afërsi të xhamisë. Për këtë mori vesh Pejgamberi s.a.v.s. dhe u tha: *"Jam informuar se ju dëshironi të vendoseni në afërsi të xhamisë?!"* Ata iu përgjigjën: "Është e vërtetë, o i Dërguari i All-llahut, ne këtë e dëshirojmë." Atëherë Pejgamberi s.a.v.s. u tha: *"O Beni Selma, rri-ni në shtëpitë tuaja, juve do t'ju shkruhet udhëtimi juaj, juve do t'ju shkruhet udhëtimi juaj! Për largësinë në mes shtëpive tuaja dhe xhamisë All-llahu do t'ju shpërblejë."* Ata i thanë: "Ne nuk i gëzoheshim transferimit."

(Transmeton Muslimi)

Buhariu e transmeton kuptimin e tij sipas rivajetit të Enesit.

Hadithi 1066

Ebu Hurejra r.a. tregon se i Dërguari i All-llahut ka thënë: *"A dëshironi t'ju tregoj se me çfarë All-llahu i shlyen mëkatet dhe me çfarë i lartëson derexhet?"* Të pranishmit i thanë: "Gjithsesi dëshi-rojmë, o i Dërguari i All-llahut." Pejgamberi s.a.v.s. atëherë u tha: *"Marrja e abdestit edhe kur është vështirë (bën kohë e ftohtë), shkuarja e shpeshtë në xhami, pritja e namazit pas namazit. Kjo është fortifikatë. Kjo është fortifikatë."*

(Transmeton Muslimi)

VLERA E PRITJES SË NAMAZIT

Hadithi 1070

Enesi r.a. tregon se Pejgamberi s.a.v.s. e ka vonuar faljen e namazit të jacisë një natë deri në mesnatë, e pasi e fali namazin u kthye me fytyrë nga ne dhe tha: *"Këta njerëz janë falur, kanë fjetur, por gjithnjë ishin në namaz, gjatë kohës së pritjes së na-mazit."*

(Transmeton Buhariu)

Hadithi 1073

Ebu Hurejra r.a. thotë: "Një njeri i verbër erdhi tek Pejgamberi s.a.v.s. dhe i tha: "O i Dërguari i All-llahut, unë nuk kam udhërrëfyes që më çon deri në xhami." E luti Pejgamberin s.a. v.s. që ta lirojë nga shkuarja në xhami dhe të falet në shtëpinë e vet. Pejgamberi s.a.v.s. e liroi nga shkuarja në xhami, dhe pasi ai ia ktheu shpinën, Pejgamberi s.a.v.s. e thirri dhe i tha: *"A e dëgjon ti thirrjen e ezanit për namaz?"* Njeriu i verbër u përgjigj: "Po, e dëgjoj!" Pejgamberi s.a.v.s. atëherë i tha: *"Përgjigjju thirrjes!"*

(Transmeton Muslimi)

NXITJA NË FALJEN E NAMAZIT TË SABAHUT DHE TË JACISË ME XHEMAT

Hadithi 1078

Uthman ibni Affani r.a. thotë: "E kam dëgjuar të Dërguarin e All-llahut duke thënë: *"Kush e fal namazin e jacisë me xhemat, është njësoj si ai që fal namaz vetëm deri në gjysëm të natës. Ndërsa ai, që e fal namazin e sabahut me xhemat, është njësoj si ai i cili është falur vetëm gjithë natën."*

(Transmeton Muslimi)

Në rivajetin e Tirmidhiut, Uthman bin Affani r.a. thotë se Pejgamberi s.a.v.s. ka thënë: *"Kush e fal namazin e jacisë me xhemat, është njësoj si ta ketë falur gjysmën e natës vetëm, ndërsa kush e fal namazin e jacisë dhe të sabahut me xhemat, është njësoj si të jet falur vetëm tërë natën."*

(Transmeton Tirmidhiu dhe thotë hadith hasen sahih)

Hadithi 1079

Ebu Hurejra r.a. thotë se Pejgamberi s.a.v.s. ka thënë: *"Sikur ta dinin se ç'vlerë kanë namazi i jacisë dhe i sabahut, ata do të vinin në xhami rrëshqanas."*

(Muttefekun alejhi)

Hadithi 1080

Ebu Hurejra r.a. thotë se Pejgamberi s.a.v.s. ka thënë: *"Nuk ka namaz më të rëndë për munafikët (hipokritët) se namazi i sabahut dhe i jacisë, e sikur ta dinin se çka ka në ta, do të vinin në xhemat, në këto dy namaze edhe rrëshqanas."*

(Muttefekun alejhi)

URDHRI PËR FALJEN E KOHËVE TË NAMAZIT DHE DËNIMI I ASHPËR PËR MOSKRYERJEN E TYRE

All-llahu i Madhëruar thotë:

"Ruani kohët e faljes si dhe atë të mesmen."

(el-Bekare:238)

All-llahu xh.sh. po ashtu thotë:

"E nëse pendohen, e kryejnë namazin dhe japin zeka-tin, lëshojuni rrugën."

(et-Tewbe:5)

Hadithi 1083

Ibnu Umeri r.anhuma thotë se Pejgamberi s.a.v.s. ka thënë: "Mua më është urdhëruar që të luftoj me njerëzit (me pabesimtarët), derisa të mos dëshmojnë se nuk ka Zot tjetër përveç All-llahut dhe se Muhammedi është i Dërguari i Tij (hyjninë e All-llahut dhe pejgamberinë e Muhammedit), si dhe derisa të mos falin namazin dhe të mos japin zekatin, e kur i kryejnë këto, atëherë gjaku dhe pasuria e tyre janë të sigurta, përveç sipas parimeve islame, ndërsa sa i përket sinqeritetit të tyre është çështje e Perëndisë."

(Muttefekun alejhi)

Hadithi 1084

Muadhi r.a. thotë: "Më dërgoi Pejgamberi s.a.v.s. në Jemen dhe më tha: *"Ti do të shkosh tek populli që është posedues i Librit (ehlul kitab). Thirri ata që të dëshmojnë se nuk ka Zot tjetër përveç All-llahut dhe se unë jam i Dërguari i Tij, e nëse binden në këtë, atëherë mësoi ata se All-llahu i ka detyruar me pesë kohë të namazit për çdo ditë dhe natë. Nëse binden në këtë, atëherë mësoi ata se All-llahu i ka detyruar me zekat (lëmoshë), e cila merret prej të pasurve të tyre dhe u jepet të varfërve. Nëse binden në këtë, atëherë ruaju vlerës së pasurisë së tyre, si dhe ruaju mallkimit të të shtypurit, sepse në mes të të shtypurit dhe All-llahut nuk ka perde."*

(Muttefekun alejhi)

Hadithi 1085

Xhabiri r.a. thotë: "E kam dëgjuar të Dërguarin e All-llahut duke thënë: *"Në mes njeriut, shirkut dhe kufrit është lënia e namazit."*

(Transmeton Muslimi)

Hadithi 1086

Burejde r.a. thotë se Pejgamberi s.a.v.s. ka thënë: *"Obligimi dhe zotimi në mes nesh dhe atyre është namazi, dhe ai që e lë atë ka bërë kufr."*

(Transmeton Tirmidhiu dhe thotë hadith hasen)

Hadithi 1087

Shekik ibni Abdull-llah, i cili ishte prej tabiinëve dhe ishte i njohur për përsosuri, thotë: "Shokët e Muhammedit s.a.v.s. nuk e shihnin (konsideronin) lënien e asnjë pune për kufr, përveç lënies së namazit."

(Transmeton Tirmidhiu me sened të vërtetë)

Hadithi 1089

Xhabir ibni Semure r.anhuma thotë: "Pejgamberi s.a.v.s. doli në mes nesh dhe tha: *"Pse nuk po i mbushni safat (radhët), ashtu siç radhiten melaqet ke Krijuesi i tyre?"* Ne i thamë: "O i Dërguari i All-llahut, po si radhiten melaqet në safe para Krijuesit të tyre?" Pejgamberi s.a.v.s. tha: *"I mbushin safet e para dhe i ngushtojnë safet në mes tyre."*

(Transmeton Muslimi)

Hadithi 1090

Ebu Hurejra r.a. thotë se Pejgamberi s.a.v.s. ka thënë: *"Sikur njerëzit ta dinin vlerën e ezanit dhe të safit të parë, ata nuk do të kishin mbetur pa hedhur short se kush do ta thirrë ezanin dhe kush do të ulet në safin e parë."*

(Muttefekun alejhi)

Hadithi 1091

Ebu Hurejra r.a. thotë se Pejgamberi s.a.v.s. ka thënë: *"Safi më i mirë tek meshkujt është safi i parë, ndërsa më i keqi te ta është i fundit. Ndërsa safi më i mirë tek femrat është safi i fundit, kurse më i keqi është safi i parë."*

(Transmeton Muslimi)

Hadithi 1092

Ebu Seid El-Hudriu r.a. tregon se Pejgamberi s.a.v.s. kishte vërejtur se disa as-habë vonoheshin prandaj iu tha atyre: *"Kaloni përpara dhe plotësojeni safin e parë, ndërsa safin pas jush le ta plotësojnë ata që vijnë pas jush. Derisa disa njerëz vonohen edhe All-llahu do t'i lërë ata prapa."*

(Transmeton Muslimi)

Hadithi 1095

Enesi r.a. thotë: "Ne u ngritëm që të falim namazin, ndërsa Pejgamberi s.a.v.s. u kthye me fytyrë nga ne dhe tha: *"Drejtoni safet dhe afrohuni njëri pranë tjetrit, sepse vërtet unë ju shoh pas shpine."*

(Rivajeti i Buhariut me fjalët e tij, ndërsa i Muslimit në këtë kuptim. Në një rivajet të Buhariut thuhet: "Krahu i çdonjërit ishte i ngjitur me krahun e tjetrit në saf, gjithashtu edhe këmbët.")

Hadithi 1096

Nu'man ibni Beshiri r.anhuma thotë: "E kam dëgjuar të Dërguarin e All-llahut duke thënë: *"Safet tuaja ose do t'i drejtoni, ose All-llahu do t'jua ndryshojë fytyrat juve."*

(Muttefekun alejhi)

Në një rivajet të Muslimit thuhet: "Pejgamberi s.a.v.s. i drejtonte safet tona, ashtu sikur drejtoheshin shigjetat, dhe kur e vërejti se ne e kemi kuptuar këtë, një ditë doli dhe kur kishte marrë qëndrimin të thotë *"All-llahu ekber"* vërejti një beduin të cilit i kishte dalë kraharori jashtë safit, atëherë tha: *"O robër të Zotit, ose do t'i drejtoni safet, ose All-llahu do t'i ndryshojë fytyrat tuaja, ose do të vërë përçarje mes jush."*

Hadithi 1099

Enesi r.a. thotë se Pejgamberi s.a.v.s. ka thënë: *"Ngjeshni safet tuaja, afrojeni safin njërin pranë tjetrit, qafat bëni paralel. Për Atë që shpirti im në duart e Tij është, unë e shoh djallin se si hyn nëpër zbrazëtirat e safeve, ashtu siç futet delja e zezë."*

(Hadithi është i vërtetë, e transmeton Ebu Davudi sipas kushteve të Muslimit)

Hadithi 1100

Enesi r.a. thotë se Pejgamberi s.a.v.s. ka thënë: *"Plotësojeni safin e parë, pastaj atë që vijon. Nëse duhet të ketë zbrazëti, të jetë në safin e fundit."*

(Transmeton Ebu Davudi me isnad hasen)

Hadithi 1106

Abdull-llah ibni Mugaffel r.a. thotë se Pejgamberi s.a.v.s. ka thënë: *"Ndërmjet dy ezaneve (në mes ezanit dhe ikametit) falet një namaz! Ndërmjet çdo dy ezaneve falet një namaz, ndërmjet dy ezaneve është një namaz."* Kur këtë e tha për të tretën herë, atëherë shtoi: *"Për atë që dëshiron."*

(Muttefekun alejhi)

VËRTETËSIA E DY REKATEVE TË SUNETIT TË SABAHUT

Hadithi 1107

Aishja r.anha thotë se: "Pejgamberi s.a.v.s. nuk i ka lënë katër rekate para namazit të drekës dhe dy rekate para namazit të sabahut."

(Transmeton Buhariu)

Hadithi 1109

Aishja r.anha thotë se Pejgamberi s.a.v.s. ka thënë: *"Dy rekatet e namazit të sabahut janë më të dobishme se kjo botë dhe çdo gjë që ka në të."*

(Transmeton Muslimi)

Hadithi 1110

Ebu Abdull-llah Bilal ibnu Rebbah, muezini i Pejgamberit s.a.-v.s., tregon se ka shkuar te i Dërguari i All-llahut për të thirrë ezanin e namazit të sabahut, por Aishja e angazhoi atë (Bilalin) me një punë tjetër, kështu që u gdhi shumë. Bilali u ngrit dhe e thirri ezanin e namazit të sabahut e pastaj edhe ezanin e dytë. Pejgamberi s.a.v.s. nuk doli, ndërsa kur doli u fal me njerëz. Bilali e informoi të Dërguarin e All-llahut se Aishja r.a. e kishte vonuar, duke e pyetur për një çështje, derisa agoi shumë, dhe ky ishte shkaku i vonimit të tij. Pejgamberi s.a.v.s. i tha: *"Unë vërtet i fala dy rekate të sabahut."* Bilali i tha: "O i Dërguari i All-llahut, ti je zgjuar shumë herët." Pejgamberi s.a.v.s. i tha: *"Sikur të zgjohesha edhe më herët sesa jam zgjuar, do t'i kisha falur dy rekate shumë më mirë dhe do t'i kisha zbukuruar."*

(Transmeton Ebu Davudi)

SHKURTIMI I DY REKATEVE TË SUNETIT TË SABAHUT

Hadithi 1113

Ibnu Umeri r.a. thotë se Pejgamberi s.a.v.s. i falte natën nga dy rekate, ndërsa me një rekat të vitrit e mbaronte nafilen e natës. I falte nga dy rekate sunet para farzit të sabahut, sikur ezanin ta kishte në vesh menjëherë pas ezanit.

(Muttefekun alejhi)

SUNETET E DREKËS

Hadithi 1122

Aishja r.anha thotë: "Pejgamberi s.a.v.s. i falte në dhomën time para farzit të drekës nga katër rekate, pastaj dilte dhe falte me xhemat farzin, pastaj prapë hynte në dhomën time dhe i falte dy rekate sunet. Kur e falte farzin e akshamit me xhemat, hynte në dhomën time dhe i falte dy rekate sunet. Kur e falte namazin e jacisë, hynte në dhomën time dhe i falte dy rekate nafile."

(Transmeton Muslimi)

Hadithi 1123

Ummi Habibe r.anha thotë se Pejgamberi s.a.v.s. ka thënë: *"Kush i fal katër rekate para namazit të drekës dhe katër rekate pas, All-llahu do ta ruajë atë prej zjarrit."*

(Transmetojnë Ebu Davudi dhe Tirmidhiu dhe thonë hadith hasen sahih)

Hadithi 1125

Aishja r.anha tregon se i Dërguari i All-llahut, nëse nuk i falte katër rekate para farzit të drekës për ndonjë arsye, ato i falte pas farzit.

(Transmeton Tirmidhiu dhe thotë hadith hasen)

MBI SUNETIN E AKSHAMIT PAS DHE PARA FARZIT

Hadithi 1130

Enesi r.a. thotë: "I kam vërejtur As-habët e vjetër dhe me autoritet të Pejgamberit s.a.v.s. se nxitonin për të falur nafile namazin para akshamit."

(Transmeton Buhariu)

Hadithi 1131

Enesi r.a. thotë: "Ne i falnim në kohën e Pejgamberit s.a.v.s. nga dy rekate pas perëndimit të diellit dhe para farzit të akshamit." Të pranishmit në këtë bisedë pyetën: "A i falte Pejgamberi s.a.v.s. nga dy rekate para farzit të akshamit?" Enesi u përgjigj: "Ai neve na ka parë duke u falë, dhe nuk na ka urdhëruar e as nuk na ka ndaluar."

(Transmeton Muslimi)

SUNETI I XHUMASË

Hadithi 1133

Ebu Hurejra r.a. thotë se Pejgamberi s.a.v.s. ka thënë: "Kur ndonjëri prej jush e fal namazin e xhumasë (farzin), le t'i falë pas tij katër rekate."

(Transmeton Muslimi)

MUSTEHAB ËSHTË FALJA E NAFILES NË SHTËPI

Hadithi 1135

Zejd ibnu Thabiti r.a. tregon se Pejgamberi s.a.v.s. ka thënë: "O njerëz, faluni në shtëpitë tuaja. Vërtet namazi më i vlefshëm është kur njeriu falet në shtëpinë e vet, përveç namazeve të detyruara (farz)."

(Muttefekun alejhi)

Hadithi 1137

Xhabiri r.a. thotë se Pejgamberi s.a.v.s. ka thënë: *"Kur ndokush prej jush e mbaron namazin e vet (farzin) në xhami, të llogaritë edhe për shtëpinë e vet një pjesë të namazit, sepse vërtet All-llahu do të bëjë mirë në shtëpinë e tij prej namazit të tij."*

(Transmeton Muslimi)

NXITJA PËR FALJEN E NAMAZIT TË VITRIT

Hadithi 1139

Aliu r.a. thotë: "Vitri nuk është porosi siç janë namazet e detyruara (namazet e obliguara ditore), por është vitr namaz, të cilin Pejgamberi s.a.v.s. e ka legalizuar, e ka bërë sunet të vetin dhe ka thënë: *"Vërtet All-llahu është vitr (një, i pashoq, i vetëm), dhe Ai e do tekun, prandaj faleni namazin e vitrit, o ju të zotët e Kur'anit!"*

(Transmetojnë Ebu Davudi dhe Tirmidhiu)

Hadithi 1141

Ibnu Umeri r.anhuma tregon se Pejgamberi s.a.v.s. ka thënë: *"Bëjeni namazin e fundit natën, vitr (tek)!"*

(Muttefekun alejhi)

Hadithi 1142

Ebu Seid El-Hudriu r.a. thotë se Pejgamberi s.a.v.s. ka thënë: *"Faleni namazin e vitrit para agimit të sabahut tuaj!"*

(Transmeton Muslimi)

NAMAZI I PARADITES - DUHASË

Hadithi 1147

Ebu Dherri r.a. tregon se Pejgamberi s.a.v.s. ka thënë: *"Për çdo mëngjes, për çdo nyjë tuajën jepet sadaka (lëmoshë). Çdo tesbih është sadaka, çdo tahmid është sadaka, çdo tahlil është sadaka, çdo tekbir është sadaka, urdhri për punë të mirë është sadaka, ndalimi i së keqes është sadaka. Për këtë shpërblehen me dy rekate, të cilat falen në namazin e paradites - duhasë."*

(Transmeton Muslimi)

Hadithi 1149

Ummi Hani Fahita Binti Ebu Talibi r.anha thotë: "Unë shkova tek i Dërguari i All-llahut në vitin e çlirimit të Mekkes, dhe e kam gjetur duke u pastruar (gusul). Pasi është pastruar i ka falur tetë rekate. Kjo ishte në kohën e paradites - duhasë."

(Muttefekun alejhi)

Hadithi 1153

Ebu Hurejra r.a. tregon se Pejgamberi s.a.v.s. i ka thënë Bilalit r.a.: *"O Bilal, më trego se cila punë të jep më shumë shpresë e të cilën e ke bërë në Islam? Vërtet unë e kam dëgjuar zhurmën e na-llaneve të tua para meje në Xhenet."* Bilali u përgjigj: "Punën të cilën e kam bërë dhe prej së cilës shpresoj fitimin më të madh është ajo se gjithmonë kur jam pastruar, kam marrë abdest, ditën a natën. Me atë abdest kam falur atë që më është urdhëruar ta fal."

(Muttefekun alejhi)

All-llahu xh.sh. thotë:

"Kur të kryhet namazi i xhumasë, atëherë shpërnda-huni nëpër tokë dhe kërkoni mirësinë e All-llahut dhe përmen-deni All-llahun shpesh, ndoshta do të shpëtoni."

(El-Xhuma: 10)

Hadithi 1156

Ebu HurejrA r.a. thotë se Pejgamberi s.a.v.s. ka thënë: *"Pesë namazet, xhumaja deri në xhuma, Ramazani deri në Ramazan e shlyejnë çdo gjë në mes tyre, nëse shmangen gabimet e mëdha."*

(Transmeton Muslimi)

Hadithi 1158

Ibnu Umeri r.a. thotë se i Dërguari i All-llahut ka thënë: *"Kur ndonjërit prej jush i vjen dita e xhuma, le të lahet."*

(Muttefekun alejhi)

Hadithi 1159

Ebu Seid El-Hudriu r.a. thotë se Pejgamberi s.a.v.s. ka thënë: *"Gusli (larja e përgjithshme e trupit) në ditën e xhuma, është detyrim për çdo musliman të rritur."*

(Muttefekun alejhi)

Hadithi 1160

Semure r.a. thotë se i Dërguari i All-llahut ka thënë: *"Kush merr abdest ditën e xhuma, është e mjaftueshme dhe e bukur, ndërsa ai që pastrohet në tërësi është edhe më mirë."*

(Transmetojnë Ebu Davudi dhe Tirmidhiu)

Hadithi 1163

Ebu Hurejra r.a. thotë se Pejgamberi s.a.v.s. ka mbajtur fjalim (hutbe) një ditë të xhuma dhe në të ka thënë: *"Në këtë ditë gjendet një moment (orë), nëse ai përputhet me një rob musliman duke u falur dhe ai kërkon diçka prej All-llahut, me të vërtetë ai do ta arrijë atë."* Pejgamberi s.a.v.s. dha shenjë me dorën e vet se janë pakë ata të cilët e shfrytëzojnë këtë."

(Muttefekun alejhi)

Hadithi 1164

Ebu Burde ibni Ebu Musa El-Esh'ariu r.a. thotë se Abdull-llah ibni Umeri r.anhuma ka thënë: "A e ke dëgjuar babanë tënd duke treguar se ç'ka thënë i Dërguari i All-llahut për vlerën e momentit të caktuar të ditës së xhuma?" Unë i thashë: "Po, e kam dëgjuar të Dërguarin e All-llahut duke thënë: *"Ai moment i vlefshëm është ndërmjet uljes së imamit dhe mbarimit të namazit."*

(Transmeton Muslimi)

All-llahu i Madhëruar thotë:

"Dhe një pjesë të natës kaloje i zgjuar duke u falur! Kjo është vetëm për ty. Ndoshta Zoti yt do të ringjallë në një vend të lavdëruar."

(el-Isra:79)

All-llahu xh.sh. thotë:

"Ata ngrihen nga shtrati dhe bëjnë ibadet natën."

(es-Sexhde:16)

All-llahu xh.sh. prapë thotë:

"Vetëm pak natën kanë fjetur."

(edh-Dharrijat:17)

Hadithi 1170

Salim ibni Abdull-llah ibni Umer ibni Hattab r.anhuma nga babai i vet Abdull-llahu transmeton se i Dërguari i All-llahut ka thënë: *"I mrekullueshëm është Abdull-llahu, vetëm sikur të falej edhe natën!"* Salimi r.a. thotë: "Pas kësaj, Abdull-llah ibni Umeri r.a. nuk flinte natën, vetëm pak."

(Muttefekun alejhi)

Hadithi 1175

Ebu Hurejra r.a. thotë se i Dërguari i All-llahut ka thënë: *"Agjërimi më i vlefshëm pas Ramazanit është agjërimi i muajit të All-llahut, Muharrem, ndërsa namazi më i vlefshëm pas farzeve është namazi i natës."*

(Transmeton Muslimi)

Hadithi 1176

Ibni Umeri r.anhuma thotë se Pejgamberi s.a.v.s. ka thënë: *"Namazi i natës është nga dy rekate, ndërsa nëse i fikësohesh sabahut, atëherë fale vitrin me një rekat."*

(Muttefekun alejhi)

Hadithi 1177

Ibnu Umrei r.anhuma thotë: "Pejgamberi s.a.v.s. falte natën gjithnjë nga dy rekate, ndërsa vitrin e falte vetëm një rekat."

(Muttefekun alejhi)

Hadithi 1180

Aishja r.anha thotë: "Pejgamberi s.a.v.s. nuk falte në Ramazan a jashtë tij më shumë se njëmbëdhjetë rekate. Falte katër rekate, e mos pyet për bukurinë dhe gjatësinë e tyre! Pastaj prapë falte katër rekate, e mos pyet për bukurinë dhe gjatësinë e tyre! Pastaj falte tre rekate. Unë i thashë: "O i Dërguari i All-llahut, a flen ti para se ta falësh namazin e vitrit?" Pejgamberi s.a.v.s. u përgjigj: *"Oj Aishe, sytë e mi flenë, por nuk flen zemra ime!"*

(Muttefekun alejhi)

Hadithi 1182

Ibnu Mes'udi r.a. thotë: "Jam falur me Pejgamberin s.a.v.s. një natë dhe ai qëndroi aq gjatë saqë mendova diçka të keqe." Të pranishmit e pyetën: "Ç'ke menduar?" Ibnu Mes'udi tha: "Mendova të ulem dhe të shkoj."

(Muttefekun alejhi)

Hadithi 1185

Abdull-llah ibni Amr ibnul Asi r.anhuma tregon se Pejgamberi s.a.v.s. ka thënë: *"Namazi më i dashur tek All-llahu është namazi i Davudit a.s., agjërimi më i dashur tek All-llahu është agjërimi i Da-*

vudit a.s. Ai flente gjysëm nate, një të tretën e kalonte në namaz, pastaj prapë flente një të gjashtën. Ai një ditë agjëronte, e një ditë hante."

(Muttefekun alejhi)

Hadithi 1188

Aishja r.anha thotë:"Pejgamberi s.a.v.s. kur çohej të falej gjatë natës, e fillonte namazin me dy rekate të shkurtra."

(Transmeton Muslimi)

Hadithi 1194

Ebu Hurejra r.a. thotë se i Dërguari i All-llahut ka thënë: *"Nëse ndonjëri prej jush çohet gjatë natës, dhe nëse në mënyrë të pakuptueshme dhe pa vetëdije i shkon Kur'ani nëpër gjuhë, dhe nuk di se ç'flet, atëherë le të shkojë të shtrihet në shtrat."*

(Transmeton Muslimi)

IBADETI I RAMAZANIT DHE NAMAZI I TERAVISË

Hadithi 1195

Ebu Hurejra r.a. tregon se Pejgamberi s.a.v.s. ka thënë: *"Kush i kalon netët e Ramazanit duke bërë ibadet, duke qenë i bindur në besimin islam dhe duke pasur qëllim të sinqertë, do t'i falen të gjitha gabimet e tij të mëparshme."*

(Muttefekun alejhi)

All-llahu i Madhëruar thotë:

"Vërtet ne e shpallëm atë (Kur'anin) natën e Kadrit."

(el-Kadr:1)

All-llahu xh.sh. prapë thotë:

"Ne atë e zbritëm në një natë të bekuar."

(ed-Duhan:3)

Hadithi 1197

Ebu Hurejra r.a. tregon se Pejgamberi s.a.v.s. ka thënë: *"Kush falet natën e Kadrit, duke qenë i bindur në besimin islam dhe ka qëllim të sinqertë, do t'i falen gabimet e tij të mëparshme."*

(Muttefekun alejhi)

Hadithi 1199

Aishja r.anha thotë se Pejgamberi s.a.v.s. në dhjetë ditët e fundit të Ramazanit bënte i'tikaf në xhami, mbyllej në të dhe thonte: *"Lypeni natën e Kadrit në dhjetë ditët e fundit të Ramazanit."*

(Muttefekun alejhi)

Hadithi 1202

Aishja r.anha thotë: "Pejgamberi s.a.v.s. bënte ibadet, nuk flente gjatë muajit të Ramazanit, bënte atë që nuk e bënte gjatë ditëve dhe muajve të tjerë. Ndërsa në dhjetë ditët e fundit bënte ibadet më shumë se ditëve të tjera."

(Transmeton Muslimi)

Hadithi 1203

Aishja r.anha tregon se ka thënë: "O i Dërguari i All-llahut, ç'ka mendon sikur unë të dija për një natë se ajo është nata e Kadrit, ç'ka duhet të them unë atë natë?" Pejgamberi s.a.v.s. i tha: *"Thuaj: "O Zoti im, Ti je Zoti i faljes, Ti e do faljen, falmë mua!"*

(Transmeton Tirmidhiu dhe thotë hadith hasen)

Hadithi 1205

Hudhejfeja r.a. thotë: "Pejgamberi s.a.v.s., kur çohej prej gjumi, e pastronte gojën e vet me misvak (furçë)."

(Muttefekun alejhi)

Hadithi 1206

Aishja r.anha thotë: "Ne i përgatitnim të Dërguarit të All-llahut misvakun e tij dhe ujin e pastër. Edhe atëherë kur All-llahu e zgjonte natën, ai e përdorte misvakun, merrte abdest dhe falej."

(Transmeton Muslimi)

Hadithi 1207

Enesi r.a. tregon se Pejgamberi s.a.v.s. ka thënë: *"Me të madhe ju porosis të përdorni misvakun (furçën e dhëmbëve)."*

(Transmeton Buhariu)

Hadithi 1210

Aishja r.anha thotë se Pejgamberi s.a.v.s. ka thënë: *"Misvaku (furça e dhëmbëve) është mjet për pastrimin e gojës dhe kënaqësi për Krijuesin."*

(Transmetojnë Nesaiu dhe Ibnu Huzejme)

Hadithi 1213

Ibnu Umeri r.anhuma tregon se Pejgamberi s.a.v.s. ka thënë: *"Mustaqet shkurtojini, kurse mjekrën lëreni!"*

(Muttefekun alejhi)

DETYRIMI I ZEKATIT, VLERA E TIJ DHE DISA GJËRA RRETH TIJ

All-llahu i Madhëruar thotë:

"Faleni namazin dhe jepeni zekatin!"

(el-Bekare:43)

All-llahu xh.sh. gjithashtu thotë:

"Por u qe urdhëruar ta adhurojnë vetëm All-llahun, që si besimtarë të sinqertë t'u rrëfejnë fenë, edhe të kryejnë të falurit, edhe të japin zekatin, e ajo është fe stabile."

(el-Bejjine:5)

All-llahu xh.sh. gjithashtu thotë:

"Merre zekatin nga pasuria e tyre që t'i pastrosh me të."

(et-Teube:103)

Hadithi 1214

Ibni Umeri r.anhuma thotë se i Dërguari i All-llahut ka thënë: *"Islami është ndërtuar prej pesë gjërave: Dëshmisë se nuk ka Zot tjetër përveç All-llahut dhe se Muhammedi s.a.v.s. është rob dhe i Dërguar i Tij, faljes së namazit, dhënies së zekatit, kryerjes së haxhit dhe agjërimit të Ramazanit."*

(Muttefekun alejhi)

Hadithi 1215

Talha bin Ubejdullahi thotë: "Erdhi një njeri prej Nexhdit te Pejgamberi s.a.v.s., i cili kishte flokë të dendur. Ne e dëgjonim zërin e tij, mirëpo nuk e kuptonim se ç'thonte, derisa iu afrua të Dërguarit të All-llahut dhe pyeti për Islamin. Pejgamberi s.a.v.s. i tha: *"Islami është pesë kohë të namazit ditën dhe natën."* Njeriu pyeti: "A jam i detyruar me diçka tjetër përveç këtyre?" Pejgamberi s.a.v.s. u përgjigj: *"Jo, vetëm nëse ti do në mënyrë vullneta-*

re." Pejgamberi s.a.v.s. pastaj tha: *"Agjërimi i Ramazanit."* Njeriu pyeti: "A kam detyrim tjetër përveç agjërimit?" Pejgamberi s.a.v.s. u përgjigj: *"Jo, përveç nafile."*

Transmetuesi përmend: "Pastaj Pejgamberi s.a.v.s. përmendi dhënien e zekatit. Njeriu pyeti: "A kam detyrim tjetër përveç zekatit?" Pejgamberi s.a.v.s. u përgjigj: *"Jo, vetëm nëse dëshiron vullnetarisht."* Njeriu u kthye prapa duke thënë: "Betohem në Zotin, se as nuk do të shtoj e as nuk do të mangësoj diçka prej këtyre." I Dërguari i All-llahut tha: *"Do të shpëtojë, nëse thotë të vërtetën."*

(Muttefekun alejhi)

Hadithi 1216

Ibnu Abbasi r.anhuma tregon se Pejgamberi s.a.v.s. e ka dërguar Muadhin r.a. në Jemen dhe i ka thënë: *"Thirri të dëshmojnë se nuk ka Zot tjetër përveç All-llahut dhe se unë jam i Dërguari i All-llahut, e nëse ata binden për këtë, atëherë informoji se All-llahu i ka obliguar me pesë kohët e namazit për çdo ditë dhe natë. Nëse binden edhe për këtë, atëherë informoji se All-llahu i ka obliguar me zekat, që do ta marrësh prej të pasurve të tyre, e do t'ua shpërndash të varfërve të tyre."*

(Muttefekun alejhi)

Hadithi 1217

Ibnu Umeri r.anhuma thotë se Pejgamberi s.a.v.s. ka thënë: *"Mua më është urdhëruar që t'i luftoj njerëzit (mushrikët – pabesimtarët), derisa të dëshmojnë se nuk ka Zot tjetër përveç All-llahut dhe se Muhammedi është i Dërguari i Tij, derisa të falin namazin dhe të japin zekatin. E kur e bëjnë këtë, atëherë është i lirë prej meje gjaku dhe pasuria e tyre, vetëm nëse atë nuk e kërkon ligji islam, e sa i përket shpërblimit të tyre është në kompetencën e All-llahut."*

(Muttefekun alejhi)

Hadithi 1218

Ebu Hurejra r.a. thotë: "Pasi i Dërguari i All-llahut është shpër-ngulur në ahiret (ka vdekur), Ebu Bekri u zgjodh zëvendës i tij. Populli i shkretëtirës (beduinët), shumica, e la besimin Islam. Atë-herë Umeri r.a. tha: "Si do t'i luftosh njerëzit, kur Pejgamberi s.a.v.s. ka thënë: *Më është urdhëruar që t'i luftoj njerëzit derisa të thonë: 'La ilahe il-lall-llah'. Kush e thotë këtë, është e lirë pasuria dhe shpirti i tij prej meje, përveç me hak, dhe llogaria e tij është në kompetencën e All-llahut."* Ebu Bekri atëherë tha: "Betohem në All-llahun, se unë me të vërtetë do ta luftoj çdokë, që e ndan namazin dhe zekatin. Zekati është detyrim i pasurisë. Beto-hem në All-llahun se nëse ata nuk e japin zekatin edhe të kërpeshit (frenit) të deveve, të cilin ia jepnin Pejgamberit s.a.v.s., do t'i luftoj për mosdhënien e tij." Umeri r.a. tha: "Betohem në All-llahun, se atëherë nuk kam parë asgjë tjetër vetëm se All-llahu e kishte hapur kraharorin e Ebu Bekrit për luftë dhe u binda se me të është e vërteta."

(Muttefekun alejhi)

Hadithi 1219

Ebu Ejjubi r.a. tregon se një njeri i ka thënë Pejgamberit s.a.v.s.: "Më trego për një vepër e cila më çon në Xhenet?" Atëherë Pejgamberi s.a.v.s. tha: *"Ta adhurosh All-llahun (T'i bësh ibadet), dhe të mos i bësh shok, të falësh namazin, të japësh zekatin dhe ta ndihmosh farefisin."*

(Muttefekun alejhi)

Hadithi 1222

Ebu Hurejra r.a. tregon se Pejgamberi s.a.v.s. ka thënë: *"Asnjë pronar i arit dhe i argjendit (të hollave), që nuk i përmbush detyrimet e veta, nuk do të mbetet në Ditën e Gjykimit pa u farku-ar me pllaka të zjarrta, që do të nxehen në zjarrin e Xhehenemit, dhe me të do të gërkohen anët e tij, balli, kraharori dhe shpina,*

288

dhe çdo herë që pllakat ftohen do të nxehen përsëri. Kjo do të jetë në ditën që do të zgjasë pesëdhjetë mijë vjet, në të cilën do të zbatohet gjykimi në mes njerëzve, robërve dhe kur do t'i tregohet çdokujt rruga për në Xhenet ose në Xhehenem." Të pranishmit thanë: "O i Dërguari i All-llahut, ç'ka do të bëhet me devetë, pasurinë e njeriut?" Pejgamberi s.a.v.s. tha: *"Edhe asnjë pronar i deves, që nuk i kryen detyrimet e veta, e prej tyre mjeljen e saj ditën kur ajo shkon të pijë ujë. Çdo pronar që nuk i kryen detyrimet e veta ndaj deves, në Ditën e Gjykimit do të shtrihet në një vend të rrafshtë dhe të gjerë, aq sa dy devetë e tij do të mund ta shkelin me thundrat dhe ta kafshojnë me dhëmbët e tyre. Kurdo që njëra prej tyre të kalojë mbi të, tjetra kthehet ke ai, dhe ky mundim do të zgjasë një ditë, gjatësia e së cilës është pesëdhjetë mijë vjet, derisa të mbarojë gjykimi në mes robërve, dhe kur do t'i tregohet çdokujt rruga për në Xhenet apo Xhehenem."* Të pranishmit thanë: "O i Dërguari i All-llahut, ç'ka do të bëhet me lopët dhe delet?" Pejgamberi s.a.v.s. tha: *"Çdo pronar i lopëve ose deleve, i cili nuk i kryen detyrimet e veta ndaj tyre, në Ditën e Gjykimit do të jetë i shtrirë në një vend të rrafshtë nga lopët dhe delet e veta, dhe ato me brirët e tyre do ta therin dhe me thundrat e tyre do ta shkelin, e në mesin e tyre nuk do të ketë me brinjë të kthyer prapa, apo pa brirë e as me brirë të thyer. Kurdo që të kalojnë të parat, menjëherë pas tyre vijnë dhe kalojnë të tjerat. Dhe kjo do të jetë në një ditë, e cila do të zgjasë pesëdhjetë mijë vjet, derisa t'u shqiptohen gjykimet robërve dhe derisa të mos u tregohet rruga për në Xhenet apo Xhehenem."* Të pranishmit thanë: "O i Dërguari i All-llahut, si do të veprohet me kuajt?" Pejgamberi s.a.v.s. u përgjigj: *"Kaloria ndahet në tri lloje: Për dikë do të jetë barrë, për dikë mbulesë dhe për dikë shpëtim. Sa i përket atij, për të cilin është barrë, është ai që i mban kuajt për shkak të namit, kryelartësisë apo garave kundër muslimanëve. Për të tillin kali është barrë... Sa i përket atij, për të cilin është mbulesë, është ai që mban kuaj në rrugën e All-llahut, dhe nuk i harron detyrimet ndaj All-llahut dhe kujdeset për ta. Për njeriun e këtillë, kali është*

mburojë nga zjarri i Xhehenemit... Sa i përket atij, për të cilin
është shpëtim, është ai, që mban kuajt për hir të All-llahut dhe
muslimanëve, i cili i kullot në livadhe dhe kopshte, gjithë atë që
kalorësit dhe kuajt e tyre e hanë në kullosa dhe ara, do të
shkruhet aq numër i të mirave. Gjithashtu për çdo shërbim të tyre,
të madh dhe të vogël, do të shkruhen të mira. Çdo kalim i distan-
cës dhe hipja mbi një e më shumë lartësira do t'i shkruhen të mira,
në numrin e gjurmëve dhe hedhurinave të tij. Çdo kthim i kalit nga
ana e pronarit në lumenj dhe burime, në të cilat i jep ujë, i
shkruhen të mira aq sa herë kali do të pijë ujë." Të pranishmit i
thanë: "O i Dërguari i All-llahut, e si do të jetë me gomarët?"
Pejgamberi s.a.v.s. tha: *"Mua nuk më është shpallë asgjë e
posaçme për gomarët, përveç ajetit të përgjithshëm e universal:
"Ai që punon mirë, sa grima - e sheh atë. Por, edhe kush punon
keq, sa grima - do ta shohë."* (ez-Zilzal:7-8)

(Muttefekun alejhi)

DETYRIMI I AGJËRIMIT TË RAMAZANIT DHE VLERA E TIJ

All-llahu i madhëruar thotë:

*"O besimtarë! Agjërimin e keni detyrë të detyrueshme, siç
e kishin detyrë edhe ata që ishin para jush, ndoshta do të
bëheni të devotshëm. Në ditë të caktuara me numër, por
ai nga ju i cili është i sëmurë ose në udhëtim - atëherë
tjera ditë me të njëjtin numër. Ndërsa ata që nuk mund ta
mbajnë - kompensimi është të ushqejë një varfënjak. Dhe
kush jep më tepër, vullnetarisht, ajo është mirë për të.
Por, të agjëroni është më mirë, ta dini."*

(el-Bekare:183-184)

Hadithi 1224

Ebu Hurejra r.a. thotë se i Dërguari i All-llahut ka thënë: *"Kush
i ndihmon dy shokë në rrugën e All-llahut, do të thirret nga të gji-*

tha dyert e Xhenetit: 'O rob i All-llahut, eja këtu, këtu është mi-rë." Kush është prej atyre që bëjnë namaz, do të thirret nga dera e namazit. Kush është luftëtar i xhihadit, do të thirret nga dera e xhihadit. Kush është prej atyre që agjërojnë, do të thirret nga dera Rejjan (Xhenet i posaçëm, në të cilin hyjnë ata që agjërojnë). Kush është prej atyre që japin sadaka (lëmoshë), do të thirret nga dera e sadakasë." Atëherë, Ebu Bekri r.a. tha: "O i Dërguari i All-llahut, je më i afërt se babai dhe nëna ime! Për atë që thirret prej atyre dyerve nuk do të ketë më mundime por do të jetë ndokush që do të thirret nga të gjitha ato dyer?" Pejgamberi s.a.v.s. tha: *"Po, dhe shpresoj që edhe ti do të jesh prej tyre!"*

(Muttefekun alejhi)

Hadithi 1225

Sehl ibni Sa'di r.a. thotë se Pejgamberi s.a.v.s. ka thënë: *"Vër-tet në Xhenet është një derë, e cila quhet Rejjan, nëpër të cilën do të hyjnë Ditën e Gjykimit vetëm ata që agjërojnë, nëpër atë derë të tjerët nuk do të hyjnë. Do të thirret në atë derë:"Ku janë agjë-ruesit?" Do të çohen agjëruesit dhe nuk do të mund të hyjë tjetër-kush nga kjo derë, e pasi të hyjnë agjëruesit dera do të mbyllet e nuk do të mund të hyjë askush tjetër."*

(Muttefekun alejhi)

Hadithi 1227

Ebu Hurejra r.a. thotë se Pejgamberi s.a.v.s. ka thënë: *"Kush e agjëron muajin e Ramazanit, duke qenë i bindur në besimin islam dhe duke i kryer obligimet islame, do t'i falen gabimet e tij të më-parshme."*

(Muttefekun alejhi)

Hadithi 1228

Ebu Hurejra r.a. thotë se i Dërguari i All-llahut s.a.v.s. ka thë-
në: *"Kur të vijë muaji i Ramazanit, hapen dyert e Xhenetit dhe
mbyllen dyert e Xhehenemit dhe shejtanët lidhen me zinxhir."*

(Muttefekun alejhi)

Hadithi 1229

Ebu Hurejra r.a. tregon se Pejgamberi s.a.v.s. ka thënë: *"Agjë-
roni me shikimin e Hënës dhe bëni bajram me shikimin e Hënës. E
nëse është vranësirë, atëherë plotësoni tridhjetë ditë të Shaba-
nit!"*

(Muttefekun alejhi)

Ky është teksti i Buhariut, ndërsa në rivajetin e Muslimit
shtohet: *"Nëse është vranët, atëherë agjëroni tridhjetë ditë!"*

BUJARIA DHE VEPRAT TJERA TË MIRA, HAJRATET GJATË MUAJIT TË RAMAZANIT E SIDOMOS DHJETË DITËVE TË FUNDIT

Hadithi 1230

Ibnu Abbasi r.anhuma thotë: "I Dërguari i All-llahut ishte njeriu
më bujar, në mënyrë të veçantë kur i vinte Xhibrili a.s. Xhibrili a.s.
i vinte Pejgamberit s.a.v.s. në Ramazan, çdo natë dhe me të studi-
onte Kur'anin. Vërtet kur Pejgamberi s.a.v.s. takohej me Xhibrilin,
ishte më bujar në veprat e mira sesa era që sjell shiun."

(Muttcfckun alejhi)

Hadithi 1231

Aishja r.anha thotë: "Kur vinin dhjetë ditët e fundit të Rama-
zanit, i Dërguari i All-llahut bënte ibadet natën dhe e çonte familj-
en e vet që të bëjnë ibadet, ndërsa dyshekun e vet me gjithë
mbulojë e paloste."

(Muttefekun alejhi)

Hadithi 1232

Ebu Hurejra r.a. thotë se Pejgamberi s.a.v.s. ka thënë: *"Në as-një mënyrë, asnjëri prej jush të mos e presë Ramazanin duke qenë agjërueshëm, një apo dy ditë, përveç nëse ai agjërues është person që e mban agjërimin e vet të rregullt. Në atë rast atë agjërim të rregullt mund ta agjërojë."*

(Muttefekun alejhi)

Hadithi 1234

Ebu Hurejra r.a. thotë se Pejgamberi s.a.v.s. ka thënë: *"Kur të mbetet edhe gjysma e muajit Sha'ban, atëherë mos agjëroni nafi-le!"*

(Transmeton Tirmidhiu dhe thotë hadith hasen sahih)

VLERA E SYFYRIT DHE VONIMI I TIJ NËSE NUK KA FRIKË PËR AGIMIN E MËNGJESIT

Hadithi 1237

Enesi r.a. thotë se Pejgamberi s.a.v.s. ka thënë: *"Çohuni në syfyr sepse vërtet në syfyr ka begati."*

(Muttefekun alejhi)

Hadithi 1238

Zejd ibnu Thabiti r.a. thotë: "Ne çoheshim në syfyr së bashku me të Dërguarin e All-llahut, e pastaj ngriheshim të falnim nama-zin." Njëri prej të pranishmëve pyeti: "Sa ishte intervali në mes sy-fyrit dhe sabahut?" Zejdi u përgjigj: "Sa pesëdhjetë ajete!"

(Muttefekun alejhi)

Hadithi 1239

Ibnu Umeri r.anhuma tregon se Pejgamberi s.a.v.s. i kishte dy muezinë: Bilalin dhe Ibni Ummi Mektumin. Për këtë Pejgamberi s.a.v.s. kishte thënë: *"Vërtet Bilali e thirr ezanin gjatë natës, hani dhe pini derisa ta thërrasë ezanin Ibnu Ummi Mektumi."*

Transmetuesi thotë: "Intervali në mes tyre ishte sa njëri zbriste e tjetri hipte në vendin ku thirrej ezani."

(Muttefekun alejhi)

VLERA E NXITIMIT TË IFTARIT

Hadithi 1243

Ebu Hurejra r.a. thotë se Pejgamberi s.a.v.s. ka thënë: *"All-llahu i Madhëruar ka thënë: "Robërit e mi më të dashur janë ata që nxitojnë në iftar."*

(Transmeton Tirmidhiu dhe thotë hadith hasen)

RRETH ÇËSHTJEVE TË AGJËRIMIT

Hadithi 1250

Ebu Hurejra r.a. thotë se Pejgamberi s.a.v.s. ka thënë: *"Kur ndonjëri prej jush harron dhe ha ose pi, mos ta ndërprejë, por ta vazhdojë agjërimin, sepse atë All-llahu xh.sh. e ka gostit me ushqim dhe ujë."*

(Muttefekun alejhi)

Hadithi 1251

Lekit ibni Sabire r.a. thotë: "Unë i kam thënë: 'O i Dërguari i All-llahut, më thuaj diçka për abdestin!' Pejgamberi s.a.v.s. u përgjigj: *"Merr abdest sipas rregullit, fërkoj gishtat në mes mirë, laje hundën deri në thellësi, përveç atëherë kur je agjërueshëm!"*

(Transmetojnë Ebu Davudi dhe Tirmidhiu dhe thonë: hadith hasen sahih)

Hadithi 1252

Aishja r.anha thotë: "Të Dërguarin e All-llahut e zinte agimi, e ai ishte xhunub (i obliguar të lahej), pastaj lahej dhe agjëronte."

(Muttefekun alejhi)

Hadithi 1253

Aishja dhe Ummi Selema r.anhuma kanë thënë: "E zinte agimi të Dërguarin e All-llahut xhunub, pa parë ëndërr, pastaj agjëronte."

(Muttefekun alejhi)

VLERA E AGJËRIMIT NË MUAJT MUHARREM, SHA'BAN DHE NË MUAJT E NDALUAR

Hadithi 1254

Ebu Hurejra r.a. thotë se Pejgamberi s.a.v.s. ka thënë: "*Agjërimi më i vlefshëm pas Ramazanit, është në muajin e All-llahut, Muharrem, kurse namazi më i vlefshëm pas farzeve është namazi i natës.*"

(Transmeton Muslimi)

Hadithi 1256

Muxhibete El-Bahilijete, nga babai i saj ose xhaxhai transmeton se ai njëri prej tyre kishte shkuar te Pejgamberi s.a.v.s., mirëpo kishte munguar një kohë dhe kishte shkuar pas një viti. Gjatë kësaj kohe gjendja e tij kishte ndryshuar dukshëm, dhe ai tha: "O i Dërguari i All-llahut, a më njeh?" Pejgamberi s.a.v.s. ia ktheu: "*Kush je ti?*" Ky iu përgjigj: "Unë jam Bahiliu, që isha te ti vitin e kaluar." Pejgamberi s.a.v.s. atëherë i tha: "*Ç'të ka ndryshuar, ishe i bukur?*" Ky atëherë i tha: "Prej momentit që jam ndarë prej teje, asgjë nuk kam ngrënë ditën, por vetëm natën." I Dërguari i All-llahut i tha: "*Ti e ke munduar vetveten!*" Pastaj e këshilloi: "*Agjëroje muajin e sabrit (durimit) dhe nga një ditë për çdo muaj!*"

Njeriu i tha: "Më shto mua sepse unë kam fuqi për agjërim!" Pejgamberi s.a.v.s. ia ktheu: *"Agjëro dy ditë!"* Bahiliu i tha: "Më shto edhe më shumë!" Pejgamberi s.a.v.s. i tha: *"Agjëro tri ditë!"* Ai prapë i tha: "Shto!" Pejgamberi s.a.v.s. atëherë i tha: *"Agjëro prej muajve të mëdhenj: Muharrem, Rexheb, Dhul Ka'de dhe Dhul-hixh-xhe. Pastaj pusho, pastaj agjëro, pastaj pusho, pastaj agjëro dhe pastaj pusho së agjëruari!"* Pejgamberi s.a.v.s. me tre gishtat e vet dha shenjë nga tri ditë."

Muaji i sabrit është muaji i Ramazanit.

(Transmeton Ebu Davudi)

VLERA E AGJËRIMIT DHE TË TJERAVE NË DITËT E PARA TË MUAJIT DHUL-HIXH-XHE

Hadithi 1257

Ibnu Abbasi r.anhuma thotë se i Dërguari i All-llahut ka thënë: *"Nuk ka ditë, në të cilën veprat e mira janë më të dashura tek All-llahu sesa këto ditë. Ato janë: dhjetë ditët e muajit Dhul-hixh-xhe."* Të pranishmit pyetën: "O i Dërguari i All-llahut, e as xhihadi në rrugë të All-llahut?" Pejgamberi s.a.v.s. u përgjigj: *"As xhihadi në rrugë të All-llahut, përveç nëse njeriu del vet dhe me pasurinë e vet, dhe nuk kthehet me asgjë."*

(Transmeton Buhariu)

VLERA E AGJËRIMIT DITËN E AREFATIT, DITËN E ASHURASË DHE DITËN E NËNTË TË MUAJIT MUHARREM

Hadithi 1258

Ebu Katade thotë: "E pyetën as-habët të Dërguarin e All-llahut për agjërimin ditën e Arefatit, e ai tha: *"Agjërimi i Arefes i shlyen mëkatet e vitit të kaluar dhe të vitit që ka ngelur."*

(Transmeton Muslimi)

Hadithi 1259

Ibnu Abbasi r.anhuma thotë se Pejgamberi s.a.v.s. ka agjëruar ditën e Ashurasë dhe ka urdhëruar agjërimin e kësaj dite.

(Muttefekun alejhi)

Hadithi 1260

Ebu Katade r.a. thotë se as-habët e kanë pyetur të Dërguarin e All-llahut për agjërimin e ditës së Ashurasë, e ai ka thënë: *"Agjërimi i ditës së Ashurasë i shlyen mëkatet e vitit të kaluar."*

(Transmeton Muslimi)

Hadithi 1261

Ibnu Abbasi r.anhuma thotë se i Dërguari i All-llahut ka thënë: *"Nëse mbetem gjallë deri në vitin e ardhshëm, me siguri do ta agjëroj ditën e nëntë të muajit Muharrem."*

(Transmeton Muslimi)

MUSTEHAB ËSHTË AGJËRIMI I GJASHTË DITËVE TË MUAJIT SHEVVAL

Hadithi 1262

Ebu Ejjubi r.a. thotë se i Dërguari i All-llahut ka thënë: *"Kush e agjëron Ramazanin, e pastaj e përcjell edhe me gjashtë ditë të muajit Shevval, do të jetë sikur të kishte agjëruar tërë jetën."*

(Transmeton Muslimi)

MUSTEHAB ËSHTË AGJËRIMI I DITËS SË HËNË DHE TË ENJTE

Hadithi 1264

Ebu Hurejra r.a. thotë se Pejgamberi s.a.v.s. ka thënë: *"Veprat ekspozohen ditën e Hënë dhe ditën e Enjte, dëshiroj që të ekspozohet vepra ime e unë jam agjërueshëm."*

(Transmeton Tirmidhiu dhe thotë hadith hasen)

Muslimi e përmend këtë por pa fjalën agjërim.

Hadithi 1265

Aishja r.anha thotë: "I Dërguari i All-llahut me qëllim kujdesej të agjërojë ditën e Hënë dhe ditën e Enjte."

(Transmeton Muslimi)

AGJËRIMI I TRI DITËVE TË ÇDO MUAJI ËSHTË MUSTEHAB

Hadithi 1266

Ebu Hurejra r.a. thotë: "Miku im s.a.v.s. më ka porositur për tri gjëra: *"Agjërimin e tri ditëve për çdo muaj, faljen e dy rekateve të namazit të duhasë dhe faljen e namazit të vitrit para se të shkoj të flej."*

(Muttefekun alejhi)

Hadithi 1267

Ebu Derdai r.a. thotë: "I dashuri im s.a.v.s. më ka porositur për tri gjëra, të cilat nuk do t'i lë asnjëherë derisa të jem gjallë: Agjërimin e tri ditëve për çdo muaj, faljen e namazit të paradrekës (Salatu-d-Duha), dhe të mos shkoj të fle pa e falur namazin e vitrit."

(Transmeton Muslimi)

Hadithi 1270

Ebu Dherri r.a. thotë se i Dërguari i All-llahut ka thënë: *"Kur të agjërosh tri ditë për çdo muaj, atëherë agjëro të trembëdhjetën, të katërmbëdhjetën dhe të pesëmbëdhjetën ditë."*

(Transmeton Tirmidhiu)

Hadithi 1272

Ibnu Abbasi r.anhuma thotë: *"I Dërguari i All-llahut agjëronte e nuk hante gjatë ditëve të bardha, kur qëndronte në shtëpi, e as gjatë udhëtimit."*

(Transmeton Nesaiu)

VLERA E PËRGATITJES SË IFTARIT DHE LUTJA PËR TË ZOTIN E SHTËPISË

Hadithi 1275

Enesi r.a. tregon se Pejgamberi s.a.v.s. ka shkuar te Sa'd ibnu Ubadete dhe ky i ka sjellë bukë dhe vaj, prej së cilës ka ngrënë i Dërguari i All-llahut, e pastaj ka thënë: *"Kanë bërë iftar te ju agjë-ruesit, kanë ngrënë te ju të devotshmit dhe mirëbërësit dhe janë falur për ju engjëjt."*

(Transmeton Ebu Davudi)

Hadithi 1276

Ibnu Umeri r.anhuma thotë: "I Dërguari i All-llahut bënte i'tikaf në dhjetë ditët e fundit të muajit Ramazan."

(Muttefekun alejhi)

Hadithi 1277

Aishja r.anha thotë se Pejgamberi s.a.v.s. bënte i'tikaf në dhjetë ditët e fundit të muajit Ramazan, derisa ndërroi jetë, pastaj bënin i'tikaf gratë e tij pas vdekjes së tij s.a.v.s..

(Muttefekun alejhi)

All-llahu i Madhëruar thotë:

"Vizita Ka'bes, për hir të All-llahut, për atë që ka mundë-si ta marrë këtë udhë ëshë detyrim, e kush nuk beson, ani, All-llahu me siguri nuk është i varur prej askujt."

(Ali Imran, 97)

Hadithi 1279

Nga Ibni Umeri r. anhuma transmetohet se i Dërguari i All-llahut ka thënë: *"Islami ngrihet mbi pesë (shtylla): në dëshmimin se nuk ka Zot tjetër përveç All-llahut dhe se Muhammedi është i Dërguar i All-llahut, në kryerjen e namazit, dhënien e zekatit, vizitën rreth Ka'bes dhe në agjërimin e Ramazanit."*

(Muttefekun alejhi)

Hadithi 1280

Nga Ebu Hurejra transmetohet të ketë thënë: I Dërguari i All-llahut na ka mbajtur një hutbe, me ç'rast ka thënë: *"O njerëz!, vërtet All-llahu ua ka bërë obligim juve haxhin, prandaj kryjeni."* Një njeri ka thënë: "A për çdo vit, o i Dërguari i All-llahut?" I Dër-guari i All-llahut heshti, kurse ai njeri tri herë e përsëriti pyetjen. Atëherë i Dërguari i All-llahut tha: *"Sikur të thosha "po", atëherë sigurisht do të ishte detyrim i domosdoshëm për çdo vit, por ju këtë nuk do të mundni."* Pastaj ka thënë: *"Më lini me atë që u kam lënë juve, sepse para jush shumë kanë pësuar për shkak të pyetjeve të shumta dhe për shkak të kundërvënies pejgamberëve të tyre. Kur t'ju urdhëroj diçka, atëherë atë kryejeni, nëse keni mundësi, por kur t'ju ndaloj diçka, atëherë atë lëreni!"*

(Transmeton Muslimi)

Hadithi 1283

Nga Ebu Hurejra r.a. transmetohet se i Dërguari i All-llahut ka thënë: *"Mëkatet e vogla të bëra ndërmjet dy umreve janë të falura. Kurse për haxhin e pranuar, nuk ka shpërblim tjetër përveç Xhenetit."*

(Muttefekun alejhi)

Hadithi 1284

Nga Aishja r. anha transmetohet të ketë thënë: "I kam thënë: "O i Dërguari i All-llahut, xhihadin e konsiderojmë si vepër më të mirë, andaj a nuk do të bëjmë xhihad?" Muhammedi s.a.v.s. i ka thënë: *"Vërtet për ju xhihadi më i vlefshëm është haxhi i pranuar."*

(Transmeton Buhariu)

Hadithi 1285

Nga Aishja r. anha transmetohet se i Dërguari i All-llahut s.a.v.s. ka thënë: *"Nuk ka ditë në të cilën All-llahu liron robër më shumë nga zjarri, se në ditën e Arefatit."*

(Transmeton Muslimi)

Hadithi 1286

Nga Ibni Abbasi r. anhuma transmetohet se Pejgamberi s.a.v.s. ka thënë: *"Një umre në Ramazan është e barabartë me një haxh apo me një haxh me mua."*

(Muttefekun alejhi)

Hadithi 1287

Nga Ibni Abbasi r. anhuma transmetohet se një grua tha: "O i Dërguari i All-llahut, vërtet obligimi i All-llahut ndaj robërve të Tij me haxh, e ka arritur babanë tim plak me pleqëri të thellë, sa nuk mund të qëndrojë në mjetin e tij transportues, prandaj a mund ta kryej unë haxhin për të?" Muhammedi s.a.v.s. ka thënë: *"Po!"*

(Muttefekun alejhi)

Hadithi 1288

Nga Lekit b. Amiri r.a. transmetohet se ai ka ardhur te Pej-gamberi s.a.v.s. dhe ka thënë: "Vërtet babai im është mjaft i vjetër, nuk mund ta kryejë haxhin, umren e as të udhëtojë. Pejga-mberi s.a.v.s. ka thënë: *Kryeje për të haxhin dhe umren.*"

(Ebu Davudi dhe Tirmidhiu, i cili thotë se ky është hadith hasen sahih)

Hadithi 1289

Nga Saib b. Jezidi r.a. transmetohet të ketë thënë: "Mua më kanë dërguar në haxh me të Dërguarin e All-llahut s.a.v.s. në haxhin lamtumirës, kur unë kam qenë shtatë vjeç."

(Transmeton Buhariu)

Hadithi 1291

Nga Enese r.a. transmetohet se ka thënë: "I Dërguari i All-llahut s.a.v.s. e ka kryer haxhin në samarin e kafshës ngarkuese me rroba e ushqim."

(Transmeton Buhariu)

All-llahu xh.sh. ka thënë:

"Numri i muajve të All-llahut është dymbëdhjetë, në Librin e All-llahut, prej ditës që krijoi qiejt dhe tokën, e nga këta, katër janë të shenjtë. Ajo është fe e qëndrueshme. Në këto mos bëni mëkate dhe luftoni kundër idhujtarëve, pa përjashtim, siç luftojnë ata të gjithë kundër jush, dhe ta dini se All-llahu është në anën e atyre, të cilët i frikohen All-llahut."

(et-Tewbe. 36)

"Ju caktohet lufta (ju ngarkohet si detyrë) edhe pse e urreni atë. Ju ndoshta urreni ndonjë gjë, por ajo është e mirë për ju, ndoshta dëshironi diçka që është e keqe për ju. All-llahu e di, por ju nuk e dini."

(el-Bekare, 216)

"Dilni në luftë, qofshi të dobët a të fortë, dhe luftoni për hir të All-llahut me mish e me shpirt. Nëse e dini, kjo është më mirë."

(et-Tewbe, 41)

"All-llahu ka blerë nga besimtarët shpritrat dhe pasuritë e tyre me Xhenet - ata do të luftojnë për hir të All-llahut dhe do të vrasin e do të vriten. Ai këtë ua ka premtuar me siguri në Tevrat dhe Inxhil edhe në Kur'an - pra, kush i plotëson premtimet e veta më mirë se All-llahu? Pandaj gëzojuni pazarllëkut që e keni bërë me Të, Ai është shumë i madh."

(et-Tewbe, 111)

"Besimtarët të cilët nuk luftojnë - përveç atyre që janë të paaftë për luftë - nuk janë të barabartë me ata që luftojnë në rrugë të All-llahut me pasigurinë dhe jetën e vet. Ata që luftojnë, te All-llahu janë në shkallë më të lartë. All-llahu të gjithëve u ka premtuar mirësi. All-llahu do t'u japë luftëtarëve, jo atyre që nuk luftojnë, shpërblim të madh. Shpërblime të larta prej Tij dhe falje e mëshirë. - All-llahu është shumë i mëshirshëm dhe fal."

(en-Nisa, 95 dhe 96)

"O besimtarë! A doni t'ju udhëzoj në një tregti që do t'ju shpëtojë nga vuajtja e dhembshme."

(es-Saff, 10)

Ajetet kur'anore për këtë temë janë të shumta dhe të njohura. Sa u përket haditheve për vlerën e xhihadit, ato janë më shumë se ato që do t'i përmendim, sikur që vijojnë:

Hadithi 1293

Nga Ebu Hurejra r.a. transmetohet se ka thënë: Është pyetur i Dërguari i All-llahut, cila vepër është më e vlefshme? Ka thënë: *"Besimi në All-llahun dhe në të Dërguarin e Tij."* I është thënë: "Pastaj cila është?" Ka thënë. *"Xhihadi në rrugën e All-llahut."* I është thënë: "Pastaj cila është?" Ka thënë: *"Haxhi i pranuar."*

(Muttefekun alejhi)

Hadithi 1295

Nga Ebu Dherri r.a. transmetohet se ka thënë: I kam thënë: "O i Dërguari i All-llahut, cila vepër është më e vlefshme?" Tha: *"Besimi në All-llahun dhe xhihadi në rrugën e All-llahut."*

(Muttefekun alejhi)

Hadithi 1296

Nga Enesi r.a. transmetohet se i Dërguari i All-llahut s.a.v.s. ka thënë: *"Një ecje e mëngjesit apo një ecje e mbrëmjes në rrugën e All-llahut është më e mirë se bota dhe çdo gjë në të."*

(Muttcfckun alejhi)

Hadithi 1297

Nga Ebu Se'id el-Hudriju r.a. transmetohet të ketë thënë: Erdhi një njeri te i Dërguari i All-llahut s.a.v.s. dhe tha: "Cilët njerëz janë më të vlefshëm?" Pejgamberi s.a.v.s. ka thënë: *"Njeriu më i vlefshëm është besimtari që lufton me vetveten dhe pasurinë* e tij në rrugën e All-llahut." Ai njeriu atëherë ka thënë: "Pastaj kush?" Ka thënë: *"Pastaj besimtari që në një prej grykave malore e adhuron All-llahun, duke ikur prej njerëzve me të këqijat e tij."*

(Muttefekun alejhi)

Hadithi 1298

Nga Sehl b. sa'di r.a. transmetohet se i Dërguari i All-llahut s.a.v.s. ka thënë: *"Qëndrimi njëditor në rrugën e All-llahut është më i vlefshëm se bota dhe çdo gjë në të. Një vend i juaj në Xhenet është më i vlefshëm se bota dhe çdo gjë në të. Qëndrimi njëmbrëmësh apo njëditor i robit në rrugën e All-llahut të Madhëruar është më i vlefshëm se bota dhe çdo gjë në të."*

(Muttefekun alejhi)

Hadithi 1299

Nga Selmani r.a. transmetohet se ka thënë: "E kam dëgjuar të Dërguarin e All-llahut s.a.v.s. duke thënë: *"Qëndrimi njëditor apo njënatësh në fushëbetejë është më i mirë se agjërimi mujor dhe falja në të. Nëse luftëtari vdes në fushëbetejë, do të shpërblehet për veprat të cilat do t'i bënte gjatë luftës, dhe do të shpërblehet për punën e tij rreth furnizimit dhe do të sigurohet nga sprovat e varrit."*

(Transmeton Muslimi)

Hadithi 1301

Nga Uthmani r.a. transmetohet të ketë thënë: "E kam dëgjuar të Dërguarin e All-llahut duke thënë: *"Qëndrimi njëditor në rrugën e All-llahut është më i mirë se një mijë ditë tjera shtëpiake."*

(Tirmidhiu thotë se ky është hadith hasen sahih)

Hadithi 1303

Nga Ebu Hurejra r.a. transmetohet se i Dërguari i All-llahut s.a.v.s. ka thënë: *"Çdo i plagosur në rrugën e All-llahut do të vijë Ditën e Gjykimit, kurse nga plaga e tij do të rrjedhë gjak. Gjaku i plagës do të jetë në ngjyrë të gjakut kurse aroma e saj do të jetë aroma e miskut."*

(Muttefekun alejhi)

Hadithi 1305

Nga Ebu Hurejra r.a. transmetohet të ketë thënë: "Kaloi një shok i të Dërguarit të All-llahut s.a.v.s. nëpër një grykë mali ku ishte një burim i vogël uji të ëmbël, që i pëlqeu, dhe tha: "Sikur të izolohesha nga njerëzit dhe të vendosesha në këtë grykë, por këtë kurrë nuk do ta bëj derisa nuk më lejon i Dërguari i All-llahut s.a.v.s., prej të cilit do të kërkoj leje." Ia tha këtë të Dërguarit të All-llahut s.a.v.s. e ai i tha: *"Mos e bëj atë, sepse qëndrimi i njërit nga ju në rrugën e All-llahut është më i vlefshëm nga namazi i tij në shtëpinë e tij shtatëdhjetë vjet. A nuk dëshironi ju që All-llahu xh.sh. t'ju falë dhe t'ju fusë në Xhenet. Luftoni në rrugën e All-llahut, sepse kush lufton në rrugën e All-llahut aq sa është koha ndërmjet dy mjeljeve të deves, për të është i sigurt Xheneti."*

(Tirmidhiu, i cili thotë se ky është hadith hasen)

Hadithi 1306

Nga Ebu Hurejra r.a. transmetohet të ketë thënë: "I është thënë: "O i Dërguari i All-llahut, ç'është e barabarlë me xhihadin në rrugën e All-llahut?" Pejgamberi s.a.v.s. ka thënë. *"Ju këtë nuk mund ta bëni."* Të pranishmit edhe dy apo tri herë u janë drejtuar me këtë pyetje, kurse Pejgamberi s.a.v.s. çdo herë u përgjigjej duke thënë. *"Ju këtë nuk mund ta bëni!"* E pastaj ka thënë: *"Shembulli i muxhahidit në rrugën e All-llahut është sikur shembulli i agjëruesit dhe falësit i cili në tërësi u nënshtrohet ajeteve të All-*

llahut, nuk pushon të falet, as të agjërojë derisa nuk kthehet muxhahidi nga rruga e All-llahut."

(Muttefekun alejhi. Ky citat është sipas Muslimit)

Kurse sipas transmetimit të Buhariut: "Një njeri tha: "O i Dërguari i All-llahut, më udhëzo mua në një vepër të barabartë me xhihadin." Pejgamberi s.a.v.s. ka thënë: *"Unë nuk mund ta gjej!"* Pastaj ka thënë: *"A mundesh ti, kur të shkojë muxhahidi në luftë, të hysh në mesxhidin tënd, të falesh pa ndërprerje dhe të agjërosh pa ndërprerje?"* Pastaj ka thënë: *"E kush mund-et kështu?"*

Hadithi 1311

Nga Ebu Abs Abdurrahman b. Xhebri r.a. transmetohet se ka thënë: "I Dërguari i All-llahut s.a.v.s. ka thënë: *"Robi që pluhuros këmbët e tij në rrugën e All-llahut, nuk do të përfshihet me zjarr!"*

(Transmeton Buhariu)

Hadithi 1312

Nga Ebu Hurejra r.a. transmetohet se ka thënë: "I Dërguari i All-llahut s.a.v.s. ka thënë: *"Asnjë njeri nuk do të hudhet në zjarr, i cili ka qarë nga frika prej All-llahut deri atëherë kur të kthehet qumështi në sisën e vet, e as që do të bashkohet te një rob pluhuri nga rruga e All-llahut me tymin e Xhehenemit."*

(Tirmidhiu, i cili thotë se ky është hadith hasen sahih)

Hadithi 1313

Nga Ibni Abbasi r.anhuma transmetohet të ketë thënë: "E kam dëgjuar të Dërguarin e All-llahut s.a.v.s. duke thënë: *"Dy sy nuk do t'i përshkojë zjarri: Syri që qan nga frika prej All-llahut dhe syri që vigjëlon (nuk flen) në rrugën e All-llahut."*

(Tirmidhiu, i cili thotë se ky hadith është hasen)

Hadithi 1314

Nga Zejd b. Halidi r.a. transmetohet se i Dërguari i All-llahut s.a.v.s. ka thënë: *"Kush e përgatit me përgatitje një luftëtar në rrugën e All-llahut, edhe ai është luftëtar, kurse kush kujdeset dhe e furnizon me të mira familjen e luftëtarit gjatë mungesës së tij, po ashtu është luftëtar."*

(Muttefekun alejhi)

Hadithi 1315

Nga Ebu Umame r.a. transmetohet se ka thënë: "I Dërguari i All-llahut s.a.v.s. ka thënë: *"Sadakaja më e mirë është hija e çadrës në rrugën e All-llahut, dhe huazimi i deves apo shtizës së shërbëtorit për luftë në rrugën e All-llahut."*

(Tirmidhiu, i cili thotë se ky hadith është hasen sahih)

Hadithi 1316

Nga Enesi r.a. transmetohet se një djalosh prej fisit Esleme ka thënë: "O i Dërguari i All-llahut, unë vërtet dua të luftoj në rrugën e All-llahut, por nuk kam me çka të përgatitem për luftë." Pejgamberi s.a.v.s. i ka thënë: *"Shko te filani, sepse ai është përgatitur për luftë, por është sëmurë."* Djaloshi erdhi te luftëtari i sëmurë dhe i tha: "Të ka bërë selam i Dërguari i All-llahut dhe ka thënë të më japësh përgatitjen tënde luftarake. Njeriu tha: "Oj filane (shërbëtores vër. përk.), jepja gjithçka që kam përgatitur dhe mos mbaj asgjë. Pasha All-llahun, mos lë asgjë prej tyre, që edhe ti të kesh bereqet në përgatitje."

(Transmeton Muslimi)

Hadithi 1317

Nga Ebu Se'id el-Hudriju r.a. transmetohet se i Dërguari i All-llahut s.a.v.s. i ka dërguar mesazh Beni Lahjanit: *"Çdo dy veta le të dërgojnë një, kurse shpërblimi u ndahet të dyve."*

(Transmeton Muslimi)

Në një transmetim tjetër të tij hadithi është: *"Le të dalë në radhët luftarake nga çdo dy veta njëri."* E pastaj i tha njërit që kishte mbetur në shtëpi: *"Kushdo nga ju që e ndihmon dhe kujdeset për familjen dhe mallin e luftëtarit që ka shkuar në luftë, i atilli do të ketë shpërblimin sikur edhe luftëtari, familjen dhe mallin e të cilit e ka ruajtur."*

Hadithi 1318

Nga Berâ'i r.a. transmetohet të ketë thënë: "Të Dërguarit të All-llahut i erdhi një njeri i armatosur me rroba hekuri, me ç'rast ka thënë: "Të luftoj ose ta pranoj Islamin? Pejgamberi s.a.v.s. i ka thënë: *"Pranoje Islamin, e pastaj lufto!"* Ai e pranoi Islamin, pastaj ka luftuar dhe në fund është vrarë. I Dërguari i All-llahut s.a.v.s. ka thënë: *"Ka punuar pak, kurse do të shpërblehet shumë."*

(Muttefekun alejhi; ky citat është nga Buhariu)

Hadithi 1320

Nga Abdull-llah b. Amr b. el-Asi r. anhuma transmetohet se i Dërguari i All-llahut s.a.v.s. ka thënë: *"All-llahu do t'i falë shehidit çdo gjë, përveç borxhit."*

(Transmeton Muslimi)

Hadithi 1321

Nga Ebu Katade r.a. transmetohet se i Dërguari i All-llahut s.a.v.s. qëndroi mes as'habëve dhe ka theksuar se xhihadi në rrugën e All-llahut dhe besimi në All-llahun është puna më e lavdëruar. U ngrit një njeri dhe tha: "O i Dërguari i All-llahut, a konsideron ti se nëse unë vritem në rrugën e All-llahut, do të më falen të gjitha mëkatet e mia?" I Dërguari i All-llahut ka thënë: *"Po, nëse vritesh në rrugën e All-llahut i durueshëm, i qëndrueshëm, llogarit sevapet, sulmon përpara, e nuk tërhiqesh."* Pastaj i Dërguari i All-llahut s.a. v.s. ka thënë: *"Si the?"* Njeriu ka thënë: "A konsideron ti se nëse unë vritem në rrugën e All-llahut, do të falen të gjitha mëkatet e mia?" I Dërguari s.a.v.s. ka thënë: *"Po, nëse bëhesh luftëtar i durueshëm, që llogarit sevapet, që vetëm sulet përpara e nuk tërhiqet, përveç borxheve. Vërtet kështu më tha Xhibrili a.s."*

(Transmeton Muslimi)

Hadithi 1322

Nga Xhabiri r.a. transmetohet të ketë thënë: "Ka thënë një njeri: "Ku do të shkoj unë nëse vritem, o i Dërguari i All-llahut?" I Dërguari s.a.v.s. i ka thënë: *"Në Xhenet!"* Atëherë njeriu i hodhi hurmat të cilat i kishte në duar, e pastaj shkoi në luftë derisa u vra."

(Transmeton Muslimi)

Hadithi 1324

Nga Enesi r.a. transmetohet se ka thënë: "Erdhi një grup njerëzish te Pejgamberi s.a.v.s. dhe thanë. "Dërgoje me ne një grup njerëzish, të cilët do të na mësojnë Kur'anin dhe Sunetin. (Pejgamberi s.a.v.s.) u dërgoi atyre 70 ensarë, të cilët quheshin kurrâ', e ndër ta ishte edhe daja im Harami. Ata (në Medine) lexonin Kur'an dhe e studionin bashkërisht, natën mësonin, kurse gjatë ditës sillnin ujë dhe e vendosnin në xhami. Ata bartnin dru, i shitnin ato, e me fitimin e tyre blenin ushqim për banorët e Suffasë dhe për të varfërit. Ata i ka dërguar Pejgamberi s.a.v.s., por idhujtarët i penguan dhe i vranë para se të arrinin në vendin e caktuar. Ata kanë thënë: "All-llahu ynë, lajmëro për ne Pejgamberin tonë se ne jemi takuar me Ty dhe se jemi të kënaqur me Ty e se Ti je i kënaqur me ne. Një njeri (idhujtar) erdhi te Harami, daja i Enesit, pas shpinës së tij dhe e goditi me shtizën në shpinë dhe e shpoi. Harami atëherë tha: "Pasha All-llahun e Ka'bes, ngadhënjeva." Në të njëjtën kohë i Dërguari i All-llahut s.a.v.s. (shokëve të vet në Medine) u tha: *"Vërtet vëllezërit tuaj vdiqën, kurse fjalët e tyre të fundit kanë qenë: "All-llahu ynë, lajmëro për ne Pejgamberin tonë se ne jemi takuar me Ty dhe se Ti je i kënaqur me ne."*

(Muttefekun alejhi. Ky citat është sipas Muslimit)

Hadithi 1332

Nga Abdull-llah b. Ebi Eufa r.a. transmetohet se i Dërguari i All-llahut s.a.v.s. një ditë, kur u përlesh me armikun, ka pritur deri në perëndim të diellit, pastaj është ngritur mes njerëzve dhe ka thënë: *"O njerëz, mos e dëshironi përleshjen me armikun, por luteni All-llahun për shëndetin tuaj. Por, kur të përleshtni me armikun, atëherë bëhuni të durueshëm dhe dijeni se Xheneti është nën hijet e shpatave."* E pastaj tha: *"O All-llah, zbritës i Librit, lëvizës i reve, shpartallues i partive. Shpartalloji dhe na ndihmo kundër tyre."*

(Muttefekun alejhi)

Hadithi 1333

Nga Sehl b. Sa'di r.a. transmetohet të ketë thënë: "I Dërguari i All-llahut s.a.v.s. ka thënë: *"Dy nuk do të refuzohen, apo pak herë do të refuzohen: lutja gjatë thirrjes (ezanit) dhe lutja në luftë, kur ata përleshen mes vete."*

(Ebu Davudi me sened sahih)

Hadithi 1334

Nga Enesi r.a. transmetohet të ketë thënë. Kur shkonte i Dërguari i All-llahut s.a.v.s. në luftë thonte: *"All-llahu im! Ti je forca ime dhe ndihmësi im, me Ty lëviz, me Ty arrij deri në cak dhe me Ty luftoj kundër armikut."*

(Ebu Davudi dhe Tirmidhiu, të cilët thonë se ky është hadith hasen)

Hadithi 1335

Nga Ebu Musa r.a. transmetohet se Pejgamberi s.a.v.s., kur është frikësuar prej ndonjë populli, ka thënë: *"All-llahu im! Ne Ty të bëjmë mbrojtës të vetvetes para tyre dhe ne Ty të mbështetemi nga të këqijat e tyre."*

(Ebu Davudi me sened sahih)

Hadithi 1338

Nga Ebu Hurejra r.a. transmetohet se ka thënë: "I Dërguari i All-llahut s.a.v.s. ka thënë: *"Kush e mbyll (që ta ushqejë) kalin për në rrugën e All-llahut, duke besuar në All-llahun dhe duke besuar

313

thellë në premtimin e Tij, vërtet të ushqyerit dhe dhënia ujë atij dhe plehu i vogël dhe i madh i tij do të matet në Ditën e Gjykimit." (Ai do të shpërblehet për këtë në Ditën e Gjykimit)

(Transmeton Buhariu)

Hadithi 1341

Nga Ebu Hammad (Ukbe b. Amir el-Xhuhennij) r.a. transmetohet se ka thënë: "E kam dëgjuar të Dërguarin e All-llahut s.a.v.s. duke thënë: *"Shumë vende do të çlirohen nga ju dhe juve ju mjafton All-llahu si ndihmës, prandaj askush nga ju mos t'i mospërfillë shtizat e tij (ushtrimet me shtiza)."*

(Transmeton Muslimi)

Hadithi 1343

Nga Ebu Hammad (Ukbe b. Amiri) r.a. transmetohet të ketë thënë: "E kam dëgjuar të Dërguarin e All-llahut duke thënë: *"Vërtet All-llahu me një shtizë do t'i çojë në Xhenet tre individë: ndërtuesin e saj, që ka llogaritur në mirësi gjatë ndërtimit të saj, hedhësit e saj mbi armikun dhe atë që i afron. Ushtroni hedhjen dhe kalërimin luftarak por, nëse merreni me hedhjen e shtizës, për mua është më mirë se të merreni me kalërim. Kush e lë hedhjen e shtizave, pasi të mësohet me atë punë, duke e humbur vullnetin për të, vërtet e ka lënë një ni'met, ose thënë më mirë, e ka mohuar atë ni'met."*

(Ebu Davudi)

Hadithi 1344

Nga Seleme b. el-Ekva r.a. transmetohet të ketë thënë: "Ka kaluar Pejgamberi s.a.v.s. në një rast pranë një grupi as'habësh të cilët ushtronin dhe garonin në hedhje të shtizës, me ç'rast u tha: *"O bijtë e Ismailit, hidhni shtiza dhe ushtroni, sepse edhe stërgjyshi juaj ka qenë hedhës shtize."*

(Transmeton Buhariu)

Hadithi 1346

Nga Ebu Jahja Hurejm b. Fatiku r.a. transmetohet se ka thënë: "I Dërguari i All-llahut s.a.v.s. ka thënë. *"Kush shpenzon nga pasuria e tij në rrugën e All-llahut, i shkruhen atij shtatëqind herë."*

(Tirmidhiu, i cili thotë se ky është hadith hasen)

Hadithi 1351

Nga Ebu Musa r.a. transmetohet se erdhi një arab te Pejgamberi s.a.v.s. dhe i tha: "O i Dërguari i All-llahut, njeriu që lufton për shkak të presë luftarake, njeriu që lufton që të përmendet dhe njeriu që lufton për shkak të namit në vendin e tij," kurse në një transmetim tjetër, "që lufton për shkak të trimërisë dhe për shkak të urrejtjes ndaj armikut," kurse në një rivajet tjetër, "edhe njeriu që lufton nga urrejtja ndaj armikut, prandaj kush është në rrugën e Zotit?" I Dërguari i All-llahut s.a.v.s. ka thënë: *"Kush lufton që Fjala e All-llahut të jetë mbi çdo gjë, ai është në rrugën e All-llahut."*

(Muttefekun alejhi)

Hadithi 1352

Nga Abdull-llah b. Amr b. el-Asi r.a. transmetohet të ketë thënë. "I Dërguari i All-llahut s.a.v.s. ka thënë: *"Cilido njësit luftarak apo ekspeditë që lufton me armikun dhe zë peng prenë luftarake dhe paqësohet, ata kanë nxituar për dy të tretat e shpërblimit të tyre dhe cilido njësit luftarak apo ekspeditë që lufton me armikun dhe humb, atyre do t'u plotësohet shpërblimi i tyre."*

(Transmeton Muslimi)

Hadithi 1354

Nga Abdull-llah b. Amr b. el Asi r.a. transmetohet se Pejgamberi s.a.v.s. ka thënë: *"Kthimi (nga lufta pasi është dhënë çdo gjë) është sikur lufta."*

(Ebu Davudi me sened të mirë)

"El-Kafletu" d.m.th. kthim nga lufta pas mbarimit të saj, që do të thotë se ai shpërblehet në kthimin e tij dhe pas mbarimit të luftës.

Hadithi 1360

Nga Ebu Hurejra r.a. dhe nga Xhabiri r.a. transmetohet se Pejgamberi s.a.v.s. ka thënë: *"Lufta është mashtrim."*

(Muttefekun alejhi)

SQARIMI I GRUPIT TË DËSHMORËVE (SHEHIDËVE) NË SHPËRBLIMIN E TYRE NË AHIRET, TË CILËVE U LAHET DHE U FALET XHENAZJA ME DALLIM PREJ ATIJ QË VRITET NË LUFTË ME PABESIMTARËT

Hadithi 1362

Nga Ebu Hurejra r.a. transmetohet të ketë thënë: "I Dërguari i All-llahut ka thënë: *"Kë quani ju dëshmor?"* (As'habët) kanë thënë: "O i Dërguari i All-llahut, kush vritet në rrugën e All-llahut, ai është dëshmor." (Muhammedi s.a.v.s.) ka thënë: *"Atëherë vërtet do të kishte pak dëshmorë në umetin tim."* (As'habët) kanë thënë: "E kush është dëshmor, o i Dërguari i All-llahut?" Ka thënë: *"Kush është vrarë në rrugën e All-llahut, ai është dëshmor; kush ka vdekur në rrugën e All-llahut, ai është dëshmor; kush vdes nga murtaja, ai është dëshmor; kush vdes nga barku (sëmundje interne) është dëshmor dhe kush përmbytet është dëshmor."*

(Transmeton Muslimi)

Hadithi 1363

Nga Abdull-llah b. Amr b. el-Asi r.a. transmetohet se ka thënë: "I Dërguari i All-llahut s.a.v.s. ka thënë: *"Kush vritet në mbrojtjen e pasurisë së tij është dëshmor."*

(Muttefekun alejhi)

316

Hadithi 1365

Nga Ebu Hurejra r.a. transmetohet të ketë thënë: "Erdhi një njeri tek i Dërguari i All-llahut s.a.v.s. dhe tha: "O i Dërguari i All-llahut: ç'mendon, nëse do të vinte një njeri që të grabisë mallin tim?" (Pejgamberi s.a.v.s.) ka thënë: *"Mos ia jep pasurinë tënde."* Njeriu tha: "Ç'mendon, nëse ai më sulmon fizikisht?" Tha: *"Lufto me të!"* Njeriu tha: "E nëse ai më vret?" Tha: *"Atëherë ti je dëshmor."* Njeriu tha: "Ç'mendon nëse unë e vras atë?" Tha: *"Ai është në zjarr."*

(Transmeton Muslimi)

VLERA E LIRIMIT TË ROBËRVE

All-llahu i Madhëruar thotë:

"E ai nuk u hodh në përpjetëzën. E ç'gjë të mësoi ty se ç'është Akabe. Është lirimi i një skllavi."

(el-Beled, 11-13)

Hadithi 1367

Nga Ebu Dherri r.a. transmetohet të ketë thënë: "O i Dërguari i All-llahut, cila vepër është më e vlefshme?" Pejgamberi s.a.v.s. ka thënë: *"Besimi në All-llahun dhe xhihadi në rrugën e All-llahut."* Transmetuesi thotë: "Kam thënë: "Cila robëri është më e vlefshme?" (Pejgamberi s.a.v.s.) ka thënë: *"Ajo që zgjat më së shumti dhe që është më e shtrenjtë."*

(Muttefekun alejhi)

All-llahu i Madhëruar thotë:

"Adhurone All-llahun dhe asnjë send mos e trajtoni të barabartë me Të!" Jini të mirë me prindërit dhe të afër-mit, me bonjakët dhe të varfërit e ngratë, me fqinjët e afërt edhe me fqinjët e largët, me shokët për rreth e udhëtarët dhe ata që janë nën kujdesin tuaj. All-llahu, pa dyshim, nuk i do ata që janë mendjemëdhenj dhe arroga-ntë."

(en-Nisa, 36)

Hadithi 1369

Nga Ebu Hurejra r.a. transmetohet se Pejgamberi s.a.v.s. ka thënë: *"Kur njërit nga ju shërbëtori ia sjell ushqimin dhe nëse nuk e ulë (në sofër) pranë vetes, atëherë le t'i japë një kafshatë apo dy, një haje apo dy, sepse ai është pronar dhe përkujdesës i tij."*

(Transmeton Buhariu)

PËRMBUSHJA E OBLIGIMEVE SI ROB NDAJ ALL-LLAHUT TË MADHËRUAR DHE NDAJ ZOTËRIUT TË TIJ

Hadithi 1371

Nga Ebu Hurejra r.a. transmetohet të ketë thënë: "I Dërguari i All-llahut s.a.v.s. ka thënë: *"Robi i sinqertë në pronësi të tjetrit ka dy shpërblime."* Pasha Atë, në dorë të të cilit është shpirti i Ebu Hurejrës, sikur të mos ishte xhihadi në rrugën e All-llahut, haxhi dhe mirësia ndaj nënës sime, do të dëshiroja të vdes si rob në pro-nësi të tjetrit."

(Muttefekun alejhi)

VLERA E UDHËTIMIT PËR SHKAK TË SHITBLERJES, DHËNIES DHE MARRJES, GJYKIMIT TË DREJTË, MATJES SË SAKTË, NDALIMI I HEQJES NË PESHË, KUJDESI I TË PASURVE NDAJ TË VARFËRVE

All-llahu i Madhëruar thotë:

"Të pyesin se ç'do të japin. Thuaj: "Atë që e jepni prej pasurisë jepni për prindërit, jepni për të afërmit, për bonjakët, për të varfërit, për kurbetçinjtë. E çdo të mirë që punoni, s'ka dyshim se All-llahu e di."

(el-Bekare, 215)

"O populli im! Matni drejt, si me litër ashtu edhe me kandar dhe mos ua mungoni njerëzve gjërat e tyre dhe mos beni në tokë keq dhe trazira."

(Hud, 85)

"Të mjerët ata që nuk peshojnë drejt, që nuk blejnë e marrin masën e plotë prej të tjerëve, por kur u masin të tjerëve me litër e kandar ua mungojnë. A nuk mendojnë ata se do të ngjallen, në një ditë të madhe, në ditën kur njerëzit do të ngrihen me urdhër të Zotit të botëve."

(el-Mutaffifîn, 1-6)

Hadithi 1377

Nga Ebu Katade r.a. transmetohet se ka thënë: "E kam dëgjuar të Dërguarin e All-llahut s.a.v.s. duke thënë: *"Kush gëzohet që All-llahu ta shpëtojë nga vështirësitë e Ditës së Gjykimit, le t'ia zgjasë nevojtarit afatin e kthimit apo le t'ia falë borxhin."*

(Transmeton Muslimi)

Hadithi 1378

Nga Ebu Hurejra r.a. transmetohet se i Dërguari i All-llahut s.a.v.s. ka thënë: *"Një njeri u jepte hua njerëzve. Ai i ka thënë djaloshit të tij: "Kur t'i shkosh një nevojtari falja atij, që All-llahu neve të na falë. E kur i erdhi All-llahut (vdiq), Ai ia fali të gjitha."*

(Muttefekun alejhi)

319

Hadithi 1379

Nga Ebu Mes'ud el-Bedrij r.a. transmetohet se ka thënë: I Dër-guari i All-llahut s.a.v.s. ka thënë: *"Do të japë llogari një njeri nga popujt e kaluar, e nuk do të gjendet asnjë e mirë përveç asaj që është përzier me njerëzit dhe ka qenë i lehtë (në shitblerje dhe dhënie të borxhit) dhe i urdhëronte shërbëtorët e tij që t'i kapër-cejnë ata që kanë vështirësi. All-llahu i Madhëruar për të do të thotë: "Ne jemi më të obliguar me këtë (lehtësim) ndaj tij, para-ndaj kapërcejeni atë."*

(Transmeton Muslimi)

Hadithi 1380

Nga Hudhejfe r.a. transmetohet se ka thënë: "Do të sjellë All-llahu i Madhëruar afër Vetes një prej robërve të Tij, të cilit i ka dhënë pasuri dhe do t'i thotë: "Ç'ke vepruar në botë?" (Hudhejfe) ka thënë: *"E All-llahut nuk mund t'ia fshehin asnjë fjalë." (en-Nisa, 42).* Robi do të thotë: "Zoti im, më ke dhënë pasuri dhe unë kam bërë shitblerje me njerëzit. Karakteri im ka qenë durimi dhe lëshimi pe para borxhlinjve dhe ua kam lehtësuar gjithnjë nevojta-rëve dhe gjithnjë kam lejuar ta vonojnë borxhin." All-llahu i Madhë-ruar thotë: "Unë kam obligim më të madh për këtë, kapërcejeni robin Tim." Ukbe b. Amiri dhe Ebu Mes'ud el-Ensariu r.a. thonë: "Kështu e kemi dëgjuar nga i Dërguari i All-llahut s.a.v.s."

(Transmeton Muslimi)

Hadithi 1381

Nga Ebu Hurejra r.a. transmetohet të ketë thënë: "I Dërguari i All-llahut s.a.v.s. ka thënë: *"Kush e pret nevojtarin apo ia heq ndo-një vështirësi, All-llahu do ta ketë në mbrojtjen e Vet atë ditë, kur nuk do të ketë mbrojtje tjetër përveç mbrojtjes së Tij."*

(Tirmidhiu, i cili thotë se ky është hadith hasen sahih)

All-llahu i Madhëruar thotë:

"Qoftë lartësuar All-llahu, Sundues i vërtetë! Dhe mos u ngut me leximin e Kur'anit para se të përfundojë shpallja e tij, dhe thuaj: "O Zoti im, shtoma diturinë!"

(Ta Ha, 114)

"Apo është ai, që orët e natës i kalon me fytyrë në tokë (në lutje), duke u frikësuar nga bota tjetër dhe duke shpresuar në mëshirën e Zotit të vet? Thuaj: "A janë një-lloj ata që dinë dhe ata që nuk dinë? Mësim marrin vetëm të mençurit."

(Zumer, 9)

"O besimtarë. Kur ju thuhet: "Bëni vend në tubim, ju zgjeroni vendin që edhe All-llahu t'ju vendosë", por kur ju thuhet: "Kundërshtoni" - ju kundërshtoni! All-llahu, ata nga mesi juaj, që besojnë dhe ata të cilëvet u është dhënë dijenia, do t'i ngritë në shkallë të lartë. All-llahu është i informaur se ç'punoni."

(Muxhadele, 11)

"Ka gjithashtu edhe njerëz edhe gjallesa e kafshë ngjy-rash të ndryshme. Por All-llahut, nga robërit e tij, i fri-kësohen të dijshmit. All-llahu është, njëmend, i fortë dhe fal."

(Fatir, 28)

Hadithi 1384

Nga Muaviu r.a. transmetohet të ketë thënë: "I Dërguari i All-llahut s.a.v.s. ka thënë: *"Kujt i dëshiron All-llahu mirë, e përudhë për të kuptuar dispozitat e fikhut (sheriato-juridike)."*

(Muttefekun alejhi)

Hadithi 1385

Nga Ibni Mes'udi r.a. transmetohet se ka thënë: "I Dërguari i All-llahut s.a.v.s. ka thënë: *"Nuk lejohet zilia, përveç për dy nje-*

rëz: njeriut të cilit All-llahu i ka dhënë pasuri dhe e ka udhëzuar që atë pasuri ta shpenzojë në rrugën e së vërtetës dhe njeriut të cilit All-llahu i ka dhënë urtësi dhe sipas urtësisë së tij gjykon dhe i mëson të tjerët."

(Muttefekun alejhi)

Qëllimi i zilisë (hasedit) është zili pa poshtërsi, dëshirë për gjënë e njëjtë.

Hadithi 1386

Nga Sehl b. Sa'di r.a. transmetohet se Pejgamberi s.a.v.s. i ka thënë Aliut r.a.: *"Pasha All-llahun, që All-llahu nëpërmjet teje ta udhëzojë një njeri është më mirë për ty sesa një kope e deveve më të mira."*

(Muttefekun alejhi)

Hadithi 1388

Nga Abdull-llah b. Amr b. el-Asi r.a. transmetohet se Pejgamberi s.a.v.s. ka thënë: *"Transmetoni të tjerëve ç'kam thënë, qoftë edhe një ajet, tregoni për Bijtë e Izraelitëve pa shtuar. Kush gënjen me qëllim ndaj meje, le t'i përgatitë vetes vendin në zjarr."*

(Transmeton Buhariu)

Hadithi 1389

Nga Ebu Hurejra r.a. transmetohet se i Dërguari i All-llahut s.a.v.s. ka thënë: *"Kush niset në rrugë që të kërkojë dituri, All-llahu do t'ia lehtësojë rrugën për në Xhenet."*

(Transmeton Muslimi)

Hadithi 1390

Nga Ebu Hurejra r.a. transmetohet se i Dërguari i All-llahut s.a.v.s. ka thënë: *"Kush thërret në rrugë të vërtetë do të shpërblehet aq sa edhe të gjithë ata që e kanë ndjekur, e që në këtë nuk do t'u mungonte asnjë pjesë e shpërblimit të tyre."*

(Transmeton Muslimi)

Hadithi 1391

Nga Ebu Hurejra r.a. transmetohet se ka thënë: "I Dërguari i All-llahut s.a.v.s. ka thënë: *"Kur vdes njeriu, sevabet i pushojnë së arrituri, përveç në tri raste: sadakasë së përhershme, shkencës prej të cilës ka dobi njerëzia dhe fëmijës së mirë i cili lutet për të."*

(Transmeton Muslimi)

Hadithi 1392

Nga Ebu Hurejra r.a. transmetohet se ka thënë: "E kam dëgjuar të Dërguarin e All-llahut s.a.v.s. duke thënë: *"Bota është e mallkuar dhe çdo gjë e saj është e mallkuar, përveç përmendja e All-llahut dhe asaj që shpie nga Ai dhe çka pason pas Tij, dhe njeriut të ditur dhe atij që mëson."*

(Tirmidhiu, i cili thotë se ky është hadith hasen)

Shprehja *"ajo që shpie nga Ai dhe çka pason pas Tij"* do të thotë nënshtrim, dëgjueshmëri ndaj All-llahut.

Hadithi 1393

Nga Enesi r.a. transmetohet se ka thënë: "I Dërguari i All-llahut s.a.v.s. ka thënë: *"Kush del nga shtëpia për shkak të kërkimit të diturisë, konsiderohet se është në rrugën e All-llahut derisa nuk kthehet nga rruga."*

(Tirmidhiu, i cili thotë se ky është hadith hasen)

Hadithi 1394

Nga Ebu Se'id el-Hudrij r.a. transmetohet se i Dërguari i All-llahut s.a.v.s. ka thënë: *"Besimtari nuk ngopet nga e mira, derisa nuk përfundon në Xhenet."*

(Tirmidhiu, i cili thotë se ky është hadith hasen)

Hadithi 1396

Nga Ebu ed-Derdan r.a. transmetohet të ketë thënë: "E kam dëgjuar të Dërguarin e All-llahut s.a.v.s. duke thënë: *"Kush niset për në rrugë duke kërkuar dije, All-llahu do t'ia lehtësojë rrugën për në Xhenet. Vërtet edhe melekët ndërpresin fluturimin e tyre (në shenjë respekti) për kërkuesin e dijes nga kënaqësia me veprën e tij. Për dijetarin falje kërkon çdo gjë në qiej dhe në tokë, e madje edhe peshqit në ujë. Vlera e dijetarit ndaj robit të devot-shëm është si vlera e Hënës ndaj planeteve të tjera. Vërtet dije-tarët janë trashëgimtarë të Pejgamberëve; Pejgamberët nuk kanë lënë trashëgimi dinarë as dirhemë, ata vërtet kanë lënë si trashë-gimi dijen, prandaj kush e merr, le ta marrë në përmasën më të madhe."*

(Ebu Davudi dhe Tirmidhiu)

Hadithi 1398

Nga Ebu Hurejra r.a. transmetohet të ketë thënë: "I Dërguari i All-llahut s.a.v.s. ka thënë: *"Kush pyetet për një dituri, e ky e fsheh, në Ditën e Gjykimit do të hidhet me litar në zjarr."*

(Ebu Davudi dhe Tirmidhiu, i cili thotë se ky është hadith hasen)

Hadithi 1399

Nga Ebu Hurejra r.a. transmetohet se ka thënë: "I Dërguari i All-llahut s.a.v.s. ka thënë: *"Kush mëson diturinë me të cilën kër-kohet kënaqësia e All-llahut të Madhëruar, por e mëson vetëm për shkak të synimeve të kësaj bote, ai nuk do të ndiejë aromë Xheneti Ditën e Gjykimit."*

(Ebu Davudi, me sened sahih)

Hadithi 1400

Nga Abdull-llah b. Amr. b. el-Asi r.a. transmetohet të ketë thënë: "E kam dëgjuar të Dërguarin e All-llahut s.a.v.s. duke thënë: "All-llahu i Madhëruar nuk do t'ua marrë (njerëzve) dijen në atë mënyrë që do t'ua nxjerrë nga shpirtrat e tyre, por do ta marrë duke bërë të vdesin të diturit, pas së cilës në Tokë nuk do të mbetet asnjë njeri i ditur që do t'u bëhej imam. Atëherë njerëzit d o të marrin për imamë injorantët dhe do t'u shtrojnë pyetje të ndryshme fetare, kurse ata do t'u përgjigjen (japin fetva) pa dije përkatëse, me çka do ta lajthisin botën dhe vetveten do ta shkatërrojnë."

(Muttefekun alejhi)

LAVDIA DHE FALËNDERIMI I ALL-LLAHUT TË MADHËRUAR

All-llahu i Madhëruar thotë:

"Më kujtoni Mua, t'u kujtoj edhe Unë dhe më falënderoni e mos më mohoni!"

(el-Bekare, 152)

"Nëse jeni mirënjohës, Unë gjithsesi do t'ua shtoj edhe më tepër."

(Ibrahim, 7)

"Dhe thuaj: Lavdëruar qoftë All-llahu!"

(el-Isra, 111)

"Ndërsa lutja e fundit: "Falënderimi është për All-llahun, Zot i botëve."

(Junus, 10)

Hadithi 1401

Nga Ebu Hurejra r.a. transmetohet se Pejgamberit s.a.v.s. në natën e Israsë i janë dhënë dy gota: me verë dhe me qumësht. I shikoi ato (Muhammedi s.a.v.s.) dhe e mori qumështin. Atëherë Xhibrili tha: *"Falënderimi i qoftë All-llahut, i Cili të përudhi në pastërtinë burimore (fitreh), sepse po ta kishe marrë verën, populli yt do të humbte!"*

(Transmeton Muslimi)

Hadithi 1402

Nga Ebu Hurejra r.a. transmetohet se i Dërguari i All-llahut s.a.v.s. ka thënë: *"Çdo punë me velëdije të cilës nuk i paraprin falënderimi i All-llahut, është e pavlefshme."*

(Hadith hasen, Ebu Davudi dhe të tjerët)

SALAVATET PËR TË DËRGUARIN E ALL-LLAHUT S.A.V.S.

All-llahu i Madhëruar thotë:

"Ata, të cilët po e fyejnë All-llahun dhe të Dërguarin e tij, All-llahu do t'i mallkojë në këtë dhe në botën tjetër; Atyre u ka përgatitur vuajtje të turpshme."

(el-Ahzab, 56)

Hadithi 1405

Nga Abdull-llah b. Amr b. el-Asi r.a. transmetohet se e ka dëgjuar të Dërguarin e All-llahut s.a.v.s. duke thënë: *"Kush bën një salavat për mua, All-llahu atij ia bën dhjetë salavate."*

(Transmeton Muslimi)

Hadithi 1406

Nga Ibni Mes'udi r.a. transmetohet se i Dërguari i All-llahut s.a.v.s. ka thënë: *"Për mua më i dashur në Ditën e Gjykimit është ai që më së shumti ka bërë salavate për mua."*

(Tirmidhiu, i cili thotë se ky është hadith hasen)

Hadithi 1407

Nga Evs b.Evsi r.a. transmetohet se ka thënë: "I Dërguari i All-llahut s.a.v.s. ka thënë: *"Dita juaj më e vlefshme është dita e xhuma, prandaj shtoni mbi mua atë ditë salavatin. Me siguri, salavatet tuaja do të më paraqiten."* Shokët e tij kanë thënë: "O i Dërguari i All-llahut, si do të të paraqiten ty salavatet tona, kur ti do të kalbesh?" Transmetuesi ka thënë: "(Pejgamberi s.a.v.s.) Thotë: *"Beli-te."* (Muhammedi s.a.v.s.) ka thënë: *"Vërtet trupat e Pejgamberëve janë haram (të ndaluar) për tokën."*

(Ebu Davudi me sened sahih)

Hadithi 1408

Nga Ebu Hurejra r.a. transmetohet se ka thënë: I Dërguari i All-llahut s.a.v.s. ka thënë: *"I humbur dhe i nënçmuar është ai që, kur në praninë e tij përmendet emri im, nuk thotë salavat për mua."*

(Tirmidhiu, i cili thotë se ky është hadith hasen)

Hadithi 1411

Nga Aliu r.a. transmetohet se i Dërguari i All-llahut s.a.v.s. ka thënë: *"Koprrac është çdokush tek i cili përmendem, e nuk thërret salavat për mua."*

(Tirmidhiu, i cili thotë se ky është hadith hasen sahih)

Hadithi 1412

Nga Fedale b. Ubejd r.a. transmetohet të ketë thënë: "I Dër-guari i All-llahut e ka dëgjuar një njeri që bën lutje në namazin e tij, por nuk e ka theksuar falënderimin e All-llahut, as salavatet mbi Pejgamberin s.a.v.s., e atëherë Muhammedi s.a.v.s. ka thënë: *"Ky u ngut."* Pastaj i tha atij apo dikujt tjetër: *"Kur dikush prej jush falet (bën lutje), le të fillojë me falënderimet ndaj Krijuesit të Tij, lavdisë Atij dhe lartësisë së Tij, e pastaj le të thotë salavat mbi Pejgamberin s.a.v.s., e vetëm atëherë le të lutet për ç'të dojë."*

(Ebu Davudi dhe Tirmidhiu; i cili thotë se ky është hadith sahih)

Hadithi 1413

Nga Ebu Muhammed Ka'b b. Uxhreh r.a. transmetohet se ka thënë: "Pejgamberi s.a.v.s. doli mes nesh, kurse ne thamë: "O i Dërguari i All-llahut, ne tashmë dimë si të të përshëndesim me se-lam, por si do të thërrasim salavate për ty?" Ka thënë: *"Thoni: All-llahumme sal-li ala Muhammedin ue ala ali Muhammedin, kema sal-lejte ala ali Ibrahime, inneke hamidun mexhid; All-llahumme barik ala Muhammedin ue ala ali Muhammedin, kema barekte ala* ali Ibrahime, inneke hamidun mexhid. *(O All-llah, mëshiroje Muha-medin dhe familjen e tij, siç e mëshirove Ibrahimin dhe familjen e tij. Vërtet Ti je i lavdishëm. O All-llah, bekoje Muhammedin dhe familjen e tij, siç e bekove Ibrahimin dhe familjen e tij. Vërtet Ti je i Lavdishëm.”*

(Muttefekun alejhi)

Hadithi 1414

Nga Ebu Mes'udi r.a. transmetohet të ketë thënë: "Na erdhi i Dërguari i All-llahut s.a.v.s.. kurse ne ishim në ndeje te Sa'd b. Ubadeh r.a., e Beshir b. Sa'di tha: "O i Dërguari i All-llahut, na ka urdhëruar All-llahu të themi salavate mbi ty, si do ta bëjmë këtë?" I Dërguari i All-llahut ka heshtur aq, sa ne dëshiruam që mos ta kishte pyetur për këtë, pastaj tha: *"Thoni: "O All-llah, mëshiroje Muhammedin dhe familjen e tij, siç e mëshirove Ibrahimin. O All-llah, bekoje Muhammedin dhe familjen e tij, siç e bekove familjen e Ibrahimit. Vërtet Ti je i Lavdishëm dhe i Madhërishëm. Kurse se-lami është sikur që jeni mësuar ju.”*

(Transmeton Muslimi)

Hadithi 1415

Nga Ebu Humejd es-Saidij r.a. transmetohet se ka thënë: „(As' habët) kanë thënë: "O i Dërguari i All-llahut, si do të thërrasim salavate mbi ty?" (Pejgamberi s.a.v.s.) Ka thënë: *"Thoni: "O All-llah, mëshiroje Muhammedin, gratë e tij dhe pasardhësit e tij, siç e ke mëshiruar Ibrahimin. O All-llah, bekoje Muhammedin dhe gratë dhe pasardhësit e tij siç e ke bekuar Ibrahimin. Vërtet Ti je i Lav-dishëm.”*

(Muttefekun alejhi)

All-llahu i Madhëruar thotë:

"Të përmendurit e All-llahut është më e madhe."

(el-Ankebut, 45)

"Më kujtoni Mua, t'ju kujtoj edhe unë."

(el-Bekare, 152)

"Dhe në vete përmende Zotin tënd, me përulje dhe ven-dosmëri dhe pa e ngritur zërin lart, në agim dhe në muzg, dhe mos jij nga indiferentët."

(el-A'raf, 205)

"Dhe përmendeni All-llahun shpesh, ndoshta do të shpë-toni."

(el-Xhumuah, 10)

"Muslimanëve dhe muslimaneve, edhe besimtarëve e be-simtareve, edhe të dëgjueshmëve e të dëgjueshmeve, edhe të sinqertëve e të sinqertave, edhe durimtarëve e durimtareve, edhe të përulurve e të përulurave, edhe meshkujve që japin sadaka edhe femrave që japin sada-ka, edhe meshkujve që agjërojnë edhe femrave që agjë-rojnë, edhe meshkujve që kujdesen për pjesët e turpshme të trupit të vet edhe femrave që kujdesen për pjesët e turpshme të trupit të vet, edhe meshkujve që e përmendin All-llahun shpesh si edhe femrave, All-llahu me të vërtetë u ka përgatitur falje dhe shpërblim të madh."

(el-Ahzab, 35)

"O besimtarë, kujtone shpesh All-llahun! Dhe atë madhë-rone në mëngjes e në mbrëmje."

(el-Ahzab, 41-42)

Ajetet për këtë kapitull janë të shumta dhe të njohura.

Hadithi 1419

Nga Ebu Ejjub el-Ensarij r.a. transmetohet se Pejgamberi s.a.v.s. ka thënë: *"Kush thotë dhjetë herë: Nuk ka zot tjetër për-veç All-llahut të Vetëm. Ai s'ka shok. Atij i takon sundimi dhe fa-*

lënderimi. Ai është i Gjithëfuqishëm, është sikur t'i falë (nga robë-ria) katër individë nga pasardhësit e Ismailit."

(Muttefekun alejhi)

Hadithi 1420

Nga Ebu Dherri r.a. transmetohet se ka thënë: "I Dërguari i All-llahut s.a.v.s. më ka thënë: *"A të të njoftoj me fjalët më të dashu-ra për All-llahun? Fjalët më të dashura të All-llahut janë: "Subha-nall-llahi ue bihamdihi"* (Madhëria dhe falënderimi i përkasin All-llahut të madhëruar.)

(Transmeton Muslimi)

Hadithi 1421

Nga Ebu Malik el-Esh'arij r.a. transmetohet të ketë thënë: "I Dërguari i All-llahut s.a.v.s. ka thënë: *"Pastërtia është gjysma e imanit, el-hamdu lil-lahi mbush peshojën, kurse subhanall-llahi uel-hamdu lil-lahi mbush çdo gjë ndërmjet qiejve dhe tokës."*

(Transmeton Muslimi)

Hadithi 1422

Nga Sa'd b. Ebi Uekkasi r.a. transmetohet të ketë thënë: "Një beduin erdhi tek i Dërguari i All-llahut dhe i tha: "Mësomë të them ndonjë fjalë!" (Pejgamberi s.a.v.s.) ka thënë: *"Thuaj: "Lâ ilâhe il-lall-llahu uahdehu la sherike lehu, All-llahu ekberu kebiren, uel-hamdu lil-lahi kethiren, ue subhanall-llahu rabbil-alemine, ue la havle ue la kuuete il-la bil-lahi-l-azizil-hakim."* (Nuk ka Zot përveç të vetmit All-llah që nuk ka shoqërues, All-llahu është më i Madhi në madhërinë e Vet, për All-llahun qofshin falënderimet e shumta, Lavdia i qoftë All-llahut, krijuesit të botëve. Nuk ka fuqi as forcë pa All-llahun, të Lavdishëm dhe të Urtë). Beduini tha: "Të gjitha këto janë të Krijuesit tim e ç'është e imja?" (Pejgamberi s.a.v.s.) Ka thënë. *"Thuaj: "All-llahu im, më fal, më mëshiro, më përudh dhe më furnizo."*

(Transmeton Muslimi)

Hadithi 1423

Nga Theubani r.a. transmetohet se ka thënë: "I Dërguari i All-llahut, kur e përfundonte namazin, tri herë kërkonte falje, e pastaj thonte: *"All-llahu im! Ti je selam dhe nga Ti është selami, bekimi qoftë mbi Ty, o zotërues i madhërisë dhe bujarisë."* Kur është pye-tur el-Euzaija, një nga transmetuesit e hadithit: "Si kërkohet falje (istigfar)?" Ai ka thënë: "Thuhet: Estagirull-llahe, estagfirull-llahe" (e lus All-llahun për falje)."

(Transmeton Muslimi)

Hadithi 1424

Nga Mugire b. Shu'beh r.a. transmetohet se i Dërguari i All-lla-hut s.a.v.s. pas përfundimit të namazit dhe dhënies selam ka thënë: *"La ilahe il-lall-llahu uahdehu la sherike lehu, lehul-mulku ue lehu-l-hamdu ue huve ala kul-li shej'in kadir. All-llahume la mânia lima a'atajte, ue la mu'tije lima mena'te, ue la jenfeu dhel-xheddi minke-l-xheddu."* (Nuk ka Zot tjetër përveç të Vetmit All-llah, që nuk ka shoqërues në asgjë, i Tij është tërë sundimi dhe vetëm Atij i përket tërë falënderimi dhe lavdia. Ai është sundues i gjithmundshëm i çdo gjëje. All-llahu im, nuk ka ndalues të dhënies Tënde, as dhënies që Ti e ndalon, as të zellshmit nuk i vlen zelli dhe puna pa dhënien e All-llahut. Prej teje është zelli e pasuria).

(Muttefekun alejhi)

Hadithi 1426

Nga Ebu Hurejra r.a. transmetohet se muhaxhirët varfanjakë i kanë ardhur të Dërguarit të All-llahut s.a.v.s. dhe kanë thënë: "Të pasurit na tejkaluan në shkallë dhe me bekime të vlefshme. Ata fa-len si falemi edhe ne, agjërojnë sikur agjërojmë ne, ata kanë dobi nga pasuria, ata kryejnë haxhin, umren dhe xhihadin dhe ndajnë sa-daka." (Pejgamberi s.a.v.s.) ka thënë: *"A dëshironi t'ju mësoj diç-ka me të cilën do t'i arrini ata që ju kanë tejkaluar dhe ata që vij-në pas jush; nëse këtë e bëni, askush nga ju nuk do të jetë më i vlefshëm përveç nëse vepron ç'veproni edhe ju."* Muhaxhirët varfanjakë kanë thënë: "Po, gjithqysh, o i Dërguar i All-llahut!" (Pejgamberi s.a.v.s.) Ka thënë: *"Do të thoni subhanall-llah, el-hamdu lil-lah dhe All-llahu ekber pas çdo namazi nga tridhjetë e tri herë."* Ka thënë transmetuesi Ebu Salih nga Ebu Hurejra: "Kur është pyetur për mënyrën praktike të dhikrit (pas namazit, Pejgamberi s.a.v.s.), ka thënë: *"Subhanall-llah, ue-l-hamdu lil-lah, uall-llahu-ekber, që secila të jetë nga tridhjetë e tri herë."*

(Muttefekun alejhi)

Muslimi shton në transmetimin e tij: "Dhe janë kthyer muhaxhirët varfanjakë tek i Dërguari i All-llahut s.a.v.s. dhe kanë thënë: "Vëllezërit tanë, pasanikët, kanë dëgjuar ç'punojmë ne, ndaj edhe bëjnë si ne." I Dërguari i All-llahut s.a.v.s. ka thënë: *"Ajo është vlerë e All-llahut, Ai ia jep kujt të dojë."*

Hadithi 1427

Nga Ebu Hurejra r.a. transmetohet se i Dërguari i All-llahut s.a.v.s. ka thënë: *"Kush e lavdon All-llahun pas çdo namazi me tridhjetë e tri herë dhe kush e falënderon All-llahun tridhjetë e tri herë, e kush e madhëron All-llahun tridhjetë e tri herë, e pastaj e plotëson këtë me të njëqindtën: La ilahe il-lall-llahu vahdehu la sherike lehu; lehu-l-mulku ve lehu-l-hamdu; ve huve ala kul-li shej'in kadir, do t'i falen mëkatet, qofshin ato edhe se shkuma e detit."*

(Transmeton Muslimi)

Hadithi 1428

Nga Ka'b b. Uxhre r.a. transmetohet se i Dërguari i All-llahu s.a.v.s. ka thënë: *"Përcjellëset (fjalët pas namazit), të cilat nuk do ta tradhtojnë kryerësin, shqiptuesin e tyre, ose pas çdo namazi të obliguar janë tridhjetë e tri herë tesbihi, tridhjetë e tri herë tahmidi dhe tridhjetë e katër herë tekbiri."*

(Transmeton Muslimi)

Hadithi 1430

Nga Mu'adhi r.a. transmetohet se i Dërguari i All-llahut e ka marrë për dore dhe i ka thënë: *"O Mu'adh, për All-llahun, unë të dua."* Pastaj ka thënë: *"O Mu'adh, unë të porosis që assesi në fund të namazit mos të lëshë pa thënë: "All-llahumme einni ala dhikrike ve shukrike ve husni ibadetike."* (All-llahu im! Më forco dhe më bën të fortë në dhikrin (përmendjen) Tënd, në falënderimin Tënd dhe në bukurinë e ibadetit Tënd."*

(Ebu Davudi me senede sahih)

Hadithi 1431

Nga Ebu Hurejra r.a. transmetohet se i Dërguari i All-llahut s.a.v.s. ka thënë: *"Kur ta kryeni teshehhudin në namaz, çdonjëri nga ju le të kërkojë nga All-llahu mbrojtjen nga katër gjëra me fjalët: "O All-llahu im! Më ruaj nga dënimi i Xhehenemit, dënimi i varrit, nga sprovat e jetës dhe të vdekjes, dhe nga sherri i mashtrimeve të Dexhxhallit - Antikrishtit."*

(Transmeton Muslimi)

Hadithi 1432

Nga Aliu r.a. transmetohet se ka thënë: "I Dërguari i All-llahut s.a.v.s. kur falej, gjithnjë thonte ndërmjet teshehhudit dhe selamit: *"All-llahu im! Më fal ç'kam bërë dhe ç'kam lënë pa bërë, ç'kam fshehur dhe ç'kam bërë publikisht, dhe ç'kam tepruar, dhe atë që Ti e di më mirë se unë. Ti je ai që i paraprin çdo gjëje, kurse unë jam ai që të ndjek Ty, nuk ka zot tjetër përveç Teje."*

(Transmeton Muslimi)

Hadithi 1433

Nga Aishja r. anha transmetohet të ketë thënë: "Pejgamberi s.a.v.s. pat shpeshtuar të thonte në rukunë dhe sexhdet e tij: *"Subhaneke-ll-llahumme rabbena ve bihamdike, All-llahumme-gfir-li"* (Lavdia të qoftë Ty, o All-llahu im, Krijuesi im, Ty të qoftë falënderimi, All-llahu im, më fal!").*

(Muttefekun alejhi)

Hadithi 1435

Nga Ibni Abbasi r. anhuma transmetohet se i Dërguari i All-lla-hut s.a.v.s. ka thënë: *"Sa i përket rukusë, në të duhet madhëruar Krijuesi tuaj; sa i përket sexhdes, në to përpiquni me dua, sepse është e mundur t'ju pranohet lutja."*

(Transmeton Muslimi)

Hadithi 1441

Nga nëna e besimtarëve Xhuvejrije binti-l-Harith r.a. transme-tohet se Pejgamberi s.a.v.s. një mëngjes doli nga ajo në kohën e sabahut, ndërsa ajo ishte në mesxhidin e saj. Pastaj u kthye, pasi e fali namazin e duhasë (ora 9-10 paradite, N.I.), kurse ajo ishte ulur, me ç'rast (Pejgamberi s.a.v.s.) ka thënë: *"Ti qenke në gjendjen e njëjtë në të cilën të kam lënë kur jam ndarë prej teje."* Ajo tha: "Po." Pejgamberi s.a.v.s. ka thënë: *"Vërtet pas teje kam thënë ka-tër fjalët nga tri herë, dhe sikur ato të mateshin me ato që ti ke thënë gjatë tërë ditës, këto fjalë do të anonin, e ato janë."* *"Subha-nall-llahi ve bihamdihi adede halkihi, ve rida nefsihi, ve zinete ar-shihi, ve midade kelimatihi."* (*Lavdia i qoftë All-llahut dhe Atij i qoftë falënderimit në numrin e krijesave të Tij, kënaqësisë së Tij personale, peshën e Arshit të Tij dhe ngjyrës së fjalëve të Tij).*"

(Transmeton Muslimi)

Në një transmetim tjetër për të: *"SuhbhanAll-llahi adede halkihi, subhanall-llahi rida nefsihi, subhanall-llahi zinete Arshihi, subhanall-llahi midade kelimatihi."* (*Lavdia i qoftë All-llahut në numrin e krijesave të Tij, Lavdia i qoftë All-llahut pasi ai është personalisht i kënaqur, Lavdia i qoftë All-llahut në peshën e Arshit, Lavdia i qoftë All-llahut në sasinë e ngjyrës së fjalëve të Tij).*

Në transmetim të Tirmidhiut është: *"A dëshiron të të mësoj fjalët të cilat do t'i theksosh?"* (Pastaj e theksoi tesbihin e cekur, duke e thënë nga tri herë): *"Subhanall-llahi adede halkihi, subhanall-llahi adede halkihi, subhanall-llahi adede halkihi, subhanall-llahi rida nefsihi, subhanall-llahi rida nefsihi, subhanall-llahi rida nefsihi, subhanall-llahi zinete arshihi, subhanall-llahi zinete arshihi, subhanall-llahi zinete arshihi, subhanall-llahi midade kelimatihi, subhannall-llahi midade kjelimatihi, subhanall-llahi midade kelimatihi."*

Hadithi 1443

Nga Ebu Hurejra r.a. transmetohet se i Dërguari i All-llahut s.a.v.s. ka thënë: *"All-llahu i madhëruar thotë: "Unë jam në mendimet e robit Tim për Mua, Unë jam me të kur më përmend Mua, nëse ai më përmend në veten e tij, Unë e kujtoj atë në veten Time, e nëse ai më përmend Mua në bashkësi, edhe Unë atë e kujtoj në bashkësi më të mirë se të atij."*

(Muttefekun alejhi)

Hadithi 1444

Nga Ebu Hurejra r.a. transmetohet se ka thënë: I Dërguari i All-llahut s.a.v.s. ka thënë: *"Ju kanë tejkaluar muferridunët!"* (As'habët) thanë: "Kush janë këta muferridunët, o i Dërguari i All-llahut?" Ka thënë: *"Muferridë (individë të veçantë) janë ata dhe ato që e përmendin shumë All-llahun xh.sh."*

(Transmeton Muslimi)

Është përcjellur: "El-Muferridun" janë me "R" të dyfishuar, disa thonë pa të. E pranueshme është ajo e shumicës: me dyfishim.

Hadithi 1445

Nga Xhabiri r.a. transmetohet të ketë thënë: "E kam dëgjuar të Dërguarin e All-llahut s.a.v.s. duke thënë: *"Dhikri më i vlefshëm është La ilahe il-lall-llah."*

(Tirmidhiu i cili thotë se ky është hadidh hasen)

Hadithi 1447

Nga Xhabiri r.a. transmetohet se Pejgamberi s.a.v.s. ka thënë: *"Kush thotë: Subhanall-llahi ve bihamdihi (Lavdia dhe falënderimi i qoftë All-llahut) për të mbillet një hurmë në Xhenet."*

(Tirmidhiu i cili thotë se ky është hadith hasen)

Hadithi 1448

Nga Ibni Mes'udi r.a. transmetohet të ketë thënë: "I Dërguari i All-llahut s.a.v.s. ka thënë: *"E kam takuar Ibrahimin a.s. natën e Israsë, e ai më tha: O Muhammed, komunikoji umetit tënd nga unë selam dhe lajmëroji se Xheneti është vend i mirë; ujë i ëmbël dhe i shërueshëm. Dhe lajmëroji se Xheneti është rrafshinë; fidani i Xhenetit është subhanall-llahi, uel-hamdu lil-lah, la ilahe il-lall-llah dhe All-llahu ekber."*

(Tirmidhiu i cili thotë se ky është hadith hasen)

Hadithi 1449

Nga Ebu Derdai r.a. transmetohet të ketë thënë: "I Dërguari i All-llahut s.a.v.s. ka thënë: *"A nuk doni t'u lajmëroj për punën më të mirë, për më të pastrën te Krijuesi juaj, për më të lartën sipas gradës, që eshë më e mirë për ju se ndarja e arit dhe argjendit: që është më e mirë për ju se takimi me armiqtë tuaj, ku ju ua preni atyre kokat?"* (As-habët) kanë thënë: "Gjithsesi!" (Muhammedi s.a. v.s.) Ka thënë: "(Kjo është) *Përmendja e All-llahut."*

(Tirmidhiu; Hakim Ebu Abdull-llahu thotë se transmetimet janë sahih)

Hadithi 1451

Nga Ebu Musa r.a. transmetohet se ka thënë: "Më ka thënë mua i Dërguari i All-llahut s.a.v.s.: *"A dëshiron të të drejtoj në një nga thesarët e Xhenetit?"* U përgjigja: "Sigurisht, o i Dërguari i Zotit." (Pejgamberi s.a.v.s.) ka thënë: *"La haule ue lâ kuuete il-la bil-lahi"* (Nuk ka fuqi as forcë pa ndihmën e All-llahut).

(Muttefekun alejhi)

PËRMENDJA E ALL-LLAHUT NË KËMBË, ULUR, SHTRIRË, PA ABDEST, XHUNUB DHE GJATË TË PËRMUAJSHMEVE. LEXIMI I KUR'ANIT NUK I LEJOHET XHUNUBIT DHE FEMRËS QË KA TË PËRMUAJSHMET

All-llahu i Madhëruar thotë:

"Në krijimin e qiejve dhe të tokës, edhe në ndërrimin e natës e të ditës ka me të vërtetë argumente për ata që kanë mend. Për ata, që e përmendin All-llahu në këmbë, ulur, edhe ratë..."

(Ali Imran, 190-191)

Hadithi 1452

Nga Aishja r.a. transmetohet se ka thënë: "I Dërguari i All-llahut s.a.v.s. e përmendte All-llahun në çdo kohë dhe në çdo situatë."

(Transmeton Muslimi)

FJALËT E TË DËRGUARIT PARA DHE PAS GJUMIT TË TIJ

Hadithi 1454

Nga Hudhejfete dhe nga Ebu Dherr r. anhuma transmetohet se kanë thënë: "Kur i Dërguari i All-llahut shkonte në shtrat, thonte: *"All-llahu im, me emrin Tënd jetoj dhe vdes"*, kurse kur zgjohej thonte: *"Falënderimi i qoftë All-llahut, që na ngjall pasi na vdes, tek Ai ringjallemi."*

(Transmeton Buhariu)

All-llahu i Madhëruar thotë:

"Qëndro vendosmërisht në anën e atyre që i luten Zotit të vet në mëngjes dhe në mbrëmje, me dëshirë që të meritojnë simpatinë e Tij, dhe mos i hiq sytë tu prej tyre..."

(el-Kehf, 28)

Hadithi 1455

Nga Ebu Hurejra r.a. transmetohet të ketë thënë: "I Dërguari i All-llahut s.a.v.s. ka thënë: *"Vërtet All-llahu i Madhëruar ka engjëj që udhëtojnë gjithnjë dhe kërkojnë ithtarë të dhikrit, e kur gjejnë popullin që e përmend All-llahun e Madhëruar, engjëjt thërrasin: 'Ejani te nevojat tuaja!', e pastaj i rrethojnë me krahët e tyre deri në qiellin e kësaj bote, kurse Krijuesi i tyre, edhe pse e di më mirë se ata, i pyet: 'Ç'po flasin njerëzit e Mi?'"* Ka thënë: *"Engjëjt thonë: 'Po të lavdojnë (tesbih) Ty, po të madhërojnë (tekbir) Ty, po të falënderojnë (tahmid) Ty dhe po të lartësojnë (temxhid) Ty'. All-llahu tha: 'A më kanë parë robërit e Mi?' Engjëjt thanë: 'Jo, për All-llahun, ata nuk ë kanë parë!' All-llahu pyeti: 'Si do të ishin, sikur të më shihnin?' Engjëjt thonë: 'Sikur Të të shihnin, ata edhe më tepër do Të të adhuronin, do Të të falënderonin dhe do Të të lavdonin'. All-llahu tha: 'A po kërkojnë diçka robërit e Mi?' Engjëjt thanë: 'Po Të lusin për Xhenet'."* Pejgamberi s.a.v.s. tha: *"All-llahu thotë: 'A e kanë parë atë?' Engjëjt thanë: 'Jo, për All-llahun, o Krijues, nuk e kanë parë Xhenetin'. All-llahu atëherë u tha: 'E si do të luteshin për Xhenetin, sikur ta kishin parë?' Engjëjt thanë: 'Sikur ta kishin parë Xhenetin, ata edhe më shumë do të lakmonin për të, edhe më shumë do të kërkonin dhe edhe më shumë do të dëshironin'. Atëherë All-llahu i pyeti ata: 'Prej çfarë gjëje ata kër-*

kojnë mbrojtje dhe strehim?' Engjëjt thanë: 'Ata kërkojnë mbrojtje nga zjarri'. All-llahu tha: 'A e kanë parë ata zjarrin?' Engjëjt thanë: 'Jo, për All-llahun, nuk e kanë parë!' All-llahu tha: 'E si do të kërkonin ata mbrojtjen nga zjarri sikur ta kishin parë?' Engjëjt thanë: 'Sikur ta kishin parë zjarrin, ata edhe më shumë do të iknin nga ai, dhe edhe më shumë do të frikësoheshin nga ai'. All-llahu i Madhëruar thotë: 'Bëhuni dëshmitarë që po ua fal atyre." Muhammedi s.a.v.s. ka thënë: "Një prej engjëjve thotë: 'O Krijues, në mesin e tyre është një që nuk është prej tyre, Ai ka ardhur në mesin e tyre për shkaqe private.' All-llahu i Madhëruar thotë: 'Ata të gjithë së bashku ulen, nuk mund të jetë i pakënaqur një fqinj i tyre që qëndron ulur në shoqërinë e njëjtë."

(Muttefekun alejhi)

Sipas transmetimit të Muslimit: Nga Ebu Hurejra r.a. transmetohet se Pejgamberi s.a.v.s. ka thënë: "Vërtet All-llahu ka engjëjt udhëtarë të zgjedhur, të cilët i përcjellin tubimet e dhikrit dhe kur gjejnë tubim të dhikrit, ata ulen me ta dhe e mbështjellin njëri-tjetrin me krahët e tyre, kështu që e mbushin gjithë ç'ka mes tyre dhe qiellit të kësaj bote. Pasi shpërndahen (të tubuarit), engjëjt ngrihen dhe shkojnë në qiell. Atëherë All-llahu i pyet ata për përmendësit e All-llahut, ndonëse më mirë se ata e di gjendjen e tyre: 'Prej nga erdhët?' Engjëjt thonë: 'Vijmë nga robërit e Tu, që në tokë të bëjnë tesbih, tekbir, tehlil, tahmid dhe lutje!' All-llahu i Madhëruar thotë: 'Për çfarë po më lusin?' Engjëjt thonë: 'Të lusin për Xhenetin!' All-llahu thotë: 'A e kanë parë ata Xhenetin tim?' Engjëjt thonë: 'Jo, Krijuesi ynë!' All-llahu thotë: 'E si do të lutnin ata për Xhenetin sikur ta kishin parë atë?' Engjëjt thonë: 'Të lusin t'i strehosh ata.' All-llahu thotë: 'A e kanë parë ata zjarrin Tim?' Engjëjt thonë: 'Jo!' All-llahu thotë: 'E si do ta bënin këtë sikur ta kishin parë atë?' Engjëjt thonë: 'Ata të lusin për falje'. All-llahu thotë: 'Unë tashmë të gjithëve ua kam falur dhe u kam dhënë ç'kanë kërkuar dhe i kam mbrojtur nga ajo që kanë kërkuar." Muhammedi s.a.v.s. ka thënë: "Engjëjt thanë: 'Në mesin e tyre ka një rob mëkatar, ai ka ecur dhe rastësisht iu është bashkangjitur.' All-llahu thotë: 'Edhe atij ia kam falur, sepse ata janë popull, individët e të cilit nuk mund të jenë jo të lumtur."

Hadithi 1456

Nga Ebu Hurejra r.a. dhe nga Ebu Seidi r.a. transmetohet se kanë thënë: "I Dërguari i All-llahut s.a.v.s. ka thënë: *"Asnjë grup njerëzish nuk do të ulen ta përmendin All-llahun dhe që engjëjt nuk do t'i rrethojnë, nuk do t'i kaplojë mëshira dhe nuk do të lëshohet mbi ta qetësia shpirtërore dhe që All-llahu nuk do t'i theksojë dhe njoftojë me shpirtrat e tij të zgjedhur dhe me engjëjt e botëve të larta hyjnore."*

(Transmeton Muslimi)

Hadithi 1457

Nga Ebu Uakid el-Harith b. Aufi r.a. transmetohet se njëherë i Dërguari i All-llahut është ulur në xhami, rreth tij ishin as'habët, e me atë rast erdhën tre persona në xhami. Dy prej tyre u nisën në drejtim të të Dërguarit të All-llahut s.a.v.s., kurse një shkoi. Dy që u nisën nga Pejgamberi s.a.v.s., kur erdhën deri te rrethi rreth Muhamedit s.a.v.s., një prej tyre e pa një vend të zbrazët dhe u ul. Personi i dytë u ul prapa rrethit, kurse shoku i tyre i tretë doli nga xhamia. Pasi i Dërguari i All-llahut s.a.v.s. mbaroi me ligjëratën tha: *"A dëshironi t'ju njoftoj për gjendjen e këtyre tre ardhaca-këve? Një nga ata iu mbështet All-llahut dhe All-llahu e ka pranu-ar, i dyti ka ngurruar nga turpi, prandaj edhe All-llahu duke u turpëruar, ka ngurruar nga ai (dënimin), kurse sa i përket të tretit që ktheu shpinën, edhe All-llahu ka kthyer nga ai (mëshirën e Tij)."*

(Muttefekun alejhi)

Hadithi 1458

Nga Ebu Seid el-Hudrij r.a. transmetohet të ketë thënë: Muaviu me një rast doli në xhami në rrethin e xhematit dhe tha: "Pse qëndroni këtu?" U përgjigjën: "Qëndrojmë ulur që ta përmendim All-llahun." (Muaviu) ka thënë: "Ju qëndroni ulur këtu vetëm për All-llahun?" Thanë: "Veçmas për këtë qëndrojmë këtu." Muaviu ka thënë: "Sa më përket mua, unë nuk ju jam përbetuar nga dyshimi ndaj thënies tuaj. Askush në shtëpinë (vendin) tim për të Dërguarin e All-llahut nuk ka komunikuar më pak hadithe se unë, por këtë herë ju komunikoj se i Dërguari i All-llahut s.a.v.s. me një rast doli në mesin e as'habëve, të cilët ishin ulur në hallkë në xhami, dhe u tha: *"Për ç'arsye qëndroni ulur këtu?"* Thanë: "Ne këtu qëndrojmë ulur për ta përmendur All-llahun dhe për ta falënderuar që na ka përudhur në Islam dhe që na e ka dhuruar atë." (I Dërguari i All-llahut) ka thënë: *"Ju këtu qëndroni ulur vetëm për All-llahun? Sa më përket mua, unë nuk ju jam përbetuar nga dyshimi ndaj jush, por do t'ju komunikoj se më ka ardhur Xhibrili s.a.v.s. dhe më ka lajmëruar se All-llahu krenohet me ju para engjëjve."*

(Transmeton Muslimi)

DHIKRI GJATË SABAHUT DHE AKSHAMIT

All-llahu i Madhëruar thotë:

"Dhe në vete përmende Zotin tënd, me përulje dhe devotshmëri dhe pa e ngritur zërin lart, në agim dhe në muzg, dhe mos jij nga indiferentët."

(el-A'raf, 205)

Ekspertët gjuhësorë pohojnë se "asâl" është shumësi i "esîl." Kjo kohë është ndërmjet ikindisë dhe akshamit.

"Ndërsa Zotin tën madhëroje dhe lavdëroje në mbrëmje dhe në mëngjes."

(Gafir, 55)

"Dhe lartëso me falënderim Zotin tënd, para se të dalë dielli dhe para se të perëndojë."

(Ta Ha, 130)

Ekspertët gjuhësorë pohojnë se "ashijjun" d.m.th. koha prej drekës deri në aksham.

"Nëpër shtëpi që janë ngritur me lejen e All-llahut aty përmendet edhe emri i Tij, aty e lavdërojnë në mëngjes

dhe në mbrëmje. Ka njerëz, të cilët puna dhe shitblerja nuk i pengon ta përmendin All-llahun në muzg dhe në agim."

(Sa'd, 18)

Hadithi 1461

Nga Ebu Hurejra r.a. transmetohet se i Dërguari i All-llahut s.a.v.s. kur zgjohej thonte: *"O All-llah, me Ty zgjohemi dhe me Ty na zë mbrëmja, me Ty jetojmë, me Ty vdesim dhe te Ti ringjallemi."* Kurse kur binte në gjumë thonte: *"O All-llah, me Ty jetojmë, me Ty vdesim dhe te Ti ringjallemi."*

(Ebu Davudi dhe Tirmidhiu, i cili thotë se ky është hadith hasen)

Hadithi 1462

Nga Ebu Hurejra r.a. transmetohet se Ebu Bekr es-Siddiku r.a. ka thënë: "O i Dërguari i All-llahut, m'i urdhëro disa fjalë që t'i shqiptoj kur të zgjohem dhe kur të flej." (Muhammedi s.a.v.s.) ka thënë: *"Thuaj: O All-llah, Krijues i qiejve dhe i tokës, njohës i fshehtësisë dhe i së njohurës, Krijues i çdo gjëje dhe Sundues i tyre, unë dëshmoj se nuk ka zot tjetër përveç Teje, te Ti kërkoj mbrojtje nga e keqja ime dhe nga e keqja e djallit dhe e idhujtarisë së tij."* (Pastaj) ka thënë (Pejgamberi s.a.v.s.): *"Këto fjalë thuaj sa herë të zgjohesh, të ngrysesh dhe sa herë të shtrihesh në shtrat."*

(Ebu Davudi dhe Tirmidhiu, i cili ka thënë se është hadith hasen sahih)

Hadithi 1463

Nga Ibni Mes'udi r.a. transmetohet se ka thënë: "Pejgamberi s.a.v.s., kur ngrysej, thonte: *"Ne jemi ngrysur, por edhe sundimi i All-llahut, nuk ka zot tjetër përveç të Vetmit All-llah, i Cili nuk ka rival."* Transmetuesi më tej thotë: "E kam parë (Pejgamberin s.a.v.s.) se pas fjalëve të theksuara ka thënë: *"Atij i takon sundimi dhe Atij i takon lavdia, Ai është i Gjithëfuqishëm. O Krijues, të kërkojmë të mirën për tërë këtë natë dhe për ato që vijnë pas kësaj. Të* mbështetem prej çdo të keqeje në këtë natë dhe së keqes në netët vijuese. Krijues, të mbështetem nga përtacia dhe mendjemadhësia e shëmtuar. Të mbështetem nga dënimi i Xhehenemit dhe dënimi në varreza." Ndërsa kur zgjohej, thonte po ashtu kështu, por në vend: "jemi ngrysur" (emsejna) thonte "jemi zgjuar" (asbahna) dhe "sundimi yt është zgjuar."

(Transmeton Muslimi)

Hadithi 1464

Nga Abdull-llah b. Hubejb r.a. transmetohet të ketë thënë: "I Dërguari i All-llahut s.a.v.s. më ka thënë: *"Lexoje: Kul huuAll-llahu ehad dhe dy muavedhetejna (Kul eudhu) kur të ngrysesh dhe kur të zgjohesh nga tri herë, do të mjaftojë kjo mbi të gjitha."*

(Ebu Davudi dhe Tirmidhiu, i cili thotë se ky është hadith hasen sahih)

FJALËT E NDRYSHME PARA GJUMIT

All-llahu i Madhëruar thotë:

"Në krijimin e qiejve dhe të tokës, edhe në ndërrimin e natës e të ditës ka me të vërtetë argumente për ata që kanë mend. Për ata që e përmendin All-llahun në këmbë, edhe ulur, edhe ratë dhe mendojnë thellë për krijimin e qiejve dhe të tokës."

(Ali Imran, 190-191)

Hadithi 1466

Nga Hudhejfe dhe nga Ebu Dherri r. anhuma transmetohet se i Dërguari i All-llahut s.a.v.s., kur binte në shtrat, thonte: *"Me emrin tënd, o All-llah, unë jetoj dhe vdes."*

(Transmeton Buhariu)

Hadithi 1467

Nga Aliu r.a. transmetohet se i Dërguari i All-llahut s.a.v.s. i ka thënë atij dhe Fatimes r. anhuma si vijon: *"Kur të shkoni për në shtrat, apo kur të shtriheni në shtrat, thoni tridhjetë e tri herë All-llahu ekber, tridhjetë e tri herë shubhanall-llah dhe tridhjetë e tri herë el-hamdu lil-lah."*

Në një transmetim thuhet: *"Subhnall-llahu ëshë tridhjetë e katër herë"*, kurse sipas një transmetimi tjetër: *"All-llahu ekber është tridhjetë e katër herë."*

(Muttefeku alejhi)

Hadithi 1468

Nga Ebu Hurejra r.a. transmetohet të ketë thënë: "I Dërguari i All-llahut s.a.v.s. ka thënë: *"Kur ndonjë nga ju të shkojë për në shtrat, le ta shkundë shtratin me ndonjë mjet, le ta fshijë me brendinë e izarit (material për veshje) të tij, sepse nuk është e njohur se ç'ka hyrë pas tij në shtrat e pastaj le të thotë: Me emrin Tënd, o Krijuesi im, bie në shtrat dhe ngrihem nga ai, nëse më lë (më vdes) atëherë mëshirohu, e nëse më lë në jetë, atëherë më ruaj siç i ruan robërit e Tu të mirë."*

(Muttefekun alejhi)

Hadithi 1469

Nga Aishja r. anha transmetohet se i Dërguari i All-llahut s.a.-v.s., kur ulej në shtrat, frynte në duart e tij dhe lexonte mbi to dy muavedhetcjna (Felek dhe Nas), e atëherë me duart e tij e fërkonte trupin e tij.

(Muttefekun alejhi)

Në transmetimin tjetër, të Buhariut dhe Muslimit, thuhet se "Pejgamberi s.a.v.s. kur shkonte në shtrat, çdo natë i bashkonte shuplakat e tij, frynte në to dhe lexonte: *"Kul huuall-llahu ehad, Kul eudhu birabbi-l-felek dhe Kul eudhu bi rabbi-n-nas"*, e pastaj me to e fërkonte sa ishte e mundur trupin e tij. Fillonte (të fërkojë) me duart e tij nga koka dhe fytyra e tij dhe pjesën tjetër të përparme të trupit. Këtë e bënte nga tri herë."

(Muttefekun alejhi)

Gjuhëtarët pohojnë se shprehja "en-nefthu" - fryerje - ka qenë pa zë.

Hadithi 1470

Nga Bera' b. Azibi r. anhuma transmetohet se ka thënë: "I Dërguari i All-llahut s.a.v.s. më ka thënë mua: *"Kur të nisesh për në shtratin tënd, merr abdest si për namaz, e pastaj shtriu në anën e djathtë dhe thuaj: "All-llahu im, po të dorëzohem Ty, gjendjen time po ta besoj Ty, strehohem nën mbrojtjen Tënde, me dëshirë nga Ti dhe nga frika prej Teje. Strehim dhe shpëtim nuk ka prej Teje përveç te Ti. Besoj në Librin Tënd që e ke shpallur dhe Pejgamberin Tënd që e ke dërguar. Nëse vdes, vdes i pastër. Këto fjalë le të jenë fjalët e fundit."*

(Muttefekun alejhi)

Hadithi 1471

Nga Enesi r.a. transmetohet se Pejgamberi s.a.v.s., kur shkonte në shtratin e tij, thonte: *"Falënderimi i qoftë All-llahut që na ushqeu dhe na dha të pimë, që kujdeset për ne dhe na strehon, e sa janë ata që nuk kanë mbrojtës e strehues."*

(Transmeton Muslimi)

Hadithi 1472

Nga Hudhejfe r.a. transmetohet se i Dërguari i All-llahut s.a.v.s., kur dëshironte të flente, dorën e tij të djathtë e vendoste në fytyrën e tij, e atëherë thonte: *"All-llahu im, më ruaj nga dënimi yt ditën kur do t'i rignjallësh robërit e Tu."*

(Tirmidhiu i cili thotë se ky është hadith hasen)

Ebu Davudi e transmeton këtë hadith nga Hafseja r. anhuma dhe thekson se i Dërguari këto fjalë i theksonte nga tri herë.

All-llahu i Madhëruar thotë:

"Zoti juaj ka thënë: "Më thërrisni t'ju përgjigjem."

(Gafir, 60)

"Lutjuni Zotit tuaj, me përulje dhe fshehurazi! Ai nuk i do ata që e teprojnë."

(el-A'raf, 55)

"Dhe kur të të pyesin robërit e mi për Mua, Unë jam me të vërtetë afër, i përgjigjem lutjes së lutësit kur më lutet."

(el-Bekare, 186)

"Ai, që i përgjigjet edhe të ngratit, kur ky i drejtohet Atij, Ai, që të keqen e largon."

(en-Neml, 62)

Hadithi 1473

Nga Nu'man b. Beshiri r. anhuma transmetohet se Pejgamberi s.a.v.s. ka thënë: *"Lutja është ibadet."*

(Ebu Davudi dhe Tirmidhiu, i cili thotë se ky është hadith hasen sahih)

Hadithi 1476

Nga Ibni Mes'udi r.a. transmetohet se Pejgamberi s.a.v.s. thonte: *"All-llahu im, unë të lus për udhëzim dhe devotshmëri, për dëlirësi dhe mëvetësi (mosvarjen nga të tjerët)."*

(Transmeton Muslimi)

Hadithi 1477

Nga Tarik b. Eshjeme r.a. transmetohet se ka thënë: "Kur një njeri e pranonte Islamin, Pejgamberi s.a.v.s. ia mësonte namazin dhe atëherë e urdhëronte të lutet me këto fjalë: *"All-llahu im, më fal, më mëshiro, më udhëzo, më jep shëndet dhe më furnizo."*

(Transmeton Muslimi)

Në transmetimin tjetër të Tarikut, Muslimi thotë se Tariku e ka dëgjuar Pejgamberin s.a.v.s. se një njeri, që ka ardhur te i Dërguari s.a.v.s. ka thënë: *"O i Dërguari i All-llahut, ç'të them unë kur ta lus Zotin tim?"* (Pejgamberi s.a.v.s.) ka thënë: *"Thuaj: "All-llahu im, më fal, më mëshiro, më jep shëndet dhe më furnizo", sepse këto fjalë përmbajnë tërë dunjanë dhe ahiretin tënd."*

Hadithi 1478

Nga Abdull-llah ibn Amr b. el-Asi r. anhuma transmetohet të ketë thënë: "I Dërguari i All-llahut s.a.v.s., ka thënë: *"All-llahu im, që lirisht disponon dhe drejton zemrat, drejtoji zemrat tona nga nënshtrimi ndaj Teje."*

(Transmeton Muslimi)

Hadithi 1479

Nga Ebu Hurejra r.a. transmetohet se Pejgamberi s.a.v.s. ka thënë: *"Kërkoni mbrojtjen e All-llahut nga presionet e sprovave, nga thellësitë e fatkeqësisë, nga fati i keq dhe nga gëzimi i armikut."*

(Muttefekun alejhi)

Në transmetimin tjetër Sufjani thotë: "Dyshoj se kam shtuar ndonjë (fjalë) prej tyre."

Hadithi 1480

Nga Ebu Hurejra r.a. transmetohet se ka thënë: "I Dërguari i All-llahut s.a.v.s. ka thënë: *"All-llahu im, ma përkryej fenë time, që është mbrojtja e jetës (punës) sime, ma përkryej botën time, në të cilën është jeta ime e tashme, ma përkryej ahiretin tim, në të cilin është kthimi im i përhershëm, ma bë jetën përparimtare në çdo të mirë dhe vdekjen të sigurtë (qetë) nga çdo e keqe."*

(Transmeton Muslimi)

Hadithi 1481

Nga Aliu r.a. transmetohet të ketë thënë: "Më ka thënë mua i Dërguari i All-llahut s.a.v.s.: *"Thuaj: All-llahu im, më udhëzo dhe gjithnjë më mbaj në rrugë të drejtë."*

Në transmetim tjetër është: *"All-llahu im, të lus Ty për udhëzim dhe orientim të drejtë!"*

(Transmeton Muslimi)

Hadithi 1482

Nga Enesi r.a. transmetohet se ka thënë: "I Dërguari i All-llahut pat thënë: *"All-llahu im, të mbështetem Ty nga paaftësia dhe përtacia, nga frika, pafuqia dhe koprracia. All-llahu im, të mbështetem Ty nga dënimi i varrit dhe të mbeshtetem Ty nga sprovat e jetës dhe të vdekjes."*

Në një transmetim tjetër shtohen fjalët: *"nga borxhet e rënda dhe nga mbizotërimi i njerëzve."*

(Transmeton Muslimi)

Hadithi 1483

Nga Ebu Bekr es-Siddiku r.a. transmetohet se ai i ka thënë të Dërguarit të All-llahut s.a.v.s.: "Ma mëso një lutje (dua) që do ta bëj në namazin tim." (Pejgamberi s.a.v.s.) ka thënë: *"Thuaj: All-llahu im, vërtet unë i kam bërë vetes shumë dhunë dhe, meqë mëkatet nuk i fal kush tjetër përveç Teje, atëherë më fal me faljen Tënde dhe më mëshiro. Vërtet Ti je falës dhe mëshirues i madh."*

(Muttefekun alejhi)

Në një transmetim tjetër (të Muslimit) thuhet: "që në shtëpinë time (të lutem)." Në transmetimin tjetër në vend "dhunë të shumtë" transmetohet "dhunë të madhe", prandaj është e nevojshme që të dy transmetimet të bashkohen dhe të thuhet: "dhunë të shumtë e të madhe."

Hadithi 1485

Nga Aishja r. anha transmetohet se Pejgamberi s.a.v.s. pat thënë në lutjet e tij: *"All-llahu im, të mbështetem Ty nga e keqja e asaj që kam vepruar dhe nga e keqja e asaj që nuk e kam vepruar."*

(Transmeton Muslimi)

Hadithi 1486

Nga Ibni Umeri r. anhuma transmetohet të ketë thënë: "Prej lutjeve të të Dërguarit të All-llahut ka qenë: *"All-llahu im, të mbështetem Ty nga ndërprerja e dhuntive të Tua, dhe nga ndërrimi i mbrojtjes Tënde, dhe nga zemërimi Yt i papritur, dhe nga dufi Yt i papritur dhe nga çdo hidhërim Yti."*

(Transmeton Muslimi)

Hadithi 1487

Nga Zejd b. Erkame r.a. transmetohet të ketë thënë: "I Dërguari i All-llahut pat thënë: *"All-llahu im, të mbështetem Ty nga paaftësia dhe përtacia, nga koprracia dhe pafuqia dhe nga dënimi i varrit. All-llahu im, m'i jep devotshmëri personale shpirtit tim, ma pastro shpirtin tim nga çdo negativitet, sepse Ti je pastruesi më i mirë, Ti je miku dhe mbrojtësi im personal. All-llahu im, të mbështetem Ty nga dija e padobishme dhe zemra jo e devotshme, nga shpirti i pangishëm dhe nga thirrja të cilës nuk i përgjigjesh."*

(Transmeton Muslimi)

Hadithi 1488

Nga Ibni Abbasi r. anhuma transmetohet se i Dërguari i All-llahut s.a.v.s. pat thënë: *"All-llahu im, Ty të dorëzohem, Ty të besoj, Ty të mbështetem, te Ti marr siguri, me ndihmën Tënde dhe për Ty hidhërohem dhe Ty të drejtohem për zgjedhje, prandaj më fal ç'kam vepruar më herët dhe më vonë, ç'kam fshehur dhe ç'kam ko-*

munikuar. Ti je Ai që edhe më parë edhe më vonë je Krijues, nuk ka zot tjetër përveç Teje." Disa transmetues shtojnë: *"Nuk ka forcë as fuqi pa ndihmën e All-llahut."*

(Muttefekun alejhi)

Hadithi 1489

Nga Aishja r. anha transmetohet se Pejgamberi s.a.v.s. është lutur me këto fjalë: *"All-llahu im, të mbështetem Ty nga sprovat e zjarrit dhe nga dënimi i Xhehenemit, nga e keqja e pasurisë dhe e varfërisë."*

(Ebu Davudi dhe Tirmidhiu, i cili thotë se ky është hadith hasen sahih.
Ky citat është nga Ebu Davudi)

Hadithi 1490

Zijad b. Ilakate transmeton nga xhaxhai i tij, d.m.th. nga Kutbe b. Maliku r.a. se ka thënë: "Pejgamberi s.a.v.s. pat thënë: *"All-llahu im, të mbështetem Ty nga punët e qortuara morale, afariste dhe të vullnetit."*

(Tirmidhiu, i cili thotë se ky është hadith hasen)

Hadithi 1491

Nga Shekel b. Humejdi r.a. transmetohet të ketë thënë: "I thashë: "O i Dërguari i All-llahut, ma mëso një lutje!" Ka thënë: *"All-llahu im, të mbështetem Ty nga e keqja e të dëgjuarit tim, nga e keqja e të pamurit tim, nga e keqja e gjuhës sime, nga e keqja e zemrës sime dhe nga e keqja e dëshirave (organeve gjenitale) të mia."*

(Ebu Davudi dhe Tirmidhiu, i cili thotë se ky është hadith hasen)

Hadithi 1492

Nga Enesi r.a. transmetohet se Pejgamberi s.a.v.s. pat thënë: *"All-llahu im, të mbështetem Ty nga gërbula, çmenduria, zgjebja dhe nga të gjitha sëmundjet e shëmtuara."*

(Ebu Davudi me sened sahih)

Hadithi 1494

Nga Aliu r.a. transmetohet se i ka ardhur një rob i hyrë në borxh që i tha: "Unë nuk kam mundësi ta paguaj kompensimin tim nga robëria, prandaj më ndihmo!" (Aliu r.a.) tha: "Do t'i mësoj ca fjalë, të cilat mua më ka mësuar i Dërguari i All-llahut s.a.v.s., e sikur ti të kesh sa një mal borxh, do ta paguash atë. *"Thuaj: "All-llahu im, më kënaq me hallallin Tënd nga harami Yt dhe më bë të mëvetësishëm me mirësinë Tënde nga çdo gjë, përveç Teje."*

(Tirmidhiu, i cili thotë se ky është hadith hasen)

Hadithi 1495

Nga Imbran b. Husajn r. anhuma transmetohet se Pejgamberi s.a.v.s. e ka mësuar babanë e tij, Husainin, me dy fjalë, me të cilat ai e ka bërë lutjen: *"All-llahu im, më frymëzo me orientim të drejtë dhe më ruaj nga e keqja e vetvetes."*

(Tirmidhiu, i cili thotë se ky është hadith hasen)

Hadithi 1496

Nga Ebu el-Fadl el-Abbas b. Abdulmutalibi r.a. transmetohet se ka thënë: "Kam thënë: O i Dërguari i All-llahut, më mëso diçka me të cilën do t'i drejtohem All-llahut të Madhëruar." - Ka thënë: *"All-llahun luteni për shëndet."* Pasi kaluan disa ditë, sërish i erdha dhe i thashë: "O i Dërguari i All-llahut, më mëso diçka me të cilën do ta lus All-llahun e Madhëruar." (Muhammedi s.a.v.s.) më tha: *"O Abbas, o xhaxhai i të Dërguarit të All-llahut, All-llahun luteni për shëndet në këtë botë dhe në ahiret."*

(Tirmidhiu, i cili thotë se ky është hadith sahih)

Hadithi 1497

Nga Shehr b. Hausheb transmetohet se ka thënë: "I kam thënë Ummi Selemes r. anha: "O nëna e besimtarëve, cilën lutje e thonte më së shumti i Dërguari i All-llahut s.a.v.s., kur gjendej te ti?" Tha ajo: "Lutja më e shpeshtë e tij ka qenë: *"O lëvizës i zemrave, për-forcoje zemrën time në fenë Tënde."*

(Tirmidhiu, i cili thotë se ky është hadith hasen)

Hadithi 1500

Nga Ebu Emame r.a. transmetohet se ka thënë: "I Dërguari i All-llahut s.a.v.s. ka bërë dua të shumta, por ne nuk mbajtëm mend asgjë nga ato. I thamë: "O i Dërguari i All-llahut, ti bëre lutje të shumta, por ne nuk mbajtëm mend asgjë." Ai tha: *"Tani unë do t'ju drejtoj në diçka që i përmban të gjitha. Thoni: "All-llahu im, unë të lus për të mirë për të cilën të ka lutur Pejgamberi Yt, Muhammedi s.a.v.s., dhe të mbështetem Ty nga e keqja për të cilën të është mbështetur Pejgamberi Yt, Muhammedi s.a.v.s.. All-llahu im, Ti je Ai që ndihmon dhe vetëm Ti je arritës (i qëllimeve tona). Nuk ka forcë as fuqi pa ndihmën e All-llahut."*

(Tirmidhiu, i cili thotë se ky është hadith hasen)

Hadithi 1501

Nga Ibni Mes'udi r.a. transmetohet të ketë thënë: "Në mesin e lutjeve të të Dërguarit të All-llahut ka qenë edhe: *"All-llahu im, unë të lus për mëshirën Tënde të obligueshme, për faljen Tënde dhe shpëtimin Tënd të domosdoshëm nga çdo mëkat, dhe pasurinë nga çdo e mirë, për fitoren me Xhenet dhe për shpëtimin nga zja-rri."*

(Hakim Ebu Abdull-llahu, i cili thotë se hadithi është sahih sipas kushteve të Muslimit)

All-llahu i Madhëruar thotë:

"Kurse ata që kanë ardhur pas atyre, thonë: "O Zoti ynë! Na e fal neve dhe vëllezërve tanë që na kanë prirë në besim."

(el-Hashr, 10)

"Kërko falje për mëkatet e tua dhe për besimtarët e besimtaret!"

(Muhammed,19)

"All-llahu i Madhëruar na lajmëron se Ibrahimi s.a.v.s. është lutur: "O Zoti ynë më fal mua,edhe prindërit e mi, edhe tërë besimtarët - atë ditë kur të jepet llogari."

(Ibrahim, 41)

Hadithi 1502

Nga Ebu ed-Derda r.a. transmetohet se e ka dëgjuar të Dërguarin e All-llahut s.a.v.s. duke thënë: *"Nuk ka rob musliman, që e lut All-llahun për vëllanë e tij jo të pranishëm, e që engjëlli mos t'i thotë: "Edhe ty të qoftë po ashtu!"*

(Transmeton Muslimi)

Hadithi 1503

Nga Ebu ed-Derdai r.a. transmetohet se i Dërguari i All-llahut s.a.v.s. pat thënë: *"Lutja e një njeriu musliman për vëllanë e tij jo të pranishëm është e pranueshme. Te koka e lutësit është një engjëll i autorizuar, i cili, kur lutësi kurdoqoftë bën një lutje në dobi të vëllait lë lij, engjëlli i autorizuar në lutje thotë: "Pranoje, o Zot, edhe ty të qoftë po ashtu!"*

(Transmeton Muslimi)

Hadithi 1504

Nga Usame b. Zejd r. anhuma transmetohet të ketë thënë: "I Dërguari i All-llahut s.a.v.s. ka thënë: *"Ai që për mirësinë e bërë i falënderohet mirëbërësit me fjalët: "All-llahu të shpërbleftë me të mirë - e ka shprehur mirënjohjen e tij të duhur."*

(Tirmidhiu, i cili thotë se ky është hadith hasen sahih)

Hadithi 1505

Nga Xhabiri r.a. transmetohet se ka thënë: "I Dërguari i All-llahut s.a.v.s. ka thënë: *"Mos e mallkoni veten, mos i mallkoni fëmijët tuaj, mos mallkoni pasurinë tuaj. Mos ia qëlloni çastit në të cilin All-llahu lutësit ia plotëson çdo gjë të kërkuar, që edhe mallkimit tuaj t'i përgjigjet pozitivisht."*

(Transmeton Muslimi)

Hadithi 1507

Nga Ebu Hurejra r.a. transmetohet se i Dërguari i All-llahut s.a.v.s. ka thënë: *"Lutjet do të pranohen derisa njerëzit nuk nguten duke folur: "Unë lus (qysh moti) Krijuesin tim, kurse lutja nuk më pranohet."*

(Muttefekun alejhi)

Në transmetimin e Muslimit është: *"Lutjes së njeriut gjithnjë i përgjigjet derisa nuk lutet për të keqe, ose për t'i prishur marrëdhëniet farefisnore, ose nuk ngutet."* As'habët kanë thënë: "O i Dërguari i All-llahut, ç'është ngutia?" (Pejgamberi s.a.v.s.) tha: *"Kjo është kur lutësi thotë: "Unë kam lutur e lutur, por nuk po shoh të më pranohet. "Në këtë gjendje ai lodhet dhe e lë lutjen."*

Hadithi 1508

Nga Ebu Umame r.a. transmetohet se ka thënë: "I është thënë të Dërguarit të All-llahut s.a.v.s.: "Kur është lutja më e pranueshme?" Ka thënë: *"Pjesa e fundit e natës dhe në fund të namazeve të obliguara."*

(Tirmidhiu, i cili thotë se ky është hadith hasen)

Hadithi 1509

Nga Ubadete b. Samiti r.a. transmetohet se i Dërguari i All-llahut s.a.v.s. ka thënë: *"Në tokë nuk ka asnjë musliman, që e lut All-llahun për diçka, e që këtë All-llahu nuk do t'ia japë, ose për ndërrim me këtë nuk do t'ia heqë ndonjë të keqe, përveç nëse lutësi lutet për mëkat ose për ndërprerjen e farefisnisë."* Një njeri nga të pranishmit tha: "Atëherë të lutemi shumë!" (Pejgamberi s.a.v.s.) ka thënë: *"All-llahu edhe më shumë jep."*

(Tirmidhiu, që thotë se ky është hadith hasen sahih).

Hakimi transmeton nga Ebu Seidi duke ia shtuar: *"Ose edhe po aq i jep shpërblim."*

Hadithi 1510

Nga Ibni Abbasi r. anhuma transmetohet se i Dërguari i All-llahut s.a.v.s. në situatat e vështira thonte: *"Nuk ka zot tjetër përveç All-llahut të Madhëruar. Dhe thonte: "Nuk ka zot tjetër përveç All-llahut, Sunduesit të Arshit të madh, nuk ka zot tjetër përveç All-llahut, krijuesit të qiejve dhe krijuesit të tokës, krijuesit të Arshit fisnik."*

(Muttefekun alejhi)

All-llahu i Madhëruar thotë:

"Pa dyshim dashamirët e All-llahut nuk frikësohen për kurrgjë e as nuk pikëllohen apo jo? Ata, që besojnë dhe që ruhen, për ata ka përgëzime edhe në këtë jetë edhe në ahiret - fjalët e All-llahut nuk kanë të ndryshuar - ajo është njëmend sukses i madh."

(Junus, 62, 63, 64)

"Shkunde trupin e hurmës se për ty kanë për të rënë hurma të freskëta. Andaj ha, pi dhe qetësohu!"

(Merjem, 25-26)

"Dhe Zoti i saj e pranoi me ëndje atë dhe e rriti mirë dhe ia la në besë Zekerijjaut. Sa herë që hynte Zekerijja te ajo, në dhomë gjente ushqim te ajo. Prej nga kjo, oj Merjem? - i thonte kurse ajo i përgjigjej:. "Prej All-llahut, All-llahu e furnizon pa masë, kë të dojë."

(Ali Imran,37)

"Kur i patët lënë ata edhe ato të cilave u falen ata, në vend të All-llahut, strehohu pra në shpellë. Zoti juaj do t'ju mbulojë me mëshirën e vet dhe do t'ju përgatisë atë që është e dobishme për ju. Dhe ke mund të shohësh se si dielli, kur lind, i kalon shpellës së tyre nga ana e djathtë, e kur perëndon i kalon nga ana e majtë."

(el-Kehf, 16-17)

Hadithi 1512

Nga Ebu Hurejra r.a. transmetohet të ketë thënë: "I Dërguari i All-llahut s.a.v.s. ka thënë: *"Në popujt e kaluar ka pasur muhaddethë (njerëz të drejtë), e nëse te populli im ka ndonjë, atëherë ai është Umeri."*

(Transmeton Buhariu)

Muslimi transmeton hadithin e njëjtë nga Aishja r.a. Ibn Vehbi në dy transmetimet thotë se "muhaddethûn" janë njerëz me ilham (frymëzim)

359

Hadithi 1513

Nga Xhabir b. Semurete r. anhuma transmetohet se ka thënë: "U ankuan banorët e Kuffes tek Umer b. el-Hattabi r.a. për Sa'din d.m.th. për Ibn Ebi Vekkasin r.a., kështu që Umeri r.a. (në vend të Sa'dit) e vendosi për mëkëmbës Ammarin. Ata u ankuan sa theksuan që ai nuk falet mirë. Ai e ftoi atë të vijë dhe i tha: "O Ebu Is'hak, këta pohojnë se ti nuk falesh mirë!" (Sa'di) tha: "Pasha All-llahun, sa më përket mua, unë me ta fali, namazin e të Dërguarit të All-llahut s.a.v.s. nga i cili unë nuk heq dorë. Unë fal dy rekate të jaci-së, në të cilët e zgjas qëndrimin në këmbë, kurse në dy të fundit e shkurtoj." Umeri r.a. tha: "I këtillë është mendimi për ty, o Ebu-l Is'hak!" Atëherë Umeri r.a. i dërgoi me të një apo dy njerëz në Kuffe, të cilët i pyetën banorët e Kuffes për Sa'din në çdo xhami. Të gjithë xhematlinjtë u shprehën mirë për të. Kur i delegu-ari i Umerit r.a. erdhi në xhaminë Beni Absi, një njeri u çua në këmbë. E quanin Usame bin Katade, por kishte ofiqin Ebu Sa'd, dhe tha: "Pasi ti na pyet për Sa'din, unë të pohoj se Sa'di e ka lënë luftimin me ushtrinë, se drejtësinë nuk e ndan drejtë dhe se aktgjykimet nuk i shqipton drejtë." Atëherë Sa'di tha: "Sa më përket mua, unë vërtet për këtë do të bëj një lutje (nëmë) për tri gjëra: "All-llahu im, nëse ky robi yt është gënjeshtar dhe është ngritur në këmbë për t'u parë e për t'u dëgjuar, atëherë zgjatja jetën, jepi varfëri të gjatë dhe ekspozoje sprovave." Kështu ka ndodhur, pastaj kur e pyetnin për gjendjen, thonte: "Unë jam plak i moshuar me shumë sprova, më ka zënë nëma e Sa'dit." Abdulmelik b. Umejri rrëfen se Xhabir b. Semure i ka thënë: "Unë e kam parë pas asaj se si i kanë rënë vetullat në sy nga pleqëria e shtyrë, e kur fqinjët e takonin në rru-gë, në të cilat shtrihej, ata i shmangeshin."

(Muttefekun alejhi)

Hadithi 1514

Nga Urvete b. Zubejri transmetohet se Erva binti Evs e ka paditur Seid b. Zejd b. Amr b. Nufejlin r.a. te Mervan b. Hakemi. Ajo ka pohuar se Seid b. Zejdi ka marrë diçka nga toka e saj. Seidi atëherë tha: "Unë të marrë diçka nga toka e saj, pas asaj çka kam dëgjuar prej të Dërguarit të All-llahut s.a.v.s.?" (Mervani) tha: "Ç'ke dëgjuar nga i Dërguari i All-llahut s.a.v.s.?" (Seidi) ka thënë: "E kam dëgjuar të Dërguarin e All-llahut s.a.v.s. duke thënë: *"Kush e merr një pëllëmbë tokë me dhunë nga tjetri, me të do të ngjeshet deri në shtatë palë tokë."* Mervani i tha atij: "Unë nuk të pyes më për sqarim pas kësaj." Seidi atëherë tha: "All-llahu im, nëse ajo është gënjeshtare, atëherë verboja sytë dhe bëje të vdekur në tokën e saj." Transmetuesi i këtij hadithi thotë: "Ajo nuk ka vdekur derisa nuk është verbuar dhe, derisa ecte nëpër tokën e saj, ra në një pus dhe u përmbyt në të."

(Muttefekun alejhi)

Nga transmetimi i Muslimit: "Nga Muhammed b. Zejd b. Abdull-llah b. Umeri transmetohet se ai e ka parë atë të verbër, që, duke prekur muret, ka thënë: "Më ka zënë nëma e Seidit. Ajo pastaj hasi në pusin e shtëpisë së saj, për të cilin është grindur, dhe ra në pus; ky ishte varri i saj."

NDALIMI I PËRGOJIMIT DHE URDHRI I RUAJTJES SË GJUHËS

All-llahu i Madhëruar thotë:

"O besimtarë, shmanguni morisë së parashikimeve! Disa parashikime me të vërtetë janë mëkat. Dhe mos spiunoni njëri-tjetrin e as mos përqeshni njëri-tjetrin! A do dikush prej jush të hajë mishin e vëllait të vet të vdekur? Ju atë e dini se është shumë keq - prandaj, ruajuni All-llahut; All-llahu vërtetë pranon pendimet dhe është shumë i mëshirshëm."

(el-Huxhurat, 12)

"Mos paso atë për çka nuk di! Edhe të pamurit edhe të dëgjuarit edhe të kuptuarit, për të gjitha këto me siguri ka përgjegjësi."

(Isra, 36)

"Ai nuk belbëzon asnjë fjalë e të mos jetë afër tij vigjilenti i gatshëm."

(Kaf, 18)

Është e domosdoshme të dihet se çdo moshërritur është i obliguar ta ruajë gjuhën e tij nga çdo e folur, përveç asaj që tregon dobi. Madje edhe atëherë, nëse është e barabartë të flitet dhe të mos flitet edhe për gjërat e dobishme, sunet është përmbajtja nga të folurit, sepse shpeshherë kuvendimi i lejuar e çon njeriun në të palejuarën apo të jopreferuarën. Kjo është praktikë e shpeshtë, prandaj është e nevojshme mbrojtja nga kuvendimet e ndaluara e të jopreferuara.

Hadithi 1519

Nga Ebu Hurejra r.a. transmetohet se Pejgamberi s.a.v.s. ka thënë: *"Kush beson në All-llahun dhe në Ditën e Gjykimit, le të fletë mirë ose le të heshtë."*

(Muttefekun alejhi)

363

Ky hadith tregon se është e nevojshme të përmbahemi nga të folurit, përveç nëse është i mirë, d.m.th. nëse dobia e tij është e dukshme. Ndërsa nëse dobia e tij është e dyshimtë, atëherë nuk bisedohet.

Hadithi 1522

Nga Ebu Hurejra r.a. transmetohet se e ka dëgjuar Pejgamberin s.a.v.s. duke thënë: *"Vërtet njeriu me një fjalë të folur, për të cilën ai deklarohet (pa e menduar), mund të rrëshqa-së drejt zjarrit më larg se distanca ndërmjet lindjes dhe perëndi-mit."*

(Muttefekun alejhi)

Domethënia e "deklarohet" (jetebejjenu) është rezonimi i tij, në është mirë apo jo.

Hadithi 1523

Nga Ebu Hurejra r.a. transmetohet se Pejgamberi s.a.v.s. ka thënë: *"Vërtet njeriu me një fjalë të folur, me të cilën All-llahu është i kënaqur, kurse ai nuk ka kujdes, do të jetë i ngritur nga All-llahu në shkallë (të nderit). Dhe vërtet njeriu me një fjalë të folur, me të cilën All-llahu s'është i kënaqur, kurse nuk ka kujdes, do të hudhet në Xhehenem."*

(Transmeton Buhariu)

Hadithi 1524

Nga Ebu Abdurrahman Bilal b. el-Harith el-Muzenij r.a. transmetohet se i Dërguari i All-llahut s.a.v.s. ka thënë: *"Vërtet njeriu flet një fjalë me të cilën All-llahu është i kënaqur, nga e cila ai nuk ka shpresuar se do të arrijë diçka. All-llahu për këtë atij do t'ia shkruaj e kënaqësinë e Tij deri në ditën e takimit me të. Dhe vërtet njeriu flet një fjalë, të cilën All-llahu nuk e do, nga e cila ai nuk ka shpresuar se do të arrijë diçka, All-llahu për këtë atij do t'ia shkruaj zemërimin e Tij deri në ditën e takimit me të."*

(Maliku në Muvatta dhe Tirmidhiu, i cili thotë se ky është hadith hasen sahih)

Hadithi 1525

Nga Sufjan b. Abdull-llahu r.a. transmetohet se ka thënë: "I kam thënë: "O i Dërguari i All-llahut, më thuaj diçka që të mbrohem me të!" Tha: *"Thuaju: Krijuesi im është All-llahu, e pastaj vazhdo me ngulm (në këtë)!"* Kam thënë: "O i Dërguari i All-llahut, për çka frikësohesh më së shumti mua?" (I Dërguari i All-llahut) e kapi gjuhën e vet e pastaj tha: *"Nga kjo."*

(Tirmidhiu, i cili thotë se ky është hadith hasen sahih)

Hadithi 1526

Nga Ibni Umeri r. anhuma transmetohet se ka thënë: "I Dërguari i All-llahut s.a.v.s. ka thënë: *"Mos flitni shumë pa përmendjen e All-llahut. Sepse, shumë biseda pa përmendjen e All-llahut e vdesin zemrën. Vërtet, më së largu nga All-llahu janë ata që i kanë zemrat e vdekura."*

(Transmeton Tirmidhiu)

Hadithi 1528

Nga Ukbete b. Amiri r.a. transmetohet se ka thënë: "Kam thënë: "O i Dërguari i All-llahut, ç'është shpëtimi?" Ka thënë: *"Zotëro gjuhën tënde, rri në shtëpinë tënde dhe qaj për mëkatet e tua."*

(Tirmidhiu, i cili thotë se ky është hadith hasen)

Hadithi 1529

Nga Ebu Seid el-Hudrij r.a. transmetohet se Pejgamberi s.a. v.s. ka thënë: *"Kur zgjohet njeriu, të gjitha gjymtyrët e tij i kthehen gjuhës duke i thënë: "Ki frikën All-llahut lidhur me ne, sepse ne jemi me ty. Nëse ti je në rrugë të drejtë, edhe ne jemi në rrugë të drejtë, e nëse ti lajthit, edhe ne kemi lajthitur."*

(Transmeton Tirmidhiu)
Domethënia e "i kthehen gjuhës" d.m.th. i nënshtrohen asaj.

Hadithi 1531

Nga Ebu Hurejra r.a. transmetohet se i Dërguari i All-llahut s.a.v.s. ka thënë: *"A e dini ç'është përgojimi?"* (As'habët) thanë: "All-llahu dhe i Dërguari i Tij e dinë më së miri!" (Pejgamberi s.a.v.s.) ka thënë: *"Përmendja e vëllait me atë që nuk i vjen mirë."* Dikush tha: "E ç'mendon, nëse ajo që flas për vëllanë tim është e vërtetë?" (Pejgamberi s.a.v.s.) ka thënë: *"Nëse është e vërtetë ajo që ti flet, atëherë e ke përgojuar, e nëse ajo që e flet nuk është e vërtetë, atëherë ke shpifur."*

(Transmeton Muslimi)

Hadithi 1532

Nga Ebu Bekri r.a. transmetohet se i Dërguari i All-llahut s.a.-v.s. në hutben e tij në Bajramin e Kurbanit në Minne, në Haxhin Lamtumirës, ka thënë: *"Me të vërtetë gjaku juaj, pasuria juaj dhe nderi juaj janë të shenjta për ju, ashtu siç është e shenjtë kjo dita juaj, në këtë muajin tuaj dhe në këtë vendin tuaj. A po e kam përcjellur porosinë?!"*

(Muttefekun alejhi)

Hadithi 1534

Nga Enesi r.a. transmetohet të ketë thënë: "I Dërguari i All-llahut s.a.v.s. ka thënë: *"Kur më ngritën në Mi'raxh, kam hasur në një popull që kishin thonjtë nga bakri, me të cilët i lëndonin fytyrat e tyre dhe kraharorët e tyre. Unë thashë: "Kush janë këta, o Xhibril?" Tha: "Ata janë ata që kanë ngrënë mishin e njerëzve dhe e kanë dëmtuar nderin e tyre."*

(Transmeton Ebu Davudi)

Hadithi 1535

Nga Ebu Hurejra r.a. transmetohet se i Dërguari i All-llahut s.a.v.s. ka thënë: *"Muslimani në tërësi është i ndaluar për muslimanin: gjaku i tij, nderi i tij dhe pasuria e tij."*

(Transmeton Muslimi)

NDALIMI I DËGJIMIT TË PËRGOJIMIT DHE URDHRI I DËGJUESIT, QË E DËGJON PËRGOJIMIN E NDALUAR, QË TA NDALOJË DHE TA PËRGËNJESHTROJË ATË NËSE NUK MUND TA BËJË KËTË, OSE NËSE PËRGOJUESI NUK E PRANON, TA LËSHOJË TUBIMIN E KËTILLË, NËSE MUNDET

All-llahu i Madhëruar ka thënë:

"Dhe kur dëgjojnë ndonjë marrëzi, i kthejnë shpinën."

(el-Kasas, 55)

"Ata, që u shmangen fjalëve të kota."

(el-Mu'minun, 3)

"Edhe të pamurit edhe të dëgjuarit dhe të kuptuarit, për të gjitha këto me siguri ka përgjegjësi."

(el-Isra, 36)

"Kur t'i shohësh ata që i nënçmojnë argumentet tona, ti largohu prej tyre, derisa të kalojnë në bisedë tjetër. E nëse djalli të bën të harrosh, ti pas përkujtimit mos rri më me jobesimtarët."

(el-En'am, 68)

Hadithi 1536

Nga Ebu Derda r.a. transmetohet se Pejgamberi s.a.v.s. ka thënë: *"Kush pengon që vëllait të tij t'i thyet nderi, All-llahu do ta pengojë zjarrin Ditën e Gjykimit nga fytyra e tij."*

(Tirmidhiu, i cili thotë se ky është hadith hasen)

Hadithi 1537

Nga Itban b. Maliku r.a. transmetohet se, në hadithin e tij të gjatë dhe të njohur, që është theksuar në kreun "Shpresa", ka thënë: "Pejgamberi s.a.v.s. është ngritur të falet dhe ka thënë: *"Ku është Malik b. Duhshumi?"* Një njeri tha: "Ai njeri është hipokrit, që nuk e do All-llahun as të Dërguarin e Tij." Pejgamberi s.a.v.s. i tha: *"Mos fol kështu, a nuk e ke parë që pohon publikisht se nuk ka zot tjetër përveç All-llahut për shkak të All-llahut. Dhe vërtet All-llahu ia ka ndaluar zjarrin atij që thotë: 'Nuk ka zot tjetër përveç All-llahut' vetëm për hir të All-llahut."*

(Muttefekun alejhi)

Hadithi 1538

Nga Ka'b b. Maliku r.a. transmetohet se në hadithin e tij të gjatë për rrëfimin e pendimit të tij, i cili është theksuar në kreun për "Pendimin", ka thënë: "Pejgamberi s.a.v.s. ka thënë duke qenë ulur mes luftëtarëve në Tebuk: *"Ç'ka bërë Ka'b b. Maliku?"* Atëherë njëri nga Beni Seleme ka thënë: "O i Dërguari i All-llahut, e ka penguar guna e tij dhe shikimi në vetvete." Pastaj Muadh b. Xhebeli r.a. i ka thënë atij: "E shëmtuar është ajo që ke thënë! Pasha All-llahun, o i Dërguari i All-llahut, ne për të dimë vetëm mirë!" I Dërguari i All-llahut s.a.v.s. e heshti këtë (dhe nuk e kundërshtoi)."

(Muttefekun alejhi)

ÇFARË LEJOHET NGA PËRGOJIMI

Dije se përgojimi është i lejuar për qëllime të pastra të sheriatit, deri te të cilët, pa përgojim, nuk mund të arrihet. Këto arsye janë gjashtë:

Shkaku i parë është: dhuna e vazhdueshme. Atij personi që i bëhet dhunë, i lejohet të ankohet te sunduesi, gjyqtari ose ndonjë tjetër që është në sundim apo që ka mundësi ta zbatojë drejtësinë mbi tiranin. I dëmtuari thotë: "Filani më ka bërë dhunë kështu e kështu."

Shkaku i dytë i lejimit të zbulimeve të mëkateve të huaja është kërkesa e mundësisë që të çrrënjoset ndonjë punë e shëmtuar dhe që mëkatari të përmirësohet. Lejohet t'i thuhet atij që ka mundësi të pengojë ndonjë të keqe: "Filani punon kështu e kështu, prandaj pengoje atë nga ajo dhe të ngjashme." Synimi i tij duhet të jetë arritja e çrrënjosjes së ndonjë pune të shëmtuar. Nëse synimi i tij është diçka tjetër, atëherë zbulimi i të metave të tjetërkujt është e ndaluar.

Shkaku i tretë kur lejohet zbulimi i të metave të huaja është kërkimi i fetvasë përkatëse. Njeriut të cilit i është bërë e padrejtë i lejohet të thotë: "Më ka bërë dhunë babai im, vëllai im, burri im, ose dikush tjetër kështu e kështu, prandaj a ka të drejtë ai në këtë? Si do të çlirohem unë nga kjo dhunë, si do ta arrij unë të drejtën time, si do ta pengoj dhunën e të ngjashme?." Kjo është e lejueshme në domosdoshmëri. Gjithësesi më e mirë dhe më e pëlqyeshme është t'i thuhet (muftisë): "Ç'thua ti për njeriun, personin ose bashkëshortin, puna e të cilit është kështu e kështu? Qëllimi mund të arrihet edhe pa përcaktimin dhe emërtimin e saktë, por edhe përveç kësaj, të përcaktohet saktësisht, të shënohet dhe të emërtohet dikush është e lejuar, siç do t'i përmendim në hadithin e Hindës, in sha'All-llah!

Shkaku i katërt është paralajmërimi i muslimanit nga e keqja dhe këshillimi i tyre. Kjo arrihet në mënyra të ndryshme, si psh: detyrimi në gënjeshtër, përgënjeshtrimi i hapur i transmetimeve dhe dështimeve të rrejshme. Kjo është e lejuar sipas mendimit të të gjithë muslimanëve, madje edhe obligim për shkak të nevojës, e pastaj të pyesësh dhe të merresh vesh për punët e individëve me të cilët dëshiron të vendosësh marrëdhëniet martesore, të bashkohesh në udhëtim, në tregti, në punë e të ngjashme dhe me personat me të cilët dëshirohesh të bëhesh fqinj. Është obligim i personit që pyetet për dikë që mos ta fshehë gjendjen për të, por t'i shtrojë haptas të gjitha të metat që gjenden te personi për të cilin hulumtohet, por me qëllim të mirë që t'i jepet këshillë pyetësit. Kështu, është obligim ta këshillosh një student që mëson diturëtë fetare, por i drejtohet për këshillë ndonjë heretiku i cili ndjek risitë ose ndonjë mëkatari. Është detyrë, pra, t'i tërhiqet vërejtje ndonjë studenti që shërbehet me dijen e ndonjë risimtari për rrezikun nga ajo. Është detyrë ta këshillosh dhe t'ia sqarosh gjendjen e tij, por që ekskluzivisht ta ketë qëllimin e këshillës. Kjo është punë ku mund të gabohet lehtë, sepse është e mundshme që oratorin ta udhëheqë xhelozia dhe që djalli ta mashtrojë, dhe ta verbojë në atë punë, kurse atij t'i duket se puna e tij është këshillë, prandaj të tillët duhet të jenë të kujdesshëm dhe largpamës. Po ashtu është me personin i cili synon ndonjë punë me përgjegjësi, në qeverisje e të ngjashme, por sepse nuk është i aftë e as nuk është adekuat për të, ose është mëkatar, me sjellje të prishur dhe plotësisht pa përgjegjësi, i pakujdesshëm e ngjashëm. E tërë kjo është e obligue-shme t'i komunikohet personit kompetent apo organit për emërim në pozitën përkatëse, në mënyrë që të pengohet dhe izolohet jo-meritori për ndonjë pozitë me përgjegjësi dhe në mënyrë që në atë vend të emërohet i afti dhe i denji. Është detyrë të njoftohet njeriu kompetent ta dijë gjendjen e vërtetë në mënyrë që të veprojë në pajtim me gjendjen e kandidatit përkatës për ndonjë pozitë dhe që personi përgjegjës mos të mashtrohet me të dhe të mund të ndërmarrë masa ta përmirësojë ose ta ndërrojë për të mirë.

Shkaku i pestë, kur mund të zbulohen të metat e dikujt, është nëse një person publikisht gabon apo predikon herezinë (risitë), si: pirja publike e alkoolit, tiranët, mashtruesit, plaçkitësit e pasurisë së huaj etj. Natyrisht se këtu nuk bëjnë pjesë çështjet dhe punët sekrete. Është detyrë që të zbulohen publikisht mëkatet e një indi-vidi personit kompetent apo organit, por nuk lejohet zbulimi i të metave të tjera të tij, vetëm nëse për këtë ka ndonjë nga shkaqet e theksuara.

Shkaku i gjashtë për zbulimin e të metave është përkufizimi, njoftimi preciz. p.sh. për një person të njohur me ndonjë ofiq, siç është: lotues, çalaman, shurdhak, qorr, vëngërosh dhe emërtime të tjera, atëherë është e lejuar të precizohet edhe kjo. Nuk është e lejuar përgjithësisht të tregohet dikush si i mangët. Nëse është e mundur të shmangen ofiqet e këtilla, kjo është më e mirë dhe më parësore.

Këto janë gjashtë shkaqet kryesore për të cilat është e lejuar zbulimi i të metave për individin jo të pranishëm, shkaqe të cilat i kanë theksuar dijetarët dhe për të cilat ekziston pajtueshmëri e plotë. Të gjitha këto kanë mbështetje në hadithet e njohura dhe të vërteta. Ja disa:

Hadithi 1539

Nga Aishja r. anha transmetohet se një njeri kërkoi leje të hyjë te Pejgamberi s.a.v.s., e ky me atë rast tha: *"Lejojeni atë, bashkë-fis i keq është ai!"*

(Muttefekun alejhi)

Buhariu është bazuar në këtë hadith për lejimin e përgoji-mit të të prishurve dhe të dyshimtëve.

NDALIMI I PËRCJELLJES SË FJALËVE D.M.TH. PËRCJELLJA E FJALËVE MES NJERËZVE ME QËLLIM TË SHKAKTIMIT TË KONFLIKTEVE

All-llahu i Madhëruar ka thënë:

"Shpifës, që vetëm bart fjalët e huaja."

(el-Kalem, 11)

"Ai nuk belbëzon asnjë fjalë e të mos jetë afër tij vigji-lenti i gatshëm."

(Kaf, 18)

Hadithi 1545

Nga Ibni Abbasi r. anhuma transmetohet se i Dërguari i All-lla-hut s.a.v.s. ka kaluar pranë dy varreve dhe ka thënë: *"Këta dy janë në adhab (duke u dënuar). Ata nuk janë në adhab për ndonjë mëkat të madh (sipas tyre), kurse në të vërtetë është mëkat i madh (tek*

All-llahu). Njëri prej tyre është përcjellës i fjalëve të huaja (shpi-fës), kurse i dyti nuk është ruajtur nga pikat e urinës."

(Muttefekun alejhi)

Ky është një nga transmetimet sipas Buhariut.

Dijetarët kanë thënë: "Kuptimi i "*Ata nuk janë në adhab për ndonjë mëkat të madh*" d.m.th. i madh sipas tyre, dhe është thënë edhe: "*e madhe është lënia e tyre.*"

Hadithi 1546

Nga Ibni Mes'udi r.a. transmetohet se Pejgamberi s.a.v.s. ka thënë: "*A dëshironi t'ju tregoj ç'është 'el-ad'hu'? Kjo është për-cjellja e fjalëve të huaja me qëllim urrejtjeje mes njerëzve.*"

(Transmeton Muslimi)

PËR NDALIMIN E PËRCJELLJES SË BISEDËS DHE FJALËVE TË NJERËZVE TE PRONARËT, NËSE NUK KA NEVOJË PËR TË, SI FRIKA PREJ NGATËRRESAVE E TË NGJASHME

All-llahu i Madhëruar thotë:

"*Dhe mos u ndihmoni në mëkate dhe armiqësi!*"
(el-Maide, 2)

Për këtë kapitull janë theksuar shumë hadithe më parë, kurse këtu po përmendim vetëm këtë:

Hadithi 1547

Nga Ibni Mes'udi r.a. transmetohet se ka thënë: "I Dërguari i All-llahut s.a.v.s. ka thënë: "*Asnjë nga shokët e mi të mos më tre-gojë asgjë për shokët e mi. Unë vërtetë dua të dal mes jush zemër-pastër (të kem mendim të mirë për ju).*"

(Ebu Davudi dhe Tirmidhiu)

QORTIMI I DYFYTYRËSISË

All-llahu i Madhëruar thotë:

"Ata fshehin nga njerëzit, por nuk fshehin dot prej All-llahut, sepse Ai është me ata edhe natën kur trillojnë fjalë, me të cilat Ai nuk është i kënaqur; All-llahu e di mirë krejt se ç'punojnë ata."

(en-Nisa, 108)

Hadithi 1548

Nga Ebu Hurejra r.a. transmetohet se ka thënë: "I Dërguari i All-llahut s.a.v.s. ka thënë: *"Do të konstatoni se njerëzit janë të ndryshëm: Do t'i gjeni ata që kanë qenë të zgjedhur dhe fisnikë në xhahilijet dhe kanë mbetur të atillë, të zgjedhur, edhe në Islam dhe kanë mësuar dispozitat e fesë. Do ta gjeni llojin tjetër të njerëzve të mirë e të zgjedhur që e mërzisin fenë tonë. Më në fund, do të gjeni se njerëzit më të këqinj janë ata me dy fytyra: njërës anë i afrohen me një fytyrë, kurse tjetrës me fytyrën tjetër."*

(Muttefekun alejhi)

NDALIMI I GËNJESHTRËS

All-llahu i Madhëruar thotë:

"Mos paso atë për çka nuk di!"

(el-Isra, 36)

"Ai nuk belbëzon asnjë fjalë e të mos jetë afër tij vigjilenti i gatshëm."

(Kaf.18)

Hadithi 1550

Nga Ebu Mes'udi r.a. transmetohet të ketë thënë: "I Dërguari i All-llahut s.a.v.s. ka thënë: *"E drejta të shpie deri tek e mira, kurse e mira shpie në Xhenet. Njeriu, derisa flet të vërtetën, do të shkruhet tek All-llahu ndër të drejtët. Ndërsa gënjeshtra shpie deri në mëkate, kurse mëkatet shpien në zjarr. Njeriu, derisa gënjen, do të shkruhet tek All-llahu si gënjeshtar."*

(Muttefekun alejhi)

Hadithi 1551

Nga Abdull-llah b. Amr. b. el-Asi r. anhuma transmetohet se Pejgamberi s.a.v.s. ka thënë: *"Personi tek i cili gjenden këto katër cilësi është hipokrit i mirëfilltë, kurse tek i cili gjendet një prej tyre, ai zotëron cilësi të hipokrizisë derisa nuk e shporr atë:*

-kur i besohet diçka, tradhton,

-kur flet, gënjen,

-kur premton, mashtron, dhe

-kur është në konflikt, sillet jomoralisht."

(Muttefekun alejhi)

Hadithi 1552

Nga Ibni Abbasi r. anhuma transmetohet se Pejgamberi s.a.v.s. ka thënë: *"Kush mburret në rrëfimin e ëndrrave që nuk i ka parë, do të jetë i obliguar t'i lidhë dy qime, që s'mund ta bëjë kurrë. Kush e përgjon bisedën e dikujt, të cilit nuk i vjen mirë ta bëjë këtë, Ditën e gjykimit veshët do t'i mbushen me plumb. Kush krijon figura, do të dënohet dhe do të obligohet t'u japë atyre shpirt (ruh), kurse ai këtë s'do të mund ta bëjë."*

(Transmeton Buhariu)

Hadithi 1553

Nga Ibni Umeri r. anhuma transmetohet se ka thënë: „Pejgamberi s.a.v.s. ka thënë: *"Shpifja (iftira) më e keqe është që njeriu të tregojë se ia kanë parë sytë atë që nuk ia kanë parë."*

(Transmeton Buhariu)

Kuptimi i kësaj është: Që njeriu të flasë se ka parë (në ëndërr) atë që nuk e ka parë.

Hadithi 1554

Nga Semurete b. Xhundubi r.a. transmetohet të ketë thënë: "I Dërguari i All-llahut u fliste mjaft shokëve të vet: *"A ka parë ndonjë prej jush ndonjë ëndërr?"* Një mëngjes i Dërguari i All-llahut na tha: *"Mbrëmë më kanë ardhur dy njerëz dhe më thanë: Lere çdo gjë dhe eja me ne. Unë shkova me ta dhe hasëm një njeri të shtrirë, kurse njeriu tjetër të qëndronte mbi me një gur, me të cilin në çast ia dërrmoi kokën (e atij që ishte shtrirë), duke e hedhur prej së larti mbi të. Guri në kokën e tij të dërrmuar u ndal. Njeriu që e hodhi gurin u ul ta marrë atë, kurse ai me kokë të dërrmuar për një çast u shërua siç ishte, koka e tij u kthye në gjendjen e mëparshme. E pastaj njeriu me gur e përsëriti veprimin e tij si herën e parë."* (Pejgamberi s.a.v.s.) ka thënë: *"Atyre të dyve me të cilët kam udhëtuar u kam thënë: Subhana-ll-llah (Lavdia i qoftë All-llahut), ç'është kjo? Ata të dy më thanë: 'Vazhdo, ec!' Kemi ecur dhe erdhëm te një njeri tjetër, i cili ishte i shtrirë në shpinë, kurse njeriu tjetër qëndronte mbi të me sharrën e hekurt. Ky e kapi atë që ishte shtrirë në shpinë, te njëra faqe (të fytyrës) dhe ia preu me sharrë një nofull deri pas qafës, një vrimë të hundës me kanxhë hekuri dhe një sy ia preu deri pas qafës. Pas kësaj, kaloi në anën tjetër të fytyrës. Dhe bëri të gjitha ato që i bëri në anën e parë. Ai as nuk e mbaroi anën e dytë, kurse ana e parë e fytyrës së tij në tërësi u shërua siç është. Njeriu me sharrën prej hekuri vazhdoi të bëjë ç'bëri më parë."* Pejgamberi më tej tha: *"Unë atëherë, pasi i pashë të gjitha, thashë: "Subhan-*

375

all-llah, ç'është më këta të dy?" Dy shokët e mi më thanë:"Vazhdo, ec!"Ecëm më tej dhe arritëm më në fund te diçka e ngjashme me tennurin (furrën e përflakur)." Transmetuesi konsideron se Pejgamberi s.a.v.s. ka thënë: "E në atë tennur kishte britma dhe zhurmë. Kur vështruam në tennur, e aty kishte meshkuj dhe femra të zhveshura, kurse flaka e zjarrit i godiste, e kur i kapte flaka, ata rënkonin. Unë sërish u thashë shokëve të mi: "Ç'është me këta!" Dy shokët e mi më thanë: "Vazhdo, ec!" Ecëm më tej dhe arritëm deri te një lumë, (Transmetuesi thotë: "Më duket se Pejgamberi s.a.v.s. ka thënë se: "ai lumë ka qenë i kuq si gjaku"), e në lumë noton një njeri, kurse në breg të lumit një njeri tjetër qëndron dhe kishte tubuar një grumbull të madh me gurë. E kur notuesi shkoi deri te njeriu në breg të lumit i cili kishte tubuar një grumbull të madh të gurëve, e hapi gojën e vet. Njeriu me gurë ia vendosi një gur në gojë, e ai u kthye dhe notoi dhe sërish u kthye deri tek ai. Sa herë që vinte deri te njeriu me gurë në breg, ai ia hidhte në gojë nga një gur. Sërish u thashë shokëve të mi: "Ç'është me këta të dy?" Dy shokët e mi më thanë: "Vazhdo, ec!" Ecëm më tej dhe arritëm deri te një njeri me pamje mjaft të shëmtuar, më të shëmtuarën që kam parë ndonjëherë, e tek ai ishte një zjarr, të cilin ai e ndizte dhe sillej rreth tij. Sërish i pyeta shokët e mi: "Ç'është me këtë?" Ata sërish më thanë: "Vazhdo, ec!" Ecëm dhe erdhëm deri te një kopsht, ishte i tëri në terr, e në të të gjitha llojet e luleve pranverore. Sipër kopshtit qëndronte një njeri i gjatë, aq i gjatë, saqë pothuaj nuk ia kam parë kokën, e cila për shkak të gjatësisë së tij ishte në qiell. Rreth atij njeriu kishte fëmijë, aq shumë, sa kurrë më parë s'kisha parë. Unë sërish u thashë shokëve: "Ç'është me këtë dhe ç'është me këta (fëmijët)?" Ata sërish më thanë: 'Vazhdo, ec!' Ecëm dhe arritëm deri te një dru i madh, të tillë më parë nga bukuria dhe madhësia kurrë s'kisha parë. Ata më thanë: "Hyr, ngjitu brenda". Hymë brenda në një qytet, të ndërtuar nga tullat e arta dhe të argjendta, dhe erdhëm deri te dyert e qytetit dhe trokitëm, e kërkuam hapjen e tyre. Dyert na u hapën dhe ne hymë në qytet. Aty na pritën njerëz te të cilët njëra anë, ishte nga pamja, aq e bukur sa nuk ke parë, kurse tjetra anë aq e shëmtuar sa nuk ke parë. Shokët e mi u thanë atyre: "Shkoni dhe kërceni në këtë lumë," uji i të cilit ishte si qumësht i pastër në bardhësi. Ata shkuan (deri në lumë) dhe hynë në të, pastaj u kthyen te ne. Shëmtia që ishte në njërën anë të fytyrës së tyre u zhduk, kurse ata u bënë me pamje shumë të bukur." Pejgamberi s.a.v.s. tha: "Dy shokët e mi më thanë: "Ky është Xheneti Adni, kurse kjo është banesa jote". Shikimi im u ngrit në lartësi, kur atje një pallat, i ngjashëm me retë e bardha. Ata më thanë: "Kjo është banesa jote". Unë u thashë atyre të dyve: "All-llahu ju bekoftë të dyve, më lejoni të hyj në këtë pallat". Ata më thanë: "Tani për tani jo, por ti do të hysh në të tjetër herë".

U thashë atyre? "Vërtet unë këtë natë kam parë çudira. Ç'është ajo që kam parë? Më thanë: Lidhur me këtë, ne të sqarojmë:

E para: Sa i përket njeriut të parë, koka e të cilit dërrmohej me gurë, ky është njeriu që e ka marrë (në krye) Kur'anin, e pastaj e ka refuzuar dhe ka fjetur pa i falur namazet e obliguara.

E dyta: Sa i përket njeriut, fytyra, nofulla, vrimat e hundës dhe sytë e të cilit nxirren, copëtohen dhe prehen, ky është njeriu që zgjohet në shtëpi të tij e pastaj vazhdon të gënjejë, saqë ajo arrin anembanë.

E treta: Sa u përket njerëzve dhe femrave të zhveshura që mundohen në furrën e përflakur me flakë të zjarrit, ata janë laviret dhe lavirët.

E katërta: Sa i përket njeriut notar nëpër lumë, të cilit i hidhnin gurë në gojë, ai është fajdexhi që ka ngrënë kamatë.

E pesta: Sa i përket njeriut me pamje shumë të shëmtuar te zjarri, ai është Maliku, portieri i Xhehenemit.

E gjashta: Sa i përket njeriut të gjatë në kopsht, ai është Ibra-himi. E sa u përket fëmijëve rreth tij, ata janë fëmijët që kanë vdekur në pastërtinë e tyre fëmijërore (fitreh)."

Në transmetimin e Berkaniut thuhet: *"(fëmijët) të lindur në pastërtinë e tyre fëmijërore (fitreh)."*

Disa muslimanë kanë thënë: "O i Dërguari i All-llahut, edhe fë-mijët e idhujtarëve?" I Dërguari i All-llahut s.a.v.s. ka thënë: *"Edhe fëmijët e idhujtarëve."*

"E shtata: Sa i përket popullit, njëra anë e fytyrës e të cilëve ishte e bukur kurse ana tjetër mjaft e shëmtuar, këta janë njerëz që i kanë përzier punët e mira dhe të këqija, por All-llahu ua ka falur punët e këqija."

(Transmeton Buhariu)

Në një transmetim tjetër të Buhariut thuhet: *"Sonte kam parë dy njerëz të cilët më erdhën dhe më çuan në vendin e shenjtë (të pastër)."* Pastaj përmendi krejt ç'ka parë në atë vend dhe ka thënë: *"Kemi vazhduar të ecim deri te një zgavër, e ngjashme me furrën e skuqur, sipër e ngushtë e poshtë e gjerë, nën të cilën digjej zjarri. Kur ngrihej zjarri, atëherë edhe ata ngriheshin, sa nuk dilnin nga ajo. Por kur pushonte, ata ktheheshin në të. Në tennur njerëzit dhe femrat ishin të zhveshur. Në të ishte edhe një lumë prej gjaku."* Në këtë trans-metim transmetuesi nuk dyshon se Pejgamberi ka thënë se ky lumë është prej gjaku. *"Në mes të lumit qëndronte një njeri, kurse në breg të lumit njeriu tjetër, nën këmbët e të cilit kishte gurë. Njeriun në mes të lumit, kur nisej nga bregu me synim që të dalë nga ai, njeriu nga bregu e kthente në vendin ku ka qenë me gurin me të cilin e godiste në gojën e tij. Kurdo që ai nga mesi i lumit nisej të dilte, ai nga bregu me goditje të gurit në gojë e kthente prapa ku ishte."* Në transmetimin e përmendur: *"Më ngritën në një lis në të cilin më futën, dhe atëherë me mua hynë në një shtëpi aq të bukur sa më të bukur nuk kam parë. Në të kishte njerëz, të vjetër e të rinj. Në atë vend kam parë atë që ia prenin pjesët e fytyrës, e ai është gënjeshtar i rëndë që zgjeron rrenat sa arrijnë deri në gjithësi. Me të do të veprohet ashtu, duke ia prerë fytyrën, deri në Ditën*

378

e Gjykimit. Në atë vend kam parë njeriun të cilit një tjetër ia dërrmoi kokën, kurse ky është njeriu që ka mësuar Kur'anin e natën flen, kurse ditën nuk punon sipas tij. Koka do t'i dërrmohet deri në Ditën e Gjykimit."

Shtëpia e parë, në të cilën ke hyrë (më thanë bashkudhëtarët); është shtëpia e përgjithshme e besimtarëve. Sa i përket kësaj shtëpie, kjo është shtëpia e dëshmorëve. Unë jam Xhibrili, kurse ky është Mikaili. "Ngreje kokën tënde", unë e ngrita kokën time dhe mbi mua ishte diçka e ngjashme me retë. Ata më thanë: "Ajo është banesa jote". Unë u thashë: "Më lejoni të hyj në banesën time?" Ata thanë: "Ti ende ke jetë (në botë), të cilën nuk e ke plotësuar, kur ta plotësosh kohën e saj, atëherë do të hysh në banesën tënde."

(Transmeton Buhariu)

ÇKA LEJOHET NGA GËNJESHTRA

Dije se gënjeshtra, edhe pse në thelb e ndaluar, nganjëherë është e lejuar me kushtet që kam përmendur në kapitullin për Dhikrin. Shkurtimisht, të folurit është mjet për arritjen e synimeve. Për çdo synim i lavdëruar, i cili është i mundur të sendërtohet pa gënjeshtra, të gënjehet është e ndaluar. Por, nëse pa gënjeshtra nuk është e mundur të arrihet synimi i lavdëruar, atëherë është e lejuar të përdoret gënjeshtra. Nëse arritja e synimit është mubah (e lejuar), atëherë gënjeshtra është mubah. Nëse arritja e synimit është vaxhib (obligim), atëherë gënjeshtra është vaxhib. Nëse një musliman fsheh diçka mubah nga tirani, i cili dëshiron ta vrasë apo ta plaçkisë dhe e fsheh pasurinë e tij, e nëse dikush për këtë pyet, është i obliguar ta fsheh, duke e gënjyer. Nëse ndonjë njeri ka ndonjë pasuri, kurse tirani dëshiron t'ia marrë, e ka obligim ta gënjejë, ta fshehë vlerën nga tirani. Në tërë këtë më së miri është të shërbehesh me teurijjet. Domethënie e teurijjetit është synimi i cakut të drejtë e të mirë. E pasi caku nuk është vetvetiu i rrejshëm, ndonëse fjalët formale janë të rrejshme në raport me atë që kupton dhe mendon personi që i përgjigjet pyetjeve të tiranit, kjo atëherë është tevrijjet, përzierje e të vërtetës dhe gënjeshtrës, përkatësisht fshehje e të vërtetës në gënjeshtër. Gënjeshtra në këtë rast nuk është gënjeshtër, por mbrojtje dhe fshehje e të vërtetës. Dijetarët dëshmojnë lejueshmërinë e gënjeshtrës gojore në këtë rast me hadithin e Ummi Kulthumit r. anha, e cila e ka dëgjuar të Dërguarin e All-llahut s.a.v.s. duke thënë: *"Nuk është gënjeshtar ai që i përmirëson njerëzit, mbjell mirë apo flet mirë."*

(Muttefekun alejhi)

Muslimi shton në transmetimin e tij: "Ummi Kulthumi ka thënë: "Nuk e kam dëgjuar të Dërguarin e All-llahut që lejon dhe lëshon diçka që bota e flet përveç në tri raste: për qëllime luftarake, për pajtimin mes njerëzve dhe në raportet e burrit ndaj gruas së tij dhe gruas ndaj burrit të saj."

PËRKRAHJA E ASHPËRSISË NË TË FOLUR DHE NË TË GJYKUAR

All-llahu i Madhëruar thotë:

"Mos paso atë për çka nuk di."

(el-Isra, 36)

"Ai nuk shpreh asnjë fjalë e të mos jetë afër tij vigjilenti i gatshëm."

(Kaf. 18)

Hadithi 1555

Nga Ebu Hurejra r.a. transmetohet se Pejgamberi s.a.v.s. ka thënë: *"Njeriut i mjafton gënjeshtra sikur t'i rirrëfentë të gjitha ato që dëgjon."*

(Transmeton Muslimi)

Hadithi 1556

Nga Semure r.a. transmetohet se ka thënë: "I Dërguari i All-lla-hut s.a.v.s. ka thënë: *"Ai që transmeton hadithin, duke e ditur se është i rrejshëm, radhitet ndër ata që janë gënjeshtarë."*

(Transmeton Muslimi)

PËR NDALIMIN E RREPTË TË DËSHMIMIT TË RREJSHËM

All-llahu i Madhëruar thotë:

"Largohuni prej idhujve të ndyrë dhe fjalëve të pavërte-ta."

(el-Haxhxh, 30)

"Mos paso atë për çka nuk di."

(el-Isra, 36)

"Ai nuk shpreh asnjë fjalë e të mos jetë afër tij vigjilenti i gatshëm."

(Kaf. 18)

"Vërtet Zoti yt është njëmend në pritë."

(el-Fexhr, 14)

"Edhe ata që nuk dëshmojnë rrejshëm."

(el-Furkan, 72)

Hadithi 1558

Nga Ebu Bekrete r.a. transmetohet të ketë thënë: "I Dërguari i All-llahut s.a.v.s. tha: *"A dëshironi t'ju njoftoj për mëkatet më të mëdha?"* Thamë: "Sigurisht, o i Dërguari i All-llahut!" Ai tha: *"T'i shoqërohet diçka All-llahut, keqtrajtimi i prindërve"*, meqë atë-herë ishte i mbështetur, u ul dhe tha: *"A nuk është ajo edhe të folurit e rrejshëm dhe të dëshmuarit e rrejshëm?"* Këto fjalë aq i përsëriti, derisa thamë: "Sikur të pushojë t'i përsërisë?"

(Muttefekun alejhi)

Hadithi 1559

Nga Ebu Zejd b. Thabit b. ed-Dahhak el-Ensariu r.a., i cili qe nga pjesëmarrësit e Marrëveshjes së Hudejbisë (Bejaturr-rridvanit), transmetohet të ketë thënë: "I Dërguari i All-llahut s.a.v.s. ka thënë: *"Kush përbetohet me be joislame duke gënjyer me qëllim, ajo (beja) është siç ka thënë, kush e vret veten me diçka, me të do të dënohet në Ditën e Gjykimit. Njeriu nuk është i obliguar ta kryejë fjalën e dhënë të pamundur, kurse mallkimi i besimtarit është i ngjashëm me vrasjen e tij."*

(Muttefekun alejhi)

Hadithi 1560

Nga Ebu Hurejra r.a. transmetohet se i Dërguari i All-llahut s.a.v.s. ka thënë: *"Për njeriun e sinqertë nuk është e denjë të jetë mallkues."*

(Transmeton Muslimi)

Hadithi 1561

Nga Ebu ed-Derda r.a. transmetohet se ka thënë: "I Dërguari i All-llahut s.a.v.s. ka thënë: *"Ata që betohen dhe mallkojnë shumë, në Ditën e Gjykimit nuk mund të jenë ndërmjetës dhe dëshmitarë."*

(Transmeton Muslimi)

Hadithi 1562

Nga Semurete b. Xhundub r.a. transmetohet se ka thënë: "I Dërguari i All-llahut s.a.v.s. ka thënë: *"Mos u mallkoni ndërmjet veti me mallkimin e All-llahut, as me zemërimin e Tij, as me zjarrin e Tij."*

(Ebu Davudi dhe Tirmidhiu, i cili thotë se ky është hadith hasen sahih)

Hadithi 1563

Nga Ibni Mes'udi r.a. transmetohet të ketë thënë: "I Dërguari i All-llahut s.a.v.s. ka thënë: *"Nuk është besimtar i mirëfilltë ai që e sulmon dhe ofendon tjetrin, që e mallkon tjetrin, që shprehet jo-moralshëm dhe që është i paturpshëm."*

(Tirmidhiu, i cili thotë se ky është hadith hasen)

Hadithi 1564

Nga Ebu ed-Derdai r.a. transmetohet të ketë thënë: "I Dërguari i All-llahut s.a.v.s. ka thënë: *"Vërtet mallkimi i një robi ndaj diçka-je ngrihet në qiell, e dyert e qiellit mbyllen, e pastaj mallkimi kthehet në tokë, por edhe dyert e tokës mbyllen. Pastaj mallkimi kthehet djathtas e majtas dhe pasi nuk gjen vendqëndrim, kthehet tek i mallkuari, nëse është i meritueshëm, por nëse nuk e meriton mallkimin, atëherë i kthehet mallkuesit."*

(Transmeton Ebu Derdai)

Hadithi 1565

Nga Imran b. Husejn r. anhuma transmetohet të ketë thënë: "Derisa i Dërguari i All-llahut s.a.v.s. ka qenë në një udhëtim, një grua nga el-Ensaritë ishte hipur në deve, e cila palli, kurse gruaja filloi ta mallkojë. Këtë e dëgjoi i Dërguari i All-llahut s.a.v.s. dhe ka thënë: *"Merreni nga deveja përgatitjen, kurse atë lëreni, sepse ajo është e mallkuar."* Imrani (transmetuesi) ka thënë: "Sikur tani po e shoh se si ecën deveja mes njerëzve, por askush nuk kthehet nga ajo."

(Transmeton Muslimi)

LEJIMI I MALLKIMIT TË MËKATARËVE PA PËRCAKTIM

All-llahu i Madhëruar thotë:

"A nuk është mallkimi i All-llahut kundër mizorëve?!"

(Hud, 18)

"Por një lajmëtar ndërmjet tyre do të thërrasë: "Mallkimi i All-llahut është mbi mizorët."

(el-A'raf, 44)

Me shumë hadithe të vërteta është vërtetuar se i Dërguari i All-llahut s.a.v.s. ka thënë: *"All-llahu e ka mallkuar femrën e cila gërsheton flokët e huaja mbi të vetat dhe atë që mundëson që kjo t'i bëhet."* Po ashtu ai ka thënë: *"All-llahu e mallkoftë atë që ha kamatën."* Ai ka mallkuar edhe pikturuesit e idhujve. Po ashtu: *"All-llahu e mallkoftë atë që i ndërron sinorët e tokës, dmth. Kufijtë e saj."* Ai ka thënë: *"All-llahu e mallkoftë hajdutin që vjedh vezë!, All-llahu e mallkoftë atë që i mallkon prindërit e vet! All-llahu e mallkoftë atë që ther në emër të dikujt tjetër, e jo të All-llahut!"* Po ashtu ka thënë: *"Kush fut në fe ndonjë risi, apo kush ka simpati ndaj risimtarit, mbi të qoftë mallkimi i All-llahut, i engjëjve dhe i të gjithë njerëzve!"* Pejgamberi s.a.v.s. ka thënë: *"All-llahu im, mallkoje Ri'lin, Dhevkanin dhe Usajjetin, sepse ato nuk e kanë respektuar All-llahun dhe të Dërguarin e Tij, e këto janë tri fise arabe!"* Po ashtu ka thënë: *"All-llahu i mallkoftë çifutët, që varret e Pejgamberëve të tyre i kanë marrë për mesxhide!"* Ai i ka mallkuar meshkujt që i imitojnë femrat dhe femrat që i imitojnë meshkujt.

Të gjitha këto shprehje gjenden disa te Sahihu i Buhariut e disa te Sahihu i Muslimit, apo te njëri prej tyre. Synimi im ka qenë që vetëm t'i përmend, kurse kryesoren do ta theksoj në kapitujt tjerë të këtij libri, in sha'All-llahu teala.

NDALIMI I SHARJES (BLASFEMISË) SË MUSLIMANIT PA TË DREJTË

All-llahu i Madhëruar thotë:

"Kurse ata, që ofendojnë besimtarët dhe besimtaret për diçka që nuk e meritojnë, ngarkohen vetë me shpifje dhe mëkat haptazi."

(el-Ahzab, 58)

Hadithi 1567

Nga Ibni Mes'udi r. anhuma transmetohet të ketë thënë: "I Dërguari i All-llahut s.a.v.s. ka thënë: *"Ta blasfemosh (shash) muslimanin është mëkat, por ta vrasësh është mosbesim (kufr)."*

(Muttefekun alejhi)

Hadithi 1570

Nga Ebu Hurejra r.a. transmetohet se ka thënë: "Pejgamberit s.a.v.s. i sollën një njeri që ishte dehur. (Pejgamberi s.a.v.s.) ka thënë: *"Rriheni atë!"* Ebu Hurejra te ka thënë: "Disa nga ne e kanë goditur me dorë, disa me mbathësen e tyre, e disa me rrobat e tyre." Kur rrahja mbaroi, një nga të pranishmit ka thënë: "All-llahu të marroftë!" Pejgamberi s.a.v.s. ka thënë: *"Mos fol kështu, mos i ndihmo shejtanit kundër tij."*

(Transmeton Buhariu)

NDALIMI I SHQETËSIMIT TË TË TJERËVE

All-llahu i Madhëruar thotë:

"Kurse ata që i ofendojnë besimtarët dhe besimtaret për diçka që nuk e meritojnë, ngarkohen vetë me shpifje dhe mëkat haptazi."

(el-Ahzab, 58)

Hadithi 1573

Nga Abdull-llah b. Amr b. el-Asi r. anhuma transmetohet se i Dërguari i All-llahut s.a.v.s. ka thënë: *"Musliman i mirëfilltë është ai, nga gjuha dhe duart e të cilit janë të sigurtë muslimanët e tjerë. Dhe muhaxhir i mirëfilltë është ai që largohet nga ajo që All-llahu e ka ndaluar."*

(Muttefekun alejhi)

NDALIMI I URREJTJES, I SHKËPUTJES SË MARRËDHËNIEVE DHE I ARMIQËSIVE RECIPROKE

All-llahu i Madhëruar thotë:

"Pa dyshim besimtarët janë vëllezër."

(el-Huxhurat, 10)

"Të përulur ndaj besimtarëve dhe kryelartë ndaj jobesimtarëve."

(el-Maide, 54)

"Muhammedi është i dërguar i All-llahut, kurse ata që janë me të janë të ashpër ndaj jobesimtarëve, por të mëshirshëm ndërmjet veti."

(el-Fet'h, 29)

Hadithi 1575

Nga Enesi r.a. transmetohet se Pejgamberi s.a.v.s. ka thënë: *"Mos e urreni njëri-tjetrin, mos ia kini zili njëri-tjetrit, mos ia ktheni shpinën njëri-tjetrit gjatë zemërimit, as mos i shkëputni marrëdhëniet tuaja dhe bëhuni, robër të All-llahut, vëllezër të mirëfilltë. Për muslimanin nuk është e lejuar të jetojë në zënkë me vëllanë e tij e të mos flasë më tepër se tri ditë."*

(Muttefekun alejhi)

Hadithi 1576

Nga Ebu Hurejra r.a. transmetohet se i Dërguari i All-llahut s.a.v.s. ka thënë: *"Dyert e Xhenetit hapen çdo të hënë dhe çdo të entje dhe gjatë atyre ditëve All-llahu ia fal kujtdo që nuk i shoqëron asgjë All-llahut, përveç atij që është në zënkë me vëllanë e tij. Atëherë do të thuhet: "Lërini këta të dy, derisa nuk pajtohen! Lërini këta të dy, derisa nuk pajtohen!."*

(Transmeton Muslimi)

Në një transmetim tjetër të Muslimit thuhet: *"Çdo të enjte dhe të hëne ekspozohen veprat (e njerëzve)"* e të ngjashme, siç u citua në hadithin e sipërm.

NDALIMI I SPIUNIMIT DHE I PËRGJIMIT

All-llahu i Madhëruar thotë:

"Dhe mos spiunoni njëri-tjetrin."

(el-Huxhurat, 12)

"Kurse ata, që i ofendojnë besimtarët dhe besimtaret për diçka që nuk e meritojnë, ngarkohen vetë me shpifje dhe mëkat haptazi."

(el-Ahzab, 58)

Hadithi 1578

Nga Ebu Hurejra r.a. transmetohet se i Dërguari i All-llahut s.a.v.s. ka thënë: *"Ruajuni nga mendimet e këqija, sepse mendimi i keq është gënjeshtra më e madhe. Mos e përgjoni as mos e spiunoni njëri-tjetrin, mos garoni në tregti njëri me tjetrin, as mos ia keni zili njëri-tjetrit. Mos e urreni njëri-tjetrin, as mos ia ktheni shpinën njëri-tjetrit. O robër të All-llahut, bëhuni vëllezër, siç ju është urdhëruar. Muslimani për muslimanin është vëlla, prandaj nuk guxon t'i bëjë të padrejtë, ta dëshpërojë, as ta nënçmojë. Devotshmëria është mu këtu. Devotshmëria është mu këtu, duke treguar në kraharorin e tij. Për njeriun është e keqe e mjaftue-*

shme nëse e nënçmon vëllanë e tij musliman. Çdo musliman për çdo musliman është i shenjtë, i pacenueshëm: gjaku i tij, nderi i tij dhe pasuria e tij. All-llahu nuk shikon në trupat tuaj, as në pamjen tuaj, as në punët tuaja, por shikon në zemrat tuaja."

Në një transmetim tjetër është: *"Mos ia keni njëri-tjetrit zili, mos e urreni njëri-tjetrin, mos e spiunoni njëri-tjetrin, mos garoni me njëri-tjetrin, as mos e mashtroni njëri-tjetrin. O robër të All-llahut, bëhuni vëllezër të mirëfilltë!"*

Në një transmetim tjetër është. *"Mos i shkëputni marrëdhëniet, mos ia ktheni shpinën njëri-tjetrit, mos e urreni njëri-tjetrin, as mos ia keni zili njëri-tjetrit. O robër të All-llahut, bëhuni vëllezër të mirëfilltë!"*

Në një transmetim tjetër është: *"Mos e bleni njëri-tjetrin dhe mos iu impononi njëri-tjetrit në shitblerje!"*

(Të gjitha këto transmetime i transmeton Muslimi, kurse Buhariu e transmeton shumicën e tyre.)

Hadithi 1579

Nga Muaviu r.a. transmetohet të ketë thënë: "E kam dëgjuar të Dërguarin e All-llahut s.a.v.s. duke thënë: *"Vërtet, nëse t'i i ndjek të metat e muslimanëve, atëherë do t'i nënçmoje ata, apo gati do ta bëje këtë."*

(Hadith sahih, Ebu Davudi me senede sahih)

Hadithi 1580

Nga Ibni Mes'udi r.a. transmetohet se njëherë i sollën një njeri për të cilin i thanë. "Ky është filani, mjekrra e tij pikon verë." (Ibni Mes'udi) Ka thënë: "Neve na është ndaluar ta hulumtojmë dhe ta spiunojmë njëri-tjetrin, por nëse diçka paraqitet haptazi, atëherë ne për të dënojmë."

(Hadith sahih. Ebu Davudi me sened sipas sharteve të Buhariut dhe Muslimit)

NDALIMI I MENDIMEVE TË KËQIJA PËR MUSLIMANËT, PA NEVOJË

All-llahu i Madhëruar thotë:

"O besimtarë, shmanguni prej shumë dyshimeve, sepse disa dyshime janë mëkat."

(el-Huxhurat, 12)

Hadithi 1581

Nga Ebu Hurejra r.a. transmetohet se i Dërguari i All-llahut s.a.v.s. ka thënë: *"Ruanu nga dyshimi, sepse dyshimi është gënjeshtra më e madhe."*

(Muttefekun alejhi)

NDALIMI I NËNÇMIMIT TË MUSLIMANIT

All-llahu i Madhëruar thotë:

"O besimtarë, mos të tallen burrat njëri me tjetrin, mbase ata janë më të mirë se këta; por as gratë njëra me tjetrën, ndoshta ato janë më të mira se këto. Mos shkarkoni vetveten dhe mos i ngjitni njëri-tjetrit llagapë (të këqij)! Pas besimit është shumë keq vënia e llagapit të keq. Dhe ata që nuk pendohen, ata janë mizorë."

(el-Huxhurat, 11)

"Vaj halli për secilin shpifës - tallës!"

(el-Humeze, 1)

Hadithi 1583

Nga Ibni Mes'udi r.a. transmetohet se Pejgamberi s.a.v.s. ka thënë: *"Nuk do të hyjë në Xhenet kush ka në zemrën e tij sa një atom mendjemadhësi."* Një njeri tha: *"Vërtet njeriu dëshiron që rrobat dhe mbathëset të jenë të bukura."* Pejgamberi s.a.v.s. ka thënë: *"All-llahu është i Bukur dhe e do të bukurën. Mendjemadhësia është refuzim i pranimit të së vërtetës dhe nënçmim i njerëzve të tjerë."*

(Transmeton Muslimi)

Hadithi 1584

Nga Xhundub b. Abdull-llah r.a. transmetohet të ketë thënë: "I Dërguari i All-llahut s.a.v.s. ka thënë: *"Një njeri ka thënë: "Për All-llahun, All-llahu nuk do ta falë këtë person!" All-llahu i madhëruar në këtë tha: "Kush është ai që sundon me Mua, që Unë mos ta fal këtë person! Vërtet Unë e fala atë, kurse ty (që pohon atë për Mua), ta shkatërrova punën tënde."*

(Transmeton Muslimi)

NDALIMI I MANIFESTIMIT PUBLIK TË KËNAQËSISË GJATË FATKEQËSISË SË DIKUJT

All-llahu i Madhëruar thotë:

"Vërtet besimtarët janë vëllezër."

(El-Huxhurat, 10)

"Ata të cilët dëshirojnë që te besimtarët të përhapet amoraliteti i pret dënimi i dhembshëm në këtë dhe në botën tjetër."

(en-Nûr, 19)

Hadithi 1585

Nga Vathilete b. Eska r.a. transmetohet se ka thënë: "I Dërguari i All-llahut s.a.v.s. ka thënë: *"Mos iu gëzo fatkeqësisë së vëllait tënd, sepse All-llahu mund ta mëshirojë atë, kurse fatkeqësinë e tij të ta caktojë ty."*

(Tirmidhiu, i cili thotë se ky është hadith hasen)

NDALIMI I NGACMIMIT RECIPROK PËRKITAZI ME PREJARDHJEN DHE AFËRSINË

All-llahu i Madhëruar thotë:

"Kurse ata, që ofendojnë besimtarët dhe besimtaret për diçka që nuk e meritojnë, ngarkohen vetë me shpifje dhe mëkat haptazi."

(el-Ahzab, 58)

Hadithi 1586

Nga Ebu Hurejra r.a. transmetohet të ketë thënë: "I Dërguari i All-llahut s.a.v.s. ka thënë: *"Dy gjëra te njerëzit janë mosbesim (kufr): Ngacmimi (fyerja) në lidhje me afërsinë, prejardhjen dhe vajtimi për të vdekurin."*

(Transmeton Muslimi)

NDALIMI I MASHTRIMIT DHE I TRADHTISË

All-llahu i Madhëruar thotë:

"Kurse ata, që ofendojnë besimtarët dhe besimtaret për diçka që nuk e meritojnë, ngarkohen vetë me shpifje dhe mëkat haptazi."

(el-Ahzab: 58)

Hadithi 1587

Nga Ebu Hurejra r.a. transmetohet se i Dërguari i All-llahut s.a. v.s. ka thënë: *"Kush na drejton armën, nuk është prej nesh dhe kush na mashtron, nuk është prej nesh."*

(Transmeton Muslimi)

Hadithi 1590

Nga Ibni Umeri r. anhuma transmetohet se ka thënë: "Një njeri i theksoi të Dërguarit të All-llahut se është mashtruar në blerje. I

Dërguari i All-llahut s.a.v.s. ka thënë: *"Atij që të shet diçka thuaj: La hilabete (nuk ka mashtrim te muslimanët)."*

(Muttefekun alejhi)

Hadithi 1591

Nga Ebu Hurejra r.a. transmetohet se ka thënë: "I Dërguari i All-llahut s.a.v.s. ka thënë: *"Kush e nxit (për përçarje) gruan e një njeriu apo të robit të tij, ai nuk është i yni."*

(Transmeton Ebu Davudi)

NDALIMI I MASHTRIMIT DHE PABESISË

All-llahu i Madhëruar thotë:

"O besimtarë, zbatoni marrëdhëniet!"

(el-Maide, 1)

"Dhe përmbushni obligimet, sepse obligimet kanë me siguri përgjegjësi."

(el-Isra, 34)

Hadithi 1594

Nga Ebu Seid el-Hudrij r.a. transmetohet se Pejgamberi s.a. v.s. ka thënë: *"Çdo i pabesë, në anën e prapme të tij, Ditën e Kijametit do të ketë flamurin e tradhtisë. Shëmtia e tij do të jetë më e madhe sesa tradhtia e tij. Kujdes, nuk ka tradhti dhe pabesi më të madhe sesa pabesia e sunduesit të gjithëmbarshëm popullor."*

(Transmeton Muslimi)

Hadithi 1595

Nga Ebu Hurejra r.a. transmetohet se Pejgamberi s.a.v.s. ka thënë: *"All-llahu i Madhëruar thotë: "Me tre njerëz do të konfrontohem në Ditën e Kijametit: me njeriun i cili premton në emrin Tim e nuk e zbaton, me njeriun i cili e shet njeriun e lirë dhe ato të holla i përdor dhe me njeriun i cili angazhon mëditës dhe, pas kryerjes së punës, mëditjen e kontraktuar nuk e paguan."*

(Transmeton Buhariu)

NDIKIMI I NUMËRIMIT DHE I THEKSIMIT TË MIRËSISË NDAJ DIKUJT E TË NGJASHME

All-llahu i Madhëruar thotë:

"O besimtarë, mos e prishni sadakan tuaj me përgojime dhe ofendime,..."

(el-Bekare, 264)

"Ata që e shpenzojnë pasurinë e vet në rrugë të All-llahut, e pastaj ata që shpenzojnë nuk e përcjellin me përgojime e shqetësime."

(el-Bekare, 262)

Hadithi 1596

Nga Ebu Dherri r.a. transmetohet se Pejgamberi s.a.v.s. ka thënë: *"Me tre vetë All-llahu Ditën e Gjykimit nuk do të flasë; as nuk do t'i shikojë, as nuk do t'i pastrojë nga mëkatet. Për ta është caktuar dënim i dhimbshëm."* Transmetuesi ka thënë: "I Dërguari i All-llahut s.a.v.s. tri herë i përsëriti këto fjalë." Ebu Dherri ka thënë: "Janë shkatërruar dhe kanë humbur. Kush janë ata, o i Dërguari i All-llahut?" (Pejgamberi s.a.v.s.) ka thënë: *"Zgjatësi (ai që i lëshon poshtë rrobat apo flokët në shenjë mendjemadhësie), ai që i numëron mirësitë e veta dhe ua mban në hundë personave që u ka bërë mirë dhe ai që mallin e tij të pavlefshëm e shet duke u betuar rrejshëm."*

(Transmeton Muslimi)

Në një transmetim të Muslimit thuhet: *"El-Musbilu"* (i cili lëshon) është shtuar edhe fjala *"izarehu"* (rrobat e tij) d.m.th. "ai që lëshon rrobat dhe gunën e tij më poshtë se nyejt e këmbëve nga mendjemadhësia."

All-llahu i Madhëruar thotë:

"Prandaj mos mburreni fort me vetveten, Ai e di më mirë atë që ruhet."

(en-Nexhm, 32)

"Por ka rrugë (për dënim) ndaj atyre që dhunojnë njerëzit dhe pa të drejtë bëjnë çrregullime në tokë. Për ata ka dënim të dhembshëm."

(esh-Shûrâ, 42)

Hadithi 1597

Nga Ijad b. Himari r.a. transmetohet të ketë thënë: "I Dërguari i All-llahut s.a.v.s. ka thënë: *"All-llahu më ka shpallur që ithtarët e mi duhet të jenë modestë ndaj njëri-tjetrit, që askush askujt mos t'i bëjë padrejtësi dhe që askush mos të lëvdohet kundruall tjetrit."*

(Transmeton Muslimi)

Hadithi 1598

Nga Ebu Hurejra r.a. transmetohet se i Dërguari i All-llahut s.a. v.s. ka thënë: *"Kur një njeri thotë: 'Është shkatërruar njerëzia', ai është më i shkatërruari."*

(Transmeton Muslimi)

Ky është kuptimi nëse *"ehlekuhum"* lexohet në trajtën superlative, e nëse lexohet si folje *"ehlekehum"*, atëherë kuptimi i pjesës së dytë të hadithit është: Edhe ai është një nga ata të cilët i dëmtojnë, edhe ai i dëmton (me gjykimin e tij).

Ky ndalim i gjykimit është për atë që këtë e bën nga vetësimpatia personale, duke e përjashtuar veten nga shkatërrimi, i cili i nënçmon të tjerët dhe ngrihet mbi të tjerët. Ky është haram. Sa i përket atij që i vëren mungesat e njerëzve në punët fetare dhe këtë gjykim e shqipton nga kujdesi për botën dhe për fenë, atëherë nuk ka vërejtje. Kështu këtë e shpjeguan dhe e sqaruan dijetarët. Ndër imamët tjerë është edhe: Malik b. Enesi, Hattabijju, Humejdiju etj.

NDALIMI I NDËRPRERJES SË LIDHJEVE NDËRMJET MUSLIMANËVE MBI TRI DITË, PËRVEÇ NËSE NDËRPRERJA E LIDHJEVE NUK ËSHTË PËR SHKAK TË HEREZISË, THYERJES PUBLIKE TË RREGULLAVE FETARE E TË NGJASHME

All-llahu i Madhëruar thotë:

"Pa dyshim besimtarët janë vëllezër, prandaj pajtoni dy vëllezër tuaj."

(el-Huxhurat, 10)

"Dhe mos ndihmoni në mëkat dhe armiqësi."

(el-Maide, 2)

Hadithi 1599

Nga Enesi r.a. transmetohet se ka thënë: "I Dërguari i All-llahut s.a.v.s. ka thënë: *"Mos i ndërpreni lidhjet reciproke, as mos ia ktheni shpinën njëri-tjetrit dhe bëhuni, o robër të All-llahut, vëllezër të mirëfilltë. Për muslimanin nuk është e lejuar të jetojë në hidhërim me vëllanë e tij më tepër se tri ditë."*

(Muttefekun alejhi)

Hadithi 1602

Nga Xhabiri r.a. transmetohet se ka thënë: "E kam dëgjuar të Dërguarin e All-llahut s.a.v.s. duke thënë: *"Vërtet shejtani tashmë ka rënë në dëshpërim se në Siujdhesën Arabe nuk do të adhurohet nga falësit e namazit, por nuk ka rënë në dëshpërim se do t'i ngatërrojë dhe ndërprejë marrëdhëniet e tyre reciproke."*

(Transmeton Muslimi)

"Et-Tahrishu" dmth. ngatërrim, prishje dhe ndryshim i zemrave të tyre dhe ndërprerje e marrëdhënieve mes tyre.

Hadithi 1603

Nga Ebu Hurejra r.a. transmetohet të ketë thënë: "I Dërguari i All-llahut s.a.v.s. ka thënë: *"Për muslimanin nuk është e lejuar të jetojë në hidhërim (ngatërresë) me vëllanë e tij më tepër se tri ditë. Kush mban hidhërim mbi tri ditë dhe vdes, do të hyjë në zjarr (të Xhehenemit)."*

(Ebu Davudi me sened sipas kushteve të Buhariut)

PËR PËSHPËRITJEN RECIPROKE TË DY PERSONAVE NË PRANINË E TË TRETIT, PA LEJEN E TIJ, PËRVEÇ PËR SHKAK TË NEVOJËS SË VEÇANTË KUR FSHEHIN FSHEHTËSINË E NDALUAR D.M.TH. KUR FLASIN ME GJUHË TË PAKUPTUESHME PËR TË

All-llahu i Madhëruar thotë:

"Marrëveshja e fshehtë është nga djalli."

(el-Muxhadele, 10)

Hadithi 1606

Nga Ibni Umeri r. anhuma transmetohet se i Dërguari i All-llahut s.a.v.s. ka thënë: *"Kur të jenë së bashku tre vetë, mos të pëshpërisin dy prej tyre pa të tretin."*

(Muttefekun alejhi)

Ebu Davudi e transmeton këtë hadith dhe shton: Ebu Salih ka thënë: "Unë i kam thënë Ibni Umerit: "E nëse janë katër vetë?" Ai më tha: "Atëherë nuk ka dëm (mëkat)."

Maliku transmeton në "MuVattanë" e tij nga Abdull-llah b. Dinari se ka thënë: "Unë dhe Ibni Umeri kemi qenë te shtëpia e Halid b. Ukbes, e cila ka qenë në treg. Atëherë erdhi një njeri që ka dëshiruar t'i pëshpërisë diçka Ibni Umerit. Pranë nesh nuk kishte njeri tjetër. Ibni Umeri ftoi një njeri tjetër, derisa u bëmë katër vetë. Ibni Umeri mua dhe njeriut të tretë, që e ftoi, i tha: "Ju të dy pritni pak (derisa ky të më pëshpërisë fshehtas), sepse unë e kam dëgjuar të Dërguarin e All-llahut s.a.v.s. duke thënë: *"Mos të pëshpërisin dy vetë në mes vete pa të tretin."*

Hadithi 1607

Nga Ibni Mes'udi r.a. transmetohet se i Dërguari i All-llahut s.a.v.s. ka thënë: *"Kur të jeni tre vetë, atëherë dy vetë mos të pëshpërisin, pa personin e tretë, deri atëherë kur nuk përziheni me njerëz, që mos të dëshpërohet i treti."*

(Muttefekun alejhi)

PËR NDALIMIN E MUNDIMIT TË ROBIT, KAFSHËS, GRUAS DHE FËMIJËVE PA ARSYE TË SHERIATIT APO MË TEPËR NGA AJO PËR EDUKATË

All-llahu i Madhëruar thotë:

"Jini të mirë me prindërit dhe të afërmit, edhe me bonjakët dhe të varfërit e ngratë, dhe me fqinjët e afërt edhe me fqinjët e largët, edhe me shokët përreth dhe udhëtarët, edhe me ata që janë nën kujdesin tuaj. All-llahu, pa dyshim, nuk i don ata që janë mendjemëdhenj dhe arrogantë."

(en-Nisa, 36)

Hadithi 1608

Nga Ibni Umeri r. anhuma transmetohet se i Dërguari i All-llahut s.a.v.s. ka thënë: *"Një grua do të dënohet për shkak të maces. E ka mbyllur në shtëpi, derisa ka ngordhur, e për këtë do të hyjë në zjarr. As s'e ka ushqyer, as nuk i ka dhënë ujë kur e ka mbyllur, as nuk e ka lëshuar që të ushqehet vetë me zvarritësit dhe insektet e tokës."*

(Muttefekun alejhi)

Hadithi 1608/1

Nga Ibni Umeri r. anhuma transmetohet se ai ka kaluar pranë disa djelmoshave nga fisi Kurejsh, të cilët e kishin vendosur një shpend për ta qëlluar dhe e qëllonin me shtiza. Kush nuk e qëllonte, ia jepte shtizën e vet pronarit të shpendit. Kur panë Ibni Ume-rin, djelmoshat u shpërndanë, kurse Ibni Umeri u tha: "Kush bën kështu? All-llahu e ka mallkuar atë që bën kështu. Vërtet i Dërguari i All-llahut s.a.v.s. e ka mallkuar çdokë që merr krijesë të gjallë për cak që qëllohet me diçka."

(Muttefekun alejhi)

Hadithi 1610

Nga Ebu Alijj Suvejd b. Mukarrini r.a. transmetohet të ketë thënë: "Unë di për veten, nga shtatë ne vëllezërit, bijtë e Mukarri-nit. Kemi pasur vetëm një robëreshë (shërbëtore), të cilën e ka rra-hur më i vogli prej nesh. I Dërguari i All-llahut s.a.v.s. (pasi mori vesh) urdhëroi që ta lirojmë nga robëria."

(Transmeton Muslimi)

Hadithi 1611

Nga Ibni Mes'ud el-Bedrij r.a. transmetohet të ketë thënë: "Një ditë unë e rraha robin tim me kamxhik, kur papritmas dëgjova një zë pas vetes: *"Dije o Ebu Mes'ud!"* - por unë nuk e kuptova zërin nga hidhërimi. Pasi m'u afrua zëri, ai ishte i Dërguari i All-llahut s.a.v.s., që më tha: *"Dije, o Ebu Mes'ud, se All-llahu është më i fuqishëm se ti sesa ti mbi këtë djalosh (rob)."* Atëherë unë i thashë: "Unë më kurrë nuk do ta rrah robin tim." Në një trans-metim thu-het: "Më ra kamxhiku nga frika e Pejgamberit s.a.v.s.".

Në një transmetim thuhet: "I thashë: "O i Dërguari i All-lla-hut, ai është i lirë nga robëria për hir të All-llahut." Atëherë Pejgamberi s.a.v.s. tha: *"Po mos ta kishe bërë këtë, sigurisht, zjarri do të të digjte, ose, do të kapte zjarri."*

(Muslimi me të gjitha këto transmetime)

Hadithi 1612

Nga Ibni Umeri r.anhuma transmetohet se Pejgamberi s.a.v.s. ka thënë: *"Kush e rreh djaloshin (robin) e vet, për atë që nuk i ësh-*

të përgjigjur, ose kush i bie me shuplakë për këtë shkak, atëherë kompensimi i vetëm për të është ta lirojë."

(Transmeton Muslimi)

Hadithi 1613

Nga Hisham b. Hakîm b. Hizam r. anhuma transmetohet se ai ka hasur në Damask një grup njerëzish nga Nabatejët, të cilët qëndronin në diell kurse në kokat e tyre hidhej yndyrë, e ai ka thënë: "Ç'është kjo?" Thanë: "Po dënohen për shkak të haraxhit." Në një transmetim thuhet: "Janë mbyllur për shkak të xhizjes." Atëherë Hishami ka thënë: "Dëshmoj se kam dëgjuar nga i Dërguari i All-llahut duke thënë: *"Vërtet All-llahu do t'i dënojë ata që i dënojnë njerëzit në këtë botë."* Pastaj shkoi te sunduesi dhe i tregoi ç'ka dëgjuar nga Pejgamberi s.a.v.s. Sunduesi urdhëroi që menjëherë Nabatejët të lirohen, dhe i kanë liruar."

(Transmeton Muslimi)

NDALIMI I MUNDIMIT TË TË GJITHA KAFSHËVE, MADJE EDHE TË MORRAVE, NË ZJARR

HADITHI 1616

Nga Ebu Hurejra r.a. transmetohet se ka thënë: "Na ka dërguar i Dërguari i All-llahut s.a.v.s. në një patrullim dhe na ka thënë: *"Nëse e gjeni filanin dhe filanin,* - dy njerëz nga Kurejshitët të cilët ai i ka emërtuar -*"digjini të dy me zjarr."* E kur u nisëm të shkojmë, i Dërguari i All-llahut s.a.v.s. na ka thënë: *"Unë vërtet ju kam urdhëruar juve që ta digjni filanin dhe filanin, por vërtet me zjarr dënon vetëm All-llahu, prandaj nëse i gjeni dhe i kapni, atëherë vetëm t'i vritni."*

(Transmeton Buhariu)

All-llahu i Madhëruar thotë:

"All-llahu ju urdhëron që gjërat e besuara t'ua jepni aty-re që u takojnë, pronarëve të vet."

(en-Nisa, 58)

"Dhe nëse njëri te tjetri siguroni diçka, ai le ta arsyetojë besimin e shprehur."

(el-Bekare, 283)

Hadithi 1618

Nga Ebu Hurejra r.a. transmetohet se i Dërguari i All-llahut s.a.v.s. ka thënë: *"Zvarritja e pagesës së borxhit nga të pasurit është dhunë. Nëse dikush nga ju ndiqet ta paguajë borxhin, por ka mundësi ta paguajë, menjëherë të bindet dhe ta paguajë borxhin."*

(Muttefekun alejhi)

QORTIMI I KTHIMIT TË DHURATAVE, MOSDORËZIMI I TYRE PRONARIT TË RI, MBAJTJA E DHURATËS SË FËMIJËS SË TIJ; QORTIMI I BLERJES SË ÇDO GJËJE QË KA DHËNË PËR SADAKA NGA PERSONI QË I ËSHTË DHËNË SADAKAJA, PËR QORTIMIN E BLERJES SË ZEKATIT APO KEFARETIT TË DHËNË E TË NGJASHME. NUK ËSHTË E QORTUESHME TË BLEHET DIÇKA NGA E TËRË AJO NGA PERSONI TJETËR TË CILIT BLERËSI PERSONALISHT NUK IA KA DHËNË SADAKAN.

Hadithi 1620

Nga Umer b. el-Hattabi r.a. transmetohet se ka thënë: "Ia kam falur një luftëtari në rrugën e All-llahut kalin tim, e ai më pastaj e ka shitur. Kam dëshiruar ta blej, por më është kujtuar se ai po e shet me çmim të veçantë, prandaj e kam pyetur Pejgamberin s.a. v.s., e ai më ka thënë: *"Mos e blej, as mos u kthe në sadakanë tënde, edhe nëse ai ta jep për një dirhem. Vërtet ai që kthehet në sadakanë e tij është sikur ai që kthehet në të vjellurit e tij."*

(Muttefekun alejhi)

NDALIMI I VEÇANTË I PASURISË SË BONJAKUT

All-llahu i Madhëruar thotë:

"Ata, që hanë pasurinë e bonjakëve pa kurrfarë të drejte, pa dyshim hanë dhe mbushin barqet me zjarr, andaj do të digjen në flakë të këndellur."

(en-Nisa, 10)

"Mos përvetësoni pasurinë e bonjakut, përveç në mënyrën më të mirë të lejuar."

(el-En'am, 152)

"Dhe të pyesin për bonjakët thuaj, më mirë është të silleni mirë me ta. E nëse jetoni bashkë me ta, ata janë vëllezërit tuaj, kurse All-llahu di të dallojë atë të prishurin nga mirëbërësi."

(el-Bekare, 220)

Hadithi 1621

Nga Ebu Hurejra r.a. transmetohet se Pejgamberi s.a.v.s. ka thënë: *"Ruhuni nga shtatë të këqija të mëdha!"* (As'habët) kanë thënë: "O i Dërguari All-llahut, cilat janë ato mëkate?" Ka thënë: *"T'i bësh All-llahut shok në adhurim, sihri, vrasja e dikujt e që All-llahu e ka ndaluar, përveç me të drejtë, ngrënia e kamatës, pasurisë së bonjakut, ikja nga fushëbeteja dhe shpifja për amoral të besimtares së devotshme dhe të ndershme."*

(Muttefekun alejhi)

All-llahu i Madhëruar thotë:

"Ata që hanë kamatën do të ngrihen sikur që do të ngrihet ai të cilin e ka përflakur, me të prekur, djalli, për shkak se kanë thënë: "Edhe tregtia është njëlloj sikur kamata." Mirëpo All-llahu e ka lejuar tregtinë dhe e ka ndaluar kamatën. Atij që i vjen një këshillë nga Zoti i tij dhe heq dorë, i takon ajo që e ka fituar më parë (e kaluara). Çështja e tij është tek All-llahu, por kush e përsërit - ata janë banorë të Xhehenemit ku do të mbesin përgjithmonë. All-llahu e zhduk kamatën dhe e shton lëmoshën. All-llahu nuk e do asnjë jobesimtar mëkatar. Ata që besojnë dhe bëjnë vepra të mira dhe e kryejnë namazin, e japin zekatin, ata i pret shpërblimi te Zoti i tyre dhe për ata nuk ka frikë as pikëllim. O besimtarë! Frikësojuni All-llahut dhe nëse jeni besimtarë hiqni dorë nga mbeturina e kamatës."

(el-Bekare, 275-278)

Sa u përket haditheve, në Sahih janë të shumtë dhe të njohur.

Hadithi 1622

Nga Ibni Mes'udi r.a. transmetohet të ketë thënë: "I Dërguari i All-llahut s.a.v.s. e ka mallkuar shfrytëzuesin e kamatës dhe kredituesin e tij."

(Transmeton Muslimi)

Tirmidhiu dhe të tjerët shtojnë: "Edhe dëshmitarët, edhe shkruesin."

PËR NDALIMIN E SHTIRJES (HIPOKRIZISË)

All-llahu i Madhëruar thotë:

"Porse u qe urdhëruar ta adhurojnë vetëm All-llahun, që si besimtarë të sinqertë, me sinqeritet t'i rrëfejë fenë."

(el-Bejjine,5)

"O besimtarë, mos e prishni sadakan tuaj me përgojime dhe ofendime sikur ai që shpenzon pasurinë e vet për sy e faqe para njerëzve."

(el-Bekare, 264)

"Hipokritet shtiren se po e mashtrojnë All-llahun, ndërsa Ai i mashtron ata."

(en-Nisa, 142)

Hadithi 1624

Nga Ebu Hurejra r.a. transmetohet se ka thënë: "E kam dëgjuar të Dërguarin e All-llahut s.a.v.s. duke thënë: *"Personi i parë që do të gjykohet në Ditën e Gjykimit është njeriu që ka rënë dëshmor në fushëbetejë. Ai do të shpihet në gjykim dhe do t'i ekspozohen begatitë që i ka dhënë All-llahu, të cilat ai do t'i njohë e atëherë All-llahu do t'i thotë: "Ç'ke bërë me begatitë që t'i kam dhënë? Ai thotë: "Kam luftuar për Ty derisa kam rënë dëshmor". All-llahu do t'i thotë: "Gënjen, sepse ti ke luftuar që të thuhet se je trim i patrembur dhe kështu është thënë për ty." Atëherë do të urdhërojë që të tërhiqet prej fytyre derisa të hidhet në zjarr. Pastaj do të ftohet në gjykim ai njeri që ka studiuar dituri dhe i ka mësuar të tjerët dhe ka lexuar Kur'an. Edhe ai do të sillet në gjykim. Edhe atij do t'i ekspozohen begatitë dhe ai do t'i njohë. Edhe atij All-llahu do t'i thotë: "E ç'ke bërë ti?" Ai (njeriu) do të thotë: "Kam mësuar dhe i kam mësuar të tjerët, dhe për Ty kam lexuar Kur'an." All-llahu i thotë: "Gënjen, sepse ti ke mësuar që të thonë se je dijetar, kurse Kur'an ke lexuar që të thonë se je lexues i Kur'anit (kari'), dhe kështu është folur." Pastaj do të urdhërojë (Ai) që të tërhiqet prej fytyre derisa të hidhet në zjarr. Pastaj do të gjykohet njeriu të cilit All-llahu i ka dhënë pasuri të ndryshme, e ai do të sillet në gjykim. Edhe atij do t'i ekspozohen begatitë e tij dhe do t'i njohë ato, atëherë do t'i thotë: "Ç'ke bërë ti?" Ai do të thotë: "Nuk kam lënë asnjë vend, që Ti ke dëshiruar të shpenzoj pasuri, e të mos kem shpenzuar në emrin Tënd." Edhe atij Krijuesi do t'i thotë: "Gënjen, sepse ti ke vepruar kështu që të thuhet se je bujar dhe kështu është folur. Pastaj do të urdhërojë që edhe ai të hidhet në zjarr."*

(Transmeton Muslimi)

403

Hadithi 1625

Nga Ibni Umeri r. anhuma transmetohet se njerëzit i kanë thënë: "Kur hyjmë te sunduesit tanë, ne u flasim të kundërtën e asaj që flasim kur jemi larg tyre." Ibni Umeri r. anhuma ka thënë: "Veprimin e këtillë, në kohën e të Dërguarit të All-llahut, e konsideronim hipokrizi."

(Transmeton Buhariu)

Hadithi 1626

Nga Xhundub b. Abdull-llah b. Sufjani r.a. transmetohet të ketë thënë: "I Dërguari i All-llahut s.a.v.s. ka thënë: *"Kush punon për nam të opinionit, All-llahu do t'ia japë këtë që për të të dëgjohet, dhe kush punon për t'u parë edhe atij All-llahu do t'i japë që të bëhet i njohur tek ata."*

(Muttefekun alejhi)

Hadithi 1627

Muslimi këtë hadith, po ashtu, e transmeton nga Ibni Abbasi r.a.

Domethënia e hadithit mund të shpjegohet se në botën tjetër do të dënohet publikisht, sepse ka punuar për botën (që të dëgjohet dhe të shihet).

Hadithi 1628

Nga Ebu Hurejra r.a. transmetohet se ka thënë: "I Dërguari i All-llahut s.a.v.s. ka thënë: *"Kush mëson dituri me të cilën kërkohet vetëm kënaqësia e All-llahut të Madhëruar vetëm se për të arritur dobi të kësaj bote, ai nuk do të ndiejë aromën e Xhenetit në Ditën e Gjykimit."*

(Ebu Davudi me senede sahih)

Për këtë kapitull ka hadithe të shumta e të njohura.

NDALIMI I SHIKIMIT TË GRUAS SË HUAJ DHE PERSONAVE TË BUKUR, PA ARSYE TË SHERIATIT

All-llahu i Madhëruar thotë:

"Por thuaju besimtarëve të ulin kryet (shikimet e tyre)."

(en-Nûr, 30)

"Edhe të pamurit, edhe të dëgjuarit, edhe të kuptuarit, për të gjitha këto me siguri ka përgjegjësi."

(el-Isra, 36)

"Ai e di ç'fshehin sytë mashtrues."

(Gâfir, 19)

"Sepse Zoti yt është njëmend në pritë."

(el-Fexhr, 14)

Hadithi 1631

Nga Ebu Seid el-Hudrij r.a. transmetohet se Pejgamberi s.a.v.s. ka thënë: *"Ruhuni nga qëndrimet nëpër rrugë."* (As-habët) kanë thënë: "O i Dërguari i All-llahut, ç'të bëjmë nëse duhet medoemos të takohemi, sepse në rrugë kuvendojmë." I Dërguari i All-llahut s.a.v.s. ka thënë: *"Nëse nuk mundeni pa, atëherë jepjani të drejtën rrugës."* Ata kanë thënë: "Cila është e drejta e rrugës, o i Dërguari i All-llahut?" Ka thënë: *"Të mbyllen sytë (të ulet shikimi), të mos ngacmohet askush, të kthehet selami, të urdhërohet e mira dhe të ndalohet e keqja."*

(Muttefekun alejhi)

Hadithi 1632

Nga Ebu Talha Zejd b. Sehli r.a. transmetohet se ka thënë: "Ishim ulur në oborr dhe aty kuvendonim. I Dërguari i All-llahut erdhi mes nesh dhe qëndroi, pastaj tha: *"Ç'keni që uleni nëpër rrugë publike? Largohuni nga uljet nëpër vende pulike!"* Ne i thamë: "Vërtet ne ulemi, por jo për të keq. Jemi ulur të përkujtojmë kujtimet dhe të kuvendojmë ndërmjet veti." (Pejgamberi s.a.v.s.) ka thënë: *"Nëse është vetëm për këtë, atëherë rrugës jepjani të drejtën e saj: të ulet shikimi, të merret selami dhe të kuvendohet mirë."*

(Transmeton Muslimi)

Shprehja "Es-Su'udât" dtth. "Et-Turukât" (shumë rrugë).

Hadithi 1633

Nga Xheriri r.a. transmetohet të ketë thënë: "E kam pyetur të Dërguarin e All-llahut s.a.v.s. për shikimin e befasishëm." Ai ka thënë: *"Ktheje (menjëherë) shikimin tënd!."*

(Transmeton Muslimi)

Hadithi 1634

Nga Ummi Selemete r. anha transmetohet të ketë thënë: "Kam qenë tek i Dërguari i All-llahut s.a.v.s., e aty ishte edhe Mejmuneja, e madje erdhi edhe Ibni Ummi Mektumi. Kjo ka ndodhur pasi na është urdhëruar mbulesa (hixhabi)." Pejgamberi s.a.v.s. ka thënë: *"Mbulohuni nga ai!"* Ne kemi thënë: "O i Dërguari i All-llahut, a nuk është ai i verbër, nuk na sheh as nuk na njeh!" Pejgamberi s.a.v.s. ka thënë: *"A jeni ju të dyja të verbta? A po e shihni ju atë?"*

(Ebu Davudi dhe Tirmidhiu, i cili thotë se ky është hadith hasen sahih)

All-llahu i Madhëruar thotë:

"Po nëse kërkoni ndonjë send prej tyre, kërkojeni atë pas ndonjë perdeje."

(el-Ahzab, 53)

Hadithi 1636

Nga Ukbete b. Amiri r.a. transmetohet se i Dërguari i All-llahut s.a.v.s. ka thënë: *"Ruhuni (rreptësisht) nga hyrja te gratë (jo të afërta)."* Një njeri nga ensarët ka thënë: *"Ç'mendon (o i Dërguari i All-llahut), as si mik, me motive miqësore?"* Ka thënë: *"Miqësia është sikur vdekja (për femrat)."*

(Muttefekun alejhi)

Hadithi 1638

Nga Burejde r.a. transmetohet se i Dërguari i All-llahut s.a.v.s. ka thënë: *"Ata që mbesin në shtëpitë e tyre duhet t'i respektojnë gratë e luftëtarëve që janë larg nga shtëpitë e tyre, siç i respektojnë nënat e tyre. Njeriu që obligohet se do të kujdeset dhe do ta respektojë familjen e luftëtarit jo të pranishëm dhe këtë besim e shkel në cilëndo formë, në Ditën e Gjykimit do të dalë para vëllait të tij luftëtar dhe do t'i jepet e drejta luftëtarit të marrë nga veprat e mira të joluftëtarit ç'të dojë derisa të kënaqet."* Pastaj i Dërguari i All-llahut s.a.v.s. u kthye nga ne dhe tha: *"E ç'mendoni tani!"*

(Transmeton Muslimi)

NDALIMI I MESHKUJVE NË IMITIMIN E FEMRAVE DHE I FEMRAVE NË IMITIMIN E MESHKUJVE NË VESHJE, LËVIZJE E TË TJERA

Hadithi 1640

Nga Ebu Hurejra r.a. transmetohet të ketë thënë: "I Dërguari i All-llahut s.a.v.s. e ka mallkuar njeriun që vesh rroba femrash dhe e ka mallkuar femrën që vesh rroba meshkujsh."

(Ebu Davudi me sened sahih)

NDALIMI I IMITIMIT TË DJALLIT DHE JOBESIMTARIT

Hadithi 1642

Nga Xhabiri r.a. transmetohet se ka thënë: "I Dërguari i All-llahut s.a.v.s. ka thënë: *"Mos hani me dorën e majtë, sepse djalli ha me dorën e majtë."*

(Transmeton Muslimi)

NDALIMI I XHUFKËS NË KOKË, PASI TË RRUHET NJË PJESË E KOKËS

Hadithi 1646

Nga Ihni Umeri r. anhuma transmetohet se ka thënë: "I Dërguari i All-llahut s.a.v.s. e ka ndaluar mbajtjen e xhufkës (një xhufkë flokë në majë të kokës, ose para, ose pas kokës, kurse pjesa tjetër të rruhet)."

(Muttefekun alejhi)

NDALIMI I GËRSHETIMIT TË FLOKËVE TË HUAJA, I TATUAZHIT DHE I MPREHJES SË DHËMBËVE

All-llahu i Madhëruar thotë:

"Ata, në vend të Tij, i luten idhujve femra; pra, nuk i luten tjetërkujt përveç djallit të mallkuar! All-llahu e mallkoi! Kurse ai i tha: "Unë gjithsesi do të bëj për vete një numër të caktuar nga robërit tuaj. Edhe do t'i shpjerë, me siguri, në rrugë të shtrembër dhe do t'i tërheq, pa dyshim, me shpresa të rrejshme dhe do t'i urdhëroj t'u presin veshët kafshëve dhe t'i ndryshojnë krijesat e All-llahut. Kush e bën mik djallin, e jo All-llahun, ai vërtet ka pësuar humbje të mëdha."

(en-Nisa, 117-119)

Hadithi 1650

Nga Esma r. anha transmetohet se një femër e ka pyetur Pejgamberin s.a.v.s. dhe ka thënë: "O i Dërguari i All-llahut, vajzën time e ka goditur lia, prandaj i kanë ra dhe i janë rralluar flokët, kurse unë e kam martuar. Për këtë shkak, a mund t'i vë asaj parukë (flokë të huaja)?" Pejgamberi s.a.v.s. ka thënë: *"All-llahu e ka mallkuar personin që gërsheton dhe personin kujt i gërshetohen flokët (i shtohen flokë të huaja me gërshetim)."*

(Muttefekun alejhi)

Në një transmetim tjetër thuhet: *"All-llahu e ka mallkuar personin që gërsheton dhe personin që kërkon t'i gërshetohen flokët."*

Aishja r. anha transmeton hadith të ngjashëm.

(Muttefekun alejhi)

Hadithi 1653

Nga Ibni Umeri r. anhuma transmetohet se i Dërguari i All-llahut s.a.v.s. i ka mallkuar femrat që gërshetojnë flokë të huaja për vetvete, femrat kujt i gërshetohen flokët, femrat që bëjnë tautazh dhe femrat që kërkojnë t'u bëhet tautazh.

(Muttefekun alejhi)

PËR QORTIMIN E PASTRIMIT PAS NEVOJËS SË MADHE DHE TË VOGËL ME DORË TË DJATHTË PA ARSYE

Hadithi 1657

Nga Ebu Katade r.a. transmetohet se Pejgamberi s.a.v.s. ka thënë: *"Kur dikush nga ju e kryen nevojën e vogël, assesi mos ta kapë me dorën e tij të djathtë organin për derdhjen e ujit, po ashtu mos ta kryejë pastrimin pas nevojës së madhe me dorën e tij të djathtë dhe assesi mos të fryjë në enën (me ushqim)."*

(Muttefekun alejhi)

Për këtë çështje ka hadithe të shumta dhe të vërteta.

PËR QORTIMIN E ECJES ME NJË MBATHËSE APO MESTE PA ARSYE DHE QORTIMI I MBATHJES SË TYRE DUKE QËNDRUAR NË KËMBË PA NDONJË ARSYE

Hadithi 1659

Nga Ebu Hurejra r.a. transmetohet të ketë thënë: "E kam dëgjuar të Dërguarin e All-llahut s.a.v.s. duke thënë: *"Nëse ndonjërit nga ju i këputet rripi në nallane, të mos ecë vetëm me njërën, derisa ta arnojë nallanen tjetër."*

(Transmeton Muslimi)

NDALIMI I LËNIES SË ZJARRIT NË SHTËPI GJATË FJETJES OSE NË SITUATA TË NGJASHME, QOFTË ZJARRI NË LLAMBË OSE DIKU TJETËR

Hadithi 1662

Nga Ebu Musa el-Esh'arij r.a. transmetohet se ka thënë: "Një shtëpi në Medine është djegur natën me familjen në të. Kur ia treguan të Dërguarit të All-llahut s.a.v.s. për fatkeqësinë e kësaj familjeje, ai ka thënë: *"Vërtet ky zjarr është armiku juaj, prandaj kur të shkoni për të fjetur, fikeni atë."*

(Muttefekun alejhi)

NDALIMI I VAJTIMIT PËR TË VDEKURIT, I GODITJES NË FYTYRË, SHQYERJES SË GJOKSIT, NDALIMI I SHKULJES SË FLOKËVE, RRUARJES SË TYRE DHE PISKAMËS

Hadithi 1666

Nga Umer b. el-Hattabi r.a. transmetohet se Pejgamberi s.a.v.s. ka thënë: *"I vdekuri dënohet në varr për shkak të vajtimit për të (nga të gjallët)."* Në një transmetim tjetër thuhet: *"me vaj- timet."*

(Muttefekun alejhi)

Hadithi 1670

Nga Ummi Atijete Nusejbe r. anha transmetohet të ketë thënë: "I Dërguari i All-llahut s.a.v.s. ka marrë nga ne besën se nuk do të vajtojmë (për të vdekurin)."

(Muttefekun alejhi)

Hadithi 1675

Nga Ebu Musa r.a. transmetohet se i Dërguari i All-llahut s.a. v.s. ka thënë: *"Çdo i vdekur që vdes dhe kur vajtuesit e tij flasin: Ah mali ynë, ah zotëriu ynë," apo të ngjashme, atëherë All-llahu i autorizon dy engjëj të cilët e godasin me grushta duke bërtitur: "I këtillë ke qenë?"*

(Tirmidhiu, i cili thotë se ky është hadith hasen)

NDALIMI I SHKUARJES TE FALLTORI, ASTROLOGU, PARADËFTUESI ETJ.

Hadithi 1682

Nga Ebu Mes'ud el-Bedrij r.a. transmetohet se i Dërguari i All-llahut s.a.v.s. i ka ndaluar paratë nga shitja e qenit, nga prostitucioni dhe nga falli.

(Muttefekun alejhi)

PËR NDALIMIN E PIKTURIMIT TË SHTAZËVE NË SHTROJË, NË MURE, NË RROBA, NË PARA, NË JASTËK ETJ. PËR NDALIMIN E TRAJTIMIT TË FIGURAVE (IDHUJVE) DHE FOTOGRAFIVE JASHTË MUREVE DHE OBJEKTEVE E LOKALEVE TË TJERA DHE PËR URDHRIN E SHKATËRRIMIT TË FIGURAVE KUDO QË T'I GJEJMË

Hadithi 1689

Nga Ibni Abbasi r. anhuma transmetohet të ketë thënë: "E kam dëgjuar të Dërguarin e All-llahut duke thënë: *"Çdo piktor do të shkojë në zjarr. Çdo figure që ka punuar do t'i krijohet shpirti dhe do ta dënojë në zjarr (piktura)."* Ibni Abbasi ka thënë: "Nëse këtë duhet ta bësh patjetër, atëherë puno drurin dhe figurat që nuk kanë shpirt."

(Muttefekun alejhi)

Hadithi 1690

Nga Ibni Abbasi r. anhuma transmetohet se ka thënë: "E kam dëgjuar të Dërguarin e All-llahut s.a.v.s. duke thënë: *"Kush e trajton një figurë, në Ditën e Gjykimit do të obligohet ta frymëzojë me shpirt, por ai nuk është frymëzues i shpirtit."*

(Muttefekun alejhi)

Hadithi 1691

Nga Ibni Mes'udi r.a. transmetohet se ka thënë: "E kam dëgjuar të Dërguarin e All-llahut s.a.v.s. duke thënë: *"Dënimi më i ashpër në Ditën e Gjykimit do të jetë për piktorët, ata që trajtojnë figura."*

(Muttefekun alejhi)

Hadithi 1696

Nga Ebu-l Hejjaxh Hajjan b. Husajni transmetohet të ketë thënë: "Më ka thënë mua Ali (b. Ebi Talibi) r.a.: "A nuk do të të tregoj atë që më ka treguar i Dërguari i All-llahut s.a.v.s.? Ajo është të mos lë fotografi pa e asgjësuar dhe as ndonjë varr të dekoruar pa e rrafshuar"

(Transmeton Muslimi)

QORTIMI I HIPJES NË XHEL-LALEH, QOFTË AJO MASHKULL A FEMËR, PËRVEÇ NËSE HA USHQIM TË PASTËR, ATËHERË EDHE MISHI E KA TË PASTËR DHE NUK QORTOHET (HIPJA NË TË)

Hadithi 1701

Nga Ibni Umeri r. anhuma transmetohet të ketë thënë: "I Dërguari i All-llahut s.a.v.s. e ka ndaluar hipjen në xhel-laleh (deveja që ha bajgë dhe ndytësitë e tjera)."

(Ebu Davudi me sened sahih)

QORTIMI I ARMIQËSISË NË MESXHID, NGRITJES SË ZËRIT NË TË, PYETJES PËR SENDIN E HUMBUR DHE PUNËT PRIVATE

Hadithi 1706

Nga Ebu Hurejra r.a. transmetohet se i Dërguari i All-llahut s.a. v.s. ka thënë: *"Kur të shihni që dikush po shet apo po blen diçka në mesxhid, atëherë thojini atij: "All-llahu mos të dhëntë fitim në tregtinë tënde." E kur të shihni që dikush po pyet për sendin e humbur të tij në mesxhid, atëherë thojini atij: "Mos ta kheftë prapë All-llahu atë (send) ty."*

(Tirmidhiu i cili thotë se ky është hadith hasen)

Hadithi 1708

Nga Amr b. Shuajbi, e ky nga babai i tij e nga gjyshi i tij r.a., transmetohet se i Dërguari i All-llahut e ka ndaluar blerjen dhe shitjen në mesxhid dhe kërkimin e sendit të humbur, si dhe të recitohen në të poezi.

(Ebu Davudi dhe Tirmidhiu, i cili thotë se ky është hadith hasen)

PËR NDALIMIN E QETHJES DHE PRERJES SË THONJVE GJATË 10 DITËVE TË DHUL-HIXHXHES PËR PERSONAT QË KANË PËR TË THERUR KURBAN, DERISA NUK E KRYEJNË THERJEN

Hadithi 1715

Nga Ummi Selemete r. anha transmetohet të ketë thënë: "I Dërguari i All-llahut s.a.v.s. ka thënë: *"Kush e ka kurbanin e përgatitur për therje, kur të delë hëna e dhul-hixhxhes, të mos qethet, as mos t'i prejë thonjtë, derisa ta kryejë therjen (në ditën e Bajramit)."*

(Transmeton Muslimi)

PËR NDALIMIN E BETIMIT ME KRIJESAT, QOFTË ME PEJGAMBERIN, KA'BEN, ENGJËJT, QIEJT, PRINDËRIT, JETËN, SHPIRTIN, KOKËN, JETËN E SULLTANIT, BEGATITË E SULLTANIT, TOKËN (TYRBEN) E NDONJË PERSONI TË NJOHUR DHE ME AMANETIN. E KY ËSHTË NDALIMI MË I RREPTË

Hadithi 1719

Nga Burejde r.a. transmetohet se i Dërguari i All-llahut s.a.v.s. ka thënë: *"Kush betohet"* dhe thotë *"unë jam i pastër nga Islami,"* *(ose: 'mos qofsha musliman'),* edhe nëse është gënjeshtar, atëherë ai është siç ka thënë. E nëse është i sinqertë, asnjëherë nuk do të kthehet në Islam i shëndoshë."

(Transmeton Ebu Davudi)

PËR RREPTËSINË E NDALIMIT TË BETIMIT TË RREJSHËM QËLLIMISHT

Hadithi 1722

Nga Ebu Umame Ijas b. Tha'lebete el-Harithij r.a. transmetohet se i Dërguari i All-llahut s.a.v.s. ka thënë: *"Kush e ndan një njeri musliman nga e drejta e tij me betimin e tij, vërtet All-llahu ia ka siguruar zjarrin e Xhehenemit dhe ia ka ndaluar Xhenetin."* Një njeri tha: "A është kështu edhe nëse është një gjë e vogël, o i Dërguari i All-llahut?" Ka thënë: *"Qoftë kjo edhe sa një degë (fije) e misvakut."*

(Transmeton Muslimi)

AI QË VËREN SE BETIMI I TIJ ËSHTË I GABUESHËM, ËSHTË E PREFERUESHME TA THYEJË DHE ATËHERË TË BËJË KEFARETI JEMIN

Hadithi 1724

Nga Abdurrahman b. Semure r.a. transmetohet se ka thënë: "I Dërguari i All-llahut s.a.v.s. më ka thënë *"Kur të betohesh gabimisht dhe sheh se betimi tjetër është më i dobishëm se ai për çka je betuar, atëherë bëj ashtu si është më mirë, pastaj kryeje kefaretin për betimin e thyer."*

(Muttefekun alejhi)

Hadithi 1726

Nga Ebu Musa r.a. transmetohet se i Dërguari i All-llahut s.a.v.s. ka thënë: *"Për All-llahun, inshall-llah, vërtet nuk do të betohem shtrembër, pastaj, nëse vërej diçka më të mirë, sigurisht do të bëj kefaret për betimin tim të shtrembër, dhe do ta bëja atë që është më e dobishme."*

(Muttefekun alejhi)

Hadithi 1727

Nga Ebu Hurejra r.a. transmetohet se i Dërguari i All-llahut s.a.v.s. ka thënë: *"Kur ndonjëri prej jush e mundon familjen e tij për shkak të betimit të shtrembër, është mëkat më i madh ta thyejë betimin dhe ta bëjë kefaretin që i ka obliguar All-llahu."*

(Muttefekun alejhi)

QORTIMI I KËRKESËS TJETËR TË NJERIUT NGA ALL-LLAHU I MADHËRUAR PËRVEÇ XHENETIT DHE QORTIMI I NDALIMIT TË ATIJ QË KËRKON NË EMËR TË ALL-LLAHUT DHE NDËRMJETËSIMIN E TIJ

Hadithi 1732

Nga Ibni Umeri r. anhuma transmetohet të ketë thënë: "I Dërguari i All-llahut s.a.v.s. ka thënë: *"Kush me (betimin me) All-llahun kërkon nga ju mbrojtje, mbrojeni! Kush lut diçka me (betimin me) All-llahun, jepjani! Kush ju thërret, përgjigjuni! Kush ju bën ju ndonjë të mirë, shpërblejeni atë. Nëse konstatoni se shpërblimi nuk është i mjaftueshëm, bëni lutje për të derisa të shihni se i ka plotësuar kriteret tuaja."*

(Ebu Davudi dhe Nesaiu, hadith sahih me sened të Sahihajnit)

QORTIMI I SHARJES SË ETHEVE

Hadithi 1735

Nga Xhabiri r.a. transmetohet se i Dërguari i All-llahut s.a.v.s. ka hyrë te Ummi Saibi apo tek Ummi Musejjebi dhe ka thënë: *"Ç'ke ti, oj Ummi Saiba, ose oj Ummi Musejjeba, që po dridhesh?"* Ajo ka thënë: "Ethet, All-llahu mos i bekoftë!" Pejgamberi s.a.v.s. ka thënë: *"Mos i shaj ethet, sepse ato vërtet i heqin mëkatet e bijve të Ademit siç rrësheku i farkëtarit ndryshkun e hekurit."*

(Transmeton Muslimi)

PËR NDALIMIN E SHARJES SË ERËS DHE Ç'DUHET THËNË KUR FRYN AJO

Hadithi 1737

Nga Ebu Hurejra r.a. transmetohet se ka thënë: "E kam dëgjuar të Dërguarin e All-llahut s.a.v.s. duke thënë: *"Era është freski (dhuratë) e All-llahut dhe vjen si mëshirë ose si dënim. Kur ta shihni atë, mos e shani (qortoni), por luteni All-llahun që era t'ju sjellë të mira dhe kërkoni mbrojtje tek All-llahu nga e keqja e saj."*

(Ebu Davudi me sened sahih)

PËR NDALIMIN E EMËRTIMIT TË NJË MUSLIMANI "O I PAFE" (O KAFIR)

Hadithi 1741

Nga Ibni Umeri r. anhuma transmetohet të ketë thënë: "I Dër-guari i All-llahut s.a.v.s. ka thënë: *"Kur një njeri i thotë vëllait të tij (musliman): "O i pafe (kafir)", atëherë njëri prej atyre të dyve është i përshtatshëm për të. Nëse ai është siç i ka thënë, atëherë është në rregull, por nëse ai nuk është si është emërtuar, atëherë fjala i kthehet atij."*

(Muttefekun alejhi)

QORTIMI I TË FOLURIT ME ZË TË THELLË, I SHTREMBËRIMIT TË GOJËS, I TË FOLURIT ME GRAMATIKË PA E NJOHUR ATË, I PËRDORIMIT TË FJALËVE TË RRALLA DHE IMTËSITË E ZGJEDHIMIT GJATË DREJTIMIT MASËS SË GJERË E TË GJASHME

Hadithi 1745

Nga Ibni Mes'udi r.a. transmetohet se Pejgamberi s.a.v.s. ka thënë: *"Janë të humbur kritikët ekstremë, kapriciozë."* Këto fjalë i ka përsëritur tri herë.

(Transmeton Muslimi)

Fjala *"El-Mutenetti'ûne"* dmth. ata që janë kapriçiozë, kritikë të rrepta.

Hadithi 1746

Nga Abdull-llah b. Amr b. el-Asi r. anhuma transmetohet se i Dërguari i All-llahut s.a.v.s. ka thënë: *"Vërtet All-llahu e urren atë që, kur flet, e nxjerr gjuhën si lopa (kur e pështjell barin)."*

(Ebu Davudi dhe Tirmidhiu, i cili thotë se ky është hadith hasen)

QORTIMI I EMËRTIMIT TË RRUSHIT ME TERMIN "KERM" (VRESHTË)

Hadithi 1750

Nga Vail b. Huxhri r.a. transmetohet se Pejgamberi s.a.v.s. ka thënë: *"Mos (i) thoni "el-kermu" (vreshtë), por thoni: "el-inebu" dhe "el-habeletu" (rrush, hardhi rrushi, dru rrushi)."*

(Transmeton Muslimi)

PËR NDALIMIN E PËRSHKRIMIT TË BUKURISË SË NJË FEMRE DIKUJT PËRVEÇ PËR QËLLIME TË SHERIATIT, SI PËR KURORËZIM E TË NGJASHME

Hadithi 1751

Nga Ibni Mes'udi r.a. transmetohet të ketë thënë: *"I Dërguari i All-llahut s.a.v.s. ka thënë: "Assesi mos t'ia përshkruajë gruaja burrit të saj gruan tjetër, hollësisht, sikur ai ta shohë atë."*

(Muttefekun alejhi)

QORTIMI I KRAHASIMIT TË SHPREHJES "Ç'DO ALL-LLAHU" DHE "Ç'DO FILANI"

Hadithi 1754

Nga Hudhejfete b. Jemani r.a. transmetohet se Pejgamberi s.a.v.s. ka thënë: *"Mos thoni: 'Sa e dëshiron All-llahu dhe sa e dëshiron filani',"por thoni:'Sa e dëshiron All-llahu e pastaj e dëshiron filani'."*

(Ebu Davudi, me sened sahih)

QORTIMI I BISEDËS (SË KOTË) PAS JACISË SË FUNDIT

Bisedat jashtë kohës së jacisë mund të jenë të preferueshme, por pas jacisë janë të ndaluara dhe të qortueshme e po aq sa Hadithi ka të bëjë me bisedat e kota. Sa i përket bisedës për të mirë, sikur biseda për dituri, historiku për personat e devotshëm, për vlerat morale, biseda me musafirët dhe me ata që kanë nevojë; bisedat e këtilla nuk janë të qortueshme, por të preferueshme. As biseda për nevojë (uzr) nuk është e qortueshme, nëse është pozitive. Për këtë temë ekzistojnë shumë hadithe, disa i kemi theksuar e disa po i theksojmë.

Hadithi 1757

Nga Enesi r.a. transmetohet se as'hhabët e kanë pritur Pejgamberin s.a.v.s. për namazin e jacisë, e ai erdhi afër gjysmës së natës, e fali jacinë me as'habët dhe i këshilloi, e pastaj ka thënë: *"Kini kujdes, vërtet të tjerët janë falur e pastaj kanë fjetur, kurse ju vazhdimisht keni qenë në namaz, derisa e keni pritur namazin."*

(Transmeton Buhariu)

MBI NDALIMIN E LËSHIMIT TË SHTRATIT TË BURRIT NGA ANA E GRUAS SË TIJ, PËRVEÇ PËR SHKAQE TË ARSYESHME TË SHERIATIT

Hadithi 1758

Nga Ebu Hurejra r.a. transmetohet se ka thënë: "I Dërguari i All-llahut s.a.v.s. ka thënë: *"Kur burri e thërret gruan e vet në shtratin e tij dhe ajo refuzon të shkojë, nëse ai flen i hidhëruar në të, engjëjt e mallkojnë atë tërë natën deri në agim."*

(Muttefekun alejhi)

Në një transmetim tjetër thuhet: *"(Engjëjt do ta mallkojnë) Derisa ajo të kthehet në shtratin e tij."*

QORTIMI I VËNIES SË DUARVE NË BREZ (IJE) GJATË NAMAZIT

Hadithi 1761

Nga Ebu Hurejra r.a. transmetohet se i Dërguari i All-llahut s.a.v.s. e ka ndaluar vënien e duarve në brez anash (mbi kërdhokulla) gjatë namazit.

(Muttefekun alejhi)

QORTIMI I FALJES SË NAMAZIT I URITUR DUKE QENË USHQIMI I GATSHËM DHE I FALJES SË NAMAZIT DUKE DURUAR NEVOJËN E VOGËL DHE TË MADHE

Hadithi 1762

Nga Aishja r.a. transmetohet se ka thënë: "E kam dëgjuar të Dërguarin e All-llahut s.a.v.s. duke thënë. *"Nuk është e prefe-rueshme të falet namazi para ushqimit të shtruar (që sofra të presë), as nuk është e preferueshme të falet namazi duke duruar nevojën e madhe dhe të vogël."*

(Transmeton Muslimi)

QORTIMI I SHIKIMIT RRETH E RROTULL GJATË NAMAZIT

Hadithi 1765

Nga Enesi r.a. transmetohet se ka thënë: "I Dërguari i All-llahut s.a.v.s. ka thënë: *"Ruhu nga shikimi rreth e rrotull në na-maz, sepse shikimi rreth e rrotull në namaz ëshë shkatërrim (i na-mazit). Nëse shikimi rreth e rrotull është i domosdoshëm, atëherë le të bëhet në (namaze) nafile, kurse në (namaze) farze kurrsesi."*

(Tirmidhiu, i cili thotë se ky është hadith hasen sahih)

QORTIMI I DALLIMIT TË DITËS SË XHUMASË ME AGJËRIM APO I NATËS SË SAJ ME NAMAZ

Hadithi 1769

Nga Ebu Hurejra r.a. transmetohet se Pejgamberi s.a.v.s. ka thënë: *"Mos e dalloni natën e xhumasë me namaz prej netëve të tjera dhe mos e dalloni ditën e xhumasë me agjërim prej ditëve të tjera, përveç me agjërim edhe gjatë ditëve të tjera të cilat i agjërojnë disa nga ju."*

(Transmeton Muslimi)

Hadithi 1770

Nga Ebu Hurejra r.a. transmetohet të ketë thënë: "E kam dë-gjuar të Dërguarin e All-llahut s.a.v.s. duke thënë: *"Askush nga ju mos ta agjërojë ditën e xhumasë e të mos ia shtojë një ditë para dhe një ditë prapa."*

(Muttefekun alejhi)

Hadithi 1771

Nga Muhammed b. Abbadi transmetohet të ketë thënë: "E kam pyetur Xhabirin r.a.: "A e ka ndaluar Pejgamberi s.a.v.s. agjërimin ditën e xhuma?" (Xhabiri ka thënë:) "Po!"

(Muttefekun alejhi)

PËR NDALIMIN E AGJËRIMIT TË VAZHDUESHËM (LIDHUR) D.M.TH. AGJËRIMI DYDITOR APO MË SHUMË, PA NGRËNË DHE PA PIRË NDËRMJET TYRE

Hadithi 1773

Nga Ebu Hurejrate dhe nga Aishja r. anhuma transmetohet se Pejgamberi s.a.v.s. e ka ndaluar agjërimin e lidhur (shumëditor – sawmu-l-wisal).

(Muttefekun alejhi)

PËR NDALIMIN E RREPTË TË IKJES SË ROBIT NGA ZOTËRIU I TIJ

Hadithi 1777

Nga Xheriri r.a. transmetohet se ka thënë: "I Dërguari i All-lla-hut s.a.v.s. ka thënë: *"Robi që ikën nga zotëriu i tij është liruar nga siguria dhe strehimi (i zotëriut të tij)."*

(Transmeton Muslimi)

Hadithi 1778

Nga Xheriri r.a. transmetohet se Pejgamberi s.a.v.s. ka thënë: *"Kur një rob ikën (nga zotëriu i tij), nga ai nuk pranohet namazi."*

(Transmeton Muslimi)

Në një transmetim tjetër thuhet: *"Ai tashmë është bërë i pafe (kafir)."*

All-llahu i Madhëruar thotë:

*"Laviren dhe lavirin, çdonjërin, rriheni me njëqind të
rëna me kamxhik dhe le të mos ju preokupojë sentimen-
talizmi duke e zbatuar fenë e All-llahut, nëse i besoni All-
llahut dhe botës tjetër."*

(en-Nûr, 2)

Hadithi 1779

Nga Aishja r.a. transmetohet se Kurejshitët janë mërzitur kur
një femër nga Mahzunijjët ka vjedhur diçka dhe kanë thënë: "Kush
do t'i flasë për të të Dërguarit të All-llahut s.a.v.s.?" Të tjerët kanë
thënë: "Kush tjetër përveç Usame b. Zejdit, mik i ngushtë i të Dër-
guarit të All-llahut s.a.v.s.?" Usameja foli për të, kurse i Dërguari i
All-llahut s.a.v.s. ka thënë. *"Ti po ndërmjetëson në një prej dispo-
zitave (dënimeve) të All-llahut të Madhëruar?"* Pastaj ëshë ngritur,
ka këshilluar e pastaj ka thënë: *"Vërtet ata para jush janë shkatë-
rruar për shkak se kur një njeri me autoritet ka vjedhur nuk është
dënuar, ndërsa kur ka vjedhur një njeri i dobët, ata e dënonin
rreptë. Betohem në All-llahun, sikur Fatimja, e bija e Muhammedit
s.a.v.s. të vidhte diçka, do t'ia preja dorën."*

(Muttefekun alejhi)

Një një transmetim tjetër thuhet:

"Fytyra e të Dërguarit të All-llahut s.a.v.s. e pat ndërruar
ngjyrën e atëherë ka thënë: *"Ti po ndërmjetëson në një dis-
pozitë prej dënimeve të All-llahut, ë?"* Usameja ka thënë: "Lutu
për falje ndaj meje, o i Dërguari i All-llahut!" Transmetuesi ka
thënë: "Pastaj (Pejgamberi s.a.v.s.) ka urdhëruar që femrës t'i
prihet dora dhe iu pre."

QORTIMI I PRIVILEGJIMIT ME DHURATA TË NJË FËMIJE NDAJ FËMIJËVE TË TJERË

Hadithi 1782

Nga Nu'man b. Beshiri r. anhuma transmetohet se babai i tij ka shkuar teK i Dërguari i All-llahut s.a.v.s. dhe i ka thënë: "Vërtet unë e kam dalluar veçan këtë birin tim, djaloshin (me një rob)." I Dërguari i All-llahut s.a.v.s. ka thënë: *"A e ke dalluar (me dhuratë) veçan çdo fëmijë tëndin, siç ke bërë me këtë?"* Babai im u përgjigj. "Jo!" Atëherë i Dërguari i All-llahut s.a.v.s. ka thënë: *"Ktheje atë (dhuratën) nga ai!"*

Në një transmetim thuhet: I Dërguari i All-llahut ka thënë: *"O Beshir, a ke vepruar kështu edhe me fëmijët e tjerë?"* Përgjigjet: *"Jo!"* Pejgamberi s.a.v.s. ka thënë. *"Frikësojuni All-llahut dhe bëhuni të drejtë ndaj fëmijëve tuaj!"* Babai im e ktheu dhuratën që ma pat dhënë, pasi u kthye në shtëpi."

Në një transmetim thuhet: "I Dërguari i All-llahut ka thënë: *"O Beshir, a ke ti fëmijë të tjerë përveç këtij?"* U përgjigj: "Po!" I Dërguari i All-llahut ka thënë: *"A i ke dhuruar ti çdo fëmijes ngjashëm me këtë?"* (Beshiri) përgjigjet: "Jo!" Atëherë Pejgamberi i ka thënë: *"Atëherë mos më merr mua për dëshmitar, sepse unë nuk do të dëshmoj për të padrejtën (dhunën)."*

Në një transmetim thuhet: *"Mos më merr mua për dëshmitar në të padrejtë!"*

Në një transmetim thuhet: *"Për dëshmitar merr dikë tjetër përveç meje!"* Pastaj ka thënë: *"A të gëzon ty që të gjithë fëmijët e tu të jenë të barabartë në mirësi?"* Beshiri ka thënë se: Pejgamberi s.a.v.s. ka thënë: *"Kur është ashtu (unë nuk do të jem dëshmitar për ty)!"*

(Muttefekun alejhi)

PËR NDALIMIN E HEQJES SË STOLIVE DHE PARFUMOJSJES MBI TRI DITË PËR NJË TË VDEKUR, PËRVEÇ PËR BASHKËSHORTIN KATËR MUAJ E DHJETË DITË

Hadithi 1783

Nga Zejneb bint Ebu Selemete r. anhuma transmetohet se ka thënë: "Kam hyrë tek Ummi Habibeja r. anhuma, bashkëshortja e Pejgamberit s.a.v.s., kur ka vdekur babai i saj Ebu Sufjan b. Harbi r.a. Ajo kërkoi që robëresha t'i sjellë parfum, në të cilin kishte shafran apo diçka tjetër, e parfumosi me te robëreshën, e pastaj i fërkoi dy faqet e saj dhe pastaj ka thënë: "Për All-llahun, nuk po më nevojitet parfumi, por e kam dëgjuar të Dërguarin e All-llahut s.a.v.s. që nga minberi thotë: *"Nuk është e lejuar për një femër, që e beson All-llahun dhe Ditën e Gjykimit, të braktisë stolisjen më shumë se tri netë për një të vdekur, përveç për bashkëshortin katër muaj e dhjetë ditë."* Zejnebi më tej thotë: "Pastaj kam hyrë te Zejnebja, e bija e Xhahshit r. anha, kur i vdiq i vëllai, e edhe ajo e kërkoi përfumin dhe me të u fërkua, e pastaj më tha: "Për All-llahun, mua nuk më nevojitet parfumi, por e kam dëgjuar të Dërguarin e All-llahut s.a.v.s. duke thënë në minber: *"Nuk është e lejuar për një femër, që e beson All-llahun dhe Ditën e Gjykimit, ta braktisë stolisjen më shumë se tri ditë, përveç për bashkë-shortin e vet katër muaj e dhjetë ditë."*

(Muttefekun alejhi)

PËR NDALIMIN E SHITJES (SË MALLIT) NGA VENDASI BEDUINIT (TË HUAJIT), NDALIMIN E PRERJES SË RRUGËS ATYRE QË SJELLIN MALL (PARA SE TË NJOFTOHEN ME ÇMIMIN E TREGUT), PËR NDALIMIN E NDËRHYRJES NË SHITBLERJE TJETRIT, NDALIMIN E NDËRHYRJES NË FEJESË, PËRVEÇ NËSE E LEJON OSE E KTHEN

Hadithi 1784

Nga Enesi r.a. transmetohet të ketë thënë: "I Dërguari i All-llahut s.a.v.s. e ka ndaluar që vendasi t'i shesë diçka të huajit, qoftë edhe nëse i huaji është vëlla i tij edhe nga babai dhe nga nëna."

(Muttefekun alejhi)

Hadithi 1785

Nga Ibni Umeri r. anhuma transmetohet se i Dërguari i All-llahut s.a.v.s. ka thënë: *"Mos i ndërhyni robit (që të shtyheni ta bleni të njëjtën gjë) derisa nuk e sjell dhe e shtron në treg."*

(Muttefekun alejhi)

Hadithi 1786

Nga Ibni Abbasi r. anhuma transmetohet se ka thënë: "I Dërguari i All-llahut s.a.v.s. ka thënë: *"Mos ia preni rrugën kalorësit dhe vendasi mos t'ua shesë mallin të huajve."* Tavusi i ka thënë atij: "Përse vendasi mos t'i shesë të huajit?" Ai ka thënë: *"Sepse i huaji nuk ka ndërmjetës (të njofshëm) që do t'ia garantojë pagesën me rregull."*

(Muttefekun alejhi)

PËR NDALIMIN E SHPENZIMIT TË PASURISË JASHTË QËLLIMEVE TË LEJUARA ME SHERIAT

Hadithi 1790

Nga Ebu Hurejra r.a. transmetohet të ketë thënë: "I Dërguari i All-llahut s.a.v.s. ka thënë: *"All-llahu i Madhëruar te ju pëlqen tri gjëra, por urren tri gjëra. Te ju pëlqen: ta adhuroni Atë, mos t'i bëni shok Atij dhe të mbaheni fuqishëm për litarin e All-llahut të gjithë dhe mos u ndani. Te ju urren: thashethemet, shumë pyetje dhe shpenzimin e tepruar të pasurisë."*

(Transmeton Muslimi)

QORTIMI I REFUZIMIT TË AROMËS PA ARSYE

Hadithi 1795

Nga Ebu Hurejra r.a. transmetohet i Dërguari i All-llahut s.a.v.s. ka thënë: *"Kujt i ofrohet aroma, mos ta refuzojë, sepse aroma është e lehtë të bartet dhe ka aromë të mirë."*

(Transmeton Muslimi)

QORTIMI I LAVDIMIT PARA SYVE TË DIKUJT, PËR TË CILIN EKZISTON RREZIKU NGA PRISHJA PREJ VETËKËNAQËSISË, NË TË KUNDËRTËN ËSHTË I LEJUAR

Hadithi 1797

Nga Ebu Musa r.a. transmetohet se ka thënë: "Pejgamberi s.a.v.s. e ka dëgjuar në njeri duke lëvduar dikë para syve, e Pejgamberi s.a.v.s. ka thënë: *"E shkatërruat, apo ia thyet shpinën njeriut."*

(Muttefekun alejhi)

Hadithi 1798

Nga Ebu Bekrete r.a. transmetohet se një njeri është përmendur tek i Dërguari i All-llahut s.a.v.s. dhe një njeri e lëvdoi se është i mirë. Pejgamberi s.a.v.s. ka thënë: *"Mjerë ti, ia ke thyer qafën shokut tënd."* Këtë e ka thënë disa herë. *"Nëse dikë është e domosdoshme ta lëvdoni, atëherë ai që lëvdon, le të thotë: Konsideroj se është kësi e kësi, nëse e sheh se ai është i këtillë, kurse All-llahu është njohës i tij. Ai që lavdon dikë të mos flasë, se në raport me All-llahun është i pastër."*

(Muttefekun alejhi)

QORTIMI I IKJES NGA VENDI KU ËSHTË PARAQITUR MURTAJA DHE QORTIMI I LARGIMIT NGA VENDI I KËTILLË

All-llahut i Madhëruar thotë:

"Kudo që të jeni, vdekja do t'ju arrijë, qoftë edhe në kulla të larta të fortifikuara."

(en-Nisa, 78)

"Vetveten mos e çoni në shkatërrim."

(el-Bekare, 195)

Hadithi 1800

Nga Ibni Abbasi r. anhuma transmetohet se Umeri r.a. ka shkuar në Sham (Damask). Kurse kur ishte në Serga në Siri, e takuan atë komandantët ushtarakë Ebu Ubejde b. Xherrahu dhe shoqëria e tij dhe e njoftuan se në Sham dominon murtaja. Ibni Abbasi ka thënë: "Më ka thënë mua Umeri: "M'i thirr muhaxhirët e parë." Pasi i thirra, ai ka mbajtur me ata një kuvendim (mushavera) dhe u ka thënë se në Sham mbretëron murtaja dhe këtu u ndanë në mendime. Disa thanë: "Ti je nisur për shkak të një gjëje dhe ne nuk shohim arsye të kthehesh nga rruga." Të tjerët thanë: Me ty ka shumë njerëz dhe shokë të të Dërguarit të All-llahut dhe ne nuk shohim arsye të shkosh atje ku mbretëron murtaja." Umeri r.a. ka thënë: "Më lëni tani!" e pastaj ka thënë: "M'i thirr ensaritë!" Pasi i thirra, edhe me ta ka mbajtur kuvendim dhe edhe ata vepruan si muhaxhirët e u ndanë në mendime siç vepruan edhe muhaxhirët. Umeri r.a. ka thënë: "Më lëni tani!" e pastaj ka thënë: "M'i thirr të gjithë njerëzit e vjetër nga Kurejshitët që janë këtu nga muhaxhirët e fet'hit." Unë i kam thirrur, kurse as dy prej tyre nuk u ndanë në mendime. Të gjithë kanë thënë: "Konsiderojmë që të kthehesh me njerëzit dhe mos t'i çosh në murtajë." Atëherë Umeri r.a. u komunikoi njerëzve: "Këtu kam gdhirë dhe këtu do të mbesim." Ebu Ubejde b. Xherrahu r.a. ka thënë: "Vallë, të ikje nga kaderi (caktimi) i All-llahut?" Umeri r.a. ka thënë: "Sikur këtë ta kishte thënë tjetërkush përveç teje, o Ebu Ubejd!" Umeri r.a. nuk dëshironte që dikush t'i kundërvihej. Ai ka thënë: "Po, ne po ikim nga kaderi i All-llahut në kaderin e All-llahut. Ç'mendon ti, sikur të kishe deve dhe ajo të gjendej në një rrafshinë me dy anë. Njëra anë prej tyre është me bar, kurse tjetra pa bar. A thua ti, nëse do të ruaje anën e frytshme, këtë nuk do të ruaje sipas kaderit të All-llahut, e nëse do ta ruaje anën jo të frytshme, vallë, këtë nuk do të ruaje sipas kaderit të All-llahut? Ibni Abbasi ka thënë: "Erdhi Abdurrahman b. Aufi r.a., i cili qe jo i pranishëm për një punë të tij dhe tha: "Vërtet, unë kam dije për këtë: E kam dëgjuar të Dërguarin e All-llahut s.a.v.s. duke thënë: *"Kur të dëgjoni për murtajën në një vend, atëherë mos shkoni atje, e nëse gjendeni në një vend ku mbretëron murtaja, atëherë mos dilni nga ai për të ikur."* Umeri r.a. e falënderoi All-llahun dhe u kthye."

(Muttefekun alejhi)

Hadithi 1801

Nga Usame r.a. transmetohet se Pejgamberi s.a.v.s. ka thënë: *"Kur të dëgjoni se në një vend është paraqitur murtaja, mos shkoni atje! E nëse paraqitet në vendin ku gjendeni, atëherë mos dilni nga ai vend!"*

(Muttefekun alejhi)

NDALIMI I PËRDORIMIT TË ENËS SË ARIT DHE TË ARGJENDIT PËR USHQIM, PËR PIJE, PËR PASTRIM DHE NEVOJA E PËRDORIME TË TJERA

Hadithi 1804

Nga Ummi Selemete r. anha transmetohet se i Dërguari i All-llahut s.a.v.s. ka thënë: *"Ai që shërbehet me enë të argjendtë gjatë pirjes, ai në barkun e tij derdh zjarrin e Xhehenemit."*

(Muttefekun alejhi)

Sipas transmetimit të Muslimit thuhet: *"Ai që ha dhe pi nga ena e argjendit dhe e arit."*

Hadithi 1805

Nga Hudhejfe r.a. transmetohet të ketë thënë: "Vërtet Pejga-mberi s.a.v.s. na ka ndaluar veshjen e mëndafshtë dhe prej kadife-së dhe pirjen nga ena e artë dhe e argjendtë." Ai ka thënë: *"Këto gjëra janë për ta në këtë botë kurse tuajat janë në botën tjetër."*

(Muttefekun alejhi)

Sipas transmetimit në të dy Sahihajnët, Ebu Hurejra r.a. ka thënë: *"E kam dëgjuar të Dërguarin e All-llahut s.a.v.s. duke thënë: "Mos i vishni rrobat e mëndafshta dhe prej kadifesë, as mos pini nga enët e argjendta dhe të arta, as mos hani me enët e argjendit dhe të arit."*

NDALIMI I VESHJES SË NJERËZVE ME VESHJE NGJYRË SHAFRANI

Hadithi 1807

Nga Enesi r.a. transmetohet të ketë thënë: "Pejgamberi s.a.v.s. e ka ndaluar që meshkujt t'i ngjyrosin rrobat me ngjyrë shafra-ni."

(Muttefekun alejhi)

Hadithi 1808

Nga Abdull-llah b. Amr b. el-Asi r. anhuma transmetohet se ka thënë: "Pejgamberi s.a.v.s. ka parë tek unë dy rroba me ngjyrë shafrani dhe më tha: *"Nëna jote të ka urdhëruar kështu?"* Unë u përgjigja: "Do t'i pastroj." Ai ka thënë: *"Madje, digji!"*

Në një transmetim ka thënë: *"Vërtet këto janë prej rroba-ve të të pafeve, prandaj mos i vish."*

(Transmeton Muslimi)

NDALIMI I POHIMIT TË NJERIUT SE BABA E KA DIKË TJETËR PËRVEÇ BABAIT TË TIJ DHE NDALIMI I PRANIMIT PËR SUNDUES DIKË TJETËR PËRVEÇ SUNDUESIT TË VËRTETË

Hadithi 1813

Nga Jezid b. Sherik b. Tariku transmetohet të ketë thënë: "E kam parë në minber Aliun r.a. duke mbajtur hutbe dhe e kam dë-gjuar duke thënë: "Jo, për All-llahun, ne nuk kemi libër tjetër të cilin e lexojmë përveç Librit të All-llahut. Ndërsa lidhur me këtë sahife (shkresë), dhe e shpalosi, eshtra deveje dhe magji tjera të ndryshme, - i Dërguari i All-llahut ka thënë: *"Medina është e ndalu-ar prej Ajrit deri te Theuri (vende në Medine). Kush fut një risi në Medine ose sjell një risimtar, mbi të do të jetë mallkimi i All-llahut, i engjëjve dhe i mbarë njerëzve. Ditën e Gjykimit All-llahu nga ai nuk do ta pranojë as farzin as nafilen (as të obliguarat as vullnetaret); siguria e muslimanëve ndaj të pafeve është një, c cila i përfshin të gjithë. Kush ia kthen shpinën muslimanit, mbi të do të jetë mallkimi i All-llahut, i engjëjve dhe i të gjithë njerëzve. Ditën e Gjykimit All-llahu nga ai nuk do ta pranojë as punën as drejtësinë (as të obliguarat, as vullnetaret)."*

(Muttefekun alejhi)

432

Hadithi 1814

Nga Ebu Dherri r.a. transmetohet se e ka dëgjuar të Dërguarin e All-llahut duke thënë: *"Njeriut që me vetëdije pranon paterni-tetin e njeriut tjetër jashtë babait të tij, i mbetet vetëm mosbesi-mi; kush pohon diçka që në të vërtetë nuk është e tij, ai nuk është prej nesh dhe le të përgatitet për qëndrim në zjarr."* *"Kush e thërret një njeri për të pafe (kafir), apo i thotë se është armik i All-llahut, por nuk është kështu, nuk i mbetet tjetër vetëm se të befasohet (t'i kthehet atij që e ka thënë)."*

(Muttefekun alejhi)
(Ky citat është sipas Muslimit)

Hadithi 1818

Nga Rib'ij b. Hirashi transmetohet të ketë thënë: "Kam shkuar me Ebu Mes'ud el-Ensariun deri te Hudhejfete b. Jemani r. anhum, dhe Ebu Mes'udi i tha atij: "Më trego ç'ke dëgjuar prej të Dërguarit të All-llahut s.a.v.s. për Dexhalin?" (Hudhejfete) ka thënë: "Vërtet Dexhali do të dalë dhe vërtet me të do të ketë një ujë dhe një zjarr. Sa i përket atij që njerëzit e konsiderojnë ujë, është zjarri i cili digjet; sa i përket atij që njerëzit i konsideron zjarr, është uji i ftohtë i pijshëm. Kush nga ju e pret (atë kohë), le të përcaktohet për atë që njerëzit i konsiderojnë zjarr, sepse ai do të jetë ujë i ëmbël, i ftohtë, i pijshëm." Ibni Mes'udi ka thënë: "Edhe unë e kam dëgjuar këtë."

(Muttefekun alejhi)

Hadithi 1823

Nga Imran b. Husajni r. anhuma transmetohet se ka thënë: "E kam dëgjuar të Dërguarin e All-llahut s.a.v.s. duke thënë: *"Ndër-mjet krijimit të Ademit s.a.v.s. dhe ditës së shkatërrimit të kësaj bote nuk ka fatkeqësi më të madhe se Dexhxhali."*

(Transmeton Muslimi)

Hadithi 1828

Nga Ibni Umeri r. anhuma transmetohet se i Dërguari i All-llahut s.a.v.s. e ka përmendur Dexhxhalin para njerëzve dhe ka thënë: *"Vërtet All-llahu nuk është i verbër. Kujdes, Mesih-ud-Dexh-xhalli (antikrishti) është i verbër në syrin e djathtë. Syri i tij është si kokrra e rrushit e ngrirë si copë akulli (i verbër)."*

(Muttefekun alejhi)

Hadithi 1832

Nga Ebu Hurejra r.a. transmetohet se ka thënë: "E kam dëgjuar të Dërguarin e All-llahut s.a.v.s. duke thënë: *"Medinen njerë-zit do ta lënë në të mirë, pasi ate nuk do ta sulmojnë dhe rrethojnë përveç se shpezët dhe egërsirat. Të fundit të cilët do të tubohen në Medine do të jenë dy bari nga Muzejna, të cilët do të dëshirojnë të hyjnë në Medine. Ata do të bërtasin duke kalëruar kafshët e tyre dhe do të sulmohen nga egërsirat. Kur të arrijnë deri te Thenijjet-ul-Ueda do të bien në fytyrat e tyre (do të vdesin)."*

(Muttefekun alejhi)

Hadithi 1843

Nga Ebu Hurejra r.a. transmetohet se Pejgamberi s.a.v.s. ka thënë: *"Besimtari nuk do të lejojë të kafshohet nga një vrimë dy herë."*

(Muttefekun alejhi)

Hadithi 1846

Nga Ebu Hurejra r.a. transmetohet të ketë thënë: "Derisa Pejgamberi s.a.v.s. ishte i ulur në një ndeje me njerëzit, erdhi një beduin dhe i ka thënë: "Kur do të jetë çasti i fundit (es-sä'at)?" I Dërguari i All-llahut s.a.v.s. vazhdoi të flasë dhe nuk ia vuri veshin pyetjes. Disa njerëz thanë: "E ka dëgjuar ç'ka thënë, por e ka qortuar ç'ka thënë ai." Disa njerëz të tjerë thanë: "As nuk e ka dëgjuar." Kur e mbaroi fjalimin e tij tha: *"Ku është ai që pyeti për çastin e fundit?"* Beduini ka thënë: "Ja ku jam, o i Dërguari i All-llahut!" Ai ka thënë: *"Kur të keqpërdoret amaneti, prite çastin e fundit!"* Beduini vazhdoi: "Si keqpërdoret emaneti?" Ka thënë: *"Kur çështjet me rëndësi t'u besohen atyre që nuk janë kompetentë, pritni çastin e fundit."*

(Transmeton Buhariu)

Hadithi 1847

Nga Ebu Hurejra r.a. transmetohet se i Dërguari i All-llahut s.a.v.s. ka thënë: *"Ata që ju udhëheqin në namaz, nëse falen në mënyrë korrekte, atëherë është për të mirën tuaj, e nëse gabojnë, atëherë sërish është për të mirën tuaj, por në dëmin e tyre."*

(Transmeton Buhariu)

Hadithi 1863

Nga Ebu Hurejra r.a. transmetohet të ketë thënë: "Më ka marrë për dore i Dërguari i All-llahut s.a.v.s. dhe ka thënë: *"All-llahu e ka krijuar tokën të shtunën, kurse malet në të i ka krijuar të dielën, drurin e ka krijuar të hënën, e qortimin (mekruhin) e ka krijuar të martën, dritën e ka krijuar të mërkurën, kurse të enjten i ka shpërndarë kafshët, e Ademin a.s. e krijoi pas ikindisë ditën e premte në fund të krijimit."*

(Transmeton Muslimi)

Hadithi 1864

Nga Ebu Sulejman Halid b. Velidi r.a. transmetohet se ka thënë: "Në dorën time janë thyer nëntë shpata ditën e betejës në Mu'ti. Në dorën time nuk ka mundur të mbesë shpatë tjetër, përveç shpatës së gjerë të Jemenit."

(Transmeton Buhariu)

Hadithi 1868

Nga Auf b. Malik b. Tufejl transmetohet se Aishes r. anha i kanë thënë se Abdull-llah b. Zubejri r. anhuma ka thënë për një shitje ose dhuratë që ia pati dhënë Aishja r. anha: "Për All-llahun, ose Aishja r. anha do ta ndërpresë këtë, ose unë sigurisht nuk do t'i flas, do ta shkëpus lidhjen me të." Kur këtë e dëgjoi Aishja, ka thënë: "A e ka thënë këtë ai?" Të pranishmit kanë thënë: "Po!" Ajo ka thënë: "Ky është zotimi im se nuk do të flas kurrë me Ibni Zubejrin!" Ibni Zubejri i ka dërguar emisarët e vet për ndërmjetësim tek Aishja r. anha, pasi ndërprerja u zgjat. Ajo ka thënë: "Jo, për All-llahun, nuk do ta pranoj ndërmjetësimin kurrë, as që do ta thyej zotimin tim." Pasi kjo u zgjat, Ibni Zubejri u foli Misver b. Mahreme dhe Abdurrahman b. Esved b. Abdi Jeguthit dhe u tha: "Ju betohem në All-llahun që të më çoni deri tek Aishja r. anha, sepse nuk e ka patur të lejuar të zotohet për shkëputjen totale me mua!" Shkuan Misveri dhe Abdurrahmani dhe kërkuan leje të hyjnë dhe thanë: "Es-selamu alejki ue rahmetullahi ue berekatuhu, a mund të hyjmë?" Aishja ka thënë: "Hyni!" Ata kanë thënë: "Të gjithë ne?" Aishja ka thënë: "Po, hyni të gjithë ju!" Ajo nuk e ka ditur se me ta është Ibni Zubejri. Pasi hynë, Ibni Zubejri hyri pas perdes, e përqa-foi dhe filloi ta lusë dhe të qajë. Misveri dhe Abdurrahmani po ashtu e lutën, ndërsa ajo nuk foli me Ibni Zubejrin dhe nuk e pranoi atë. Ata kanë thënë se vërtet Pejgamberi s.a.v.s. e ka ndaluar që po vepron ti me refuzimin e shkëputjes. Për muslimanin nuk lejohet t'i ndërprejë lidhjet me vëllanë e tij më shumë se tri netë. Pasi ata theksuan dhe përmendën këtë gjë, ajo i ndërpreu përmendjet e tyre dhe qau duke thënë: "Unë jam zotuar, kurse zotimi është çështje e rëndë". Ata vazhdimisht, këmbëngulnin derisa ajo i foli Ibni Zubejrit. Pastaj ajo liroi 40 robër për shkak të zotimit të saj. Më vonë, kur përmendej zotimi i saj, ajo qante aq shumë, sa lotët lagnin mbulesën e saj."

(Transmeton Buhariu)

All-llahu i Madhëruar thotë:

"Kërko falje për mëkatet e tua."

(Muhammed, 19)

"Dhe kërko falje nga All-llahu! All-llahu njëmend është shumë i mëshirshëm dhe fal!"

(en-Nisa, 106)

"Ti madhëroje Zotin tënd me lëvdatat dhe kërko falje nga Ai! Ai me të vërtetë e pranon pendimin!"

(en-Nasr, 3)

"Thuaj: "A t'ju tregoj çka është më mirë se ato? Ata të cilët janë të devotshëm kanë te Zoti i tyre Xhenete, ku do të rrjedhin lumenj, e aty do të mbesin përgjithmonë, edhe bashkëshorte të pastra dhe kënaqësinë e All-llahut. All-llahu i sheh mirë shumë robërit e vet. Ata të cilët thonë: "O Zoti ynë, ne me të vërtetë besojmë, prandaj na fal mëkatet tona dhe mbrona prej dënimit me zjarr!" Të durueshmit dhe të sinqertit, edhe të dëgjueshmit, edhe ata që japin lëmoshë me të cilët kërkojnë falje në orët e vona të natës."

(Ali Imran, 15-16-17)

"Ai i cili bën ndonjë të keqe ose bën mëkat ndaj vetes e pastaj lut All-llahun që t'ia falë - do të bindet se All-llahu fal dhe është i mëshirshëm."

(en-Nisa, 110)

"All-llahu ata nuk i dënonte, sepse ishe ti në mesin e tyre, dhe ata All-llahu nuk i dënon derisa luten për falje."

(el-Enfal, 33)

"Edhe ata, të cilët kur bëjnë paudhësi, ose bëjnë gabim ndaj vetvetes, e kujtojnë All-llahun dhe kërkojnë falje për mëkatet e tyre - kush i fal mëkatet përveç All-llahut? - dhe të cilët vazhdojnë në atë çka kanë bërë (të gabojnë) me vetëdije."

(Ali Imran, 135)

Ajetet për këtë kapitull janë të shumta dhe të njohura.

Hadithi 1878

Nga Egarr el-Muzennij r.a. transmetohet se i Dërguari i All-llahut s.a.v.s. ka thënë: *"Vërtet më vjen në zemrën time mendimi dhe dëshira që çdo ditë nga njëqind herë t'i lutem All-llahut për falje."*

(Transmeton Muslimi)

Hadithi 1879

Nga Ebu Hurejra r.a. transmetohet të ketë thënë: "E kam dë-gjuar të Dërguarin e All-llahut s.a.v.s. duke thënë: *"Për All-llahun, unë çdo ditë i drejtohem All-llahut për falje dhe për pendim më shumë se shtatëdhjetë herë."*

(Transmeton Buhariu)

Hadithi 1882

Nga Ibni Abbasi r. anhuma transmetohet të ketë thënë: "I Dër-guari i All-llahut s.a.v.s. ka thënë: *"Kush vazhdimisht lutet për fal-je, All-llahu do t'i jap dalje nga çdo ngushticë, do ta lirojë nga çdo brengosje dhe do ta furnizojë nga nuk e llogarit."*

(Transmeton Ebu Davudi)

Hadithi 1883

Nga Ibni Mes'udi r.a. transmetohet se ka thënë: "I Dërguari i All-llahut s.a.v.s. ka thënë: *"Kush thotë: "All-llahut i lutem për falje, nuk ka zot tjetër përveç Atij, të Gjallit, të Qëndrueshmit, dhe Atij i drejtohem për pendim, do l'i fulen mëkatet, qoftë edhe nëse ka ikur nga fushëbeteja."*

(Transmetojnë Ebu Davudi, Tirmidhiu dhe Hakimi. Hadithi është sahih sipas kushteve te Buhariut dhe Muslimit)

Hadithi 1887

Nga Enesi r.a. transmetohet se ka thënë: "E kam dëgjuar të Dërguarin e All-llahut s.a.v.s. duke thënë: *"All-llahu i Madhëruar ka thënë: "O i biri i Ademit, derisa ti më lut dhe mbështetesh dhe shpreson tek Unë, do të falë ato që rrjedhin nga ti dhe nuk do të qortoj për to. O i biri i Ademit, sikur mëkatet e tua të arrinin deri në qiell, kurse ti më drejtohesh me lutje për falje, Unë do të të falë dhe nuk do të qortoj. O i biri i Ademit, sikur t'i të ma sjellësh plot tokën me mëkate, kurse pas kësaj je takuar me Mua si besim-drejtë, e jo idhujtar i hyjnive të tjera përveç Meje, Unë ty do ta sjell plot tokën me falje."*

(Transmeton Tirmidhiu, i cili thotë se ky është hadith hasen)

Hadithi 1888

Nga Ibni Umeri r. anhuma transmetohet se Pejgamberi s.a.v.s. ka thënë: *"O tubim i grave, jepni sadaka dhe kërkoni falje shumë. Vërtet ju kam parë në Xhehenem shumica."* Një grua tha: "Përse ne jemi më të shumtat në Xhehenem?" Pejgamberi s.a.v.s. ka thënë: *"Shumë po mallkoni dhe shumë jeni jomirënjohëse ndaj burrave (tuaj). Nuk kam parë askënd më të mëngët në arsye dhe në fe prej atyre të cilëve u është dhënë arsyeja, sesa ju!"* Ajo ka thënë: "Ç'është kjo mungesa e arsyes dhe e fesë?" Ai ka thënë: *"(Mungesa e arsyes) Është konfirmuar me atë që dëshmimi i dy grave është i barabartë me dëshmimin e një mashkulli: sa i përket mungesës në fe, kjo konfirmohet më atë që shumë ditë kalojnë e ju nuk faleni."*

(Transmeton Muslimi)

All-llahu i Madhëruar thotë:

"Pa dyshim të devotshmit do të jenë në kopsht dhe buri-
me. Hyni aty të sigurtë, të liruar nga frika! Dhe ne nga
kraharorët e tyre do t'ua heqim smirën, ata do të qën-
drojnë sikur vëllezër njëri përballë tjetrit. Aty nuk i pre-
kë kurrfarë lodhje dhe nuk do të nxirren prej tyre."

(el-Hixhr, 45-48)

"O njerëz të mi, ju sot mos u frikësoni dhe mos u pikë-
lloni! Ata, të cilët kanë besuar argumentet tona dhe kanë
qenë muslimanë. Hyni në Xhenet, ju dhe bashkëshortet
tuaja, të gëzuar! Ata do të jenë të shërbyer me enë e gota
prej ari. Aty do të keni gjithë çka që u dëshiron shpirti
dhe ua kënda syri. Ju aty jeni përgjithmonë. Dhe ai është
Xheneti që u jipet në trashëgim për atë që keni punuar.
Aty do të keni shumë pemë prej të cilave do të hani."

(ez-Zuhruf, 68-73)

"Të devotshmit, pa mëdyshje, kanë vend të sigurt. Në
kopshte me burime; të veshur në mëndafsh e kadife, për-
ballë njëri-tjetrit. Gjithashtu do t'i kurorëzojmë me hyri
symëdha. Aty mund të kërkojnë, të sigurt, çfarëdo lloj
pemësh që të dëshirojnë. Aty nuk do ta shijojnë vdekjen
përveç vdekjes së parë dhe Ai do t'i ruaj nga dënimi me
zjarr. Nga mirësia e Zotit tënd, ai është sukses i madh."

(ed-Duhan, 51-57)

"Të mirët, njëmend, do të jenë në kënaqësi të Xhenetit.
Do të shikojnë nga divane; Në fytyrat e tyre vërehet
gëzimi e lumturia. Do t'u jepet të pijnë nga pije të vulo-
sura, vula e të cilave është misk dhe për këtë le të bëjnë
gara konkurrentët; do të jetë e përzier me ujë Tesnimi.
Burimesh, prej ku pijnë të afërmit."

(el-Mutàffifîn, 22-28)

Ajetet për këtë kapitull janë të shumta e të njohura.

Hadithi 1890

Nga Ebu Hurejra r.a. transmetohet se ka thënë: "I Dërguari i
All-llahut s.a.v.s. ka thënë: *"All-llahu i Madhëruar thotë: "Për ro-*

bërit e Mi të devotshëm kam përgatitur atë që sytë e dikujt nuk e kanë parë, veshët nuk e kanë dëgjua dhe në mend nuk i ka rënë. Lexoni, nëse dëshironi: *"Dhe askush nuk e di se çfarë gëzimesh të fshehta i presin."(es-Sexhde, 17).*

(Muttefekun alejhi)

Hadithi 1891

Nga Ebu Hurejra r.a. transmetohet të ketë thënë: "I Dërguari i All-llahut s.a.v.s. ka thënë: *"Grupi i parë që do të hyjë në Xhenet do të jetë në figurë të Hënës katërmbëdhjetëshe, e pastaj ata më poshtë në figurë të yllit më të shndritshëm. Ata nuk do të kenë nevojën e vogël, as të madhe, as do të ketë kundërmim, as që do të ketë tërfullim, jargosje. Krehërit e tyre do të jenë të arit, kurse djersa e tyre do të jetë misku. Tagarët e tyre janë druri i shtresuar aromatik, kurse çiftet e tyre janë huru-l-ln në figurën e stërbabait të tyre Ademit me gjashtëdhjetë kuti në qiell."*

(Muttefekun alejhi)

Në transmetimin sipas Buhariut dhe Muslimit thuhet: *"Enët e tyre në të (Xhenet) janë të arit, djersa e tyre është misk; për çdo xhenetli ka dy gra, palca e kërcit të të cilave do të shihet nga jashtë prej bukurisë. Ndërmjet tyre nuk do të ketë mospaj-tim, as konflikt e hidhërim. Zemrat e tyre janë një zemër. All-llahun do ta madhërojnë në mëngjes dhe në mbrëmje."*

Hadithi 1893

Nga Ibni Mes'udi r.a. transmetohet të ketë thënë: "I Dërguari i All-llahut s.a.v.s. ka thënë: *"Unë vërtet e di xhehenemlinë e fundit që do të dalë nga Xhehenemi dhe xhenetlinë e fundit që do të hyjë në të. Ky do të jetë njeriu që do të dalë nga zjarri duke u zva-rritur, e All-llahu, pasi të zvarritet, do t'i thotë: 'Shko hy në Xhe-net!' Njeriu do të vijë deri te Xheneti dhe do t'i duket se është përplot dhe do të kthehet e do të thotë: 'O Krijues, unë e gjeta përplot!' All-llahu do t'i thotë këtij njeriu: 'Shko, dhe hy në Xhe-net, vërtet në të ke vend ti sa dhjetë dynja'. Njeriu do të thotë:*

'Po më qesh dhe po tallesh me mua, ti që je Sundues?' Trans-metuesi thotë: "Vërtet unë e kam parë të Dërguarin e All-llahut s.a.v.s. që ka qeshur aq sa i janë paraqitur dhëmballët. Pat thënë: "Ja, kjo është shkalla më e ulët e xhenetlisë."

(Muttefekun alejhi)

Hadithi 1894

Nga Ebu Musa r.a. transmetohet se Pejgamberi s.a.v.s. ka thë-në: *"Vërtet një besimtar në Xhenet do të ketë një çadër nga një e vetmja kokërr e diamantit, çadër e cila do të jetë me vrimë, aq sa vrima e tij në lartësi do të jetë e gjatë gjashtëdhjetë milje. Besimtari aty do ta ketë familjen e tij, të cilës do t'i shkojë dhe vijë (do t'i bëjë tavaf). Familjet e tij nuk do të shihen me njëra tjetrën."*

(Muttefekun alejhi)

Hadithi 1896

Nga Ebu Seid el-Hudrij r.a. transmetohet se Pejgamberi s.a. v.s. ka thënë: *"Vërtet xhenetlitë do t'i shohin mbi vete banorët e Gurefit siç i shikojnë yjet banorët e tokës, ato yje të shkëlqyeshme nga fundi i natës, të cilat dridhen në horizontin prej lindjes deri në perëndim. Kjo është për shkak të dallimeve në gradat e Xhenetit dhe xhenetlitë."* Të pranishmit thanë: "O i Dërguari i All-llahut, ato janë vendbanimet e Pejgamberëve, a mund t'i arrijë tjetërkush?" Ai ka thënë: *"Sigurisht! Pasha Atë në sundimin e të Cilit është shpirti im, ata janë njerëzit të cilët besojnë në All-llahun dhe të cilët janë të bindur ne vërtetësinë dhe sinqeritetin e Pejgamberëve të tyre."*

(Muttefekun alejhi)

Hadithi 1901

Nga Ebu Seid dhe nga Ebu Hurejret r. anhuma transmetohet se i Dërguari i All-llahut s.a.v.s. ka thënë: *"Kur banorët e Xhenetit të hyjnë në Xhenet, një thirrës do të thërrasë: "Vërtet ju është dhënë jeta dhe mos vdisni kurrë. Juve ju është dhënë shëndeti dhe kurrë mos u sëmurni. Juve ju është dhënë rinia dhe ju kurrë nuk do të plakeni. Juve ju është dhënë kënaqësia dhe ju kurrë nuk do të arrini në mjerim dhe të keqe!"*

(Transmeton Muslimi)

Hadithi 1904

Nga Xherir b. Abdull-llahu r.a. transmetohet të ketë thënë: "Kemi qenë tek i Dërguari i All-llahut s.a.v.s., e ai shikoi në Hënën katërmbëdhjetëshe dhe tha: *"Vërtet ju kështu do ta shihni Krijuesin tuaj dukshëm siç e shihni Hënën. Nuk do të ngushtoheni dhe shtyheni ndërmjet veti që ta shihni."*

(Muttefekun alejhi)

All-llahu i Madhëruar thotë:

"Ata, të cilët besojnë dhe bëjnë vepra të mira, Zoti i tyre i udhëzon në rrugë të drejtë, me besimin e tyre, në Xhenet të kënaqësisë ku do të rrjedhin lumenj. Lutja e tyre aty është: "Qofsh lartësuar o All-llah!" dhe përshëndetja e tyre "Paqe!", ndërsa lutja e fundit "Falënderimi është për All-llahun, Zot i botëve!"

(Junus, 9-10)

I falem All-llahut që na ka drejtuar në tërë këtë. Vërtet ne kurrë nuk do ta zbulonim rrugën e vërtetë, po mos na kishte udhëzuar All-llahu.

All-llahu im, lartësoje Muhammedin, robin dhe Pejgamberin tënd, Pejgamberin e pastër siç lindi nga nëna dhe familjen e Muhamedit, gratë e tij të ndershme dhe pasardhësit e tij, siç ke bërë me Ibrahimin dhe familjen e tij. Dhe bekoje Muhammedin, të pastër siç lindi nëna dhe familjen e Muhammedit, gratë e ndershme të tij dhe

pasardhësit e tij, siç e ke bekuar Ibrahimin dhe familjen e tij në bo-
tëra. Vërtet Ti je i falënderuar dhe i madhëruar.

Autori pohon se veprën e ka kryer të hënën, ditën e katërt të
Ramazanit, vitin 670 hixhrij në Damask.

(Në gjuhën shqipe vepra u përkthye në Ramazan të vitit 1412
hixhrij, në Prizren dhe Prishtinë.)

PËRMBAJTJA

447

CPSIA information can be obtained
at www.ICGtesting.com
Printed in the USA
BVHW072338290123
657302BV00009B/899